항만경제

Port

Economics

양창호 저

박영사

항만을 물류활동이나 무역실무의 일부로 보거나 아니면 화물의 선적·하역, 반출·반입이 이루어지는 작업공간으로 보아 왔다. 즉 화물 수출입을 위해 통과해야 하는 곳, 통관이 이루어지는 곳 등 물류활동의 한 부분으로 이해해왔다. 그리고 화물이 무역화물이 항만게이트를 통과하거나, 접안해 있는 선박의 선측을 통과하는가에 따라 화물에 대한 소유권, 무역조건, 보험조건 등이 달라지는 경계의 개념으로 보았다. 또한 항만은 해상운송과 육상운송의 접점으로 운송수단 간 연결, 이전을 용이하게 하도록 설계된 설비와 장비를 가지고 있는 공간으로 항만 내 작업과정을 주요 내용으로 설명해왔다.

　그러나 국제무역을 하는 화주의 입장에서 항만은 부산항, 인천항, 광양항뿐 아니라 수입부품을 조달하는 중국이나 동남아국가의 항만, 그리고 북유럽이나 북미 수출대상국의 항만을 공급사슬의 하나로 이해할 수 있어야 한다. 중국 우한에서 만든 자전거를 프랑스 파리로 수출할 때 상하이항과 로테르담항을 이용하여 수출, 수입한다면 이 항만은 무역거래에 관련된 공급사슬에서 경쟁력을 갖고 있기 때문이다. 항만이 이미 무역거래 공급사슬의 중심축이 되어 있는 것이다.

　또한 화주는 국내외 항만을 이용하면서 운송 중 가공활동을 통해 부가가치를 높일 수 있다. 수출입 화주들이 해외 항만에서 이러한 부가가치활동을 하고 있지만, 그것을 현지 항만과 현지 지방정부의 정책으로 이루어진 항만서비스로 이해하고 있지 못하고 있는 경우가 있다. 의류나 부품을 수입할 때, 중국항만 배후지 창고를 어떻게 활용하면 납기를 줄일 수 있고, 국내 대신 현지 항만배후지에서 어떤 가공활동을 할 수 있는가에 따라 제품 경쟁력이 달라질 수 있다. 로테르담항을 경유해서 독일로 수출하는 화물이 로테르담 항만배후물류단지에서 어떤 부가가치활동을 할 수 있는지를 이해해야 상품의 경쟁력을 높일 수 있는 방안을 찾을 수 있다. 수출입 화주는 항만의 선택이 수출입상품의 가치를 증대시킬 수 있는 방안임을 이해해야 하고, 항만도 이러한 화주의 가치창출 요구에 부응할 수 있을 때 경쟁력을 가질 수 있다.

머리말 PREFACE

그동안 항만물류나 항만운영, 그리고 항만실무는 항만에서 이루어지는 작업 위주를 이해해 왔다. 그러나 항만을 이해하려면 정기선사와 컨테이너 터미널운영자, 항만당국, 그리고 화주와 운송주선인들이 항만을 통해 추구하는 가치가 무엇인지 이해해야 한다. 이를 통해 정부나 항만당국이 항만을 건설하는 정책을 제대로 세울 수 있다. 또한 항만당국과 터미널운영자가 향후 투자해야 할 부분이 어떤 부문인지 알 수 있다.

세계 정기선 해운시장을 장악하고 있는 얼라이언스나 초대형 선사, 전세계 대부분의 컨테이너 터미널을 운영하는 글로벌 터미널 오퍼레이터는 서로 어떤 영향들을 받고 있는지, 이런 현상이 수출입 화주나 선사 혹은 항만, 터미널운영자에게 어떤 영향을 미치고 있는지 이해해야 한다. 터미널이나 항만입장에서 보면 항만을 이용하는 선사와 화주를 위해 항만이 혁신할 수 있는 방안을 찾아야 경쟁력을 가질 수 있다.

특히 선사의 수평적 통합, 그리고 수직적 통합, 또한 터미널운영자의 수평적 업무확대와 수직적 통합이 화주나 항만서비스 제공자들에게 권한 남용의 여지는 없는지, 각국의 경쟁당국은 기울어진 협상력을 올바로 만들 수 있는 정책수단이 없는지도 검토해보아야 한다.

항만과 컨테이너터미널의 물동량이 증가하고 있고 신규항만이 계속 건설되고 있다. 그러나 항만과 터미널은 항만도시와 단절되어 있고, 부산항이나 인천항의 항만예산은 전체예산의 1%에도 미치지 못하고 있다. 외국의 경우 지방정부들이 나서서 항만정책을 세우고 있는 것과 비교하면 우리 항만도 항만도시의 시민들에게 좀 더 기여할 수 있는 정책을 찾을 때가 된 것이다.

항만은 여러 이해관계자들의 경제적 의사결정이 이루어지는 곳이다. 그리고 항만은 화주의 가치를 창출시켜줄 수 있는 곳이다. 항만을 항만실무나 항만물류보다 항만경제로 이해할 필요가 있는 이유이다. 본 책은 총 19개 장으로 구성되며, 화주에게 가장 큰 영향을 미치는 컨테이너항만을 대상으로 살펴본다.

우선 세계 컨테이너선 해운의 변화를 살펴본다. 정기선해운의 수요와 공급, 초대형선화, 거대선사화, 얼라이언스의 세력 확대, 수직적 통합의 추세와 항만에 미치는 영향을 살펴본다. 그리고 항만산업의 경쟁심화 환경과 컨테이너터미널의 수요와 공급을 분석한다.

항만건설 부문으로 컨테이너 터미널 작업과 계획 및 설계 시 검토사항, 항만처리능력 및 자동화터미널 하역시스템을 살펴본다. 항만운영 부문으로 항만 선택기준을 선사와 화주입장에서 정리하고, 화주에 대한 가치창출에 대한 항만, 항만공사의 역할과 정책방향을 살펴본다. 항만의 경쟁력과 터미널 생산성과 측정지표, 그리고 컨테이너 터미널 가격책정 방안에 대해 분석한다.

또한 항만의 디지털화 증가로 우려되는 사이버보안 등 항만보안과 안전, 항만도시지역의 대기오염이 선박에 의해 발생되는 문제 등 항만오염문제, 그리고 항만정책과 도시정책이 연결될 수 있는 방안, 그리고 이를 통한 항만도시의 고용창출을 살펴본다.

마지막으로 항만이 대형선사의 물동량 확보 차원에서 터미널을 전용으로 사용할 수 있도록 했지만, 항만전체의 효율성으로 보면 여러 가지 문제점이 나타나고 있다. 이를 혁신할 수 있는 시스템을 검토한다. 그리고 향후 경제와 무역이 항만에 미치는 영향을 전망하고 항만이 어떻게 대응해야 하는지 예상한다. 그리고 미래형 항만인 스마트항만의 전개방향에 대해 살펴본다.

항만경제 분야를 선각적으로 연구하고 많은 학문적 성과를 낸 국내외 학자가 많이 있다. 이분들의 저술과 논문이 없었으면 엄두를 내지 못할 작업이다. 이분들의 연구결과를 정리하면서 항만경제의 대강을 이해하려 했지만, 그럴수록 무지한 분야가 더욱 생겨나, 부족한 지식을 바탕으로 책을 출간하는 것이 부끄러운 일임을 깨닫게 된다. 그럼에도 출판을 결심한 것은 이를 통해 더 나은 항만경제 저술이 이루어질 것이라는 바람 때문이다.

머리말 PREFACE

이 책을 통해 화주들이 항만을 경쟁력 강화의 발판으로 활용하고, 터미널 운영자나 항만당국은 화주의 가치창출을 위한 투자방향을 세우는 데 활용되기를 바란다. 물류회사와 선사들도 항만과 화주의 가치를 이해하고 화주의 항만 니즈에 부응하는 전략을 세우는 데 도움 되기를 바란다.

글을 쓰는 동안 많은 용기를 준 아내과 며느리에게, 그리고 항상 기쁨을 주고 있는 손주 희원, 예준, 희중에게 사랑의 마음을 전한다.

2021년 1월

저 자

목차 CONTENT

목차 CONTENT

목차 CONTENT

CHAPTER 05
초대형 항만

CHAPTER 06
컨테이너터미널 수요와 공급

목차 CONTENT

CHAPTER 08
항만과 터미널개발

목차 CONTENT

CHAPTER 11
화주위주 항만정책

목차 CONTENT

CHAPTER 12
항만경쟁력

CHAPTER 13
컨테이너터미널 생산성

목차 CONTENT

CHAPTER 15
항만보안과 안전

목차 CONTENT

목차 CONTENT

항만개요

01

항만의 기능

항만은 해상운송과 육상운송의 접점으로 운송수단 간 연결, 이전을 용이하게 하도록 설계된 설비와 장비를 가지고 있는 육측과 해측 영역으로 구성되어 있는 곳이다. 전통적으로 항만은 원양이나, 근해를 두고 멀리 떨어진 국가 간의 무역이 이루어지는 곳이어서, 세계 각국의 물자와 사람을 가장 먼저 접촉하면서 이국적 풍광이 있던 곳이었다. 선박이 기항하면 보름, 한 달씩 머물면서 화물을 싣고 내렸다. 그러나 현대의 항만은 초대형 화물선이라 해도 하루나 이틀이면 화물 양적하가 마무리되어 출항하면서 항만은 과거와 같은 이국적 풍광보다는 하역기계와 트럭, 기차 등이 촘촘히 연결되어 있는 항만구역 펜스 안의 작업장으로 변모했다. 풍광은 바뀌었지만 항만은 항만을 통한 화물 흐름이 지역이나, 국가의 경제발전을 위한 중요한 역할을 담당하는 곳으로 변모했다. 항만 배후지역은 다국적 기업의 제조, 유통단지가 되어 항만은 기업의 공급사슬관리를 위한 중요한 기능을 하고 있다. 이에 따라 항만의 효율성이 산업의 국제경쟁력과 관련이 있기 때문이다. 이 장에서는 항만의 기능과 항만이 지역경제나 국가경제에 미치는 영향, 그리고 컨테이너항만의 이해당사자와 관련 항만서비스에 대해 살펴본다.[1]

---

1) 본장의 내용은 다음 자료를 주로 참고하여 기술함

Tally, Wayne K(2018)., *Port Economics Second Edition*, Rouledge; 마틴 스토포드/양창호 외 역(2015), 「해운경제학」, 박영사; World Bank(2017), *Port Reform Toolkit Second Edition*; European Commission(2013), *Measures to enhance the efficiency and quality of port services in the EU*

1 항만의 기능

항만은 화물과 여객이 강의 수로나 바다 해안으로 들어오고 나가는 곳이다. 항만은 선박이 화물을 선적하고 하역할 수 있는 지리적 공간으로 해안의 만이나 강어귀와 같은 깊은 수심을 갖고 있는 육지와 연해 있는 공간이다.[2]

항만은 화물항만, 여객항만 또는 화물, 여객 복합항만으로 나누어 볼 수 있다. 항만에서 처리하는 화물은 일반화물과 벌크화물이 있다. 일반화물(비 벌크 건화물)은 포장된 화물이나, 균일한 크기와 중량의 상품, 또는 비포장 화물로 운송되는 화물이다. 전자는 컨테이너화물 또는 브레이크벌크 화물(breakbulk)이고, 후자는 네오벌크(neobulk) 화물이다. 컨테이너 화물은 표준 컨테이너인 길이 20~40피트(TEU[3] 또는 FEU[4])로 운송되는 일반화물이다.

브레이크벌크 화물은 일반화물이며 팔레트에 포장되거나, 또는 포장이 되었지만 치수나 무게가 커서 컨테이너에 수납할 수 없을 때 갑판 위에 적재하는 화물로 로프나 와이어로 묶어 하역을 한다. 네오벌크 화물의 예로는 자동차, 철강 및 목재, 펄프, 종이 등이 있다. 벌크(건화물 및 액화화물)화물은 포장되지 않으며 크기와 무게가 균일하지 않은 화물이다. 건화물의 예로는 철광석, 석탄, 곡물 등이며 액체벌크화물은 원유 및 정제된 석유제품 등이 있다.

화물항만은 취급하는 화물의 유형에 따라 다르게 표현된다. 예를 들어, 컨테이너 화물을 주로 처리하는 항만은 컨테이너항만으로 부른다. 석탄이나 철광석을 처리하는 항만은 벌크항만이라 부른다. 여객선을 주로 처리하는 항만은 여객항만으로 부른다.

해상터미널(marine terminal)은 화물이나 여객을 선박으로 이송하도록 하는 항만 내 인프라이다. 항만에는 동일한 유형의 화물 또는 다른 유형의 화물을 처리하기 위한 여러 개의 해상터미널이 있을 수 있다. 컨테이너화물을 처리하면 컨테이너터미널, 석탄이나 목재, 곡물을 처리하면 각각 석탄터미널, 목재터미널, 곡물터미널이 된다. 여객선이나 크루즈선박을 위한 터미널은 여객터미널과 크루

---

2) 마틴 스토포드/양창호 외 역(2015), p.103
3) 20-foot equivalent unit
4) 40-foot equivalent unit

즈 터미널이다.

2019년 기준 선박유형별 항만기항 횟수를 보면 전체의 54.5%가 여객선이고, 컨테이너선과 유조선, 일반화물선이 약 40%를 차지하고 있다.

✎ 선박유형별 항만기항 횟수(2019)

선박유형	항만 기항 척수	비중(%)
액체벌크화물선(유조선 등)	593,651	13.6
건화물선(석탄선, 곡물선 등)	277,872	6.4
브레이크벌크선(일반화물선, 다목적선 등)	446,817	10.2
Roll-on/roll-off선(자동차선, 페리선 등)	190,907	4.4
컨테이너선	474,553	10.9
여객선	2,378,937	54.5
합계	4,362,737	100.0

자료: https://unctadstat.unctad.org/maritime, 2020

항만의 해상터미널은 공용(public)으로 사용할 수도 있고, 혹은 특정 회사가 전용으로 사용할 수도 있다. 터미널이 공용인 경우 모든 선박은 규정에 따라 터미널에 기항할 수 있다. 그러나 터미널이 전용(dedicated)인 경우 해상터미널을 소유하거나 임대한 해운기업 선박만 기항할 수 있다.

항만은 경제적 단위이다. 항만은 화물과 여객을 선박으로 혹은 선박에서 이송하기 위해 노동력, 자본(크레인 등) 및 인프라(부두 등)와 같은 자원을 활용한다. 항만이 효율적이 되기 위해서는 같은 자원을 활용하면서도 항만에서의 처리량을 최대화해야 한다.

이를 위해 항만은 선박이 안전하게 정박할 수 있도록 장소를 제공해야 한다. 특히 대형선이 입항하려면 항만은 충분한 수심을 확보해야 한다. 또한 효과적인 화물의 처리를 위한 양적하, 반입, 반출화물을 위한 보관 및 장치 시설 구비가 필요하다. 다목적 항만은 벌크, 컨테이너, 자동차, 일반화물 등 다양한 화물을 처리할 수 있어야 하며, 각 화물은 각기 다른 하역 및 보관 및 이송장비 및 시설을 필요로 한다. 또한 복합 운송시스템과의 효과적인 연계 기능을 수행할 수 있어야 한다. 터미널 야드에서 철도, 도로 등의 육상운송수단과의 연계가 효과적으로 이루어져야 한다.

　제조업체가 제품을 생산하는 것과 달리 항만은 이송 및 이동 서비스를 제공한다. 그러나 공장이나 항만이나 전자제품 모두 단위기간 동안의 제품생산이나 항만 서비스량, 출력량 같은 산출물(throughput)로 결과를 측정한다. 따라서 항만의 경우 항만물동량은 항만을 통해 이송된 컨테이너 물동량(container throughtput), 처리 화물톤 수, 이동한 여객 수 등으로 표현된다.

　항만은 영리 추구를 위해 사적으로 소유될 수도 있고, 공공의 목적을 위해 비영리로 정부(지방정부 포함)가 소유할 수도 있다. 공용항만(public port)의 목표는 지역의 고용촉진, 경제 발전 혹은 그 지역이 상대적으로 비교우위가 있는 상품의 수출을 촉진하려는 것 등이 될 수 있다. 공용항만은 일반적으로 항만공사(public port authority)에서 관리한다. 항만공사는 항만을 관리하도록 항만의 정부 소유자에 의해 권한을 부여받은 기관이다.

　세계 대부분의 항만은 해안가 도시에 위치하고 있다. 일부는 강을 따라 올라가서 강가에 위치하기도 한다. 이러한 위치의 토지는 여러 다른 대체 용도로 활용될 수 있어 높은 가치를 지니게 된다. 이 토지는 항만 및 해상터미널뿐만 아니라 관광 및 레크리에이션 산업, 주거 및 사무실 건물, 자연공원 및 수산업에도 사용될 수 있다. 이에 따라 정부는 항만 토지 확장 시 그 토지이용과 경쟁하는 모든 이해관계자들과의 이해 조정을 해야 한다.

　항만은 해운기업, 철도 및 트럭회사와 같은 운송회사에 터미널 서비스가 제공되는 장소이다. 이러한 서비스에는 선박 및 차량 유지보수, 조립 및 분류, 화물보관 등이 포함된다. 이에 따라 해운기업 등 운송업체는 항만에 관리사무소를 둘 수도 있다.

　항만은 운송 네트워크의 접점(node)이다. 운송 네트워크는 화물 및 여객의 이송이 발생하는 접점과 그 접점 간을 연결하는 연계(링크) 시스템이다. 접점은 화물 및 여객이송이 발생하는 운송 네트워크의 중심이며, 두 운송 접점 사이의 링크는 접점 간의 운송 방법(예: 해상항로, 고속도로, 철도 및 항공로)상 거리이다. 운송 접점의 위치에서 중요한 결정 요인은 화물 및 여객을 수용할 수 있는 접근성과 처리능력이다. 그러나 항만의 경우 항만 접점을 특정 위치에 선택할지 여부를 결정하는 요인은 지리적 요인인 경우가 많다.

② 항만경제

생산공정의 세계화는 글로벌 공급사슬에서 항만의 중요성을 증가시켰다. 물류부문의 가장 절실한 요구사항은 물류비용과 공급사슬의 신뢰성이다. 적시생산공정에서는 수송시간과 비용뿐 아니라 그 신뢰성과 예측 가능성 또한 중요하다. 물류서비스의 신뢰성과 예측가능성이 낮기 때문에 기업의 위험회피로 인해 재고유지 비용이 높아지고 있다.[5] 이런 물류서비스를 경쟁력 있게 만들고 신뢰성 있게 만드는 일은 해상운송뿐 아니라 항만의 경쟁력과 효율성에 기인하는 바가 크다. 항만 간 교역에서 선박의 효율성을 영향을 미치는 중요한 역할을 하기 때문이다.[6]

항만의 이러한 의의에도 불구하고, 항만 인프라 품질이 한 나라의 무역과 경제에 미치는 영향은 기존의 항만 경제 문헌에서 크게 간과되어 왔다. 왜냐하면 항만경제는 거시적으로 보면 국가와 지역에 대한 항만의 경제적 기여를 연구하는 것이지만, 인프라로 인한 국부창출 등 외부경제를 창출하기 때문에 항만시설의 경제적 효과를 쉽게 가늠하기 어렵기 때문이다.

미시적으로 보면 항만경제는 항만서비스의 제공자와 이용자의 경제적 의사결정에 대한 연구를 말한다. 항만서비스 제공자는 항만 이용자에게 항만서비스를 공급한다. 터미널운영자가 항만의 일차적 서비스 제공자이며, 다른 항만서비스 제공자는 선박대리점, 운송주선인, 제3자 물류서비스 제공자, 통관업자, 도선 및 예선기업 등이 있다. 항만이용자는 항만서비스의 수요자로 화물을 출발지에서 목적지까지 운송하는 과정의 일부분으로 항만을 이용한다. 항만이용자는 운송할 화물을 갖고 있는 화주(shipper), 그리고 항만을 통해 운송하는 해운회사[7], 철도나 트럭운송인을 말한다.

---

5) Arvis et. al.(2010)

6) Wang, Cullinane(2006)

7) 본서에서는 해상운송사(shipping line)를 해운회사로 정기선 해운사(liner)를 정기선사 또는 선사로 사용함

③ 항만산업

항만산업을 법률적인 정의로만 생각하면 그 범위가 매우 좁아진다. 우리나라의 경우 항만운송사업법에 따라 항만과 관련한 사업을 항만운송사업과 항만운송관련사업으로 구분하고 있다. 항만운송사업에는 항만하역사업, 검수, 감정, 검량사업이 포함되어 있다. 항만운송관련사업에는 통선, 청소, 청수공급 등의 항만용역업, 물품공급업, 선박급유업, 컨테이너수리업이 포함되어 있다.

그러나 항만을 둘러싼 각종 경제활동과 관련된 사업체는 모두 항만산업에 포함하는 것이 항만경제 검토하는 목적에 부합한다고 볼 수 있다. 가장 중요한 것은 항만구역 혹은 항만구역 밖의 항만배후지에서 항만물동량에 대해 제조, 가공, 검사, 포장, 전시, 보관 등 부가가치활동을 하는 모든 사업을 항만산업의 범주에 포함시켜야 한다. 물론 항만의 해상서비스인 도선서비스, 예선서비스 등은 당연히 항만산업에 포함되어야 하고, 선박수리, 조선기자재산업도 포함될 수 있다.

◇ 광의의 항만산업

구분		사업내용
항만운송사업	항만하역사업	• 항만에서 화물을 선박에 양·적하, 보관, 장치, 운송 등 유통과정 전반을 담당하는 사업
	검수사업	• 선적화물(船積貨物)을 싣거나 내릴 때 그 화물의 개수를 계산하거나 그 화물의 인도·인수를 증명하는 일
	감정사업	• 선적화물 및 선박(부선을 포함한다)에 관련된 증명·조사·감정을 하는 일
	검량사업	• 선적화물을 싣거나 내릴 때 그 화물의 용적 또는 중량을 계산하거나 증명하는 일
항만운송관련사업	항만용역업	• 통선(通船)으로 본선(本船)과 육지 간의 연락을 중계하는 행위 • 본선을 경비(警備)하는 행위나 본선의 이안(離岸) 및 접안(接岸)을 보조하기 위하여 줄잡이 역무(役務)를 제공하는 행위 • 선박의 청소[유창(油艙) 청소는 제외한다], 오물 제거, 소독, 폐기물의 수집·운반, 화물 고정, 칠 등을 하는 행위 • 선박에서 사용하는 맑은 물을 공급하는 행위

구분		사업내용
	물품공급업	• 선박운항에 필요한 물품 및 주식 · 부식을 공급하고 선박의 침구류 등을 세탁하는 사업
	선박급유업	• 선박용 연료유를 공급하는 사업
	컨테이너수리업	• 컨테이너를 수리하는 사업
예선업, 도선업		• 예선서비스, 도선서비스
선박수리 및 조선기자재		• 항만과 연관되어 사업 수행이 가능한 분야
항만배후단지, 배후지 부가가치활동업		• 항만배후지에서 항만화물에 대한 가공, 포장, 검사, 전시, 보관 등 부가가치활동 영위사업

자료: 항만운송사업법 내용에 저자가 추가

02

|

항만의 발전

항만의 기능 개선은 해상 운송비를 절감하는 데 중요한 역할을 한다. 20,000
톤(dwt)급 선박으로 곡물을 수송하던 것을 60,000톤(dwt) 선박으로 수송하기 위
해서는 수심 깊은 항만에 곡물터미널이 건설되어야 하고, 생산성이 높은 양곡화
물 하역시스템도 구비해야 한다. 컨테이너 서비스를 도입하기 위해 컨테이너 전
용 터미널이 필요하다.

항만 기능개선을 위한 항만 및 터미널 건설은 선사에 의해 요구, 또는 주도
되기도 하고, 혹은 석유회사나 제철소와 같은 화주들에 의해 주도되기도 한다.
그러나 이와 같은 항만기능 개선을 위한 투자의 대부분을 항만이 감당해야 한다.

항만에 선박 기항을 유치하기 위해 항만시장은 해운시장만큼 경쟁적이다. 또
한 동일 지역 내의 항만은 항만배후지 등 내륙화물의 유치와 지역 내 유통 화물
의 유치 또는 환적화물 유치를 위해 치열한 경쟁을 하고 있다.

항만은 시간이 지남에 따라 기능 확대와 화물 변화에 대응하기 위해 성능개
선을 하고 경쟁에서 경쟁력을 확보하기 위해 투자하면서 발전해왔다. 항만의 발
전을 단계적으로 살펴보면 지방항만에서 대형항만, 그리고 허브항만으로 발전한다.[8]

소형 지방항만은 다양한 형태의 화물을 처리하고 근거리 해상운송에 이용된
다. 교역의 규모가 작고, 범용설비가 설치되어 있기 때문에 일반 다목적 선석으
로 구성되어 있다. 소형 선박만이 적합하며, 항만은 컨테이너, 브레이크벌크
(breakbulk) 등 다양한 형태의 화물을 취급한다. 화물은 선박으로부터 부두로 하
역되고 창고에 저장되거나, 그냥 부두에 두기도 한다. 이와 같은 항만은 개발도
상국과 선진국의 외곽지역에서 찾아볼 수 있다.

---

8) 마틴 스토포드/양창호 외 역(2015), pp.104−105

지방항만은 화물이 많아지면서 대형 지방항만으로 발전한다. 많은 화물을 처리하기 위해 화물별 하역시설을 갖춘다. 예를 들어 건화물 터미널에서 곡물과 비료의 화물량이 증가하면, 대형 건화물선이 입항할 수 있도록 깊은 수심을 갖추고 특정 화물을 처리할 수 있는 하역, 보관설비에 투자한다. 컨테이너 물동량을 처리하기 위해 컨테이너 취급 장비도 갖춘다. 에이프론에 크레인도 설치하고, 철도와 트럭 접근로를 갖춘다.

다음 대형 항만으로 발전한다. 대량의 장거리 해상화물을 취급하는 항만으로 전문화된 터미널 설비를 위해 많은 투자를 한다. 대량의 컨테이너 화물을 처리할 수 있도록 컨테이너 전용터미널에 필요한 겐트리 크레인, 컨테이너 적재장소 등의 화물취급 설비를 갖춘 전용 터미널을 건설해야 한다.

대형항만이 원양 해상운송화물을 처리할 뿐만 아니라 동시에 소규모 지방항만과의 환적기능도 보유하게 되면 허브항만의 역할을 하게 된다. 싱가포르항, 부산항, 로테르담항과 같은 유형의 항만이 이에 해당되며, 특정 화물을 위한 전용 터미널로 구성된다. 컨테이너는 컨테이너 터미널에서, 단위화물 터미널은 목재, 철강과 철제품, 로로(ro-ro) 화물을 위해 제공된다. 그리고 해상, 철도, 바지선, 도로 등에 의한 환적을 위한 설비도 갖추고 있다.

03

항만과 경제

1 항만의 경제적 효과

항만의 기능이 시대를 거치면서 변화하고 있다. 근대 이전의 항만은 군사보안시설로서의 기능과 화물의 양·적하 및 화물수송의 연계기능이 주된 것이었다. 그러나 현대에 이르러 항만은 국가 간 교류의 확대와 경제적 협력관계 증가하면서 무역의 중심지로의 기능을 수행하였다. 세계가 자유무역과 글로벌 경제를 추구하면서 항만은 다국적 기업들의 공급사슬의 주요한 접점으로 역할을 수행하게 되었다.

즉 항만활동이 글로벌 물류와 내륙물류가 연계되는 공급사슬의 접점으로 이를 효율적으로 관리할 수 있는 항만의 역할이 확대되면서 기업의 공급사슬관리(SCM)의 한 부분을 항만이 수행하게 되었다. 또한 글로벌화의 진행은 항만의 국제화를 유도하였다. 항만이 부가가치 창출공간으로 기능을 수행하기 위해서 다양한 항만 이용자의 수요를 충족시켜야 하는 고객중심 항만의 기능이 요구되고 있다. 이러한 항만기능의 변화는 항만경쟁력 확보를 위하여 필수적인 것이라고 할 수 있다.

항만은 지역의 고용, 소득, 사업 수입 및 세금을 증가시키는 지역 경제발전을 위한 "엔진"이다. 이러한 장점은 항만건설(또는 확장)과 항만운영에서 발생한다. 건설 중에는 지역 건설사의 근로자가 고용되고 지역 건축자재가 구매된다. 항만운영 중에는 항만운영자, 화주, 원양해운회사, 내륙운송사 같은 항만 이용자와 선박 대리점, 선박수리, 화물주선인, 해상보험, 도선 및 예선 서비스 제공사 등

✏️ 항만의 경제적 비용 편익

	지역	국가
비용	인프라 투자 토지이용 기회비용	인프라 투자
편익	고용, 소득, 사업수익, 세금의 증가, 항만관련 부가가치, 집적효과, 지식이전, 교역 비용절감	전후방효과, 교역 비용절감

자료: OECD(2013), p.43을 이용 저자 작성

기타 서비스 제공업체의 고용과 수익이 늘어나게 된다.

네덜란드 로테르담 항만은 지난 10년간 수행된 개발 프로젝트로 45,000명의 임시직 고용과 17,500명의 정규직 고용이 창출되었다.[9] 또한 2000년에 개장한 말레이시아 탄중팔레파스 항에서는 이전에 없던 710개 회사의 업무가 창출되었다.[10]

항만이 경제에 미치는 영향에 대한 연구결과는 긍정적인 결과도 있지만 영향이 줄어들고 있다는 연구결과도 있다. 서유럽 10개국의 560개 지역을 조사한 결과 항만 처리량이 10% 증가할 때마다 해당 지역의 GDP가 6~20% 증가할 수 있으며 인접 지역에 5~18%의 경제적 파급 효과를 줄 수 있다는 연구결과가 도출되었다.[11] 또한 중국의 경우 항만 화물 처리량이 1% 증가하면 1인당 GDP가 7.6% 증가할 수 있으며, 한 나라의 항만 처리량은 인접 경제에 긍정적인 영향을 미친다고 분석했다.[12] 지역 경제와 중국 항만에서의 부가가치 활동 사이에도 상당한 긍정적 연관성을 보였다.[13]

그러나 항만투자가 국가나 지역의 경제 성장의 자극제의 역할을 수행하지만, 항만에 직접 의존하는 일자리가 줄어드는 등 항만이 지역경제에 미치는 영향이 감소하고 있다는 연구결과도 있다. 한국의 경우 1990년에 비해 2008년에는 항만산업의 매출액 10억원당 항만 직접고용이 87.5% 감소했다는 연구가 있었다[14]. 그리고 최근 들어 컨테이너 전용터미널의 진전과 항만의 자동화로 인해

9) World Bank(2017), p.33
10) 위의 자료 p.34
11) Bottasso et, al.(2014)
12) Shan, Yu, Lee(2014)
13) Deng, Xiao(2013)

항만 일자리가 감소되고 있어 항만에 의한 직접적인 경제적 기여는 줄어들고 있다는 연구결과도 있다.[15]

 ## 2 항만이 지역경제에 미치는 효과

항만건설 및 운영에 의한 고용은 항만에서 창출된 직접 고용효과이다. 항만건설 및 운영 활동에 의해 생성된 일자리, 근로소득, 사업 수입 및 세금 수입은 지역경제에 대한 항만의 '직접적 효과'를 나타낸다. 항만의 하역, 보관, 운송 등의 서비스에 의해 발생된다. 이러한 혜택은 항만이 없는 지역에는 존재하지 않는 효과이기 때문이다.

항만으로 인한 이차적인 혜택은 직접적으로 발생한 근로 소득, 사업 소득 및 세금 수입이 차후에 이 지역에서 소비되거나 부분적으로 사용될 때 발생하는 '간접적 효과'이다. 식당이나 오락, 혹은 전문 서비스 같은 지출은 해당 지역 내에서 추가 소득, 사업 수입 및 세금 수입을 창출한다. 이 과정이 2차, 3차 및 그 이후까지 계속 진행된다. 이 결과 해당 지역의 총 근로소득, 사업 수입 및 세수는 직접 창출된 금액보다 더 증가하게 된다.

직접창출효과에 얼마만큼 증가하는지는 지역마다 다를 수 있는데, 그 크기는 지역의 한계소비성향수에 달려있다. 만약 근로소득 및 사업 소득 지출에 대한 한계소비성향이 0.8인 경우(즉, 원천 근로소득 및 사업 소득 지출 1달러당 0.80 달러 추가 지출) 승수 계수는 근로소득과 사업 소득 지출에 대해 5가 된다.[16]

따라서 이 지역의 총 지출 증가는 초기 지출에 2차적 혜택을 더한 금액이 된다. 2차적 혜택은 1차 소비와 2차 및 계속된 소비에서 나타난 지역경제에 미치는 '간접적 효과'이다.

---

14) Jung B.M(2011)

15) Deng, Xiao(2013)

16) 원천 지역 지출이 100만원이라 하고 그 지역의 한계소비성향이 0.8이라고 가정한다. 첫 번째 지출에서 100만원이 소비되고, 두 번째 지출에서 80만원이 소비되고, 세 번째 지출에서 64만원이 지출되고 네 번째 지출에서는 다시 51만원이 지출된다. 이러한 지출이 계속되면 초기 100만원 지출이 500만원 지출까지 증가한다. 이를 승수로 나타내면 $(1/(1-0.8))=5$가 된다.

그러나 위의 혜택은 지역 누출이 있을 경우에는 감소된다. 예를 들어 항만건설 시 지역 밖에서 노동력을 구하기도 하고 지역 밖의 건설자재를 구매하기도 한다. 이 경우 지역 노동력과 자재를 사용할 때 발생할 수 있는 직접적인 혜택이 다른 지역으로 이전될 수 있다. 마찬가지로, 항만운영으로 인한 근로소득 및 사업 수익도 해당 지역의 거주자가 아닌 경우 항만의 직접적인 혜택은 줄어들 것이다. 직접 급여가 줄어들게 되면 간접적인(2차적인) 급여도 줄어들게 된다. 또한 직접 근로소득과 사업 소득의 거주 수령인이 다른 지역에서 일부를 지출하면 지역의 지출 성향이 줄어들어 승수 효과가 더 작아진다. 이로 인해 지역에 소비하는 한계소비성향이 0.8에서 0.5로 떨어지면 해당 승수 계수도 5에서 2로 하락하게 된다.

만약 항만 영역의 크기가 해당 시 또는 도의 영역까지 확대되면 누출이 적어질 수 있다. 누출이 적어 질 경우, 항만의 직접적 혜택과 지출 이후 2차적인 간접적 혜택이 지역 내에서 발생된다.

반대로 항만이 없는 지역도 항만의 지역누출요인으로 인해 항만 혜택의 일부가 발생할 수 있다. 예를 들어 근처에 항만이 있는 지역의 경우 해운기업과 화주 그리고 화물과 관련된 지출이 해당지역에서도 발생될 수 있다.

항만의 직간접적인 혜택 외에도 항만은 3차 및 영구적 혜택을 창출 할 수 있다. 3차 혜택은 항만의 존재로 인한 지역 운송 시스템의 개선(인프라 및 서비스 품질) 등이 이루어지는 '유발 효과'이다.[17] 예를 들어, 지역의 고속도로 시스템과 철도 및 트럭 운송 서비스 개선으로 지역 내 화물 이동 운송 시간이 단축되고, 픽업 및 배송 빈도가 증가하며, 지역에서의 국제 시장 운송업체에 대한 접근성이 증가할 수 있다. 그러나 항만을 오가는 화물 이동이 고속도로 혼잡을 초래할 정도로 상승하는 경우 항만의 역동적인 경제적 영향으로 인해 부정적인 영향도 발생할 수 있다. 즉, 항만은 지역 내에서 더 큰 경제 성장의 동력이 되고 있다.

한편 지역에 항만이 있다는 것이 긍정적인 이익만 가져 오는 것이 아니라, 지역에 대한 부정적인 영향을 끼칠 수도 있다. 예를 들어, 해외기업과의 경쟁으로 인한 사업체의 손실이 생길수 있다. 또한 항만을 보조하기 위한 세금이 지출될 수 있고, 항만으로 지정되면 국가재산이므로 세금을 부과할 수 없어 지역 재산세의 수입이 감소되는 영향이 있다. 따라서 해당 지역의 항만의 실제 혜택을

---

17) Notteboom, Pallis, Rodrigue(2020)

측정하기 위해서는 항만의 직간접적인 혜택(긍정적 효과)에서 부정적인 영향을 차감하여 항만의 순편익을 찾아야 한다. 그렇지 않다면, "지역 경제 개발에서 항만의 기존 역할과 잠재적 역할을 과장하기 쉽다."[18]

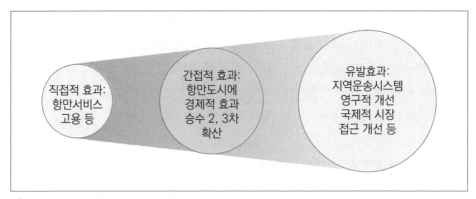

✐ 항만이 지역경제에 미치는 영향

3 항만이 우리나라 지역경제에 미치는 영향

우리나라 무역의 대부분은 항만을 통한 교역으로 이루어지고 있다. 2018년 금액기준으로 전체 화물의 약 68.7%가 항만을 통해 수출입 되고 있고, 화물 중량기준으로는 전체의 95%가 항만을 통해 운송되고 있다.[19] 무역의 측면에서 보면 항만산업은 우리나라 국가산업에서 중요한 중추적인 역할을 담당하고 있는 것이다.

우리나라 항만도 물류수송, 교통, 관광·여가 시설로서 우리나라의 경제성장의 견인차 역할을 담당하였다. 항만을 중심으로 이루어지는 산업 활동은 관련 산업분야의 고용 및 소득과 부가가치를 창출하고, 배후도시의 투자를 유발한다. 하역업 등 항만 관련 산업의 생산유발계수는 지역에 따라 1.32~1.41에 이르고 있다. 이는 도로의 1.21~1.37, 항공의 1.12~1.30보다 높은 수치다.[20] 또한 항만

---

18) Gripaios and Gripaios(1995)

19) 하태영 외(2019)

20) 정분도 외(2009), p.314

산업은 타 산업보다 부가가치율이 높다. 예를 들면 2006년 기준 전 산업 부가가치율 평균이 21.56%인 데 비하여 컨테이너하역산업은 50.62%로서 2배를 초과한다. 제조업 20.90%, 운수업 38.67%, 수상운송업 46.48%보다 높다.[21]

제3차 항만기본계획 수정계획에서 2016년에서 2020년까지 총 14조 7천억원의 투자가 계획되어 있는데, 이로 인해 발생되는 취업유발효과가 20만명이고, 생산유발효과의 56%, 그리고 부가가치 유발의 61%가 지역에서 발생할 것으로 분석했다.[22]

우리나라의 항만은 경제성장과 더불어 증가된 경제소득이 다시 항만사회간접자본(SOC)에 재투자되는 선순환 과정을 거치면서 지속적으로 성장해 왔다. 대한민국 국가산업단지 32개[23] 중 20개가 항만을 포함하거나 항만에 인접해 있어 수출입 물류비용 절감 등을 통해 산업단지 활성화 및 항만물동량 창출을 이루고 있다. 평택·당진항 배후의 철강 및 자동차 산업, 광양항 배후의 철강 및 화학공업단지, 울산항 배후의 정유, 석유화학 및 조선산업, 포항항 배후의 철강사업 등 주요 국가기간 산업에 대한 지원 기능을 수행하고 있다.

---

21) 전찬영·이종필 (2008), p.138
22) 해양수산부, 제3차 항만기본계획 수정계획(2016－2020)
23) 한국산업단지공단, 「전국산업단지 현황통계 보고서」, 2018

⓸
|
항만 수출입 절차

　수출국의 제조업체 또는 생산자의 하치장을 떠난 화물이 수입국의 매수인 하치장에 도착하는 절차는 다음과 같다. 우선 수출업자는 선박회사와 운송일정을 약정하고 선박 스페이스를 예약한다. 대량화주의 경우 대개 자사 내에 운송부를 따로 두고 있어서 스스로 예약, 서류업무, 내륙운송 등 운송업무 제반을 해결할 능력과 자원이 있지만 많은 경우 운송주선인(포워딩 업체)에게 이런 업무를 위탁한다.

　통관 및 포워딩 업체는 운송업무 및 관련 업무를 전문으로 하는 별도의 외부 업체이다. 선사는 탁송화물에 적합한 공 컨테이너를 선택해 화주 공장에 반입한다. 화주(또는 그의 대리인)는 화물 적입 작업을 마치고 관련 서류업무 작업을 완료한다. 그러면 육로, 철로, 또는 내륙수로를 이용해 컨테이너를 수출항 터미널까지 운송한다. 컨테이너는 이 터미널에서 수출선박에 선적된다. 컨테이너가 항만에 도착하더라도 선박이 도착할 때까지는 부두에 일시 보관된다. 그 다음 예정된 적하계획에 따라 선적작업을 수행한다. 화물선적이 완료된 후 선박이 출항하게 된다.

　화물이 수입항에 도착되면 양하작업이 시작된다. 화물양하 후 즉시 수화인에게 운송되지 않고 부두 내에 일시 보관기간을 거치는 경우가 대부분이다. 세관 및 각종 검사절차, 그리고 수입업자(수화인)의 하치장에까지의 내륙운송을 위한 차량대기시간이 필요하기 때문이다. 화물이 컨테이너에 내장돼 있기에 수송수단 간 이적이 매우 간편하고, 신속하며, 서류 처리도 간명하다.

　수화인의 하치장에 도착한 컨테이너는 해체된다. 해체된 컨테이너는 추후 사용을 위해 다시 항만으로 보내진다. 그러나 수입화주가 해체된 컨테이너에 즉시

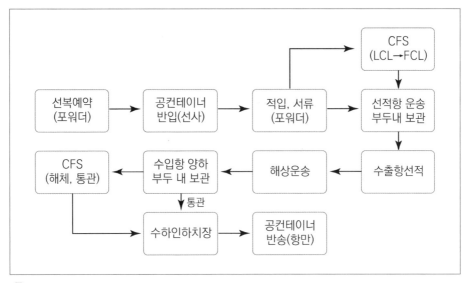

✎ 컨테이너 화물 수출입절차

수출화물을 실을 때에는 그렇지 않다. 이 경우에는 당해 컨테이너에 수출화물을 다시 적입해 항만으로 운송한다.

한 컨테이너의 화물을 모두 채울 수 없는 LCL(less than container load)화물인 경우에는 내륙컨테이너 터미널(ICD)에서 별도 포장 서비스를 받아야 한다. 내륙 터미널(ICD)은 도로, 철도 등을 통해 항만까지 연결되는 내륙에 위치한 통관터 미널을 말한다. 화주는 자신의 화물을 일반화물 형태로 가까운 ICD로 보낸다. 화주가 보낸 소량화물은 목적지가 동일한 다른 수출화주의 짐과 함께 컨테이너 에 적입되어 수입항으로 발송된다. 컨테이너를 적입할 때 통관이 실시되고 컨테 이너에 봉인이 부착된다. 적입된 컨테이너의 흐름은 화주가 운송하는 컨테이너 와 비슷하다. 일반적으로 컨테이너는 내륙운송수단(도로, 철도)을 거쳐 항만에 도 착한 후 선박이 도착할 때까지 일시 체류한 다음 선적된다.

어떤 화주들은 개별화물을 수출항으로 직접(또는 트럭회사, 철도회사를 통해)가 져가는 경우도 있다. 이들 화물은 터미널 인근 혹은 터미널 내에 위치한 고량화 물을 취급하는 컨테이너화물조작장(container freight station, CFS)이라 불리는 곳 으로 옮겨진다. 이는 터미널 내의 ICD라고도 할 수 있다. 소량화물들을 동일 수 입지별로 모아 공 컨테이너에 적입되는 것으로 ICD의 기능과 유사하다. 일단 적 입된 컨테이너는 터미널 내 보관구역으로 옮겨져 선적을 기다린다.

수입항에 도착해서 수업입자 하치장으로 직송되거나 화주 소재지 인근의 ICD로 운송될 수 있다. ICD에서 컨테이너는 해체되고, 통관절차를 밟고, 트럭 등을 이용해 각기 다른 화주에게 인도된다. 또는 보관구역에 체류하다가 CFS로 옮겨져 해체 작업에 들어간다. 해체된 화물들은 각종 내륙운송수단을 이용해 개별 수화인에게 인도되고 공 컨테이너는 다시 터미널 또는 적당한 장소로 보내져 향후 작업을 대기한다.

05

항만 클러스터

1 항만 클러스터

클러스터의 개념은 동일한 가치 사슬에서 운영되고 지리적으로 집중되어있는 상호 의존적인 조직의 집단으로 정의된다. 클러스터를 통해 가치 창출, 성장 및 생산성이 높아질수 있기 때문에 클러스터를 가치 창출의 엔진이라고 한다. 이 개념이 최근 항만에 적용되고 있다.

항만의 기능이 단순한 해륙 간 화물이송 및 운송 지역에 머물지 않는다. 조달과 생산과 소비의 세계화로 항만 인근 배후지가 글로벌 생산기지, 글로벌 물류기지로 변화하고 있다. 항만이 운송 시스템에서 접점 역할뿐 아니라 글로벌 공급사슬의 접점으로서의 역할이 강조되고 있다.

이로 인해 항만에서 민간부문의 역할이 확대되고 있다. 항만은 화주, 선사, 내륙운송인, 주선인, 대리점, 창고, 전시판매, 부가가치 활동제공자, 항만도시, 항만당국, 시민단체 등 여러 경제활동 참여자들이 포함된 복잡한 항만시스템으로 확대되었다. 이 항만시스템은 화물을 처리하는 컨테이너 커뮤니티와 컨테이너화물과 관련된 화주, 운송주선인, 조립, 가공 등 부가가치활동, 은행 등이 포함된 항만커뮤니티로 구분할 수 있다.[24]

항만의 역할이 항만 인근에서 처리되는 제조, 유통 및 화물에 대한 부가가치 활동을 통해 지역경제의 중요한 성장 동인 역할을 담당하는 항만 클러스터로 변

---

24) Henesey, Notteboom, Davidsson(2003)

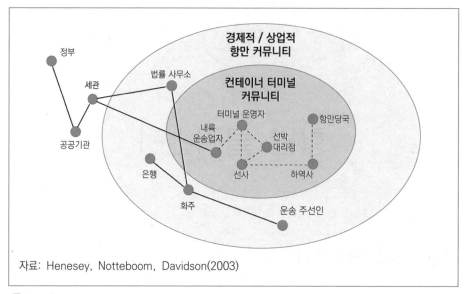

✎ 컨테이너터미널 커뮤니티

모하고 있다. 항만 클러스터의 주요 구성원들도 변화하는 항만의 기능에 따라 각자가 추구하는 목적이 바뀌고 있다.

정부는 거시 경제적 차원에서 항만의 효율성을 개선하고 항만 서비스 비용을 줄여 대외 무역경쟁력을 향상시키려 한다. 미시 경제적으로는 항만투자 및 운영비용의 일부를 민간부문으로 이전하고 일부 자산 매각으로 인한 수입을 늘림으로써 국가 예산에 대한 재정적 부담을 완화한다. 항만당국의 역할도 선박 및 화물의 도착과 관련된 업무에서 활발한 경제 활동을 유도하고 지원, 감독하는 것으로 확대되고 있다.

터미널 운영자의 경우 비용 효율적인 항만운영을 통해 자산을 효율적으로 사용하고, 서비스를 개선해서 더 나은 경쟁력을 확보하고 더 많은 물동량을 처리하는 기회를 추구한다.

수출입 업체 같은 화주는 항만비용을 줄이고 잠재적으로 해상운송료를 낮춰 수입품 및 중간 제품의 비용을 낮추고 수출 경쟁력을 강화할 수 있다. 궁극적으로 소비자의 상품가격을 낮추고 공급업체 간의 접근성을 높이고 경쟁을 확대하여 더 넓은 범위의 제품에 대한 접근성을 높인다.

② 이해관계자

 일반적으로 항만 이해관계자는 주주, 관리자, 직원, 항만 사용자, 서비스 제공 업체 및 항만 안팎의 기타 경제 주체를 포함하여 주로 경제적 또는 계약적 관계인 이해 관계자를 말하지만, 넓은 관점에서 이해 관계자는 회사에 관심이 있거나 영향을 받는 개인 또는 그룹까지 포함할 수 있다. 항만도시 시민, 환경운동가 등이 포함될 수 있다.

 항만 커뮤니티에서 주요 이해 관계자를 네 가지 그룹으로 구분할 수 있다.[25] 우선 내부 이해 관계자로 항만 관리자, 직원 등 항만조직에 포함되어 있는 사람들이다. 외부 이해 관계자는 경제적 이해관계, 혹은 계약관계에 있는 그룹이다. 공공 이해 당사자는 지방, 지역, 국가의 항만 관련 업무를 담당하는 정부 부처가 포함된다. 항만커뮤니티 이해 관계자는 시민사회단체, 항만도시 시민, 언론 및 기타 비 시장 참여자를 포함한다.

 항만 클러스터에 포함된 여러 이해관계자들은 저 마다의 이익을 추구하면서 이해상충이 발생하기도 한다. 항만개발이나 확장과 관련해서도 환경보호, 도시개발, 시민의 삶의 질 등의 이해와 상충될 수 있는 사안이다. 이러한 갈등은 이해 관계자의 이해가 항만 클러스터 내 구성원들과 이해가 일치하지 않기 때문에 발생한다. 항만운영에서도 선박체선이나 화물 체류시간 증가는 전 세계 여러 항만에서 자주 발생하는 현상이지만 화주에게는 비용이 발생하는 원인이다. 세관 및 검역당국과 같은 정부기관은 검사로 인해 컨테이너가 목적지에 도달하는 것을 지연시킬 수 있다. 선박이 정시 출항을 위해 선사는 터미널 관계자에게 터미널 생산성을 높여달라고 한다. 그러나 터미널 운영자는 처리되는 컨테이너당 비용을 절감시켜 이익을 극대화해야 한다.

 항만관리는 항만활동이 이해관계자 모두에게 이익을 가져다주도록 노력해야 한다. 항만 관리자는 각자의 우려 사항과 기여도, 항만 활동 및 항만 개발에 대한 참여로 인한 위험에 대해 이해 관계자의 의견을 듣고 공개적으로 소통해야 한다.

 일반적으로 컨테이너터미널의 이해 당사자는 정부, 항만당국(port authority),

---

25) Notteboom, Winkelmans(2001)

터미널운영자, 해운기업과 화주, 내륙운송업체 등 항만이용자로 구분할 수 있다.

(1) 해운기업

해운기업은 자사 소유의 선박에 대해서 항로별로 장단기 운항계획을 수립한다. 따라서 선박은 장단기 운항계획에 따른 배선계획대로 특정 터미널에 계획된 시각에 입항하여 양적하 작업을 완료한 후, 예정된 시각에 출항하기를 바란다. 물론 항로 사정에 따라 배선계획에 따른 예정된 시각에 특정 터미널에 입항하는 것이 현실적으로 불가능한 경우도 있으나, 선박은 최대한 배선계획에 따른 예정 시각에 특정 터미널에 입항하려 한다.

터미널에 도착한 선박은 선석 부족 등 터미널 사정에 의하여 묘박지에서 대기하는 경우보다는 즉시 서비스 받기를 원한다. 또한 안벽에 접안한 이후 높은 생산성으로 양적하 작업을 완료하여 예정된 시각에 출항을 원한다. 만약 특정 터미널에서의 출항시각이 예정된 시각보다 지연되면, 다음 기항지에서의 입항시각이 예정된 시각보다 지연되거나 아니면 예정입항시간을 맞추기 위해 연료소비가 많이 드는 가속운항을 할 수밖에 없다. 또한 선박에 입장에서는 배선계획에 따른 입항예정시각보다 늦게 입항한 경우에도 예정된 시각에 출항하기를 바란다. 안벽에서 크레인 등 장비를 추가로 투입해서 생산성을 높여 양적하 시간을 단축시켜주기를 원한다.

(2) 화주와 운송주선인

화주는 해상운송비용을 최소화하고, 수송화물 지연, 즉 시간비용을 최소화하려 한다. 동시에 화물의 안전한 운송이 목표일 것이다. 따라서 화주는 해운기업과 터미널의 운영효율성, 그리고 터미널 장치 및 게이트 반출입 등 육측 업무의 비용 효율성에 관심을 갖게 된다.

운송주선인(freight forwarder)은 화주를 대신하여 수출입에 필요한 화물운송 업무를 수행한다. 운송주선인은 계약운송인으로서 선박 등 운송수단을 보유하지 않으면서도 실제 운송인처럼 운송주체자로서의 기능과 책임을 수행한다. 운송주선인은 무선박운송인(NVOCC)의 업무와 비슷하다. 운송주선인과 NVOCC 모두 물류업체와 달리 물리적 자산을 소유하지 않고 있다.

(3) 터미널운영자

터미널운영자는 최소한의 안벽길이 및 안벽크레인을 설치하여 해운기업의 요구 조건을 충족시키려 한 것이다. 그러나 터미널운영자가 기항하는 모든 정기선사의 선박에 대해서 적정 수준의 서비스를 제공하지 못하면 정기선사는 경쟁관계에 있는 인근 터미널로 기항지를 변경할 수 있기 때문에 적정 수준의 서비스를 제공할 수 있는 시설을 갖추어야 한다.

그리고 터미널 운영자는 기항하는 모든 해운기업이 장기적으로 수립된 운항계획에 따라 선박이 입항하기를 바란다. 각 해운기업으로부터 보다 정확한 정보가 입수됨으로써 터미널운영자는 주어진 시설 규모로 최적의 선석 배정계획, 선박별 안벽크레인 할당 계획을 수립할 수 있다.

✎ 이해당사자의 요구조건

구 분	일차적인 요구조건	이차적인 요구조건	비 고
선사의 요구	출항 예정시각 준수	대기시간 감소 양적하 작업시간 감소	터미널 시설 투자 증가 선박 운항계획 수립
터미널 운영자의 요구	입항 예정시각 준수	화물량 등 화물정보 사전통보	터미널 시설 투자 감소 터미널 운영계획 수립

자료: 양창호, 김창곤, 배종욱(2001), p.6

해운기업은 장단기 선박 운항계획에 근거하여 선박을 운항하고 터미널 운영자는 이와 같은 해운기업별 항로별 운항계획을 근거로 하여 터미널 운영계획을 수립하면 최소한의 터미널 투자로 해운기업이 요구하는 조건을 충족할 수 있다.

그러나 항로의 기상상태, 출항지에서의 사정 등에 의하여 운항계획에 의한 입항 예정시간과 실제 입항시각과는 차이가 발생한다. 따라서 터미널 운영자는 이와 같은 사실을 감안하여 어느 정도의 여유를 고려한 적정 수준의 터미널 시설 및 하역장비를 보유할 필요가 있다.

(4) 정부와 항만당국

정부가 항만을 통해 기대하는 목적은 민간의 목적과는 다르다. 민간이 항만을 운영하는 경우 이익 극대화가 목적이다. 그러나 정부는 직접 항만을 운영하거나 혹은 민간에게 항만을 운영토록 했거나 항만이 국민경제에 도움이 되도록 하는 것을 목표로 한다.

지방정부와 중앙정부의 입장도 다소 다를 수 있다. 지방정부는 지역경제 발전에 기여하도록 목표를 세우고 있지만, 중앙정부는 이와 함께 국민의 소비자 잉여까지 기대하게 된다.[26] 지방정부는 지역민의 소득향상과 고용창출이 목표이다. 중앙정부는 항만투자를 통해 선박의 대기시간을 줄이고 재항시간을 단축해 수출입업체의 무역경쟁력을 높이고, 제품가격을 낮추는 것을 목표로 한다.

그러나 정부는 한정된 재원으로 여러 인프라 시설에 대한 투자를 해야 하기 때문에 항만에 대해 경제적 최적(economic optimum)을 충족시키는 투자결정을 내릴 수밖에 없다.

항만설비의 확장과 현대화는 단기적으로는 항만이용자에게 이익이 되지만, 장기적으로는 항만과 국가에게 이익이 된다. 정부는 항만이용을 촉진하고 지역산업을 육성하기 위해 경제적 최적 이상의 투자를 하는 것이 바람직하다. 다만 다른 항만 또는 다른 운송수단으로 물동량이 전환되는 경우가 발생하는 등 항만의 성장이 현저히 하락한 경우에는 예외적으로 경제적 최적 이하의 투자를 할 수도 있을 것이다. 일반적으로는 효율적 인프라를 구축해서 수출입 업체들의 해상운송 비용을 최소화하고 기항 선박 재항시간을 최적화하는 것을 항만투자에 대한 목표로 삼고 있다.

항만당국은 항만 처리물동량을 극대화하여, 자본이익률의 극대화하는 것을 목표로 하고 동시에 생산성을 높여 선박 재항시간을 최적화하고 화주에 대한 경쟁력 있는 서비스 수준을 유지하여야 한다. 항만당국은 선박의 안전한 접안을 위한 필요한 제반 해상 및 항만서비스를 제공하는 책임이 있는 조직으로 공기업이 담당한다. 하나의 항만당국이 여러 개의 항만을 관리하는 경우도 있다.

대부분의 국가에서 지방정부와 항만공사가 항만당국의 일을 담당하고 있다. 우리나라는 해양수산부와 각 지방해양수산청이 항만의 관리주체로 항만당국의

---

26) Xiao et al.(2012)

역할을 수행한다. 항만공사가 설립되어 있는 부산, 인천, 광양, 울산 등 4개 항만은 항만공사가 정부로부터 위임받은 권한을 행사하며 항만당국의 역할을 함께 수행한다.

⑥

항만서비스

① 항만서비스

항만서비스는 해상 및 해측 선박서비스, 해측과 육측의 연계 인터페이스 서비스, 그리고 육측 서비스로 구성된다. 항만 해상서비스는 선박이 항만에 접근할 때 항만에서의 안전한 선박운항과 안벽에 접안시킬 때까지 관련된 서비스를 말한다. 해측 선박서비스는 안벽에 접안해 있는 선박에 대한 화물 양적하를 위해 안벽과 야드의 작업을 말한다. 해측과 육측의 연계 인터페이스 서비스는 야드 장치장에서 트럭이나 철도, 피더운송에 화물을 연계시키는 작업이다. 그리고 육측서비스는 화물이 터미널 게이트를 통해 반출되거나 게이트를 통해 반입되는 서비스를 의미한다.

항만서비스의 품질을 결정하는 요인은 항만구역에서 제공할 수 있는 서비스의 범위를 말하는 가용성, 선박 및 화물 서비스에 걸리는 시간인 속도, 항만 성능의 일관성을 나타내는 신뢰성, 그리고 작업이 잘못되었을 때 대체 솔루션을 제공할 수 있는 능력을 나타내는 유연성으로 나누어 볼 수 있다.[27]

---

27) European Commission(2013), p.11

② 항만 해상서비스

항만 해상서비스는 선박이 항만에 접근할 때 항만에서 선박교통의 안전하고 신속한 흐름을 유지하고, 정박 중일 때 정박과 관련한 항만의 활동을 수행하기 위한 항만 관련 활동이다. 안전이란 항만 및 항내 해상을 사용하는 선박을 위험에서 보호하는 것을 의미한다. 신속한 흐름이란 선박이 과도하게 지연되지 않고 재항시간을 최소로 유지시킨다는 것을 의미한다.

항만 해상서비스를 다르게 정의할 수 있고 해상 서비스 제공에 대한 책임이 다를 수 있지만 해상 안전, 선박교통 효율성 또는 해양환경 보호 등 해상서비스를 광범위하게 지칭할 수 있다.

해양수산청 등 항만당국과 항만공사에서 제공하는 해상서비스 외의 해상구조, 해난구조 등의 해상 서비스, 혹은 항계 외에서의 예인 등 각종 해상 서비스는 해양경찰이나 해군의 책임과 관할권에 있다.

(1) 항장의 기능

미국과 영국 등에서는 항만의 안전을 책임지는 항장제를 채택하고 있다. 항장(port captain, 또는 harbour master)은 항내 항행의 안전, 항만의 보안, 해양 환경보호 및 항만시설의 운영을 보장하기 위해 특정 항만에 대한 규제와 관리를 집행할 수 있는 권한과 책임을 갖고 있다. 항장에 대한 법적 근거는 일반적으로 항만법 등에 규정한다.

항장은 선박사고나 유류오염, 보안사고 등 비상 상황에서 행동할 수 있는 특별한 법적 권한을 가지고 있다. 일반적으로 항장은 항만당국 소속이지만 미국은 독립적인 해안경비대 소속으로 되어 있다.

항장은 정부나 항만당국, 관계기관을 통해 항만 및 해상교통, 선석사용 등 모든 항만 해상서비스를 조정하여 효율적인 선박안전과 교통흐름을 보장할 책임이 있다. 항장은 항만 조정 센터에서 근무되며, 정교한 선박 교통 관리 시스템을 갖추고 있다. 대부분 항장은 경찰의 권한을 가지고 항만경찰의 수장으로 교통규제, 환경보호 및 사고예방과 관련하여 항만법을 시행하는 것이다. 항만 당국의 일원이기도 한 항장은 또한 도선사과의 조정을 책임지기도 한다. 또한 항장은 항만 지역에서의 위험물 운송 및 보관에 대한 규제 감독과 항만 시설의 올바른 사용을 책임지는 경우가 있다.

사고와 재해가 발생해 비상조치를 수행할 때, 항장은 모든 행동의 자유를 가져야 하며 필요한 활동을 지시할 최종 권위와 책임을 가져야 한다. 우리나라에는 항장제가 도입되어 있지 않고 있다. 항만 내와 항계 내에 입출항하는 선박의 동태를 감시, 감독하는 부두감독관[28] 정도가 있을 뿐이다.

(2) 도선서비스

도선사는 항만 내 일정구역에서 선박에 탑승하여 선박을 안전한 수로로 안내한다. 항만의 수심, 조류, 위험 등 특정 수로에 대한 지식을 보유한 항해 전문가이다. 도선사는 공인 기관에서 면허 또는 인가를 받아야 한다.

도선서비스가 민간서비스로 이양되면서 도선서비스에 대한 민간 부문의 독점위험의 우려가 있어 왔다. 항만에서 선박을 안전하게 통과시키기 위해 선박 통항관리, 예인선, 도선사 등의 전문 팀워크가 필요하다. 이 중에서 가장 중요한 서비스인 도선서비스의 독점은 항만, 해운기업, 화주 등 모두에게 큰 영향을 미칠 수 있다. 따라서 여러 국가에서 도선서비스의 공공성을 보장하는 정책을 함께 시행하고 있다.

(3) 예선 서비스

일반적으로 예인선 운영은 민간 회사에서 수행했다. 다만 선박 교통량이 상업적으로 예선 서비스를 운영하기에 충분하지 않은 경우, 항만 당국은 자체적으로 예선 서비스를 제공했다. 인접 항만과 예선 서비스를 공유하여 민간의 상업 운영을 유지하기에 충분한 규모가 되도록 한다.

하나의 민간 예선업체가 한 항만 지역에서 운영하는 경우가 많다. 이 경우 항만당국은 민간업체의 서비스가 제 기능을 다할 수 있도록 최소 승무원 규모, 통신 장비, 선박 교통관리 시스템 등 여러 가지 점검과 규제를 해야 한다.

여러 예선업체가 항만에서 경쟁하는 것이 이상적이다. 이 경우 항만당국은

---

28) 각 지방해양수산청 부두과장이 이 업무를 담당

세세하게 규제할 필요가 줄어들기 때문이다.

(4) 선박교통관제서비스

선박교통관제서비스(VTS)는 일반적으로 항만 또는 해양 당국에서 수행하는 서비스이다. 우리나라의 경우 해양경찰이 이 서비스를 수행하고 있다. RADAR, 선박자동식별장치(AIS), 초단파무선통신장비 등을 통해 선박의 위치를 탐지하고 선박과의 통신을 통해 통항선박의 동정을 관찰하고 항행안전 정보를 제공하는 서비스이다. 서비스는 항만 지역과 선박 통항밀도가 높은 해협 또는 연안을 따라 제공된다.

선박 항행지원에 대한 책임은 일반적으로 인근 연안 지역의 해양 당국과 항만 지역의 항만 당국에 있다. 따라서 VTS를 민영화하기는 어렵다. 물론 VTS도 민영화할 수 있지만, 공공성이 큰 서비스인 만큼 당국에 의해 선박 관리 및 제어, 비상 기능, 정보 및 통신 기능, 레이더 추적기능의 사양 및 성능에 대해 감독과 규제가 있어야 한다.

초기 VTS는 항만 운영의 효율성을 높이는 것에 초점을 맞추었으나, 선박의 충돌·좌초 등 해양사고를 줄일 수 있다는 것이 밝혀지면서 선박 안전을 위한 중요한 서비스로 정착하고 있다. 우리나라는 1993년 포항항에 도입된 이래 현재 15개 항만과 5개 연안VTS를 설치하여 운영 중이고, 2014년 선박교통 안전 강화를 목적으로 해양수산부와 해양경찰청에 이원화되어 있던 항만VTS와 연안VTS를 해양경찰청으로 일원화하여 운영하고 있다.

항만산업의
환경변화

01

항만산업의 경쟁심화

19세기와 20세기 전반까지 항만은 국가 또는 식민지 권력의 수단이었으며 항만 기항은 시장을 통제하는 수단으로 활용되었다. 이때 항만 간 경쟁은 미미했으며 항만 관련 비용은 높은 해상운송 비용과 내륙운송 비용에 비해 상대적으로 중요하지 않았다. 결과적으로 항만 효율성을 향상시킬 인센티브는 거의 없었다.

그러나 오늘날 대부분의 항만은 전 세계적으로 서로 경쟁하고 있으며 해상운송의 생산성에 큰 영향을 미치는 요인이 되고 있다. 이로 인해 오늘날 항만은 효율성을 개선하고 화물취급 비용을 낮추고 항만 서비스를 글로벌 네트워크로

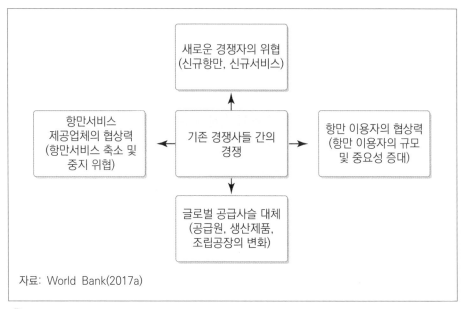

자료: World Bank(2017a)

✎ 항만산업의 경쟁 요인

통합하고 있다. 이러한 효율성 개선의 요구로 항만은 공공부문의 관료적 통제에서 벗어나 민영화가 급격히 진행되었다. 항만 당국과 항만서비스 제공업체의 경쟁 환경은 다음 5개의 요인들의 상호작용으로 이루어지고 있다.[1)]

이러한 요인들은 항만 확장, 항만서비스 개선, 항만요율 결정 및 관리 등 항만관련 여러 의사결정에 영향을 미치게 된다. 항만이 심화하는 경쟁 환경에서 전략적으로 어떻게 대처하는가가 관건이다.

 ## 기존 경쟁업체 간 경쟁

항만 내 혹은 항만 간의 경쟁이 심화되고 있다. 일부 항만에서는 항만의 위치에 따라 경쟁이 거의 없을 수도 있다. 그러나 많은 경우 항만 내, 혹은 항만 간의 경쟁이 심화되어 상호간의 이익을 줄이는 가격경쟁을 한다. 항만 경쟁을 결정하는 몇 가지 요소가 있다.

(1) 항만배후단지 접근성

어떤 상황에서는 항만배후단지에 하나의 항만만 접근할 수 있다. 이 경우는 지리적 특성이 있거나, 특정 항만을 제외한 다른 곳은 수송 인프라가 부족하거나, 정치적 이유 등으로 가능할 수 있다. 이러한 상황에서 항만 간 경쟁은 거의 없다.

그러나 많은 경우 여러 항만이 동일한 배후단지에 접근할 수 있어 시장 점유 경쟁이 치열해질 수 있다. 미국 동부, 걸프 및 서해안의 많은 항만은 미 중서부 지역 물량 확보를 놓고 경쟁한다. 북유럽과 지중해의 많은 대형 항만들도 유럽 내륙 지역을 놓고 경쟁하고 있다. 아시아에서는 홍콩, 세코우, 얀티안, 푸저우 및 기타 항만들이 중국 남부 시장을 놓고 경쟁하고 있다. 동북아시아의 여러 항만들은 중국 북부시장 및 한국과 일본 시장에 대한 서비스 경쟁을 하고 있다.

---

1) 본장의 내용은 World Bank(2017a)를 주로 참조하여 기술

(2) 환적 능력

허브항만으로 선도적인 위치를 확립한 항만의 경우에도 환적 화물 확보를 위한 경쟁은 치열하다. 싱가포르항은 아시아-유럽 무역항로 상에 위치한 유리한 입지와 동남아시아 각 지역과의 근접성 덕분에 세계 최대 환적센터로서의 역할을 확립하고 있다. 부산항은 동북아에서 중국 및 일본, 동남아의 북미나 유럽과의 수출입 화물 환적항으로 세계 2위의 환적물량을 처리하고 있다. 콜롬보와 두바이는 아라비아해 시장과 인도권역을 오가는 지역 허브로 자리 매김했다. 그러나 이러한 환적센터 역할을 하는 항만들도 환적화물 확보를 위한 경쟁을 하고 있다. 싱가포르항은 인근의 말레이시아 포트 켈랑, 탄중 펠레파스(Tanjung Pelapas)항과 경쟁하고 있고, 부산항도 닝보항 등 동북아 중국항만들과 경쟁하고 있다. 이러한 경쟁 항만들은 기존 환적허브 중심항과 환적화물 유치 경쟁을 하면서 환적 처리비용을 낮추는 영향을 미치게 된다.

(3) 지역 항만 공급과잉

지역 내 항만 처리능력의 불균형은 항만 간의 경쟁에 영향을 미친다. 처리능력이 지역 항만수요를 초과하면 항만들은 시장 점유율을 높이기 위해 경쟁하게 된다. 어떤 경우는 파괴적인 가격책정(destructive pricing)으로 이어질 수 있다. 이는 항만이 고객을 유지하기 위해 공격적으로 서비스 가격을 책정하면서, 비용 이하의 가격을 책정하는 것을 말한다.

항만배후단지의 규모가 크지 않은 항만의 경우 충분한 항만물동량이 확보될 수 없기 때문에 모든 유형의 화물에 대해 경쟁할 수밖에 없다. 이 경우 항만이 비교 우위를 가질 수 있는 특정화물에 전문화된 항만으로의 발전이 어려워진다.

2 신규 경쟁자의 위협

두 번째 경쟁요인은 항만 내에 새로운 항만 시설 또는 서비스 제공 업체의 진입이다. 여기에는 신규항만이 건설되어 화물이 배후단지로 수송되는 방식이 바뀌는 상황도 포함된다.

(1) 신규 항만 건설

신규 항만을 건설하는 데 필요한 투자비가 신규 경쟁자에게 진입장벽으로 작용한다. 항만건설은 항로준설, 부두 건설, 진입로 및 항만 상부시설 및 장비에 많은 투자비가 소요된다. 그러나 새로운 진입자들이 신규 항만 건설에 드는 투자 위험을 감수하는 경우가 있다. 말레이시아 반도의 남서쪽 끝에 있는 탄중 펠레파스항 건설이 좋은 사례다. 이곳에 컨테이너 전용항만을 건설하기 위해 약 7억 5천만 달러를 투자하였다. 수익성 높은 컨테이너항만시장에 진입할 수 있다고 판단한 것이다. 이 지역의 컨테이너 물동량은 주로 싱가포르 항에 의해 처리되고 있었는데, 탄중 펠레파스 항의 건설로 싱가포르의 환적 물동량 일부를 내어줄 수밖에 없었다.

(2) 수송 형태의 변화

수송 형태의 변화는 새로운 항만경쟁을 유발할 수 있다. 특히 컨테이너 화물의 경우, 기존항만의 배후지에 다른 항만까지의 신규 육상운송수단이 건설되면 기존항만이 점유하던 컨테이너 화물을 흡수할 수 있다. 또한 신규 항만이 육상운송을 경유하여 배후지로의 접근을 제공하여 현지에 위치한 항만과 경쟁할 수 있는 경우도 있다. 당초 파나마 운하를 통해 미 동안까지 해상운송(all water service)이 이루어졌지만, 선박의 초대형화에 의해 파나마 운하 통과에 제약이 생기면서 아시아에서 미 서안 항만까지 해상운송한 뒤 다시 미 중부 및 동안지역까지 철도운송을 하는 경우가 증가하였다. 이렇게 되면서 미 서안 항만이 미 동안 항만의 새로운 경쟁자로 등장하게 되었다.

또한 아시아-북미간 물동량이 크게 증가하면서 북미 서안 항만의 혼잡과 정체가 증가하게 되었다. 이에 따라 화주들은 정체를 줄이고 총 비용이 절감되는 대체방안을 강구하게 되었고, 그 결과 인근 캐나다와 멕시코 항만이 미 서안 항만의 새로운 경쟁항만이 되었다.

3 글로벌 공급사슬 대체

항만 경쟁의 세 번째 요인은 기존 항만 이용자가 글로벌 공급사슬을 바꾸면서 항만활동에 영향을 미치는 경우이다. 세계 무역 경쟁이 심화되면서 원자재나 부품, 완제품 등의 공급이 글로벌화되고 수직계열화가 글로벌 물류사슬에서 중요하게 되었다.

(1) 구입 제품의 원산지 변경

항만을 이용하는 고객이 구입 화물의 원산지를 바꿀 수 있다. 화물 원산지를 변경하면 수출항만이 변경되며 어떤 경우는 수입항만도 변경된다. 과일 및 채소, 의류 등은 공급원을 바꿀 수 있는 사례다. 예를 들어 바나나는 서 아프리카, 중남미, 카리브해 또는 아시아에서 공급받을 수 있다. 의류 또한 전 세계적으로 공급받을 수 있는 원산지가 많이 있다. 우리나라의 경우도 과거 중국에서 사료용 곡물을 수입했지만 중국의 경제발전이 시작된 이후 사료용 곡물은 중남미 지역에서 수입하고 있다. 이런 경우 항만을 통과하는 활동에 영향을 미치게 된다.

(2) 수출 및 수입품의 대체

해외 구매자가 현재 항만을 통해 선적하는 화물을 다른 화물로 대체할 수도 있다. 예를 들어, 해외 발전소에서 석탄을 발전 원료로 사용했지만 가격변동 등의 이유로 경제적 측면에서 유리한 석유나 가스로 전환할 수 있다. 석탄 수출항의 경우 물동량 감소로 이어질 것이며, 가스나 석유 수출항의 경우 취급 물동량이 증가될 것이다. 수입국 항만도 변화될 것이다.

(3) 공급 대체에 다른 비용

항만 인근의 화물보관 및 조립시설 투자를 한 경우에는 이들 시설을 다시 투자하는 데 상당한 비용이 소요되기 때문에 항만 이용자가 공급지나 화물 변경을 쉽게 할 수 없는 요인으로 작용한다. 즉 수입 중간재를 갖고 최종제품으로 만들어 국내 또는 수출 시장에 판매할 경우, 항만 내 혹은 항만 근처에서의 부가가치활동에 대한 항만 이용자의 의존성이 큰 경우 공급 대체를 하는데 제약요인이 될 수밖에 없다. 예를 들어 Reebok은 유럽시장에 서비스를 제공하기 위해 로테르담 항 배후물류단지(Maasvlakte Distripark)에 대규모 최종 조립 및 유통 센터를 설립했다. 이 부가가치활동을 다른 장소로 옮길 수는 있지만 상당한 비용이 발생할 수밖에 없다.

사 례 ⁺

Maasvlakte Distripark의 Reebok Logistics Center

많은 항만에서 부가가치활동(value added activities)을 통해 무역을 확대하고 지역 고용을 창출한다. 항만 배후지에서의 부가가치활동 유치의 핵심 요인은 효율적인 항만 운영, 우수한 운송 서비스 이용 가능성, 그리고 저렴한 토지, 노동 및 에너지 가격이다.

로테르담 항 배후물류단지의 Reebok 최첨단 물류센터는 300명의 직원을 고용하고 지역 사회경제에 도움이 되는 부가가치활동을 수행하고 있다.

Reebok 제품 라인 및 물류

Reebok에는 신발 및 의류의 두 가지 제품군이 있다. 1998년 기준 리복의 국제판매 중 신발은 57%, 의류는 43%를 차지했다. Reebok 제품은 170 개국에서 판매되었다. 영국은 유럽에서 가장 큰 Reebok 제품 시장으로 전체 유럽 판매량의 30%를 차지했다. 스페인은 Reebok 제품의 또 다른 큰 시장이다. 신발은 대부분 극동지역 국가의 공장에서 공급된다. 대부분의 의류는 남부 유럽의 공장에서 공급된다. 신발은 극동에서 컨테이너로 이동된다. 의류는 포르투갈, 그리스, 터키 등의 공장에서 트럭과 컨테이너로 이동된다.

물류 활동의 구조 조정

물류 활동의 글로벌 구조 조정의 일환으로 1995년 Reebok은 유럽의 창고 및 유통 활동을 통합하기로 결정했다. 각 시장에 창고 시설을 두는 대신, 유럽 본토에 대형 물류시설을 설립하여 유럽 여러 시장에 직접 공급하되, 영국과 스페인에는 포장과 배송창고를 두기로 했다. 남부 유럽에 대한 의류와 일부 대형 매장을 제외하고 유럽 시장으로의 모든 제품 흐름은 이 물류 센터를 통과한다. 주된 직접 공급시장은 프랑스, 벨기에 및 네덜란드였다. Reebok은 이러한 위치를 평가한 후 네덜란드에 물류센터를 두기로 결정했다. 새로 조성된 Maasvlakte의 Distripark 3에 두기로 했고 1998년 11월에 오픈했다.

로테르담 항이 선택된 이유

Reebok이 이 사이트를 선택하는 데는 여러 가지 이유가 있었다. 로테르담 항만의 컨테이너 처리 시설은 유럽에서 가장 발전되고 효율적인 터미널 중 하나로 간주된다. 해안에 위치해 있어 영국 시장에 대한 해상운송이 가능하다. 노동시장이 경직되어 있음에도 로테르담

지역에는 창고 노동력이 잘 공급되고 있다. 네덜란드의 대부분의 사람들은 영어를 이해한다. 네덜란드의 세관은 효율적이고 비즈니스 친화적이다. 인건비와 노동 규제는 유럽의 다른 국가와 유사하다. 항만은 시 정부와 함께 Reebok을 적극적으로 유치했고 Maasvlakte에 시설을 둘 수 있도록 강력한 인센티브를 제공했다. 6년 동안의 임대에 이어 5년의 갱신 옵션을 제시했고, Reebok의 실질적인 잔존가치를 보장했다. 로테르담 항만은 700,000평방 피트의 첨단 물류시설 건설에 필요한 자금을 지원했다. 또한 항만은 물류시설과 인접한 컨테이너터미널에 연결하는 데 필요 인프라를 구축하고 플랜트 교대 시스템에 맞는 버스 서비스를 제공했고, 문제를 처리할 수 있는 담당자를 제공했다. Reebok은 이런 관계를 "항만과의 파트너십"이라고 설명하고 있다.

자료: World Bank(2007a), p.31

 ## 4 항만이용자의 협상력

항만을 이용하는 해운기업과 화주는 일정부분의 협상력을 갖고 항만관리에 대해 영향을 미치게 된다. 이것이 항만 경쟁 환경 조성의 네 번째 요인이다. 항만 이용자의 협상력은 여러 요인에 의해 결정된다.

(1) 해운기업의 영향력

해운기업이 항만에서 많은 양의 물동량을 처리할수록 터미널 운영자 등 항만 서비스 제공업체에 대해 더 큰 협상력을 갖게 된다. 항만은 강력한 해운기업을 유치하려고 심혈을 기울인다.

최근 한 유력 컨테이너 정기선사는 미국 동안의 중심항만으로 활용하는 조건으로 뉴욕/뉴저지 항으로부터 터미널 운영권을 받아냈다. 항만은 전체 컨테이너 물동량의 20%를 차지하는 해운기업을 잃고 싶지 않았을 것이다. 대형 항만에 대한 협상력이 이 정도라면 중소형 항만에 대해 유력 해운기업이 가질 수 있는 시설 사용 등에 대한 협상력은 매우 클 것으로 예상할 수 있다.

(2) 정기선사간 전략적 제휴

해운기업 간의 협력이나 사업재조정이 항만관리자와 항만 서비스 제공업체에 큰 영향을 미칠 수 있다. 해운기업들 간의 협력에는 해운동맹(conferences), 슬롯 공유협약(slot sharing arrangements), 전략적 제휴(strategic alliances), 합병(mergers) 등이 있다. 어떤 경우든 해운기업들의 항만이용 집중도가 높아질 수 있다. 항만이 얼라이언스의 대표자들과의 향후 계약 조건을 논의하는 협상은 과거 개별 고객이었던 해운기업이 아니라 엄청난 해운기업들의 연합체와 협상을 해야 하는 것이다.

(3) 부가가치활동 업체

대규모의 부가가치활동 업체도 항만에 대한 협상력을 가질 수 있다. 존재한다. 다수의 인원을 고용하고 지역 경제에 실질적으로 기여하는 주요 부가가치활동 업체들은 항만으로부터 양보를 얻어낼 수 있는 위치에 있다. 오레곤 주 포틀랜드 항만공사는 자동차 수입을 유지하고 성장시키려는 전략적 목표를 갖고 항만공사로부터 여러 터미널을 임대하고 있던 3개의 자동차 제조업체(현대, 혼다, 토요타)와 협상을 하였다. 이 3개의 자동차 제조업체를 항만에 계속 유치시키기 위해 항만공사는 여타 군소업체에게는 제시하지 않은 유리한 조건을 제시했다.

항만이용자는 지역경제에 대한 항만의 중요성을 관세, 서비스, 시설 등에 대한 협상 지렛대로 사용할 수 있다. 항만이용자의 지역 경제 기여도가 클수록 항만에 대한 해운기업 등 항만이용자의 협상력은 커질 수밖에 없다.

(4) 항만 서비스 복제 여부

해운기업이 항만에서 제공하는 서비스를 다른 곳에서도 똑같이 받을 수 있다면 강력한 협상력을 갖게 된다. 유럽 시장에서 대형 컨테이너 취급 항만이 몰려 있는 북유럽에서는 해운기업들이 다른 항만으로 이전을 무기로 관세 인상에 대응하고 생산성 제고를 요구하고 있다. 한 얼라이언스는 로테르담에서 체선을 겪고 있다는 이유로 로테르담에서 앤트워프로 유럽/아시아 서비스 중 하나를 일시적으로 이전하기도 했다. 이 결정으로 로테르담의 항만체선이 해소될 때까지 연간 약 125,000TEU의 물동량이 로테르담에서 앤트워프로 이전되었다.

5 터미널운영자의 협상력

터미널운영자들은 서비스를 축소하거나 취소하겠다고 위협함으로써 항만에 대한 협상력을 행사할 수 있다. 특히 글로벌 터미널운영자들이 민간자본을 활용해 신규 항만의 50% 이상을 개발하는 등 그 역할이 증대되어 왔다. 이 대형 운영사들이 항만 당국에 대한 협상력을 키워왔다. 터미널운영자 같은 항만서비스 제공업체의 협상력은 몇 가지 요인에 의해 결정된다.

(1) 터미널운영자의 운영경험 및 능력

터미널운영자가 갖고 있는 운영경험과 능력은 협상을 결정하는 중요한 요인이다. 이러한 경험과 능력이 클수록 운영사가 항만에 대한 협상력이 커지게 된다. 이들 운영사들은 수년 동안 항만에서 근무해 온 경험 많은 숙련된 직원을 보유하고 있으며 작업 수행에 필요한 많은 장비운영 경험을 축적하여 이제 막 시작하는 창업회사보다 유리한 조건을 얻어낼 수 있다. 글로벌 터미널운영자들은 다른 항만에서의 운영, 고객의 충성도, 네트워킹 등을 기반으로 경험과 고유한 기능을 제공하기 때문에 더 유리한 협상 위치에 있을 수 있다.

(2) 시설 자금조달에 참여

자금조달에 참여하는 터미널운영자는 더 유리한 협상 위치에 있다. 터미널 운영권을 따내기 위해서는 터미널운영자로부터 어느 정도의 자금조달이 수반되어야 하며, 가장 좋은 조건의 자금조달을 제공하는 운영사가 운영권을 받을 수 있을 것이다. 예맨 아덴(Aden)항의 새로운 컨테이너터미널 개발자는 PSA Corporation을 운영자로 선택했는데, PSA는 2억 달러 이상의 인프라 개발 자금조달에 기꺼이 참여했기 때문이다.

$$\textcircled{02}$$

|

글로벌리제이션

갈수록 치열해지는 글로벌 무역 경쟁은 항만을 포함한 국제물류의 비즈니스 수행 방식을 변화시키고 있다. 혁신적인 시스템과 새로운 기술의 발전으로 항만 인프라의 근본적인 변화가 요구되며, 고도로 전문화된 인력이 필요하게 될 것이다. 해운기업 등 항만이용자와 터미널운영자 같은 항만서비스 제공업체 간의 제휴와 통합이 계속되어 항만과의 협상력의 변화가 생기고 있다. 컨테이너화물 수송 패턴과 해상물류의 변화로 항만의 계층 구조가 더욱 진전될 것이다.

1 생산의 글로벌화

생산의 글로벌화, 세계화 추세로 세계 경제의 상호연관성이 더욱 심화되고 있다. 지난 반세기 동안 대부분의 국가에서 GDP에서 차지하는 수출 비중이 증가했으며 세계 무역의 수직적, 수평적 분업이 증가했다. 또한 세계 여러 지역에서 생산된 제품들은 더욱더 동일 시장에서 경쟁해야 한다. 최근 보호무역주의가 일부 선진국에서 다시 등장하고 있지만, 이는 장기 경제침체에 의한 현상이며, 조달과 생산, 판매의 글로벌화, 즉 글로벌 무역경쟁은 앞으로도 그 추세가 지속될 것으로 예상되고 있다.

세계 무역의 수직 분업화와 수평적 분업화는 제조업체들의 글로벌 물류 시스템에 큰 영향을 미쳤다. 글로벌 공급사슬에서 특히 운송의 중요성이 증가했다. 기업은 핵심 역량에 집중하고 비 핵심 제조 및 조립 활동은 외부기업을 활용하는 아웃소싱을 확대해 나갔다.

전통적인 생산 라인 작업이 주 공장에서 하청 공장이나 유통 센터로 멀리 이전되고 있다. 물류 아웃소싱분야 중 빠르게 성장하는 분야가 운송 중 가공, 제품 라벨링, 재포장, 품목 재구성 같은 고객 요구에 따른 맞춤제작 분야이다. 이런 분야는 소비지 인근 항만배후단지에서 많이 수행되며 항만의 부가가치 활동에 포함되는 내용이다.

② 집중 생산시스템

기존에 지역별로 생산하던 방식에서 벗어나 생산능력을 한곳에 집중시키는 집중생산 채택을 늘려가고 있다. 현지 시장별로 여러 제품을 제조하는 생산방식에서 대륙 또는 일부는 전 세계 시장을 대상으로 특정 제품의 생산을 한 곳에 집중시키는 방식이다. 이를 통해 기업은 생산에서 규모의 경제효과를 극대화할 수 있다.

그러나 집중 생산은 여러 지역의 소비지까지 운송하는 데 시간이 길어지면서 정시운송에 대한 신뢰성 문제를 발생시킬 수 있다. 운송 신뢰성이 떨어지면 소비지 근처 물류센터의 재고증가로 이어질 수 있다. 생산의 규모의 경제효과가 운송비 증가 및 재고비 증가에 비해 더 커야 이와 같은 집중 생산시스템을 채택할 수 있는 것이다. 따라서 집중 생산 시스템은 신뢰성 있는 육상운송, 항만, 해상운송을 포함한 물류사슬에 의존할 수밖에 없다.

③ 물류범위 확대

글로벌 환경에서 경쟁하는 기업들은 꾸준히 조달, 생산, 판매지역을 범세계적으로 확대할 수밖에 없고, 이에 따라 원자재, 부품 등의 구매와 완제품 유통, 판매의 지역적 대상이 확대, 즉 "물류범위"가 확대되었다. 전 세계적으로 이 범위를 확장하는 것은 지난 30년 동안 국제무역 및 국제물류에서 지배적인 추세

중 하나였다. 예를 들면 다양한 부품들로 구성되는 컴퓨터 등 전자제품을 생산하기 위해서는 여러 나라에서 생산된 부품들을 조달해서 조립하게 되는데, 이런 과정들이 물류 범위의 확대를 가져오게 된 것이다.

물류범위가 확대되면 단순히 운송거리가 길어지는 것이 아니라 운송과 보관을 함께 고려한 물류비용 최적화, 소비자나 공장에 대한 공급신뢰성을 유지시키는 등의 공급사슬관리(SCM)가 더욱 필요해진다.

4 공급대안의 증가

특정지역의 생산자는 동일한 시장을 놓고 세계 여러 지역의 생산자들과 경쟁을 해야 한다. 그 경쟁력은 원자재 및 중간 제품의 공급대안의 선택에 달려있다. 유럽의 과일 및 주스 도매 업체는 라틴 아메리카, 동남아시아, 호주, 지중해, 미국 남동부 및 아프리카 등으로부터 과일을 공급받을 수 있다. 섬유 제조업체는 동남아시아, 인도, 아프리카, 동유럽 등 여러 지역에서 공급받을 수 있다. 공급대안의 결정은 화물 도착에 소요되는 총 비용 등에 의해 결정된다.

화물구매 후 도착까지 발생하는 비용은 여러 가지이다. 구매원가에 운송비, 창고비, 하역비 같은 물류비를 포함시켜야 한다. 원자재와 중간제품의 품질과 가격이 동일하다고 가정하면 공급대안별 물류비용이 결정을 좌우하게 된다.

5 항만에 미치는 영향

항만은 물류 시스템에서 중요한 접점(node)이다. 생산의 세계화는 항만이 공급사슬의 가치 저감이 아닌 가치 창출의 장소가 되어야 할 필요성을 갖게 되었다. 왜냐하면 항만이 대륙 간 수송과 생산, 조립 또는 최종 배송을 위해 활용하는 항만배후단지와의 연결점이기 때문이다.

항만의 이러한 기능과 효율성은 공장이나 물류센터의 위치 결정에 큰 영향을 미치며, 현지 생산자가 전 세계 또는 다른 지역 생산자와 경쟁 할 수 있는 경쟁력을 갖추기 위해 항만을 생산, 가공, 유통지로 활용하고 있다.

항만이 실제 이러한 화주의 요구에 부합하려면 저렴한 비용의 부가가치활동 서비스를 제공해야 한다. 항만은 항만의 실제 이용자인 화주의 경쟁우위를 개선시켜주는 것을 일차적인 목표로 삼아야 한다. 고객의 경쟁력을 향상시키는 것을 목표로 하는 기업을 시장지향적 기업(market-focused firm)이라고 한다. 항만이 화주에 대해 시장지향적 기업으로 변화해야 하는 이유이다.

(03)

|

기술의 변화

해상운송 분야에서 일어나는 주요 기술적 변화가 항만 인프라 및 항만서비스에 영향을 미치고 있다. 가장 큰 변화가 세계 무역에서 컨테이너화가 증가하고 있다는 점과 컨테이너선이 대형화하고 있다는 것이다.

지난 수세기 동안 화물의 해상운송을 단순화하기 위해 다양한 시도가 이루어졌다. 그러나 화물취급 기술의 한계로 인해 이러한 노력이 실패했다. 그동안 석유, 석탄 또는 곡물을 담을 수 있는 특수한 설계의 선박으로 교체되면서 벌크화물 취급의 발전이 있었지만, 일반화물 운송에서는 거의 발전이 일어나지 않았다. 1950년대까지 일반화물은 계속해서 브레이크벌크화물로 처리되었다.

일반화물을 공장이나 창고에서 항만 부두로 운반할 때 팔레트에 올려 철도차량이나 트럭을 이용한 것이다. 그곳에서 각 팔레트는 그물망에 넣어 크레인으로 도크에서 선박으로 선적되었다. 팔레트가 선박의 화물창에 들어간 후에는 해상운송 시 손상을 방지하기 위해 팔레트를 고정해야 했다. 이 과정은 항해 후 다른 쪽 항만에서도 똑같이 수행되었다. 일반화물은 해상운송이 느리고 노동집약적이며 비싼 과정일 수밖에 없었다.

말콤 맥린(Malcom McLean)이 1955년에 표준화된 컨테이너 박스를 이용하면 출발지에서 선적하고 도착지에서 하역하면, 즉 두 번만 취급하면 된다고 믿으면서 이 모든 것이 바뀌기 시작했다. 조그만 유조선 회사를 사들여 시랜드(Sealand)사로 개명을 하고, 트럭 트레일러를 운송하기 위해 선박을 개조했다. 1956년 4월 26일 이 선박이 푸에르토리코를 향해 뉴저지 주 뉴어크(Newark)항을 떠난 것이 시랜드 컨테이너선의 첫 항해가 되었다.

그러나 철도회사, 해운기업, 그리고 노조의 반대로 인해 컨테이너선 운항이 지연되다가, 1966년에 이르러 로테르담에 대한 시랜드의 처녀 국제항해가 이루어지게 되었다. 이를 계기로 국제무역에서 컨테이너화가 시작되었다.

컨테이너화 이전에는 일반화물은 크레인이 있는 브레이크벌크 선박에 선적되었고 안벽에 수직으로 설치된 핑거부두(finger pier)에 접안해서 화물을 부두 창고에 보관하였다. 컨테이너선 기항을 유도하기 위해 브레이크벌크 항만은 부두 크레인뿐만 아니라 다양한 인프라에 대한 많은 투자를 해야 했다. 안벽크레인에 의한 컨테이너의 양적하를 위해 컨테이너선을 부두에 평행하게 접안할 수 있도록 항만을 재설계하였다. 컨테이너의 적치와 개방된 야드 저장을 위해 창고를 제거하고 토지를 정리했다.

해상 무역의 컨테이너화가 시작된 것은 60년이 넘었고 원양해운에서 컨테이너가 전용선에 의해 운송된 것은 50여년 밖에 되지 않았다. 그러나 그동안 더욱 효율적인 화물 취급을 위해 컨테이너 전용항만에 대한 많은 투자가 이루어졌다. 초대형 컨테이너선의 등장으로 컨테이너 전용항만도 첨단시설을 갖춘 자동화터미널로 변화하고 있다. 또한 해운산업이 항만과 연계된 매우 정교한 정보시스템 기술을 사용하면서 항만도 선박, 연계운송사, 배후지 기업들과 연계된 정보시스템을 구축하고 정보를 연계하는 디지털 항만으로 변화하고 있다.

① 세계 무역의 컨테이너화

전세계 해상운송 일반화물 무역의 60% 이상이 컨테이너로 운송되고 있다. 선진국 간의 무역에서 이 비율은 80% 이상에 달한다. 단위포장을 해서 운송하는 개품운송을 주로 하던 일반화물 운송이 컨테이너화물로 바뀌는 컨테이너화(containerization)에 의해 운송비가 획기적으로 절감되는 기술혁신을 맞게 되었다. 선적비용은 기존 방식에 의하면 톤당 5.83달러였으나, 컨테이너 도입 후에는 톤당 0.16달러로 크게 절감되었다.[2] 그리고 선적 생산성도 기존방식에 의하면 시간당 1.7톤에 불과했으나, 컨테이너 도입 후 시간당 30톤 이상 선적이 가능해졌다. 더욱 값싸게 대량으로 운송하고 하역할 수 있는 물류혁명이 이루어진 것이다.

---

2) 마크 레빈슨/이경식 역(2016), p.118

이에 따라 컨테이너선도 지속적으로 증가하고 있다. 2020년 1월 현재 5,300 척, 2,300만TEU 이상의 컨테이너선이 운항되고 있다.[3] 2000년에 컨테이너선은 총 500만TEU이었기 때문에, 세계 컨테이너 선대는 20년 동안 4배 이상 확대된 것이다.

② 초대형 컨테이너선

2020년 기준 컨테이너 선박량 중에서 초대형선이라 할 수 있는 7,500TEU급 이상 선박이 차지하는 비중이 전체의 절반을 넘는 54%나 차지하고 있다. 컨테이너선의 초대형화를 이끌어 온 해운기업은 덴마크의 머스크(Maersk)이다. 2003 년에 머스크사는 2척의 8,000TEU 컨테이너선 운항을 시작했고, 2013년에는 18,000TEU형 선박운항을 시작했다. 18,000TEU급 선박은 선박길이 400미터, 선폭 60미터, 흘수 21미터로 말라카 해협을 통과하기 위한 최대 선형을 기준으로 한 것이다. 현재는 우리나라의 HMM 등이 운항하고 있는 24,000TEU 선박이 최대 선형 컨테이너선이다.

7,500TEU급 선박은 2004년부터 발주가 본격화되었고 10,000TEU 이상 선박은 2010년부터 본격적으로 발주되었고, 18,000TEU 이상 선박은 2014년 이후부터 발주가 본격화되었다.

✎ **초대형 컨테이너선 인도 척수**

	7500-10000 TEU	10000-15000 TEU	15000-18000 TEU	18000 TEU 이상	합계
2001-2005	86	0	0	0	86
2006-2010	184	55	7	0	301
2011-2015	192	216	14	35	457
2016-2020	26	160	12	98	296

자료: Alphaliner, Monthly Monitor

---

3) Alphaliner, *Monthly Monitor*

③ 항만 운영에 대한 영향

일반화물을 포대나 묶음 같은 브레이크 벌크화물로 운송하다가 컨테이너화물로 운송하게 되면서 부두에서 선박시간을 크게 단축시킬 수 있게 되었다. 컨테이너화를 통해 화물 취급 인력이 크게 줄어 들었고, 부두 생산성이 크게 높아졌다. 물론 이를 위해 컨테이너 전용장비 등 시설투자가 필요하게 되었다.

컨테이너가 도입되기 전에는 대형 일반 화물선을 선적 및 하역하는 데 약 200명의 부두인력이 필요했지만 컨테이너선으로 같은 화물을 적재 및 하역하는 데 4개의 갠트리 크레인으로 작업할 때 약 30명의 인력만 있으면 가능해졌다. 컨테이너화로 항만노동에 대한 수요가 크게 감소한 것이다. 영국의 부두노동자 일자리가 1967년 80,000개에서 1986년 11,400개로 감소했으며 1989년과 1992년 사이에 44%가 추가로 감소했다.[4]

또한 부두 생산성도 크게 향상되었다. 전형적인 일반화물 부두의 경우 연간 약 130,000~150,000톤의 화물을 처리할 수 있었다. 그러나 4개의 갠트리 크레인이 장착된 현대식 컨테이너 부두의 경우 연간 40만TEU 컨테이너를 처리한다. TEU 당 평균 하중이 10톤이라고 가정하면 컨테이너 부두의 연간 처리량은 약 400만 톤이 된다.

브레이크벌크 선박은 양하와 선적을 하는 데 약 1주일이 걸렸지만, 컨테이너선은 같은 양의 화물을 처리하는 데 12시간만 항만에 있으면 되었다. 선박의 항만 재항시간이 짧다는 것은 항만사용료가 낮아질 뿐만 아니라 화물운송에 필요한 선박 수가 줄어들 수 있다는 것을 의미한다.

그러나 컨테이너화물을 처리하기 위해서는 많은 투자가 필요하다. 크레인 길이가 57미터에 이르는 대형 안벽크레인은 대당 약 600만 달러가 소요된다. 초대형 컨테이너선의 원활한 양적하를 위해서는 이런 크레인이 4대가 필요하다. 안벽개선과 야드 크레인 등 상부시설 장비까지 고려하면 2선석 컨테이너터미널을 건설하는 데 약 1억 달러 이상이 소요된다. 1950년대 일반화물 취급부두의 경우 3~6톤 규모의 안벽크레인이 사용되었는데, 오늘날 가격으로 해도 약 백만 달러밖에 되지 않는다.[5]

---

4) Tally(2000)
5) World Bank(2017), p.41

컨테이너항만 생산성 향상

　컨테이너화로 인한 중요한 추이 중의 하나가 선박의 크기가 증가했다는 점이다. 1992년에서 2002년 사이에 컨테이너선은 4,500TEU에서 8,400TEU로 대형화되었고, 현재는 24,000TEU까지 선박의 초대형화가 이루어졌다. 전 세계 정기선 서비스에 초대형 컨테이너선이 도입됨에 따라 컨테이너항만도 항만 진입수로 수심과 안벽 전면 수심, 선박 회전에 충분한 선회 폭, 안벽크레인의 긴 아웃 리치, 적재 능력 및 리프트 높이, 터미널 장치 능력, 트럭 및 철도 시설 등에 대한 확대 같은 개선압력을 받고 있다.[6]

　선박이 대형화되면서 컨테이너선 운영의 경제성은 항만 생산성에 달려있다.[7] 전 세계적인 항만생산성 개선은 컨테이너 운송비용을 낮추는 역할을 하고 있다. 오늘날 전형적인 컨테이너터미널의 안벽크레인 생산성은 총 작업시간당 25~30개 정도이며, 트럭의 터미널 작업은 1시간정도가 소요된다. 그러나 향후 터미널 요구 사항은 훨씬 더 까다로울 것이다. 초대형 컨테이너선에 대한 양적하 소요 시간을 48시간에서 24시간으로 줄이면 선박 자본비용이 그만큼 절감된다. 24시간으로 줄이기 위해 안벽에서 선박당 시간당 총 300개 이상의 처리할 수 있어야 한다. 또한 화주에 대한 시간 절약을 위해 터미널 내 트럭 회전시간을 30분 미만으로 단축시켜야 할 것이다.[8]

 ## 정보 기술의 역할 증가

　항만이용자 요구사항, 특히 컨테이너 정기선사의 요구사항을 지원하기 위해 항만이 정보기술(IT)의 사용을 확대해야 한다. 이미 해상운송과 복합운송 분야에서는 IT 기술이 많이 활용되고 있다. IT 시스템은 항만관리, 터미널운영자, 트럭 운송업자, 세관, 화물 운송업자, 선박 대리점, 그리고 항만 배후지 물류서비스

---

6) Baird(2002)

7) Cullinane, Khanna(1999)

8) World Bank(2017), p.42

제공자 등 여러 항만 구성원들을 전자적으로 연결한다.

이 기술은 항만이용자에게 화물 상태, 서류 작업 및 항만 시설의 가용성에 대한 실시간 데이터를 제공할 수 있다. IT는 화물 운송시간을 단축하고, 보다 정확한 정보 및 기록을 전송하며, 항만 사용 및 운영과 관련된 서류 준비를 위한 인력을 줄이고, 선박, 바지선, 트럭, 철도, 컨테이너 및 화물 이동에 대한 정보를 제공하고, 선석이나 장비, 장치장에 대한 계획과 조정을 가능케 해준다. 경쟁이 치열한 해상운송 시장에서 정보 기술의 활용여부가 항만의 경쟁력에 영향을 미치게 될 것이다.

허브 앤 스포크

해상운송에서 컨테이너화가 확산되면서 해상물류도 변화하여 점차 허브 앤 스포크(hub and spoke) 네트워크로 발전하고 있다. 해상물류에서 허브 및 스포크 개념은 시장의 범위를 여러 항만으로 확대하여 초대형 컨테이너선의 활용도를 극대화하려는 것이다. 운항선박이 대형화되면서 대형 허브항만(hub-ports)에 선택적으로 기항하는 항로운항을 하게 되었다. 이에 따라 초대형선이 기항하지 않는 인근 항만들은 4,000~6,000TEU급 내외의 중형급 컨테이너선이, 그리고 그보다 더 소형 항만은 1,500~2,000TEU 이하의 소형 컨테이너선에 의해 운송되는 항만 계층구조가 만들어지게 되었다.

특히 초대형선의 증가와 선사통합, 그리고 얼라이언스의 확대로 주간(weekly) 서비스항로의 빈도와 직접 항만 연결 수가 줄어들었다. 허브 앤 스포크 시스템이 되고 있는 것이다. 허브 앤 스포크 시스템은 환적이 이루어지는 몇 개의 대형 허브항만에 의존하여 초대형선박과 여러 작은 피더항만을 연결하는 피더선박과의 화물 환적이 이루어진다. 얼라이언스는 이러한 허브 앤 스포크 시스템을 운영할 수 있는 광범위한 항만 네트워크를 가지고 있다.

1 허브항만 기준

정기선사들이 허브항만을 선택할 때 가장 중요하게 생각하는 특성은 항만의 전략적 위치이다. 항로상 출발지와 최종 목적지를 감안하게 된다. 싱가포르항은 아시아에서 유럽으로 가는 해협에 위치해서 유럽항로를 운항하는 모든 선박이 이 항만을 지날 수밖에 없다. 부산항은 동북아 지역의 중심위치에 있고, 중국과 가까운 곳에 위치해 있어 중국화물, 수출입화물을 환적하기 적합한 위치에 있다. 로테르담항은 유럽대륙을 관통하는 라인강, 마스강, 발강 등 3개 강의 하류에 위치하고 있어 강을 통한 수로운송의 중심지이다. 여기에 독일, 벨기에 등과 가까운 전략적 위치에 있다.

허브항만을 선정하는 데는 전략적 위치 이외에도 안전한 입항, 터미널 시설의 충분성 여부, 컨테이너 취급 작업의 효율성, 적절한 지리적 범위를 커버하는 충분한 빈도의 피더 서비스여부, 그리고 저렴한 화물 취급비용 등이 있다.[9]

초대형선 운항선사들은 초대형선 입항과 접안에 충분한 입항수로 수심과 안벽전면수심을 갖추기를 요구하고 있고, 이러한 수심은 보통 선박 흘수[10]보다 일정비율 이상 깊어야 한다. 2020년 기준 최대 초대형선은 24,000TEU이며, 흘수가 16.5미터이다. 따라서 초대형선 입항에 안전한 수심은 18미터[11] 이상까지 되어야 한다.

또한 환적 허브항만에는 컨테이너 화물의 빠른 양적하 작업에 충분한 터미널 시설을 확보하고 있어야 한다. 적절한 안벽크레인(QC) 수, 충분한 컨테이너 장치 야드, 전체 터미널을 효율적으로 가동하기 위한 터미널운영시스템 등이 포함된다. 현재 최대 선형인 24,000TEU 선박의 화물을 처리하기 위해서는 안벽크레인의 길이가 컨테이너 24열까지 처리가 가능해야 한다. 또한 모선에 1개나 2개의 피더선이 모선 앞뒤에 접안해서 작업하기 위해서는 최소 안벽길이가 1,000미터 이상 확보되어야 한다.

컨테이너 야드의 폭은 컨테이너 장치장의 크기를 결정한다. 컨테이너선이 초대형화되고 고생산성이 될수록 야드에서 시간당 장치하는 작업량이 많아져, 작업하는 공간이 충분히 확보되지 못하면 초대형선이 요구하는 생산성을 낼 수가 없다. 이를 위해 허브항만의 경우 야드 폭은 1,000미터 이상 확보해야 한다.

허브항만을 선택할 때 해운기업들이 중요하게 생각하는 요인이 항만 생산성이다. 해운기업들 입장에서 생각하는 항만 생산성은 선박이 항만에 입항해서 화

---

9) Gohomene et al.(2016)
10) 흘수는 만재흘수(滿載吃水)로 안전 항해를 위해 허용되는 최대 적재량의 화물을 실은 상태에서 선체가 물속에 잠기는 깊이를 말함
11) 항만수심은 만재흘수에 10%를 추가하여 설계

물 양적하를 마치고 다시 출항할 때까지 소요되는 항만 내 선박재항시간으로 측정한다. 이 선박재항시간은 적절한 시설과 시스템에 달려 있지만, 무엇보다도 안벽과 야드에서 크레인을 조작하고 숙련된 직원을 제공하는 능력이 항만 생산성에 큰 영향을 미친다.

또한 허브항만에는 환적화물을 위한 적절한 피더 서비스가 필요하다. 원양선사가 기항하는 항만이 허브항만 역할을 하려면 피더서비스를 하는 피더선사들이 많이 기항해야 한다. 그런데 피더 선박들은 허브항만에서 중소항만으로 오가는 물동량이 충분해야 허브항만에 기항하려 할 것이다.

그런 의미에서 원양선사의 물동량이 먼저 확보되어야 피더선사가 기항할 수 있는 것인지, 아니면 피더선사들이 충분히 기항하는 항만이기 때문에 원양선사가 허브항만으로 이용하는 것인지 하는 논쟁이 있을 수 있다. 마치 닭이 먼저인지 달걀이 먼저인지 같은 논제이다. 일반적으로는 항만이 정기선사에게 허브항만으로 선택되기 위해서는 항만에 일반 피더 서비스 네트워크가 구축되어 있어야 한다. 또한 피더선사가 허브항만에 정기적으로 기항하기 위해서는 적어도 하나 또는 몇 개의 원양선사가 기항해야 한다.

2 허브항만 지위의 이점

허브항만 지위의 일차적 이점은 환적 컨테이너의 이중 취급으로 인해 컨테이너 항만물동량(throughput)이 증가되는 점이다. 동시에 환적 허브항만 운영 수입도 증가한다. 그러나 더 중요한 점은 허브항만으로 인해 현지의 수입업자와 수출업자가 원양항로를 다니는 원양선사 서비스에 직접 받을 수 있어 해외 시장과의 운송시간과 운송요금을 절감할 수 있다는 점이다.

운송시간 단축은 수출 경쟁력과 수입 비용에 직접적인 영향을 미쳐 경제 전반에 걸쳐 일자리와 수익을 창출한다. 많은 개발도상국들이 경제 성장을 위한 엔진으로서 허브항만과 함께 자유무역지대를 만드는 이유가 여기에 있다.

3 허브항만이 직면한 문제

초대형 컨테이너선에 의한 영향이 허브항만의 경쟁을 초래한 중요한 요인이라고 말할 수 있다. 초대형선은 허브항만에게 환적비용 절감, 재항시간 절감, 피더운송비용 절감을 요구한다. 항만은 이런 요구를 들어주기 위해 많은 투자를 해야 한다. 그러나 초대형선 유치를 목적으로 초대형선 전용 신항만을 건설할 경우 기존 항만은 허브항만과 경쟁을 해야만 한다.

정기선사들은 허브항만을 선택할 때 더 저렴한 가격으로 이용할 수 있는 항만이 있는지를 검토하게 된다. 이 때문에 항만은 허브항만 지위를 유지하기 위해 치열하게 경쟁해야 한다. 이러한 상황에서 터미널 영업의 상당 부분을 차지하는 해운기업들은 항만 소유자나 터미널운영자에게 허브항만 계속 이용을 대가로 터미널 운영권을 요구하거나, 항만서비스 수준을 높이고 항만사용료나 터미널 취급 비용 하락을 요구할 수 있다.

항만 시설 소유자는 해운기업이 항만을 떠날 경우 적어도 1~2억 달러 이상 투자한 시설을 활용하지 못하는 딜레마에 직면[12]하게 된다. 허브항만에 대한 많은 시설 투자 전에 시설을 이용하겠다는 해운기업과 장기계약을 하는 것도 허브항만 이전의 위험을 최소화하는 한 방법이 될 수 있지만, 이 역시 확실한 보장은 될 수 없다. 허브항만을 유지하는 더 나은 방법은 신규 시설 지분에 해운기업을 참여시키는 것이다.

허브항만에서는 많은 환적화물을 처리해야 하는데 환적화물은 속성상 수익성이 떨어지고 쉽게 항만을 이동할 수 있는 화물이다. 대부분의 항만에서 환적화물에 대한 터미널 취급비용이 현지 수출입화물에 대한 취급비용보다 저렴하다. 따라서 총 항만물동량에서 차지하는 순수 환적화물 비중이 높아지는 것은 터미널의 수익성을 떨어트리는 요인이 될 수 있다. 즉 총 항만물동량 중에서 환적물동량 비중이 커지면 커질수록 터미널의 추가 매출 잠재력이 적어진다.

그러나 수출입화물과 환적화물을 혼합하여 취급하는 항만은 원양항로 모선을 유치할 수 있고 총 항만물동량이 증가하여 취급 비용을 낮출 수 있다. 이에 따라 터미널 처리비용도 낮게 책정할 수 있고, 수출입화물에 대한 서비스도 개

---

12) 홀드 업(hold-up)문제라 하며 본서 5장 3절 참조

선될 수 있다.

환적화물은 쉽게 항만을 변경할 수 있어 불안정한 화물이다. 만약 인근 항만의 처리능력 과잉상황이 생기면 쉽게 그 항만으로 이동할 수 있는 화물이다. 컨테이너터미널이 환적화물에 너무 크게 의존해서 투자를 하게 되면 위험성이 커지는 이유이다. 일반적으로 총 항만물동량 중에 25~35% 정도를 처리하는 것이 적당할 것으로 보고 있다.[13]

---

[13] Stenvert, Penfold(2007), p.13

컨테이너해운
수요와 공급

세계해운산업 환경

세계해운산업을 둘러싸고 있는 환경이 매우 급속히 변화하고 있어 미래 해운산업의 시장구조, 경쟁력 구조를 간단하게 예측하기는 쉽지 않다. 세계 해운산업에서 한 가지 예측할 수 있는 환경변화는 산업 내 경쟁이 심화되고 있다는 점이다.

세계해운산업은 물동량 증가에도 불구하고 선박과잉으로 인해 운임경쟁이 불가피한 상태이며 이와 같은 운임경쟁과 이로 인한 수익성악화가 향후에도 지속될 것으로 보인다. 이 결과 정기선의 경우 운송 단위원가와 선박건조 단위원가를 줄이기 위해 초대형 선박을 건조하고 있으며, 기업 간 인수·합병·전략적 제휴의 증가를 가져오고 있다.

이러한 변화의 근본적인 이유는 자유경쟁을 보장해야 한다는 화주들의 요구가 화주에게 낮은 운송비의 혁신을 제공하기 위해 많은 자본투자가 소요되기 때문에 최소한의 이윤을 보장해야 한다는 선사들의 요구를 압도하고 있기 때문이다. 화주의 입장에서 보면 해운산업 내 경쟁 심화로 값싼 운송 서비스를 통해 운송비를 줄일 수 있어 생산과 판매의 국제화로 불리는 글로벌리제이션 (globalizaion)이 가능하므로 바람직한 환경이라 할 수 있다.

그러나 이와 같은 추세가 지속될 경우 수익성이 약화된 정기선사들이 대형 인수합병을 통해 2~3개의 초대형 정기선사(mega-carrier)로 집약화될 수밖에 없을 것이다. 이들 초대형 정기선사는 주요항로에서 대형선박을 투입하여 가격 선도자의 지위를 확보하여 시장점유율을 높여 나갈 것으로 예상된다. 이 경우 해운산업이 독과점으로 구조변화를 가져올 수도 있을 것이다.

이렇게까지 된다면 화주에게 해상운송비가 리스크 요인으로 작용하는 오히려 불리한 환경으로 작용할 수도 있다. 따라서 장기적으로 보면 선주의 경쟁구조를 유지할 수 있을 만큼의 수익성 확보 정책이 화주에게도 안정적 운송비와 운송서비스를 확보할 수 있는 방안일 것이다.

세계 3대 경제권역인 동북아시아, 북미, 유럽 중에서 동북아시아의 경제가 가장 빠르게 성장하고 있다. 항로별 컨테이너 물동량도 동북아시아 관련 북미, 유럽 동서항로와 역내항로가 가장 비중이 높고, 성장률도 높다. 이와 같은 동북아시아의 고성장은 중국의 급격한 성장에 기인하며 이는 우리 항만에 기회로 작용해 왔다.

(02)

컨테이너화물 수요와 공급

1 컨테이너 해상물동량

컨테이너화물 해상물동량(seaborne trade volume)은 1980년 1,100만TEU에서 2000년에는 6,600만TEU로, 2010년에는 1억 3,500만TEU로 증가된 후 2019년에는 1억 9,600만TEU까지 증가했다. 2000년 이후 2019년까지 20년 동안 연평균 5.6%씩 증가했다.

주요 항로별 컨테이너 물동량을 살펴보면 크게 동서기간항로와 역내항로, 남－남, 남－북 항로 등으로 나누어 볼 수 있다. 이 중에 가장 비중이 큰 항로는 동서기간항로로 극동－북미 간 태평양항로와 극동－유럽 간 아시아－유럽항로이다.

2019년 기준으로 태평양 항로 물동량은 2,768만TEU로 물동량이 가장 많은 항로이며, 두 번째가 유럽항로로 2,403만TEU였다. 각각 2010년 이후 10년간 연평균 3.0%와 2.3%씩 성장했다.

동향과 서향으로 항로를 나누어 살펴보면 극동에서 북미로 향하는 태평양항로 동향(E/B)항로 물동량이 2,026만TEU로 2010년 이후 10년간 연평균 4.0% 증가해, 물동량도 가장 많은 항로이며, 동시에 가장 빠르게 성장하고 있는 항로이다. 극동에서 유럽으로 향하는 유럽항로 서향(W/B)항로가 1,620만TEU로 그 다음 물동량 규모의 항로이지만, 지난 10년간 1.8% 증가에 그치고 있다. 유럽에서

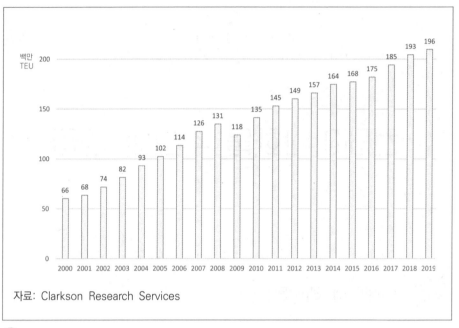

백만 TEU

2000	66
2001	68
2002	74
2003	82
2004	93
2005	102
2006	114
2007	126
2008	131
2009	118
2010	135
2011	145
2012	149
2013	157
2014	164
2015	168
2016	175
2017	185
2018	193
2019	196

자료: Clarkson Research Services

✏️ 컨테이너 화물 해상물동량 추이

극동으로 향하는 유럽항로 동향(E/B)이 783만TEU로 10년간 3.4%씩 성장해 높은 증가세를 보이고 있다. 북미에서 극동으로 향하는 태평양항로 서향(W/B)항로 물동량은 742만TEU으로 10년간 연평균 0.9% 증가에 그치고 있다.[1]

컨테이너 물동량 증가는 세계 무역증가가 일차적인 요인이다. 즉 경제 및 소득 증대의 결과로 인해 화물 운송량이 증가하고 있다. 특히 조달과, 생산, 그리고 판매의 글로벌화로 인해 컨테이너 화물 해상운송량이 크게 증가했다. 반대로 경기 침체나 보호주의 무역 같은 추세는 운송 수요에 부정적인 영향을 미칠 수 있다.

지난 20년 이상 세계 컨테이너 물동량증가를 이끌어 온 것은 중국의 고성장 때문이라고 할 수 있다. 중국이 2001년 세계무역기구에 가입을 계기로 낮은 인건비를 이용한 국제분업구조를 만들면서 글로벌 생산의 중심지가 되었다. 글로벌 공급사슬의 중심지가 되면서 중국을 중심으로 한 컨테이너 무역도 크게 증가했다.

중국의 컨테이너 해상 교역량을 보면 2000년에 7,427만 톤에서 2019년 3억

---

1) Drewry(2020)

7,750만 톤으로 20년간 연평균 8.5%로 세계 컨테이너 해상 물동량 증가세 5.6%
보다 높은 증가세를 보였다. 이에 따라 중국의 컨테이너 해상물동량이 전 세계
해상컨테이너 물동량에서 차지하는 비중도 2000년에 12.3%에서 2019년에는
20.1%까지 높아졌다.

OECD에 따르면 세계 경제성장률 대비 세계 무역성장률은 2010년 대비
2060년에 약 60% 증가할 것으로 예상했다. 특히 비 OECD국가들의 세계 무역
비중은 2012년 53%에서 2060년에 75%로 크게 증가할 것으로 예상했다.[2] 앞으
로도 신흥국이 중심이 되어 무역은 계속 성장할 것으로 전망하고 있다. 특히
OECD는 무역의 자유화가 확산되면 각국의 기술력이 향상되고 기술 이전이 확
산되어 세계 무역의 성장에 더욱 기여할 것으로 전망했다. 최근의 세계경제 둔
화에도 불구하고 세계경제의 성장세가 이어지고 세계 무역이 증가하는 세계화
의 과정이 아직은 유효하다고 보고 있다.

국제적 무역이 주로 컨테이너화물로 이루어지는 컨테이너화(containerization)
에 의해서도 물동량 증가가 이루어졌다. 브레이크벌크 화물이 컨테이너화물로
전환되면서 컨테이너 물동량 증가를 견인했다. 현재 브레이크벌크 화물의 약
90%가 컨테이너화되었고, 최근에는 상품과 온도에 민감한 화물(콜드 체인)의 컨
테이너화가 크게 증가하고 있다. 그러나 대부분의 화물이 컨테이너화 되어 컨테
이너화로 인한 컨테이너 물동량 증가는 한계에 달했다.

교역이 컨테이너화에 의해 이루어지는 비중이 높아지면서 세계 해상교역에
서 컨테이너 해상교역량이 크게 증가하게 되었다. 이러한 현상은 특히 1990년대
초반에 크게 나타났으며 이후 컨테이너화가 가능한 화물이 더 이상 늘지 않으면
서 교역량 증가와 비슷한 규모까지 하락했다.

세계 해상교역증가율 대비 세계 컨테이너교역 증가율 승수로 비교해보면
1990년대 전반기에는 3.6이었지만, 2002년에서 2011년까지 10년 동안은 평균
2.2의 승수를 보였다가, 2012년 이후 2018년까지 평균 1.4까지 하락했다.

---

2) OECD(2014)

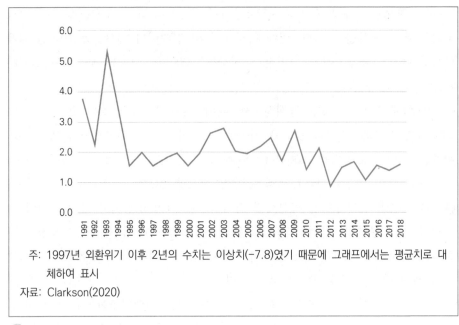

주: 1997년 외환위기 이후 2년의 수치는 이상치(-7.8)였기 때문에 그래프에서는 평균치로 대
체하여 표시

자료: Clarkson(2020)

 세계 해상교역량 증가율/ 세계 컨테이너 해상교역량 증가율 승수

2 컨테이너선 공급

이러한 물동량 증가추세에 따라 시장점유율을 높이기 위해 세계 정기선사들
도 선대를 확충해왔다. 2000년 기준 세계 정기선 컨테이너선대는 총 1,271만
TEU이었으나 2019년에는 총 2,303만TEU로 늘어나 20년간 연평균 3.0%씩 증가
했다. 이는 같은 기간 동안 컨테이너 해상물동량 연평균 증가율 5.6%와 비교하
면 낮은 증가율이다.

그러나 선박의 연간 회전율을 고려하면 실제 선박의 공급능력 증가율은 이보
다 높아지게 된다. 선박의 연간 회전율이 항로가 가장 긴 유럽항로를 기준으로
보면 2019년 말 기준으로 주당 수송능력이 42만TEU[3)이다. 이를 52주로 확장하
면 유럽항로 연간 수송능력은 2,184만TEU가 된다. 2019년 말 기준 유럽항로에

---

3) Alphaliner(2020)

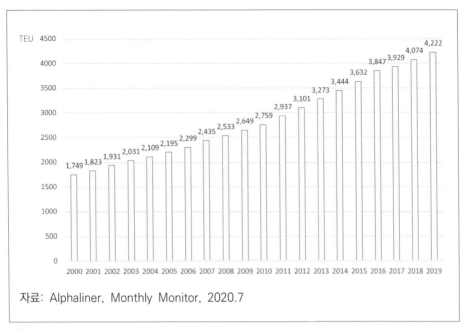

TEU 4500

4000

3500

3000

2500

2000

1500

1000

500

0

1,749 1,823 1,931 2,031 2,109 2,195 2,299 2,435 2,533 2,649 2,759 2,937 3,101 3,273 3,444 3,632 3,847 3,929 4,074 4,222

2000 2001 2002 2003 2004 2005 2006 2007 2008 2009 2010 2011 2012 2013 2014 2015 2016 2017 2018 2019

자료: Alphaliner, Monthly Monitor, 2020.7

✑ 컨테이너선 평균선형 추이

투입된 컨테이너 선박량이 462.7만TEU이기 때문에, 유럽항로의 선박 연간 회전율은 4.7배에 이른다. 결국 지난 20년간 연평균 컨테이너선이 3%씩 증가했다는 것은 선박회전율이 가장 낮을 것으로 보이는 유럽항로를 기준으로 해도 연간 14%씩 증가했다고 추정할 수 있다.

2019년 컨테이너 선박량을 기준으로 할 때 주요항로별 선박량을 살펴보면 유럽항로에 462.7만TEU가 투입되어 20%를 차지하고 있다. 다음이 태평양항로로 358.5만TEU로 15.6%, 그리고 극동－동남아 항로와 남미항로, 그리고 중동항로에 각각 294만, 292만, 278만TEU가 투입되어 12~13%를 차지하고 있다.

유럽항로의 물동량이 북미항로보다 적은데도 투입선박이 북미항로보다 많은 이유는 유럽항로의 항로거리가 길기 때문에 기항항만마다 정요일 서비스를 위해서 투입해야 하는 선박이 북미항로에 비해 많을 수밖에 없다. 또 다른 이유는 유럽항로의 항로거리가 길기 때문에 초대형선의 규모의 경제효과가 북미항로에 비해 더 크게 나타나기 때문이다.

2019년 기준 세계 컨테이너선 취항 선박량은 5,237척, 2,252만TEU이다. 선형별로 전년 동월 말과 비교하면 1만 4,000~1만 7,999TEU형 28척으로 전체 선박량 중 9.3%를 차지하고 있고, 1만 8,000TEU 이상 선박은 19척이며, 취항 선박량 점유율은 10.3%로 1만 4천TEU 이상 초대형선이 전체 선박량에서 차지하는 비중이 20% 가까이 된다.

이렇게 초대형선 경쟁이 진행되면서 정기선 선대가 대형화하고 있다. 2000년 기준 컨테이너선의 평균선형은 1,749TEU였으나, 2019년 평균선형은 4,222TEU로 20년 동안 선박크기가 2.4배나 커졌다.

운영 정기선사별 선박량 순위를 보면 머스크 라인, MSC의 상위 2개 선사의 순위는 바뀌지 않았지만 홍콩 OOCL 인수로 COSCO 쉬핑이 CMA CGM을 제치고 3위를 차지했다. 선박량 200만TEU 이상의 규모를 가진 상위 4개사와 뒤이어 하팍로이드, 오션 네트워크 익스프레스(ONE), 에버그린, HMM, 양밍해운의 상위 9개사가 글로벌 메가 캐리어로 자리잡고 있다.

최근 선박 발주는 10,000TEU형 이상 초대형선 발주와 함께 3,000TEU 미만의 피더 선박이 많이 발주되는 양극화현상을 보이고 있다. 2020년 기준 발주선박 216만TEU 중에 10,000TEU 이상 선박은 81%이고, 3,000TEU 미만 선박이 17%로 이 둘을 합치면 98%에 이른다. 이는 초대형선이 늘어나면서 피더물동량도 늘어났기 때문이다.

피더 선박은 100~2,000TEU급 소형피더와 2,000~3,000TEU의 대형 피더선으로 나누어진다. 2019년 기준으로 소형피더선이 척수로는 전체 컨테이너선의 43%인 2,288척에 달하지만 수송능력으로는 10.5%를 차지하고 있다. 대형피더는 668척에 7.5%의 수송능력을 보유하고 있다. 이들 소형 선박은 역내 항로에서 피더 운송수요가 늘어나면서 건조수요도 증가하고 있다.

컨테이너선 공급과잉

컨테이너선의 공급이 수요를 상회하여 과잉공급이 되면 운임은 크게 하락한다. 따라서 선박운영자들은 선박과잉상태에서 수요에 맞추기 위해 감속운항을 하거나 계선을 시키는 방법을 사용한다. 그럼에도 세계 정기선해운의 선대공급은 수요증가를 크게 상회하여 선박과잉 상태가 지속되고 있다. 컨테이너선 공급대비 수요를 나타내는 컨테이너선 수급지수를 살펴보면 2010년 이후 계속 하락하고 있음을 알 수 있다.

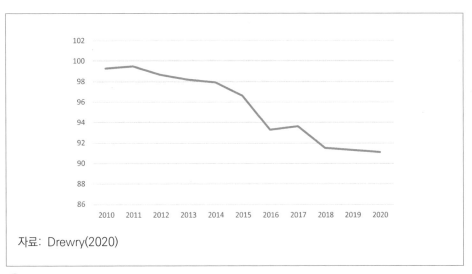

자료: Drewry(2020)

✎ 세계 컨테이너해운 수급지수 추이

　정기선 산업에서 수요와 공급의 균형은 운임의 방향, 수준, 안정성을 결정하는 중요한 변수다. 그러나 국제 무역의 불확실성을 고려할 때, 컨테이너 운송의 공급과잉은 운임 안정성에 대한 위협, 수익성에 대한 위협, 그리고 심지어 선사의 생존에까지 영향을 미친다. 실제로 2016년 한진해운 파산은 근원적으로 이러한 컨테이너 운송산업의 수급불균형의 결과이다. 2009년의 미국과 2010년 유로존의 금융위기, 그리고 2010년부터 시작된 중국의 경제성장 둔화시기에 초대형선에 과잉투자를 했던 것을 파산의 원인으로 볼 수 있다. 이러한 상황들이 선사가 투자 결정을 내릴 때 기대했던 수급 불균형보다 훨씬 악화되었기 때문이다.

　이러한 정기선 해운의 공급과잉의 원인은 초대형선에 의해 기인되었다. 2011년 이후 2019년까지 컨테이너선은 706만TEU가 증가했다. 이 중 7500TEU 이상 대형선이 총 781만TEU가 늘어난 반면, 7500TEU 미만 선박은 오히려 75만TEU가 줄었다.[4] 즉 정기선 해운의 만성적인 공급과잉이 초대형선을 건조하면서 발생한 것임을 알 수 있다.

　이렇게 해운시황이 만성적 공급과잉상태에 있는데도 초대형선이 계속 전조

---

4) Alphaliner(2020)

되는 이유는 정기선 해운선사 간 경쟁 때문이다. 컨테이너선을 건조해서 운항하는 데 막대한 자본투자가 소요되지만 그로 인한 운송비, 운송시간의 이익을 화주가 수혜받기 때문에 EU와 미국에서 특별히 독점금지법의 유예를 인정하고 일정수준의 이익을 낼 수 있도록 선대공급과 운임결정에서 담합을 인정해주었다. 소위 해운동맹(maritime conference)이었다. 그러나 해운동맹의 가격카르텔 기능이 1990년대에 들어 크게 약화되었고, 2000년대 중반부터는 해운동맹활동이 금지되었다.

1990년대 이후부터 세계 정기선해운은 가격경쟁에 돌입했고, 선사들은 수익성하락에 대비하고 시장점유율을 유지하기 위해 초대형선을 건조하고, 흡수합병을 통해 선사를 대형화하고, 수익성 보전을 위해 수직계열화를 추진했다. 그리고 경쟁선사 간의 전략적제휴인 얼라이언스까지 결성해 경쟁을 계속할 수밖에 없는 구조가 되었다.

초대형선 경쟁은 유럽항로에서 가장 크게 나타났다. 초대형선을 건조하면 항로거리가 가장 긴 아시아-유럽항로에 투입하게 된다. 그러면 기존에 운항하던 선박은 해체시키는 것이 아니라 다른 항로로 전배하게 된다. 이러한 전배가 다른 항로로 계속 일어나게 되는데 이를 계층적 전환배치(cascading)라 한다. 초대형선을 건조하면 기존선박들이 다른 항로로 계속 전환배치되어 세계 모든 항로의 선박이 대형화되고, 결국 모든 항로가 선박과잉상태에 이르게 된다.

선박 전환배치(cascading)의 사례를 살펴보자. 2012년 상반기에 아시아-유럽항로에 당시는 최대선형인 12,000TEU 선박 40여 척, 50만TEU 선박량이 신규투입되었다. 공급과잉을 우려한 선사들이 유럽항로에서 50만TEU의 선박을 태평양항로로 전배시켰다. 그리고 기존에 태평양 항로에서 운항하던 선박은 아시아-중동항로와 인도항로, 아시아-남미항로에 투입시켰다. 갑자기 대형선이 투입되면서 2013년 상반기에 남미항로 운임이 50% 이상 하락했다. 전환배치의 영향을 마지막으로 받는 곳이 아시아 역내항로였다. 2013년 1월부터 9월까지 컨테이너 선대가 6% 증가했는데, 3,900TEU 이하 선형의 선박량은 2% 증가에 그친 반면 5,000TEU 이상 파나막스 선대는 40%나 증가하였다.[5]

---

5) 선사 내부자료

03

해운동맹 약화

1875년에 처음 선을 보인 정기선 운임동맹[6]은 정기선사 간 운임결정, 공급조절을 할 수 있는 가격카르텔로 미국, 유럽 등에서 독점금지법의 예외로 인정받았던 협정이다. 독점금지법 적용에서 배제를 받을 수 있었던 근거는 컨테이너선과 같은 특수 용도의 정기선은 높은 고정비가 필요한 산업으로 시장경쟁원리에 맡겨둘 경우 정기선은 버스노선처럼 수익성이 높은 항로에만 집중되고 수익성이 낮은 항로에서는 운항을 하지 않는 상황이 발생할 수 있으며, 나아가서는 극심한 경쟁으로 인한 수익성악화로 항로유지가 어려워질 수 있고 이는 범 세계적인 무역증진에 저해요인이 될 수 있었기 때문이다. 유럽연합은 1986년 제정된 이사회규칙(Council Regulation) 4056/86에 근거하여 정기선 해운동맹에 대해 EU 경쟁법의 적용을 면제해 왔었다.

그러나 1970년대 말 이래 미국의 국제 및 국내운송에 있어서 규제완화과정의 일환으로 1984년 미 신해운법(U.S Shippng Act 1984) 제정과 1998년 외항해운개혁법(OSRA 1998)의 발효에 따라 그동안 가격카르텔의 역할을 하던 정기선 동맹은 그 기능을 상당부분 잃게 되었다.

즉 동맹 정기선사라 하더라도 동맹의 태리프 운임에 대한 독자운임결정권(IA: Independence Action)이 부여되고 선화주간 우대운송계약(SC: Service Contract)이 허용되고 그 계약의 비공개를 허용함으로써 사실 동맹의 태리프 운임은 유명무실하게 되었고 정기선사 간 운임경쟁이 가속화되는 계기가 되었다.

물론 이와 같은 운송부문 규제완화로 인해 시장원리가 적용되는 효과를 가져올 수 있었다. 예를 들어 1998년 이전에는 미국 수출입 항로 간 운임이 큰 차이

---

6) 최초의 동맹인 Calcutta Conference의 개시 시점, Liner conference, Maritime conference등으로 불림

를 보이지 않았으나, 1999년 이후 미국에서 유럽으로 수출되는 항로와 미국에서 극동으로 수출되는 항로의 경우 물동량 부족으로 운임이 크게 하락한 반면에 유럽에서 미국으로 수입되거나 극동에서 미국으로 수입되는 항로의 경우 운임이 크게 상승하여 이 두 항로의 운임차이가 크게 벌어졌다.[7] 이는 물동량이 많은 항로의 운임이 올라가고 물동량이 적은 항로의 운임이 떨어지는 수급에 의해 가격이 결정되는 경쟁이론에 부합하게 된 것이다.

1990년대 초 태평양항로와 대서양항로에서 선박량 공급관리 계획(capacity management program)을 추진하다가 전 세계 화주 단체의 대규모 반발을 초래하게 되었고, 이는 유럽연합(EU)에 의해 정기선 해운동맹(liner shipping conference)에 대한 독점금지법 유예가 적합한지에 대한 논의를 촉발시켰다.

EU는 정기선 해운동맹의 공동가격설정 및 선박량 규제 행위를 금지해야 되는지에 관해 전문가들의 검토를 거쳐 2006년 9월 25일 해운동맹에 대해 경쟁법을 적용키로 하고, EU 이사회의 동의를 얻었다. 이에 따라 2008년 10월부터 유럽 지역에서 활동하고 있는 정기선 해운동맹의 공동 운임설정 및 선박량 조절 행위가 금지되었다.

미국의 경우도 의회에 설치된 반독점 현대화위원회(US Antitrust Modernization Commission: AMC)가 2007년 4월 해운동맹의 폐지를 건의하는 보고서를 발간하였다. 이 보고서에서 해운산업은 경쟁이 촉진되어야 더욱 효율적으로 운영될 수 있는 대표적인 산업이라고 지적했다.

화주에게는 주요 항로에서의 운임이 시장경쟁이론에 의해 유지되어야 해상 운송비용을 낮출 수 있어 공급사슬 경쟁력을 가질 수 있는 차원에서 의미가 있다고 할 수 있다.

화주 위주의 자유경쟁시장 정책으로 정기선사 간 '파멸적 경쟁'(destructive competition)으로 운임이 더욱 낮아질 것이며, 수익성이 악화되어 시장에서 도태되거나 아니면 흡수합병으로 활로를 모색할 수밖에 없을 것이다. 즉 경쟁시장정책이 세계해운산업 구조를 과점화로 만드는 요인이 되고 있고, 실제로 최근 세계 컨테이너 해운산업은 선사통합, 얼라이언스 등을 통해 과점체제로 이행하고 있는 양상을 보이고 있다. 이 경우 정기선 서비스의 스케줄의 신뢰성, 서비스 빈도, 다양한 서비스제공 같은 기본 특성이 유지되지 않는 현상이 나타날 수 있다.

---

7) Benacchio et al.(2007)

(04)

정기선사의 수평적 수직적 통합

1 수평적 통합

해운기업들이 추구하는 경쟁전략의 하나는 원가우위를 갖는 것이다. 경쟁자보다 더 높은 수익을 내는 경쟁우위(competitive advantage)를 가질 수 있는 원가절감이 전략의 핵심이다. 해운산업에서 해상운임과 수익률이 급격하게 하락하면서 수익을 극대화 할 수 있는 방안은 비용을 줄여나가는 전략에 중점을 둘 수밖에 없다.

비용절감 방법의 하나가 운영규모를 확대하는 일이다. 정기선사의 운영규모 확대는 선대확장으로 나타나며, 이를 통해 고객에 대해 서비스 빈도를 높이고, 전 세계로 서비스 영역을 넓혀주며, 운송시간을 단축하는 서비스의 질 향상을 추구한다.

정기선사의 선대확충은 대형선사일수록 많이 추진했다. 초대형선을 많이 발주해서 선대규모를 키웠지만, 대형선사들은 인수합병을 통해서도 그 규모를 키워왔다. 일반적으로 경쟁력 강화를 위한 규모 확대 방법은 협정, 제휴, 인수 합병 등의 방법들이 있다. 협정에는 선복구매협정(space charter arrangements)[8]과 선박공유협정(vessel sharing agreements)이 있다. 이러한 협력이 여러 정기선사 간에, 여러 협력분야에서 다층적으로 일어난 것이 전략적 제휴(strategic alliances)이다.

---

8) 컨테이너 운송서비스를 확대하고, 보다 광범위한 지리적 범위를 제공하기 위해 다른 선사의 선복을 구매하기로 계약하는 것

(1) 인수 합병

인수 합병(M&A)은 정기선사 간 협력을 완성하기 위해 정기선사의 소유권과 통제권을 인수하거나, 두 회사가 하나의 법인으로 통합하는 것이다. 합병의 효과는 운송주선, 복합운송, 터미널 운영 등에서 나타나고 있다.

세계 해운산업에서 인수합병은 1997년의 P&O Nedlloyd사, 1999년에 Maersk-Sealand사, 2016년 COSCO와 CSCL 중국 양대 정기선사의 합병 등이 있었다. CMA CGM의 APL 인수, 하팍로이드의 UASC 인수, 머스크의 Hamburg Sud 인수, 일본 3사(NYK, MOL, K-Line)의 컨테이너 부문을 통합에 이어, 2017년에 COSCO의 OOCL 합병이 있었다.

머스크사와 시랜드사는 1990년까지 별도의 정기선사로 운영했다. 1991년에 양사는 서비스를 개선하고 운영 효율성을 창출하기 위해 전략적 제휴를 결성했다. 1999년 중반 머스크는 800만 달러에 시랜드의 해상운송 자산을 구매했다. 합병 회사는 2000년 초 기준 약 250척의 선박과 550,000TEU 수송능력을 보유해 2위 그룹의 정기선사에 비해 거의 두 배 이상의 규모를 확보하게 되었다. 이후 2020년 초까지 머스크사는 707척의 선박과 419만TEU의 수송능력을 보유해 세계 1위의 자리를 유지하고 있다.

규모의 경제(economy of scale)를 통한 원가절감은 수익률이 낮은 현재의 교역환경에서 매우 중요한 전략이 되고 있다. 초대형 선박, 대형 터미널, 전략적 제휴 및 흡수합병과 같은 규모의 경제를 추구하는 것이다.

(2) 정기선 산업 집중도 증가

정기선 산업 전체의 선대 중에서 상위선사가 차지하는 비중이 높아지고 있다. 2000년에는 전체 컨테이너 선박량 중에서 25개 정기선사의 선박량이 차지하는 비중이 60%이었으나, 2020년 기준으로 동 비율은 90%를 넘었다.[9] 현대상선까지 포함한 세계 10대 정기선사들의 선박량 점유율도 83.6%에 달하고 있다.

학술적으로 보면 HHI지수(Herfindahl-Hirschman Index)가 1,000 이상 1,800까지는 집중도가 높은 편이고 1,800이 넘으면, 고도 집중상태를 의미한다. 그리고 산업 내 상위 4개사의 시장점유율(CR4)이 60%를 넘으면 역시 고도 집중

---

9) Alphaliner(2020)

✑ 세계 10대 정기선사의 보유선대(2020.7 기준)

✑ 세계 10대 정기선사의 보유선대(2020.7 기준)

순위	정기선사명	척수	선박량(TEU)	총선박량 비중
1	Maersk	666	4,008,063	17.1%
2	MSC	568	3,789,108	16.1%
3	COSCO	485	2,958,869	12.6%
4	CMA CGM	523	2,795,580	11.9%
5	Hapag-Lloyd	236	1,717,133	7.3%
6	ONE	210	1,538,753	6.5%
7	Evergreen	194	1,251,985	5.3%
8	HMM	68	628,092	2.7%
9	Yang Ming	90	605,132	2.6%
10	PIL	108	346,086	1.5%

자료: Alphaliner(2020)

상태를 나타낸다. 2018년 기준으로 HHI지수가 1,400이고, 상위 4개사의 매출액이 60%에 달해 이미 세계 컨테이너 해운산업의 집중도는 이미 고도 집중상태, 또는 과점상태에 있다고 볼 수 있다.[10]

현재도 컨테이너 해운의 정기선사 간 경쟁이 심화되고 있어 이러한 컨테이너 해운 산업의 집중도는 계속 높아질 것으로 예상된다. 그러나 선사들의 이와 같은 원가 절감노력에도 불구하고 수익률이 여전히 보장되지 않는 경우가 발생하곤 했다. 문전수송과 같이 고객에 대한 물류 서비스의 다양화, 확대요구에 부응하는 것이 필요하게 되었다. 즉 정기선사들이 화주의 공급사슬 전체의 경쟁력 강화를 위해 차별화 노력이 필요하게 되었고, 수직적 통합을 통한 범위의 경제(economy of scope)효과를 추구하게 되었다.

---

10) Sys, C. (2010)(OECD(2018)에서 재인용)

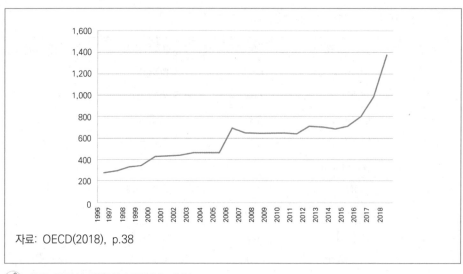

자료: OECD(2018), p.38

✎ 세계 정기선 해운의 HHI지수 추이

② 정기선사의 수직적 통합

선사들이 해상운송 서비스에서 차별화가 어렵기 때문에 개별 정기선사가 차별화할 수 있는 가능성 중 하나는 수직적 통합을 하는 것이다. 정기선사의 수직적 통합 활동의 첫째는 터미널을 운영하는 일이다. Maersk사는 기존에 운영하던 전용 터미널과 APMT의 공용터미널을 통해 하역사업을 확대 추진하고 있다. MSC와 COSCO도 지난 10년 동안 터미널 지분을 꾸준히 인수했다. 머스크 그룹은 APM Terminals, MSC는 TIL, CMA CGM은 Terminal Link, COSCO 그룹은 COSCO Shiping ports(CSP) 등 각각 글로벌 터미널운영자(Global Terminal Operator·GTO)를 자회사 성격으로 보유하고 있다.

대부분의 정기선사들은 터미널 운영 이외에도 고객의 물류서비스를 직접 수행하는 사업에도 진출하고 있다. 머스크는 물류자회사인 Damco의 물류서비스 기능을 강화하고 내륙물류서비스 확대를 위한 창고물류기업과 육상운송업체 인수를 추진하고 있다. 실제로 2020년에 미국 창고물류기업인 퍼포먼스 팀을 인수했다. CMA CGM은 인도 물류기업 인수에 이어 2018년 물류대기업 Civa Logistics를 인수했고, COSCO도 싱가포르 물류기업 코젠트 로지스틱스를 인수하였다. MSC는 물류 자회사를 활용해 철도 내륙수송 등 사업을 다각화하고 있다.

이 밖에도 정기선사들은 창고 보관 및 유통 활동, 내륙 운송까지 수직 통합 및 다각화 과정을 추진했다.[11] 선사 자체의 피더서비스와 배후지 내륙운송업체도 보유하고 있다.

OECD 조사에 따르면 세계 주요선사 대부분이 터미널운영, 물류서비스 제공은 물론 피더서비스까지 운영하고 있다. 여기에 철도운송, 트럭운송, 일부는 예선[12] 운영까지 수직계열화하고 있다.

◇ 주요 정기선사의 해상 물류사슬에서의 수직적 통합

	피더운송	터미널운영	물류서비스	장비대여	예선	철도운송	바지운송	트럭운송
Maersk	✔	✔	✔	✔	✔	✔	✔	✔
MSC	✔	✔	✔			✔	✔	✔
CMA CGM	✔	✔	✔	✔		✔		✔
COSCO	✔	✔	✔			✔		
Evergreen	✔	✔	✔	✔		✔		✔
Hapag-Lloyd	✔	✔	✔	✔				
ONE	✔	✔	✔	✔	✔		✔	✔
HMM	✔	✔	✔			✔		
Yang Ming	✔	✔	✔					✔

자료: OECD(2018), p.48

수직적 통합의 이러한 시도는 선사가 컨테이너 운송 공급사슬 통합자(integrator)가 되고자 하는 노력으로 볼 수 있다. 인테그레이터는 선사가 피더운송, 터미널운영, 철도운송, 예선서비스 등 해상 물류사슬의 전체서비스를 모두 직접 제공하는 것이다. 최근 들어 이런 노력을 디지털화와 연계시켜 진행시키고 있다. 정

---

11) Parola, Satta, Panayides(2015)
12) Maersk사는 예선 자회사 Svitzer를 소유하고 있음

보 흐름까지 제어하는 것도 물리적 흐름의 원활한 작동을 용이하게 한다는 생각이다. 이를 통해 정기선사는 화주와 직접 연결될 수 있고, 화주는 선사로부터 해상물류와 관련된 거의 모든 서비스를 원스톱으로 받을 수 있게 된다.

결국 운송 주선인(freight forwarder)의 업무까지 수행하는 결과를 가져오게 한다. 머스크사는 석유와 유조선 사업을 매각하는 대신 컨테이너 운송 공급사슬 통합자가 되기 위해 투자를 하고 있다.

인테그레이터가 되면 이 서비스를 제공받는 화주 등 고객은 일부의 서비스를 다른 업체로 전환하려 해도 전환비용(switching costs)이 많이 소요되기 때문에 쉽게 전환하기 어렵게 된다. 이를 통해 선사는 고객을 자신의 공급사슬 솔루션에 묶어 두려는 것이다.[13] 예를 들어 화주가 판단할 때 운송주선서비스 같은 각각의 서비스 품질이 최선의 대안이 아니더라도 선사에 속해있는 공급사슬 전체 서비스에서 벗어나는 것이 비용적으로 불리하기 때문에 일관 서비스로 선택을 할 수밖에 없는 상황에 놓이게 된다.

특히 디지털화는 해상운송 분야의 경쟁에 중요한 영향을 미칠 수 있다. 현재 정기선 업계에서 다양한 디지털화가 진행 중에 있다. 머스크와 IBM은 2018년 1월 해상운송 분야의 디지털 합작법인 창설을 발표했다[14]. 또한 2018년에는 디지털 포워딩 업체인 로드스마트(Loadsmart)에 투자도 했다. 머스크와 IBM이 설립한 트레이드렌즈(TradeLens)나 디지털 포워딩에 진출하는 것은 업계의 다수 이해관계자를 연결하는 플랫폼을 제공함으로써 화주부터 항만과 터미널, 물류서비스까지 운송 프로세스의 각 단계를 포괄하려는 것이다.

해상운송서비스의 디지털화는 실제로 다양한 이해관계자와 관련된 대량의 데이터를 수집할 수 있게 되었다. 그러한 데이터에 접근할 수 있는 해운회사들은 그들의 고객에게 더 혁신적이고 효과적인 서비스를 제공할 수 있을 것이다. 정기선사들이 수직적 통합을 추진하면서 선사의 디지털화를 추진하는 중요한 이유이다.

빅 데이터를 처리할 수 있는 능력은 시장에서 경쟁력을 확보할 수 있는 하나의 방안이다. 대규모 데이터의 축적은 고객에 대한 구속, 그리고 신규 진입자에 대한 진입 장벽으로 작용하기 때문에 기업의 시장 지배력을 더욱 높이는 데 사

---

13) OECD(2018)
14) Maersk(2018)

용될 수 있는 자산이다.[15]

여러 연구에서 정기선사의 수직적 통합이 가져다주는 이점을 분석했다. 선박 자산에 대한 재정적 방어, 항만비용 절감 및 통제, 범위의 경제로 인한 효율성 증가, 고객유지 및 수익 안정화, 허브 앤 스포크 기회 활용으로 분석하고 있다.[16] 초대형 선박에 대한 대규모 투자로 인해 정기선사는 터미널 처리 작업의 비효율성과 대기와 지연으로 발생되는 자본비용을 회피해야 한다. 이를 위해 컨테이너 시설의 지분을 획득함으로써 정기선사는 하역작업에 대한 통제를 강화할 수 있다. 또한 수직적 통합을 통해 터미널 화물 처리비(THC)가 높은 지역에서 항만비용을 줄일 수 있다. 컨테이너 시설에 대한 투자는 하역작업에 대한 비용을 통제할 수 있다. 또한 터미널운영에 정기선사의 참여는 화주 등 고객의 요구에 부합하는 항만 네트워크를 구축함으로써 범위의 경제를 추구할 수 있고 서비스 품질과 신뢰성을 향상시킬 수 있다.

3 선사의 수직적 통합 경쟁력

정기선사의 수직적 통합은 화주의 공급사슬관리에 부응하기 위한 것이 목적이다. 이에 비해 터미널운영자의 수직적 통합은 항만 간 경쟁상 내륙운송에서 유리한 위치를 점하기 위한 것으로 선사와 터미널의 수직적 통합과 그 목적이 다소 다르다고 할 수 있다.

그러나 물류서비스 산업에 진출한 정기선사들이 스위스의 퀴네 & 나겔(Kuehne + Nagel) 같은 원래 물류회사의 물류서비스를 능가할 수 있을까 하는 의문이 생길 수 있다. 또한 물류사슬 전체에 대한 통합서비스를 제공하는 인테그레이터를 선사 대신 디지털 전문 IT회사가 수행해도 선사가 경쟁력을 가질 수 있을까 하는 의문이 생길 수 있다.

앞으로 물류서비스는 강력한 ICT 기술 전문성을 갖춘 비 자산(non – asset) 물류서비스 제공업체가 경쟁력이 높을 것이라고 보고 있다. 이에 비해 정기선사는

---

15) OECD(2016)

16) Notteboom et al.(2017)

본질적으로 해상운송 전문가이기 때문에 화주와는 업무상 거리가 있는 단점이 있다. 또한 자신의 선박(asset)을 가지고 있기 때문에 정기선사 선택에 있어 중립적일 수가 없다. 즉 물류서비스 제공자가 선박을 소유하고 있다는 것은 선박이 화주를 위해 부가가치를 만들어낼 수 없다면 이점이 될 수 없을 것이다.

위에서 설명한대로 컨테이너 운송 공습사슬 통합자로 발전하면서 디지털화를 연결시켜 정보 흐름까지 제어하면 결국 화주는 다른 업체로 전환하는 데 비용이 발생될 수밖에 없게 된다. 물류전문회사나 IT전문기업과 협업을 한다면 물류서비스나 정보통신회사와의 경쟁에서 불리한 점도 극복할 수 있을 것이다.

또 다른 한 가지 제기될 수 있는 점은 정기선사가 운영하는 터미널이 시설 사용률 측에서 공용터미널 운영자를 능가할 수 있는지 여부이다. 순수 환적항이면서 다양한 잠재적인 대체 기항항만이 있는 경우 정기선사 운영 터미널은 선호되는 터미널운영자가 될 가능성이 높다. 그러나 정기선사 인수 합병, 얼라이언스의 변화가 있을 경우 공용터미널은 터미널 물동량의 장기적인 안정성을 확보하는 데 더 적합할 것이다. 따라서 공용터미널 운영자와 정기선사 간 협업 모델을 만든다면 공용터미널 운영사에 비해 더 유리한 상황을 만들어나갈 수 있을 것이다.

CHAPTER

04

초대형선과
얼라이언스

01

규모의 경제

조달과 생산, 판매의 국제화(globalization)에 의해 가격과 서비스 경쟁이 심화되면서 화주의 물류비 절감이 경영의 핵심으로 부각되었다. 물류비 절감은 물류비 비중이 가장 큰 해상운송비에 대한 절감 노력으로 이어지고 있다.

공급과잉 상태에서 선사는 화주의 해상운송료 인하요구를 받아들일 수밖에 없는 상황이다. 선사는 물류혁신을 통해 운송물류비를 절감해야만 한다. 여기에 운임동맹이라는 가격카르텔의 기능이 약화되면서 정기선사 간 운임경쟁이 가속화되었고, 운임은 더욱 하락하였다.

정기선사들은 만성적인 선박과잉 상태에 운송 경쟁력을 지니지 못하면 시장에서 도태될 수밖에 없는 상황을 맞이하게 되었다. 이에 세계 주요 정기선사들은 초대형선을 건조하여 단위당 운송비를 낮추는 규모의 경제를 추구할 수밖에 없게 되었다.

또한 정기선사들은 이러한 초대형선을 건조하는 것 이외에도 화주들의 다양한 수요에 부응하기 위해 전 세계적인 운송네트워크를 구축해야 하고 문전수송을 위해 내륙운송시스템도 함께 구축해야 하는 자금적인 부담 때문에 정기선사 간에 전략적 제휴(strategic alliance)를 체결할 수밖에 없는 상황에 이르렀다.

얼라이언스는 정기선사들의 생존대책이라고 할 수 있다. 자본집약적 산업인 컨테이너 해운 정기선사들이 해운동맹을 통한 안정적 이익 추구가 어려워지면서 자구책으로 선박의 대형화, 그리고 정기선사의 대형화, 동시에 정기선사 간 전략적 제휴의 결성을 추진해 나가게 되었다.

포드 자동차 방식의 대량 생산은 자원이 고갈되고 수요가 다양화되며 기술이 발전함에 따라 효율성, 다양성을 중시한 생산방식으로 그 가치가 바뀌어 가고

있고 이를 포스트 포디즘(post-Fordism)이라 할 수 있다. 포디즘(Fordism)시대에
서 모든 것이 규모의 경제를 추구한 대량생산이었다면 후기산업사회의 특징으
로 표현되는 포스트 포디즘에는 아웃소싱을 통한 비용대비 효율성, 전문성의 향
상을 꾀하고 있는 것이다. 경쟁력의 원천이란 면에서 보아도, 기존 포디즘은 토
지, 자본, 노동 등 기본생산요소가 경쟁력 요소였으나 포스트 포디즘에서는 노
하우, 절차 등 고급생산요소를 토대로 한 범위의 경제가 경쟁력의 원천이 되고
있다.

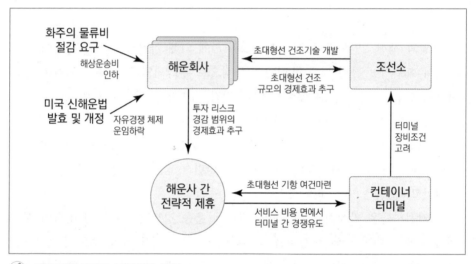

세계 해운산업의 경쟁심화 요인

포스트 포디즘시대의 세계해운산업의 방향은 화주들의 차별적, 다양한 요구
에 부응해 나갈 수 있어야 한다. 따라서 정기선사들은 규모의 경제에 의한 원가
경쟁력 확보 전략에서 벗어나 공급사슬 간의 차별화를 가져올 수 있는 서비스
경쟁력전략으로 바꾸어 고객에 대한 물류 서비스의 차별화가 필요한 시대 상황
이다.

그러나 세계 정기선 해운은 아직도 더 큰 초대형선을 건조하고 있으며, 인수
합병을 통해 선사의 규모를 대형화하고 있고, 선사 간 제휴를 통해 전략적 제휴
인 얼라이언스의 세력을 확대하고 있다. 세계 정기선 산업은 포스트 포디즘시대
에 포디즘을 추구하는 산업으로 남아 있다.

⟨02⟩

초대형 컨테이너선

 1 **대형화 추이**

컨테이너 해운산업의 가장 중요한 추세는 신조 건조하는 컨테이너선 선박 크기가 꾸준히 증가하고 있다는 점이다. 대형선의 규모의 경제 효과는 수송단위(TEU)별 비용이 절감되는 것이다. 이는 정기선사가 직접 통제할 수 있는 몇 안 되는 요소 중 하나이다. 그러나 특정 정기선사가 선도적으로 선박을 대형화해서 비용절감의 경쟁력을 확보할 수 있으나, 해운산업의 경쟁적 특성에 의해 다른 선사도 이를 따라 선박을 대형화하면 비용통제효과가 사라지고, 다시 컨테이너선을 대형화해야 비용통제가 가능해지는 반복이 이루어지면서 발주 선박크기가 계속 커지는 결과를 가져오고 있다.

1960년대에 일반화물선을 개조한 컨테이너선은 1,000TEU 정도였으나, 1970년대에 2,000TEU급 컨테이너 전용선, 즉 풀 컨테이너선이 본격 취항했다. 1980년대에 들어 3,000~4,000TEU급 선박이, 그리고 1990년대에는 포스트 파나막스로 불린 5,000~6,000TEU급 선박이 건조되어 북미 및 구주항로의 주력선대로 투입되었다.

2003년에 머스크-시랜드사의 엑셀 머스크호와 OOCL사의 센젠호 등 2척의 8,000TEU 컨테이너선이 운항을 시작했다. 2003년 10월에는 Seaspan사가 9,150TEU 컨테이너선 8척을 발주하면서 9,000TEU의 벽을 넘어섰으며, 2005년 4월에는 중국의 COSCO사가 1만TEU급 신조선을 발주하였다.

2013년 머스크 라인의 Triple E 시리즈 1만 8,000TEU 선박이 처음 등장했다.

⬦ 컨테이너선의 단계별 대형화 추이

구 분	제1세대	제2세대	제3세대	제4세대	제5세대	제6세대	제7세대	제8세대	제9세대	제10세대
길이(m)	190	210	210~290	270~300	290~320	305~310	355~360	365	400	400
속력 (노트)	16	23	23	24~25	25	25	25~26	26	26	22.4
선폭(m)	27	27	32	37~41	40~47	38~40	43	55	59	61
흘수(m)	9	10	11.5	13~14	13~14	13.5~14	14.5	15	16	16.5
적재량 (TEU)	1,000	2,000	2,000 ~3,000	4,000 ~5,000	5,000 ~6,000	6,000 ~7,000	8,000 ~9,000	13,000	18,000	24,000
실적재량 (TEU)	548	1,613	2,881	4,738	5,473	6,282	7,443	12,500	17,343	19,500
갑판적	1~2단	2단 8열 2단 10열	3단 12열 3단 13열	3단 14열 4단 16열	6단 16열	6단 17열	6단 17열	7단 22열	23열	24열
창내적	5~6단	6단 7열 6단 8열	7단 9열 9단 10열	9단 10열 9단 12열	–	9단 14열	9단 14열	10단 18열	–	–
시기	1960년대	1970년대	1980년대	1984년	1992년	1996년	2000년	2006년	2013년	2020년
선형	개조선	Full Container	Panamax	Post Panamax	Post Panamax	Super Panamax	Super Panamax	Ultra Panamax	Triple-E	HMM

자료: KMI 자료 등을 기초로 저자 재작성

Triple E는 규모의 경제성(Economy of scale), 에너지 효율성(Energy efficiency), 친환경(Environmentally improved)을 의미한다. 이후 COSCO Shipping과 MSC 등이 1만 9,000TEU형을 발주했으며, 2017년에는 MOL이 세계 첫 2만TEU형을 준공(현재는 ONE이 운항 중)한 바 있다. 그리고 OOCL, 에버그린, CMA CGM 등도 잇달아 2만TEU형을 투입하고 있다.

1만 8,000TEU형에서 2만 1,000TEU형까지 각 선형별 선박의 폭은 상이하지만, 총 길이 400미터, 23열이라는 기본 스펙은 공통적이다. 2018년 말 기준으로 동 구간 선형의 준공척수는 111척으로 발주 잔량과 더하면 1만 8,000TEU 이상 선박은 143척이 된다.

2019년부터 2020년까지 2만 2,000~2만 4,000TEU형 컨테이너 선박이 준공되고 있다. MSC가 11척(2만 3,500TEU형), CMA CGM 9척(2만 2,500TEU형), HMM(구 현대상선) 12척(2만 4,000TEU형)이다. HMM은 2020년에 12척의 24,000TEU 선박이 준공되어 유럽항로에 투입되었고, 2021년 상반기까지 16,000TEU 8척이 추가로 인도될 예정이다.

특히 2019년부터 준공된 2만 2,000~2만 4,000TEU형은 길이 400미터, 폭 61미터의 선박제원으로 선박 갑판의 컨테이너 적재열수가 24열이다. 2만 1,000TEU형까지의 적재열수는 23열이었다.

2020년 기준으로 파나마 운하를 통과할 수 없는 초대형 컨테이너선인 15,200~24,000TEU 선박은 총 166척이 운항 중에 있고, 33척이 발주되어 있다. 새로 확장된 파나마운하를 통과할 수 있는 최대 선형인 신 파나막스, 즉 네오 파나막스급인 12,500~15,199TEU 선박은 총 258척이 운항 중이고 45척이 발주 중에 있다. 10,000~12,499TEU 선박은 총 167척이 운항 중에 있고, 27척이 발주되어 있다.[1] 2020년 기준으로 1만TEU급 이상 선박은 선박량 기준으로 컨테이너 전체 선박량의 36.5%를 차지하고 있다.

✎ **초대형선 운항 현황** (2020년 기준)

구분(TEU)	10,000 미만	10,000~ 12,499	12,500~ 15,199	15,200~ 17,999	18,000~ 24,000	합계
척수	4,745	167	258	42	124	5,336
선박량 (만TEU)	1,491	200	356	70	253	2,350
구성비(%)	63.5	7.6	15.1	3.0	10.8	–

자료: Alphaliner(2020)

운항 정기선사별로 살펴보면 7,500TEU 이상 선박을 기준으로 할 때 2020년 기준으로 스위스 MSC사가 211척 운항에 11척 발주, 덴마크 머스크사가 189척 운항, 프랑스 CMA CGM사가 148척 운항에 25척 발주, 중국 코스코사가 145척 운항에 5척 발주, 그리고 일본의 통합정기선사인 ONE사가 86척을 운항하고 있다. 우리나라의 HMM은 건조 중에 있는 것을 포함해 총 35척이 운항될 예정이다.

초대형선은 대부분 운송거리가 긴 유럽항로와 북미항로에 투입되고 있다. 특히 유럽항로가 북미항로에 비해 항로거리가 길어 규모의 경제효과를 더 크게 발휘할 수 있기 때문에 북미항로에 비해 취항선박이 더 크다. 2019년 기준 유럽항로에 취항하는 선박의 평균크기는 15,548TEU이며, 북미항로 취항 평균 선형은

---

1) Alphaliner, Monthly Monitor, 각호

8,795TEU이다. 또한 2008년 이후 인도된 1만TEU급 이상 초대형 컨테이너선의 90% 이상이 아시아-유럽항로에 배선되었고, 최근 발주가 크게 늘고 있는 18,000TEU 이상 초대형 선박이 모두 유럽항로에 배선되고 있기 때문이다.

평균선형을 살펴보면 최근에는 약 10년마다 1,500TEU씩 증가하는 것으로 나타나고 있다. 컨테이너선이 도입된 이후 평균 선박 규모가 1,500TEU에 달하는 데 1970년 이후 2000년까지 거의 30년이 걸렸으나, 1,500TEU에서 3,000TEU로 2배로 증가하는 데는 2002년에서 2012년까지 10년밖에 소요되지 않았다.[2] 컨테이너선 평균선형이 다시 10년 후인 2021년에 4,500TEU를 넘어설 것으로 예상된다.

 ## 2 초대형선의 이점

정기선사는 TEU당 해상 운송비를 줄이기 위해 컨테이너선 대형화를 추구하고 있다. 8,000TEU급 선박의 단위당 운송비용을 1,000달러로 가정할 때, 10,000TEU급은 930달러, 14,000TEU급은 500달러, 16,000TEU급은 370달러, 18,000TEU급은 259달러로 선박의 규모가 커질수록 단위당 운송비용이 낮아진다고 분석한 바 있다.[3] 몇몇 연구에서도 비슷한 결과를 보이고 있다. 12,500TEU에서 18,000TEU급으로 대형화시킬 경우 약 11.83%의 단위비용이 절감되며, 18,000TEU에서 다시 22,000TEU급으로 대형화하면 다시 19.23%의 단위비용이 절감되는 것으로 분석했다.[4] HMM(구 현대상선)의 24,000TEU 선박의 경우 유럽항로 취항시 15,000TEU에 비해 TEU당 연료비가 13% 절감된 것으로 나타났다.[5]

국내 조선소에서 6,200TEU급 두 척을 건조하는 경우와 1만 2천TEU급 1척을 건조하는 각각의 경우에 대해서 관련 비용을 검토하였는데, 건조비용 측면에서는 1만 2천TEU급 1척을 건조하는 것이 6,200TEU급 2척을 건조하는 것보다 약 16%가 절감되는 것으로 나타났다. 또한 1만 2천TEU급 1척의 TEU당 운항 연료

2) OECD(2015), p.17

3) Drewry

4) Hacegaba(2014)

5) 선사 관계자

비용은 6,200TEU급 2척의 TEU당 운항 연료비용에 비해 약 17%가 절감되는 것으로 나타났다.[6]

초대형선에 의한 규모의 경제효과는 자본비(capital cost), 선비(operating cost), 그리고 운항비(voyage cost)로 나누어 볼 수 있다.[7] OECD의 연구에 의하면 15,000TEU에 비해 19,000TEU선박을 운항[8]하면 TEU당 자본비, 선비, 운항비를 합쳐서 총 55~63%까지 절감할 수 있다.

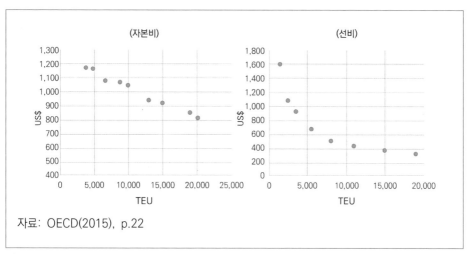

자료: OECD(2015), p.22

✎ 규모의 경제효과 자본비와 선비

③ 공급과잉

초대형선 건조는 개별 정기선사에게는 운항 선박의 운송 단위당 비용 절감을 추구하고자 한 것이지만, 모든 정기선사가 초대형선을 취항시킨다면 원가경쟁력은 다시 같아지고 이를 타개하기 위해 시장 선도업체들은 다시 더 큰 초대형선을 건조할 수밖에 없다.

---

6) 국내 조선소 내부자료
7) 자본비는 선박취득 및 보유에 필요한 감가상각비와 이자이다. 선비는 선박 유지관리비로 선원비, 유지 수선비, 보험료 등이다. 운항비는 연료비, 항비, 화물취급비가 포함된다.
8) 85% 선박이용률을 가정

초대형 컨테이너선 신조선 투자는 원가경쟁력을 확보하기 위한 기업차원에서는 전략적 행동이지만 이런 행동들이 군집적으로 나타나면 정기선 산업 전체로 공급과잉을 초래하는 '합성의 오류(fallacy of composition)[9]'에 빠지는 리스크를 안고 있다.

그러나 더 큰 문제는 세계 정기선 해운산업을 이끌고 있는 세계 주요 정기선사들이 초대형선의 대부분을 선제적으로 건조해서 운영하고 있는 '죄수의 딜레마' 현상[10]이 보이고 있는 점이다.[11]

④ 초대형선의 리스크

초대형선 건조는 선박을 채우지 못하는 공급과잉 리스크가 커지는 문제를 야기 시켜 구조적인 장기불황의 원인이 되고 있다. 실제로 아시아－유럽항로 운임이 2015년 6월에 20피트당 200달러까지 하락해 사상 최저치를 기록했는데, 이는 아시아 지역 근해항로 운임수준밖에 되지 않는 것이었다. 이처럼 컨테이너 선박의 초대형화가 운송인의 필요에 의해 진행되고 있지만 초대형선 운항에 따른 리스크가 커지고 있다.

초대형화의 리스크는 크게 세 가지로 나누어 볼 수 있다. 그 첫째는 초대형선에 따른 관련비용이 증가하는 리스크, 두 번째는 직기항을 원하는 화주에 대한 서비스 리스크, 그리고 가격경쟁에만 의존해야 하는 파멸적 경쟁 리스크이다. 선박이 비용에서 비교우위를 갖춘다는 것은 선박비용, 항만비용, 물류비용, 화주 서비스 비용 등이 모두 고려되어야 한다. 초대형선 운항에 따른 항만체류시간 증가에 따른 자본비용, 화물집하 비용, 항만기항의 유연성 부족으로 증가하는 내륙운송비용도 고려해야 한다. 특히 초대형 컨테이너선의 화물적재율[12]

---

9) 개인적으로는 타당한 행동을 모두 다 같이 할 경우 전체적으로는 부정적인 결과가 초래될 때 쓰이는 용어

10) 자신의 이익만을 고려한 선택이 결국에는 자신뿐만 아니라 상대방에게도 불리한 결과를 유발하는 상황

11) Kou, Luo(2016)

12) 소석률이라고 하기도 함

이 하락할 경우 이와 같은 비용증대로 인해 수익성이 크게 악화될 수 있는 리스크가 존재한다.

두 번째는 화주서비스 리스크이다. 과거처럼 획일적인 상품과 서비스를 생산하고 제공한 대량생산 사회와 달리, 현재는 소비자나 수요자의 다양한 요구에 부응하는 소량 다품종 생산사회로 발전하고 있다. 화주도 운송시간, 운송신뢰성, 운송희망 항만 등의 요인별로 다양한 서비스를 요구하고 있다. 그러나 정기선 해운산업은 규모의 경제효과를 추구하면서 획일적이고, 균질화된 서비스로 화주의 다양한 요구에 부응하지 못하고 있다.

특히 화주들은 자신의 공급사슬관리(SCM)를 위해 대형 허브항만에 피더운송하면서 수출입을 하는 것보다, 인근 중소항만에 직접 기항한 선박을 통해 수출입하는 것이 이익이다. 그러나 정기선사의 초대형선 정책에 의해 화주들은 기항 항만이 줄어들거나, 기항하는 경우에도 서비스 빈도가 낮아지고 있다.

현재 머스크 라인 등 유럽의 대형 정기선사, 아시아 정기선사 등이 중심이 되어 3개의 초대형 얼라이언스를 형성하고 있지만, 여전히 과당경쟁 상태에 놓여 있다. 과당경쟁으로 인한 운임붕괴가 단기적으로 화주들에게 이익이 되고 있어 문제의 핵심을 외면하고 있지만, 다보스 포럼 등을 통해 일부 화주들은 장기적으로는 이 과당경쟁이 원거리 해외생산의 리스크를 증가시킬 수 있는 심각한 사안으로 보고 있다.

세 번째는 파멸적 경쟁 리스크이다. 정기선사들의 초대형 컨테이너선 발주전략이 시장점유율 경쟁을 위해 어쩔 수 없이 취한 전략이기 때문에 자체가 큰 리스크가 될 수 있다. 정기선 산업의 초대형선 경쟁은 '파멸적 경쟁'(destructive competition) 상태에 놓여 있기 때문이다. 정기선사가 시장점유율을 유지하거나 확보하기 위해 사용할 수 있는 수단이 운임경쟁뿐이라는 상태이다. 초대형선화가 가져오는 구조적인 공급과잉을 해결할 마땅한 방법이 없이 계선을 통한 선대감축 등 일시적인 선박조정에만 그치고 있는 실정이다.

03

|

얼라이언스

정기선 업체들 간의 얼라이언스(alliance)는 참여 정기선사들이 복수의 항로에서 서로 협력하는 것이다. 얼라이언스는 선사들 간의 운항을 협력한다는 면에서 선박공유협정(vessel sharing agreements, VSA)이나 선복구매협정(space charter arrangements)과 비슷하지만 이들은 특정항로에서의 협력이지만, 얼라이언스는 한 개의 항로 이상 복수의 항로에서 협력하기로 협정을 맺는 것이다. 얼라이언스는 글로벌 네트워크를 제공하기 위해 보다 복잡한 협력을 하는 선사들의 연합체이다. 그리고 VSA보다 긴밀한 협력체계를 구축하고 협력 기간도 비교적 장기에 걸쳐 이루어진다.[13]

선박공유협정(VSA)이나 선복구매협정도 많이 이루어지는데 2017년 기준 미국 FMC 보고서에 기록된 것은 각각 39개와 233개에 달한다.[14] 이 중에는 얼라이언스 회원선사가 다른 얼라이언스 선사와 맺은 것도 많이 있다. 예를 들어 2M 회원사인 Maersk가 오션 얼라이언스사인 CMA CGM사와 미국 − 중남미 노선에서 VSA를 체결한 경우도 있다.

---

13) 본절과 본장의 얼라이언스 영향에 대해서는 다음 자료를 주로 이용하여 기술
   The Impact of Alliances in Container Shipping, International Transport Forum, OECD, 2018.
14) US FMC 2017 Report (n 13), pp.12 − 13

① 얼라이언스 발전 추이

정기선사들이 선박을 공유해 해상운송 영업을 할 수 있고, 터미널 등 보유 자산도 공유할 수 있다. 얼라이언스를 결성한 정기선사들이 공동으로 선박과 노선을 공유하면서 서비스 항로를 다변화해 안정적인 선대 운영을 하고자 하는 것이다. 그러나 공동으로 마케팅을 하거나, 운임을 공동으로 결정하는 등의 독과점 행위는 금지된다.

2007년 이전까지 세계 정기선 해운의 전략적 제휴는 현대상선, 싱가포르의 APL, 일본의 MOL로 구성된 New World Alliance와 일본의 NYK, 독일의 하팍로이드, 홍콩의 OOCL로 구성된 Grand Alliance, 그리고 한진해운, 중국의 COSCO, 일본의 케이라인, 대만의 양밍해운으로 결성된 CKYH 얼라이언스가 있었다.

이때까지도 대형 정기선사들은 선대규모나 서비스 제공 범위가 단독으로 운항해도 충분한 규모에 도달했기 때문에 얼라이언스 구성에 참여하지 않았다. 머스크 라인, MSC, CMA CGM이 그 예이다. 에버그린(Evergreen)과 같은 일부 정기선사들도 정기선사의 영업 독립성 침해 및 의사결정의 유연성을 이유로 전략적 제휴에 참여하지 않았다.

그러나 2008년 세계 금융위기 이후 주요 컨테이너 선사들은 수요 감소에 따른 공급초과와 치열한 경쟁에 의한 수익감소 등의 문제점들을 해소하기 위하여 전략적 제휴를 통한 협력을 모색할 수밖에 없는 상황이 되었다.[15] 정기선사 간 인수합병과 얼라이언스 확대 개편이 가속화되었다.

MSC와 CMA CGM이 일부 서비스에 대한 제휴를 발표하고, Maersk와 함께 상위 3개사의 P3 얼라이언스 추진 이후, 결국 Maersk와 MSC가 2M을 결성하였다. 과거 해운동맹시절부터 비동맹 정기선사로 남아있었고, 전략적 제휴 물결에도 독립 정기선사로 운영하던 에버그린도 결국은 2012년 CKYH 얼라이언스에 가입했다. 2012년에 New World Alliance와 Grand Alliance가 아시아-유럽 노선에서 새로운 G6 얼라이언스를 결성했다.

이후에도 세계 경제 불황이 계속되면서 컨테이너 해운선사들의 수익성이 악

---

15) 김은수 외(2017), p.15

2000년 이후 얼라이언스 변화

2001	2012	2015	2017	2020
NWA	G6 Alliance	G6 Alliance	THE Alliance	THE Alliance
APL MOL HMM	APL MOL HMM Hapag-Lloyd NYK OOCL	APL MOL HMM Hapag-Lloyd NYK OOCL	Hanjin MOL K-Line NYK Yang Ming Hapag-Lloyd/ USAC	ONE²⁾ Yang Ming Hapag-Lloyd/ USAC HMM
Grand Alliance				Ocean Alliance
Hapag-Lloyd NYK P&O Nedlloyd OOCL MISC	CKYH	CKYHE	Ocean Alliance	CMA CGM COSCO³⁾ Evergreen
CKYH	Hanjin K-line Yang Ming COSCO	Hanjin K-line Yang Ming COSCO Evergreen	CMA CGM COSCO OOCL Evergreen	2M
Hanjin K-line Yang Ming COSCO	Independents	2M	2M+	Maersk MSC
Independents¹⁾	Maersk MSC CMA CGM Evergreen	Maersk MSC	Maersk MSC HMM	
Maersk MSC CMA CGM Evergreen		Ocean Three		
		CMA CGM China Shipping USAC		

주: 1) Independents는 얼라이언스 미가입 정기선사를 의미
   2) ONE은 일본의 MOL, K-Line, NYK의 정기선 부문 통합업체
   3) OOCL은 COSCO에 합병

화되었다. 2016년 중국의 COSCO와 CSCL 2개사가 합병한 '중국 COSCO해운'이 발족했다. 이어서 중국 COSCO해운은 프랑스의 CMA CGM, 홍콩의 OOCL, 대만 에버그린 등과 함께 '오션(OCEAN)' 얼라이언스를 설립했다. 오션 얼라이언스와 2M의 경쟁구도가 형성되어 아시아-유럽항로에서는 2M이, 북미항로에서는 오션이 주도권을 가지게 되었다. 이후 독일의 하팍로이드, 한진해운, 일본의

NYK, MOL, K-Line 및 대만의 양밍 등 6개사가 '디 얼라이언스(THE Alliance)' 를 결성했다.[16)]

이렇게 세계 컨테이너 해운시장은 수요 둔화 및 지속된 공급과잉 속에서 2017년 4월에 2M, Ocean, THE alliance 등 3개의 초대형 얼라이언스로 재편되었다. 3대 초대형 얼라이언스 재편의 특징은 정기선사 간 인수·합병 등과 함께 진행되었다는 것이다. 중국 양대 정기선사의 합병, CMA CGM의 APL 인수, 하파로이드의 UASC 인수, 머스크의 Hamburg Sud 인수, 일본 3사(NYK, MOL, K-Line)의 컨테이너 부문 통합이 진행되었고, 2017년에 COSCO가 다시 OOCL을 합병했다.

세계 주요 정기선사들은 거대선사(mega-carrier)로 확대되고, 정기선사 간 제휴인 얼라이어스도 대형화, 과점화 체제로 발전하고 있다. 2020년 HMM이 디얼라이언스에 가입하면서 HMM도 정식 얼라이언스 멤버가 되었다.

2020년을 기준으로 할 때 3대 얼라이언스는 선박량 기준으로 총 1,892만TEU로 정기선 전체 선박량 2,303만TEU의 82%를 점유하고 있다. 2000년 이후 얼라이언스의 변화와 정기선사들의 얼라이언스 가입 변화를 도식화했다.

② 얼라이언스 형성 목적

초대형선으로 경쟁하는 정기선 해운선사들이 당면하는 가장 큰 문제가 선박투자비를 감당하기 어렵고, 또한 선박 화물적재율을 높이기가 어렵다는 것이다. 이를 해결할 수 있는 가장 효과적인 전략이 선사들 간의 전략적 제휴, 즉 얼라이언스(alliance)를 맺는 일이다.

정기선사들은 선사들과의 제휴를 통해 선박과 터미널을 공유하고, 컨테이너를 공동으로 구매하는 등 다양한 분야에서 규모의 경제 효과를 달성하고 더 나은 서비스를 제공할 수 있다. 선사들은 전략적 제휴를 통해 상대적으로 저렴한 비용으로 좀 더 많은 운항항로와 서비스를 제공할 수 있으며, 세계 각지의 터미널을 공유할 수 있게 해주고, 해상 및 내륙에서 공동운항, 공동운송을 통해 비용

---

16) 한진해운이 파산하면서 5개사로 운영

절감을 꾀할 수 있게 되었다.

정기선사들이 전략적 제휴를 맺는 목적은 다음과 같은 여러 가지 측면에서 찾아 볼 수 있다.[17] 첫째, 재무적 리스크 감소 같은 재무적 목적이다. 초대형선을 건조하는 데 드는 막대한 투자비를 감안할 때 개별 정기선사가 필요한 선박을 모두 건조해서 항로를 유지하기에는 위험이 너무 클 수 있다. 두 번째는 규모의 경제효과로 인한 비용절감 같은 경제적 목적이다. 얼라이언스에 속하면 각 사는 선박과 세계 영업네트워크, 내륙 수송물류망, 정보망, 기항항만 등을 공유할 수 있기 때문에 비용을 크게 줄일 수 있다. 세 번째는 신규시장 참여나 서비스의 지리적 범위 확대 같은 전략적 목적이다. 네 번째는 다양한 서비스 항로 확보로 다양성을 확보해서 고객만족을 줄 수 있는 마케팅 목적이다. 다섯째는 운항빈도를 늘리고 선박배선 계획을 최적화할 수 있는 운영적 목적이다.

이러한 정기선사의 전략적제휴의 요인에 대한 여러 연구[18]에서도 대체적으로 규모의 경제(economies of scale)효과로 운임경쟁력을 확보하는 것과 범위의 경제(economies of scope)효과로 서비스 범위를 확대하는 두 가지로 요약될 수 있다. 얼라이언스는 낮은 운임으로 더 넓은 범위의 서비스를 할 수 있어 선사들 간의 경쟁에서 필수적일 수밖에 없다.

(1) 규모의 경제

컨테이너화에 의한 운송 표준화는 운송비용을 낮출 수 있었다. 그러나 균일한 서비스라는 특성 때문에 컨테이너 운송사업의 경쟁력은 낮은 컨테이너 운항비용 이외 다른 것을 찾기가 어렵게 되었다. 정기선 운송을 지배하는 전략은 규모의 경제를 통한 비용 절감이 된 것이다.

얼라이언스는 이러한 규모의 경제의 잠재력을 최대화시키는 또 다른 수단이 될 수 있다. 정기선사들이 신규 초대형 선박을 건조하고 인수한 후에 규모의 경제 효과를 거두는 데 필요한 선박 이용률을 확보하기 위해 가능한 방법이 다른 선사와 선박을 공유하는 것이기 때문이다. 파트너 정기선사가 협력할 의사가 있다면 대규모 비용 절감이 달성될 수 있는 것이다.[19]

---

17) Photis, Robert(2011)

18) Agarwal(2007), OECD(2008)에서 재인용

19) Lei et al.(2008)

(2) 범위의 경제

또한 얼라이언스는 정기선사들이 고객에 대한 서비스 제안을 개선하는 데 도움을 줄 수 있다. 가장 중요한 것은 얼라이언스를 통해 더 광범위한 세계 해운 네트워크를 제공할 수 있기 때문이다. 컨테이너 정기선사 CEO를 대상으로 한 설문에서 서비스 대상지역을 확대하고 더 많은 서비스를 제공하는 것이 전략적 제휴에 참여하는 가장 중요한 동기라고 한다.[20] 화주들은 수송지역에 항로가 연결된 해운회사와 계약을 맺기를 선호하고, 얼라이언스는 화주가 요구하는 충분한 네트워크를 가지고 있기 때문이다.

범위 경제는 상호 보완적인 정기선사들 간의 제휴를 통해 이루어질 수 있다. 따라서 중소규모의 정기선사들은 이 목적 때문에 전략적 제휴에 적극적이었던 반면에 초대형 선사들은 그 동기가 크지 않았다. 실제로 2010년에는 상위 5개 정기선사 중 하팍로이드 1개사만이 얼라이언스에 참여했지만, 상위 20위 안에 있는 대부분의 중소 정기선사들은 모두 전략적 제휴에 가입했었다. 대형 선사들은 대부분 세계 각 지역의 운송을 자체 선대로 서비스할 수 있었기 때문이었다.

그러나 이 논리는 더 이상 유효하지 않았다. 2015년 이후 사실상 모든 대형 정기선사가 글로벌 얼라이언스를 형성하거나 가입했다. 대형 정기선사라 해도 항로별로 초대형선으로 다중 주간(weekly)서비스를 운영해야 하는 부담을 단일 선사가 감내하기 어려워진 것이다.

3 얼라이언스의 법적 지위

미국 FMC, 중국 국무원, 한국 공정거래위원회 등 각국의 경쟁당국이 정기선사 간 협력을 경쟁법 혹은 공정거래법에 저촉하는지 검토하게 된다. 대부분의 국가에서 정기선 해운의 선박공유협정(vessel sharing agreements), 얼라이언스 등은 항만 간 선박운항항로의 연결성과 운항빈도 확대를 통해 효율성을 제공하고 있고, 자본 집약도가 높은 정기선 해운업계의 독특한 특성을 고려해, 경쟁법(독점금지법) 정밀 감시를 면제하거나, 특별법으로 대체하고 있다.

---

20) Lu et al.(2006)

싱가포르 등 몇몇 나라는 정기선해운에 대해 경쟁법 블록면제(block exemptions)를 하고 있으나, 우리나라, 미국,[21] 중국 등 대부분의 나라에서는 경쟁법을 대체하는 정기선 분야 특별법에 의해 협력을 허용하고 있다. 물론 국가별 협정의 범위와 조건은 다르다. 우리나라는 해운법과 공정거래법이 정기선 해운업체들의 경쟁법을 대체하여 VSA나 얼라이언스 등 정기선 업체들 간의 협력을 조건에 따라 허용하고 있다.

그러나 현실적으로는 Ocean, 2M, THE Alliance 3개 얼라이언스가 아시아-북유럽항로(서향)의 수송능력은 98%에 달한다. 오션과 2M이 각각 40%와 34%를 점유하고 있다. 아시아-북미서안항로(동향)의 경우는 3개 얼라이언스가 70%의 수송능력을 점유하고 있다. 오션이 33%를 차지하고 있다. 이는 이들 동서기간항로에서 3개 얼라이언스가 과점 시장을 형성하고 있고, 집단 지배 가능성을 나타낼 수 있는 상황이다.

얼라이언스 회원 선사들이 가격 경쟁을 명시적으로 제한하지 않더라도 민감한 정보는 회원 선사들 사이에서 교환될 수 있을 것이다. 얼라이언스 또한 항로, 빈도, 신뢰성 그리고 그들이 투입하는 선박의 수와 같은 주요 문제를 결정하기 때문에 공급량과 서비스를 결정할 수 있는 위치에 있을 수 있다. 이러한 지배적인 위치는 항만 서비스 제공사인 터미널운영자나 선사가 조달하는 벙커링 및 기타 서비스 제공업체 등에게도 남용될 수 있다.

 4 공급과잉 초래

전 세계 컨테이너 무역의 증가율을 초과하는 선박공급의 증가는 컨테이너 운송의 수익성은 하락시키는 주요 원인이다. 2009년 글로벌 컨테이너 해상물동량은 2008년부터 시작된 글로벌 금융위기와 경제위기로 10%정도 하락했다. 그러나 컨테이너 선대는 2009년에도 5%가 늘어났다. 오히려 2010~2012년에 초대형선을 중심으로 선박 신조발주가 이전보다 더 많이 증가했다.

아시아-유럽간 주간(weekly) 서비스를 운영하기 위해서는 약 12척 이상 선

---

21) The Ocean Shipping Reform Act of 1998

박이 필요하다. 2만TEU급으로 보면 척당 약 1억 3천만~5천만 달러이기 때문에 초대형 컨테이너선 12척의 비용이 15~18억 달러(1조 7,700억원~2조 1,300억원) 규모가 된다. 이와 같이 투입선박이 대형화되면 선주의 선박 투자비 부담도 크게 늘어나게 된다. 이러한 막대한 투자는 화물집화 능력이 담보될 때만 의사결정을 할 수 있는 일이다. 초대형 컨테이너선을 운항할 수밖에 없는 정기선사가 선택할 수 있는 대안은 다른 선사와 공동운항, 공동집화를 하는 전략적 제휴, 얼라이언스를 형성해서 집화능력을 향상시키는 일이다.

얼라이언스가 없었다면 어떤 정기선사는 초대형 선박을 발주할 수 없었을 것이다. 개별 선사로 보면 발주할 수 없는 초대형선을 선사 간 협력으로 발주가 가능해진 것이다. 얼라이언스로 인해 과잉 투자와 공급과잉이 증폭될 수 있었던 것이다.[22]

2008년 시작된 글로벌 경제위기 이후에도 얼라이언스의 지배력이 높아지면서 수송수요와 동떨어지게 선박수송 능력은 오히려 증가했다. 예를 들면 2015년 당시 G6 얼라이언스의 회원사였던 MOL과 OOCL은 각각 21,000TEU 초대형선박을 6척씩 발주하였다. 아시아-유럽항로에 신규로 배치될 동일규모의 초대형 선박으로 선도업체를 따라 발주한 것이다. 얼라이언스로 묶여 있지 않았다면 이 선사들이 수요 감퇴시기에 초대형 선박을 발주할 이유가 없었을 것이다.

---

22) Higashida(2015), OECD(2018)에서 재인용

해상물류의 변화

1 얼라이언스의 협상력 증대

정기선사가 많은 초대형선을 운항하고, 얼라이언스를 구축하면서 항만 및 터미널운영자에 대해 강한 협상력을 갖게 되었다. 선사와 얼라이언스가 많은 선박과 화물을 확보하고 있기 때문이다.

세계 최대 정기선사인 Maersk사가 소유 및 용선하여 운항하고 있는 선박량은 2020년 기준으로 648척에 393만TEU에 이른다. 세계 5대 정기선사의 선박량은 1,450만TEU로 전 세계 전체 선대 2,343만TEU의 64%를 차지하고 있다.[23]

세계 3대 얼라이언스의 경우 2020년 기준 2M, 오션 얼라이언스, 디 얼라이언스가 각각 766만TEU, 686만TEU, 440만TEU의 선박량을 확보하고 있고 총 1,892만TEU로 정기선 전체 선박량 2,343만TEU의 81%를 점유하고 있다. 이들 정기선사나 얼라이언스가 항만당 처리하는 물동량은 적게는 50만TEU, 많을 경우에는 250만TEU를 상회하고 있다.[24]

정기선사는 초대형선의 규모의 경제를 통해 운영비를 절감할 수 있지만, 터미널 운영자와 항만 당국은 오히려 장비 및 해상 접근 수로에 상당한 투자를 해야 한다.[25] 2000년대 초부터 항만, 터미널에 대해 얼라이언스의 협상력이 실질

---

23) Alphaliner Monthly Monitor, 2020. 7
24) 김형태 외(2010), p.47
25) Tran, Hassis(2015)

🖉 3대 얼라이언스 선박량

얼라이언스	정기선사	척수	수송능력 (만TEU)
2M	Maersk	648	393.1
	MSC	559	372.6
	2M 합계	1207	765.7
Ocean Alliance	CMA CGM	502	272.5
	COSCO	477	290.5
	Evergreen	191	122.9
	Ocean 합계	1170	685.9
THE Alliance	ONE	211	154.4
	Yang Ming	91	59.9
	Hapag-Lloyd/UASC	235	170.9
	HMM	66	57.8
	THE 합계	603	440.0

자료: Alphaliner Monthly Monitor, 2020. 7

적으로 증가했다.[26] 얼라이언스의 세력이 더 강화되면서 항만과의 협상 지위의 불균형은 더욱 커졌다.

2017년 4월 이후 3개 글로벌 얼라이언스는 동서 기간 항로서비스에서 총 89개 항만에 기항하고 있었다. 아시아에 30개, 유럽에 35개, 북미에 24개 항만에 기항했다. 이 항만 중 3개 얼라이언스가 모두 기항하는 항만은 아시아 8개, 유럽 5개, 북미 6개 항만에 불과하다. 나머지 60여 개 항만들은 1개 혹은 2개의 얼라이언스만이 기항하고 있었다. 얼라이언스의 항만기항을 유지시키기 위해 항만 간 경쟁을 해야 하는 상황에 놓여 있는 것이다.

이러한 협상력을 이용하여 정기선사들은 터미널운영자와 항만당국에 하역료 인하, 생산성제고, 임대료 인하, 항만이용 시의 기타 우대조치 실시 등 다양한 요구를 하고 있다.

얼라이언스는 항만, 터미널 운영자 및 기타 서비스 제공업체와의 협상에서

---

26) Heaver et al.(2001)

묵시적 구매 독점적 힘을 관행적으로 사용한다. 명시적인 공동 교섭이 없더라도 얼라이언스가 항만기항을 이전할 수 있다는 실질적인 위협은 항상 존재하기 때문이다.

초대형선 투입시 해운산업과 항만운영사 간의 비용과 이익의 공정한 분배에 대한 논쟁을 촉발시키기도 했지만,[27] 현실적으로 기울어진 운동장에서 항만운영사가 선사로부터 분배를 요구할 수 있는 상황이 되지 못하고 있다.

 ## 2 해상운송구조 변화

(1) 중심항만

초대형선과 초대형 항만은 동전의 양면과 같다[28]. 초대형 항만이 초대형선에 화물을 모아 주어야 하고 초대형선은 초대형 항만에 환적화물 등 화물을 공급해야 하기 때문에 함께 공존해야 한다. 이때 초대형 항만은 중심항만이고 환적허브항이다.

초대형선이 중심항만에 기항하는 것은 초대형 컨테이너선의 취항시 항만마다 직기항하는 것보다 허브항만에서 피더운송하는 것이 비용을 줄일 수 있기 때문이다. 초대형선이 규모의 경제효과를 내려면 해상운송시간을 늘리고 항만에 체류하는 시간을 줄여야 한다. 이를 실현시키기 위해 초대형선이 최소한의 허브항에만 기항하는 편이 유리한 것이다. 즉 피더운송에 소요되는 추가비용보다 모선이 항만마다 직기항하면서 발생시키지 못하는 규모의 경제효과가 더 크기 때문이다.

최근에는 여러 지역에서 발생하는 순 환적항(pure transshipment port)이 중심항의 개념이 되고 있다. 초대형선이 기항하는 항만이 순 환적항의 기능을 가지며, 여기에서 남북 간 연계운송이 이루어지는 구조이다. 이 개념은 현재 일부지역에서 현실적으로 이루어지고 있는 해상물류패턴이다.

컨테이너선의 초대형화가 24,000TEU 이상으로 진행되면 해상물류가 더욱 전

---

27) OECD(2015)

28) Haralambides(2018)

형적인 허브 앤 스포크로 가야 한다는 의견도 있다.[29) 현재 아시아-유럽항로에서는 2만TEU급 초대형 컨테이너선이 로테르담, 함부르크, 일본, 중국, 한국 등 5~6개 항만에 입항하고 있다. 초대형 컨테이너선의 기항이 점차 이들 중심항에 집중 기항하고 이후 연계 네트워크를 통해 지역항만(local port)까지 수송하는 것이다.

중심항만은 Hayuth의 개념[30)처럼 대규모 배후지를 보유하고 있는 중심성(centrality)과 중계 및 환적화물을 처리하는 중계성(intermediacy)의 두 가지로 설명되었으나, 이상의 견해들은 초대형선 출현으로 중심항의 성격이 중계성에 더욱 비중을 두고 있다.

이러한 환적 허브항만이 되기 위해서는 몇 가지 조건을 갖추어야 한다. 첫째, 중심항으로서 입출항 선박에 대한 하역 생산성, 재항시간 등의 안정성, 정시성, 확실성이 보장되는 우수한 서비스를 제공해야 하며, 이를 위한 항만시설, 장비, 하역시스템이 충분히 확보되어야 한다. 최근 연구에서 선석가용성(berth availability)이 가장 중요한 환적허브항 선택기준으로 분석되었다.[31)

둘째, 환적 관련 제비용이 저렴하여 환적에 따른 부담을 최소화해야 한다. 초대형선으로 수송하지 않고 직항로서비스에 의해 수송될 경우 발생하지 않는 환적비용은 대부분을 초대형선 운항정기선사가 부담할 가능성이 크다. 따라서 초대형선 운항정기선사는 환적비용이 가장 절감될 수 있는 항만에 기항하려 할 것이다. 셋째, 아시아-유럽, 아시아-북미, 혹은 북미/아시아/구주의 펜들럼(pendulum) 서비스[32)상 역방향의 피더가 발생하지 않는 지리적 위치를 갖고 있어야 한다.

---

29) https://secure.marinavi.com/news/file/FileNumber/109451

30) Hayuth, Yehuda(1994)

31) Kavirathna et al.(2018)

32) 파나마 운하를 통과해 아시아, 미국, 북유럽을 연결하는 항로

(2) 다중 주간 서비스

중심항만 개념으로 보면 초대형 정기선사는 동서 간 서비스에서 환적허브항만에 기항하려 할 것이다.[33] 따라서 동서 기간항로에서 3대 얼라이언스 별로 약 6개 정도 환적허브 항만을 구축해 기항한다면 중심항만은 전 세계적으로 약 6~18개 정도만 되어야 한다.

그러나 실제 정기선 운항패턴을 보면 정기선사가 초대형화 되거나, 초대형 전략적 제휴정기선사화 되더라도 항로별 주간(weekly) 정기선 서비스[34]를 복수로 운항하고 있다. 즉 특정 항로의 주간 서비스를 복수화함으로써 다중 주간서비스(multiple weekly services)로 항로를 운영하고 있다. 대형 정기선사라 해도 극동이나, 유럽 지역의 주요항만에 모두 기항해서 화물을 집화하기 때문이다.[35]

북미항로의 예를 들면 얼라이언스 별로 3~4개 정도씩의 주간 정요일 서비스를 운영하고 있다. 일요일에는 중국 선전의 얀티안, 홍콩에 기항하고 월요일에는 상해, 그리고 화/수요일에는 부산, 금/토요일에는 일본항만에 기항하는 것을 볼 수 있다. 즉 얼라이언스는 요일별로 기항항만을 달리하는 북미항로 서비스를 다중 루프로 서비스하고 있다.

아시아-유럽항로의 경우 2020년 8월 기준으로 3대 얼라이언스가 총 17개의 주간 서비스항로를 운영하고 있다.[36] 이 항로의 기항항만 중 상하이, 얀티안의 기항회수가 20번씩으로 가장 많다. 아시아 항만 중 5번 이상 기항하는 항만이 상하이, 얀티안, 싱가포르, 닝보, 탄중 펠레파스, 홍콩, 부산, 청도, 샤먼 등 9개 항만이다. 3번 이상 기항하는 항만은 총 16개, 그리고 1번 이상 기항하는 항만이 광양항을 포함해 총 23개 항만에 이른다.

아시아-북미항로의 경우 2020년 8월 기준으로 3대 얼라이언스가 총 18[37]개의 주간 서비스항로를 운영하고 있다.[38] 이 항로의 기항항만 중 부산항 기항회

---

33) 예를 들어 MSC사의 중심항만은 안트워프(Antwerp)이며 로테르담(Rotterdam)은 피더항만이다. 그러나 머스크 시랜드사는 로테르담항을 중심항만으로 이용하며 안트워프는 피더항으로 이용하고 있다.

34) 유럽항로나 북미항로의 정기선 서비스는 여러 항만을 기항하게 되는데 각 항만마다 같은 요일에 기항하는 weekly service를 말하며, 이 정기선 서비스를 loop나 string 이라 부른다.

35) Notteboom, Rodrigue(2009)

36) Drewry(2020)

37) 세계일주항로 4개, 펜들럼서비스 4개 포함

38) Drewry(2020)

수가 16번으로 가장 많다. 아시아 항만 중 5번 이상 기항하는 항만이 부산, 상하이, 싱가포르, 얀티안, 닝보, 홍콩, 카이맵, 샤먼 등 8개 항만이다. 3번 이상 기항하는 항만은 총 13개, 그리고 1번 이상 기항하는 항만이 총 18개 항만에 이른다.

이는 그동안 초대형선이 지역별로 한정된 몇 개 항만에만 기항할 것이라는 앞서 검토한 몇몇 연구와 다른 현상이다. 정기선사들이 다중 주간 서비스로 항로를 운영하면서 초대형 정기선사가 기항하게 되는 중심항만은 지역별로 1개 항만이 아니라 주요 항만에 모두 기항하는 운송패턴을 유지하고 있다. 동북아지역을 예로 들면 한국의 부산, 중국의 상하이, 얀티안, 닝보, 홍콩항, 일본의 도쿄, 대만의 카오슝 등 각국의 중심항에 초대형선이 모두 기항하는 국별 중심항 체제가 유지되고 있다.

화주에 미치는 영향

컨테이너 운송에서의 얼라이언스는 해상운송에 관련된 여러 당사자에게 광범위한 영향을 미친다. 초대형선과 마찬가지로 얼라이언스가 컨테이너 운송시스템 전체의 효율성을 향상시켰는지 살펴볼 필요가 있다. 특히 화주와 소비자에게 미치는 영향을 파악해야 한다.

얼라이언스는 운송의 통일성을 증가시키면서 정기선사의 차별화 가능성을 제한시키게 된다. 최근 얼라이언스에서 초대형 선박 투입을 늘리면서 주요항로에서 서비스 빈도가 줄고, 직기항 연결 항만이 감소되고 있으며, 운항스케줄의 정시성(스케줄 신뢰성)도 하락하고 있다.

이에 비해 얼라이언스에 가입하지 않은 독립 정기선사는 차별화된 서비스를 제공하면서 화주들에게 더 많은 부가가치를 제공하고 있다. 화주에게 미치는 컨테이너 운송 시스템에서 얼라이언스의 영향은 대체로 부정적인 것으로 보인다.

 ## 1 운항서비스 하락

컨테이너선의 초대형선화가 진전되면서 동서 기간항로인 극동－유럽항로와 극동－북미항로에 투입되는 평균 선형도 대형화하고 있다. 2010년 아시아－유럽항로에 취항하는 선박의 평균선형은 7,700TEU이었으나, 2019년에는 14,500TEU로 선형이 거의 두 배나 커졌다. 북미항로의 경우도 평균선형이 2010년 5,450TEU, 2019년 8,800TEU로 커졌다.

항로에 투입되는 선박이 대형화되면서 주간(weekly)으로 서비스하는 정기선 서비스의 수가 줄어들게 된다. 12,000TEU 12척으로 운항하던 유럽항로를 18,000TEU 12척으로 운항하면 이 한 항로서비스의 운송능력이 50%가 증가하지만, 실제로 물동량은 이만큼 늘어나지 않기 때문에 운항서비스 수를 줄여야 선박에 화물을 채울 수 있다.

실제로 유럽항로의 경우 주간 운항서비스 수가 2010년에 45개에서 2019년 29개로 줄어들었다. 북미항로의 경우도 주간 운항서비스가 2010년 64개에서 2019년 57개로 줄어들었다.[39]

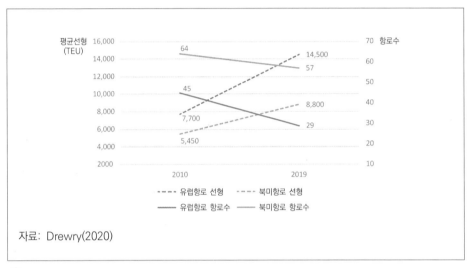

자료: Drewry(2020)

🖎 유럽항로와 북미항로 선형 및 항로수 변화

얼라이언스의 정당성 중 하나는 정기선사가 고객에게 보다 포괄적인 서비스를 제공할 수 있는 가능성이다. 얼라이언스에 참여함으로써 공급하는 서비스를 확대할 수 있다. 그러나 얼라이언스를 통해 정기선사들 간에 중복 운항 중인 서비스를 줄이는 네트워크의 '합리화'를 통해 항만 간 직접 연결 노선이 감소했다. 4대 얼라이언스 체제였던 2017년 4월 이전에 비해 3개 얼라이언스 체제로 바뀐 후 아시아-지중해 노선에서 8%, 아시아-미 동안 노선에서 항만 간 직접 연결 노선 수가 13%가 감소했다.

---

39) Drewry(2020) 및 각호

이로 인해 컨테이너 항만들은 한정된 대륙 간 정기선 서비스의 기항지가 되기 위해 경쟁을 벌이고 있다. 북유럽과 극동 간 정기선 서비스 하나가 매주 기항하면 일반적으로 항만당 연간 컨테이너 항만물동량이 약 300,000TEU가 된다.[40] 최근 20,000TEU의 선박 투입이 증가하면서 주간 서비스 수송능력이 증가하여 유럽항로의 경우 기항 항만당 연간 평균 450,000TEU[41] 이상의 물동량이 발생된다.

② 서비스 차별화 감소

컨테이너 정기선사는 표준화되고 균질화된 서비스 특성 때문에 해상운송의 핵심서비스인 항만 간 운송서비스를 차별화하는 데 한계가 있다. 즉 이러한 서비스 동질성과 차별성 부족으로 컨테이너 수송 서비스가 마치 표준화된 제품처럼 되었기 때문에 컨테이너 해상운송의 가격 민감도는 높다. 즉 화주들이 선사의 핵심 서비스가 동일해서 전환비용이 낮아 가장 유리한 가격을 찾기 때문이다.

컨테이너 정기선사가 비용우위를 점할 수 있는 기술이나 운영방안도 쉽게 모방할 수 있기 때문에 장기적인 비용 리더십을 가지기도 쉽지 않다. 모든 선사가 초대형선을 보유하고 있는 것이 그 한 가지 예이다.

얼라이언스는 회원 선사 간 서비스 차별화 기회를 감소시킨다. 수송 시간, 정시 항해, 선박에서의 공간 가용성과 같은 핵심 서비스는 얼라이언스 전체에 걸쳐 동등하기 때문이다. 얼라이언스 선사들은 트럭운송이나, 철도운송에서 동일한 내륙운송업체에 의존하기도 한다.[42] 얼라이언스 선사들의 서비스 유연성이 떨어지고 고객 지향성이 떨어진다.[43]

그러나 컨테이너 선사가 차별화할 수 있는 방법이 없는 것은 아니다. 경쟁

---

40) Notteboom et al.(2017)

41) 유럽항로의 경우 얼라이언스 평균 주간 운항수송 능력은 2020년 기준 약 12~14만TEU. 아시아−유럽항로의 평균 선적률을 80~90%, 유럽−아시아항로의 평균 선적률을 40~47%로 두고, 이를 연간으로 확대하면 700~1,000만TEU가 된다. 이를 왕복 항로상 기항 항만수 14~16개로 나누면 항만당 연간 평균 43~70만TEU가 됨

42) Maloni et al.(2016)

43) Murnane et al.(2016)

우위를 확보하기 위한 고품질 서비스[44]가 중요하다. 서비스 차별화 방안은 선박 정시성, 문전 운송 시간, 화물 추적, 운송빈도, 관리 신뢰성 및 공간 가용성, 그리고 고객 요구 사항에 대한 대응성, 화물의 안전 및 보안 보장[45] 등 서비스 품질을 높이는 일이다.

③ 선박지연 증가

많은 화주들이 화물운송에서 비용을 우선순위로 삼지만 공급사슬의 원활한 기능을 위해 선택의 폭과 빠른 수송시간도 중요한 요인으로 생각한다. 그러나 많은 화주들이 얼라이언스로 인해 선택의 폭이 줄어들었고, 서비스 차별화, 서비스 품질의 저하를 초래하고 있다는 문제점을 인식하고 있다. 얼라이언스와 관련된 서비스 품질저하로 화주들에게 비용증가로 이어져 공급사슬운영에 혼란을 초래한다.

2017년 새로운 얼라이언스 체제로 변화된 이후 선박 지연이 증가했다. 2017년 하반기 전체 선박의 평균 지연일은 1.02일로 2016년 하반기 0.60일에 비해 늘어났다. 선박의 지연은 해상운송 정시성(스케줄 신뢰성)에 영향을 미친다. 선박 지연이 발생되면 스케줄을 맞추려면 운항속도를 높여야 하는데 이는 비용이 매우 많이 드는 방법이다.

운송지연 위험에 대응하기 위해 일부 화주들의 재고 보유 및 재고 관리 비용이 증가한다. 일정하지 않은 리드 타임으로 안전재고 추가 확보 등 재고수준을 높여야 하기 때문이다. 정시성이 70%에서 99%로 향상되고, 매일 운송서비스를 이용할 수 있는 서비스 빈도가 된다면 재고 비용을 25%까지 절감할 수 있는 것으로 분석되었다.[46] 스케줄 신뢰성이 낮은 해상운송 때문에 화주들은 더 많은 안전재고를 보유하거나, 지연된 시간을 만회하기 위해 고비용의 화물 운송 수단을 사용해야 한다.

---

44) Durvasula et al.(2002)

45) Yap(2010)

46) Zhang, Lam(2014)

초대형 항만

⓪1

초대형선과 항만

① 작업강도 심화

  한 선석에서 일주일에 1만 개의 컨테이너를 처리할 경우, 7,500TEU급 선박 4척이 기항하는 경우와 15,000TEU 2척이 기항하는 경우를 비교해보자. 7,500TEU급 선박 4척이 기항하면 선박기항당 2,500TEU를 처리하면 된다. 7,500TEU 선박은 선석길이 330m, 수심 14m의 안벽에 아웃리치 18열 인양높이 38m의 안벽크레인(QC) 4대로 처리가 가능하다.

  그러나 초대형선 15,000TEU급 선박 2척이 기항할 경우 선박기항당 5,000TEU를 처리해야 한다. 이를 위해 1만 5천TEU 선박 접안에 필요한 선석길이 400m, 수심 16m의 안벽으로 재정비해야 하며, 장비도 아웃리치 22열 48m 인양높이의 안벽크레인 6대가 필요하다. 물론 안벽능력이 커지면서 작업자 수도 더 필요하고, 야드도 더 많은 필요하다. 특히 시간당 처리능력이 2배로 증가하면서 항만에서의 하역작업 강도가 높아지게 된다.

  컨테이너선 초대형화 됨에 따라 항만에서의 양적하물동량(lifts per call: LPC)이 증가하게 된다. 컨테이너 선박당 평균하역물량은 2015년에 1,312TEU에서 2016년에 1,509TEU로 2017년에는 1,628TEU로 계속 증가하고 있다.[1] 부산항의 경우도 선박당 평균 양적하 물동량이 2015년 1,548개에서 2017년에는 2,293개

---

[1] IHS Markit, 하태영 외(2017), 하태영 외(2018)에서 재인용

✍ 2만 4천 TEU 초대형선 요구 생산성

구 분	결 과	비 고
TEU 수	39,000	실제 적재량 19,500TEU 기준, 양적하량은 2배
Lift 수	24,375	TEU/Lifts 계수 1.6 (TEU: 40%, FEU: 60%)
기항 항만당 양적하물동량 (Lifts per call (LPC)) (A)	2,438	선적지 지역 5개항, 목적지 지역 5개항 기준
순작업시간(안벽)	16시간	two-shifts 기준
초대형선 선박재항 총 시간	24시간	이접안시간, 크레인작업준비시간 QC 이동시간, 교대시간, 해치커버이송, 선내이선적 등 포함
순작업시간으로 환산한 1항만 lifts 수(B)	3,659	B=A × 24/16
순작업시간당 생산성	230	B÷16

자료: 저자 작성

로 세계 평균에 비해 더 가파르게 증가하고 있다.

얼라이언스 재편이 이루어진 2017년 이후 평균 하역량이 크게 늘어났다. 2016년에 비해 2017년 평균하역량은 싱가포르가 14.9%, 양산항이 15.7%, 닝보항이 7.9%, LA항이 13.3%, 함부르크항이 19.1%, 로테르담항이 18.4% 증가하였다.[2]

초대형선의 양적하 물량이 이렇게 늘어나게 되면 선박의 재항시간도 길어지게 되는데 이를 단축시키기 위한 항만생산성 향상이 요구된다. 24,000TEU 선박이 동서향 항로에 취합하면서 출발지역 5개 항만, 도착지역 5개 항만 등 총 10개 항만에 기항한다고 가정할 경우 1일 선박당 3,660여 개를 처리해야 하며, 이는 시간당 선석생산성이 약 230개가 되어야[3] 처리할 수 있는 양이다.

2017년 기준 세계 컨테이너항만의 선석생산성은 시간당 평균 62.3회였고, 세

---

[2] 하태영 외(2018), p.13

[3] 2002년 연구에서는 당시 6천TEU 선박이 최대형선이었는데, 1만 5천TEU 선박이 출현하면 선석생산성이 시간당 100개가 되는 신개념 하역시스템이 필요하다고 했다. 실제로 1만 5천 TEU가 보편화된 2017년 기준으로 8,000TEU 이상 선박에 대한 세계 평균 선석생산성은 91개 였다(양창호 외(2002 a), 하태영(2018) 참고).

계 1, 2위의 시간당 선석생산성도 117개, 115개였다.[4] 물론 생산성 척도의 기준이 다르고, 또한 24시간 내에 모두 처리 한다는 것과 화물 선적률 100%라는 가정의 상황이긴 하지만 현재 세계 1, 2위의 생산성을 보이는 아랍에미리트의 제벨알리항이나 중국 상하이항(양산)보다 2배 정도의 생산성을 기록해야 한다[5].

2 항만장비, 시설투자 증대

선사들은 선박 재항시간 단축을 위해 생산성을 높이도록 항만의 장비와 시설에 대한 투자를 요구하고 있다. 정기선사의 입장에서는 고가의 초대형 컨테이너선을 효율적으로 활용하기 위해 재항시간 단축을 요구할 수밖에 없는 상황이다.

선박에 대한 양적하 처리를 증대시키는 방법은 선박당 크레인을 더 많이 사용하는 것과 크레인당 컨테이너 처리속도를 향상시키는 두 가지가 가능하다. 초대형선에 대해 선박당 크레인을 6대까지 작업시키는 경우가 늘고 있다. 안벽크레인의 성능과 능력을 향상시키기 위해 인양중량의 증가, 인양속도의 향상, 크레인 길이(outreach)의 장대화, 권상하(hoist) 속도의 증가, 트롤리(횡행) 속도의 증가, 1회 작업 시 컨테이너 취급 개수의 증가 등의 기술이 적용되고 있다.

특히 한꺼번에 인양하는 컨테이너 개수를 높이는 스프레더(spreader)도 향상되고 있다. 일반적으로는 스프레더가 컨테이너 1개를 취급하였으나, 20피트 2개를 취급하는 트윈(twin)스프레더, 그리고 40피트 2개, 20피트 4개를 취급하는 탠덤(tandem) 스프레더도 이미 활용되고 있다. 오늘날에는 40피트 3개, 20피트 6개를 취급하는 크레인까지 시험 가동되고 있다.

크레인 작동도 자동화하고 있다. 크레인 자동화에 필요한 센서, 컴퓨터 하드웨어 및 소프트웨어가 개발되고, 흔들림 방지 및 걸림 방지 기능 등 새로운 크레인 기술이 보편화되고 있다.

또한 선석 및 터미널을 대형화가 요구된다. 안벽길이가 길어지고, 수심을 증심해야 한다. 2만 4천TEU급 초대형선의 만재흘수가 16.5미터임을 감안하면 여

---

4) 하태영 외(2018)

5) 2020년 7월, 탄중 펠레파스 터미널에서 머스크 아마존 호의 양적하 작업에서 시간당 184.6 개의 컨테이너를 취급, 새 기록을 세웠음

유분 10%를 더한 약 18m 이상의 수심을 확보해야 한다.

함부르크항은 독일 최대항만을 대용량으로 만들어 국제 경쟁력을 유지하기 위해 준설이 필요한 상태이다. 특히 함부르크 항은 유럽의 관문항으로서 중요한 위치에 있으며, 로테르담항 및 앤트워프 항과 경쟁이 치열한 상태이다. 초대형 컨테이너선의 요구에 부응할 필요가 있다고 판단한 독일 법원은 환경적인 우려에도 불구하고 초대형 컨테이너선의 입출항을 위해 엘베 강의 준설이 진행되어야 한다고 판결하였다.[6]

초대형선의 기항시 단위기간당 양적하 물량이 크게 증가하면서 이를 처리해야 하는 야드 장치장과 야드 크레인이 그 물량을 뒷받침해 줄 수 있어야 한다. 야드 장치장을 확장해야 하며, 야드 내 장치 단적을 높일 수 있도록 야드 크레인의 사양을 고단적용으로 바꾸어야 한다. 무료장치기간(free time)이 야드 장치장 수용능력에 큰 영향을 미치는 요인이기 때문에 필요시 무료장치기간의 단축도 고려해야 한다.

 ## 협상력 비대칭성화 심화

얼라이언스, 선사통합, 초대형선박의 결합 효과로 항만은 선사에 대해 협상력 비대칭성이 증가되고 있다. 대부분의 항만은 하나 또는 두 개의 얼라이언스 기항에 의존하고 있으며, 초대형선과 얼라이언스 기항을 유지시키기 위해 항만은 요금을 낮추고 시설과 장비에 대한 많은 추가 투자를 해야 한다. 초대형 컨테이너선이 입항하면서 터미널은 신규 크레인 등 장비와 야드 공간을 추가해야 하고, 준설, 부두안벽 강화 등에 투자해야 한다. 이 때문에 항만당국의 공공투자 수익률, 터미널 운영사와 예선업체 등 항만서비스 제공업체의 민간투자 수익률이 하락한다.

더욱이 선사와 컨테이너 항만과의 관계는 '홀드 업'(hold-up)문제[7]의 대상이

---

6) https://www.porttechnology.org/news/hamburg_mega_dredge_gets_green_light, 2020

7) 기업 B가 이익을 얻는 시설에 기업 A가 투자했을 때, 이는 매몰투자가 되어 추후 기업 B가 협력 규칙을 암묵적으로 또는 명시적으로 변경할 위험이 있다. 이를 홀드 업 문제(hold-up problem)라 한다.

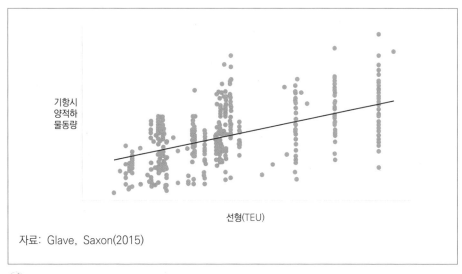

기항시
양적하
물동량

선형(TEU)

자료: Glave, Saxon(2015)

✎ 선박대형화에 따른 기항 항만당 양적하 물동량

되어 선사의 교섭력이 커질 수 있다. 항만에서의 '홀드 업' 문제는 항만이 선사의 초대형 선박 기항을 유도하기 위해 초대형선 전용선석을 건설했는데, 이 투자를 하자마자 해운 회사에게 유리한 쪽으로 협상력 균형이 이동하는 문제를 말한다. 선박은 이동 가능한 자산인 반면 항만은 이동할 수 없고 투자 상환 기간이 길기 때문이다.

특히 이 홀드 업 문제는 얼라이언스의 효과에 의해 증폭이 될 수 있다. 얼라이언스는 매우 정기적으로 서비스 일정을 업데이트하고 종종 항만기항을 변경한다. 얼라이언스의 항만 네트워크 결정은 항만 기항이 중단될 위험이 될 수 있어 큰 영향력을 가지고 있다.

초대형선이 이런 투자를 보상해줄 만큼 많은 수익을 가져오는지 살펴보아야 한다. 그러나 선박이 초대형화 되었지만 선박 기항시 컨테이너 양적하 물동량은 그다지 증가하지 않았다.[8] 그림에서 볼 수 있듯이 기항항만당 양적하 물동량은 완만하게 증가하는데 그치고 있다.

---

8) Glave, Saxon(2015)

4 항만의 대응방안

정기선 선사들은 얼라이언스를 통해 항만에 대한 협상을 집단적으로 행사하여 요금을 낮추거나 무료로 제공되는 기반시설에 투자하도록 하는데, 이런 것이 항만의 투자 수익률 하락 원인이 되고 있다. 항만이 선사나 얼라이언스와의 협상에서 관계를 다시 균형 있게 조정하는 방법은 항만 간 협력과 항만 내 터미널 간 협력을 늘리는 일이다. 항만 간 협력, 혹은 터미널 간 협력은 선사와의 협상이나, 터미널운영에서 여러 이점을 가져다 줄 수 있다.[9][10] 처리능력이 확대된 대규모의 항만운영을 통해 얼라이언스의 기항을 유도할 수 있고, 인근 항만과의 경쟁을 통한 요율 인하경쟁 대신 협력을 하면 항만운영 비용의 절감과 운영효율성을 높일 수 있다. 초대형선에 필요한 항만 인프라시설의 효율적 활용이 가능하다.

(1) 항만 간 협력

항만협력은 정기선사 간 협력과 마찬가지로 기술 및 운영에 대한 협력에서 처리능력과 가격의 조정까지 다양할 수 있다. 몇몇 협력사례가 있다. 미국에서 시애틀 항만과 타코마 항만이 정기선사 얼라이언스에 대응하여 2015년에 항만 처리능력 투자, 운영과 계획, 마케팅을 협력하는 전략적 제휴를 맺어 단일 터미널운영사 형태로 항만운영을 하고 있다.[11] 2016년 12월에는 미국 마이애미의 South Florida Container Terminal과 Port of Miami Terminal Operating Company이 얼라이언스를 구성하고 터미널 요율, 항만비용, 협상에 공동으로 결정하기로 했다.[12]

유럽 최대 항만인 로테르담은 암스테르담항과의 항만의 운영과 관리를 담당하는 항만정보시스템을 하나로 통합했다. 단일 정보시스템으로 고객에게 보다 넓은 지역의 서비스를 제공할 수 있게 되었다.[13] 함부르크항도 인근의 Cuxhaven,

---

9) Song(2003)
10) Hoshino(2010)
11) Port of Tacoma(2014)
12) JOC(2016)

Brunsbüttel, Glückstadt항, 그리고 발틱해 항만인 Lübeck and Kiel 항과도 협력 관계를 맺었다. 이들 항만들은 이 협력관계를 바탕으로 각자의 지역에서 공동 마케팅활동을 하고 있다.[14]

이처럼 항만 처리능력 상호사용은 인접한 항만 간에 가능한 대안이므로 인근 항만과 경쟁하기보다는 협력하는 것도 장점이 있을 수 있다. 그리고 인근 경쟁 항만과의 전략적 제휴를 통해 항만이 시장점유율과 이익을 보장받을 수 있다.

상대적으로 항만 간 합병은 많이 발생하지 않았다. 지난 10년 동안 요코하마, 도쿄, 가와사키 항만의 합병으로 게이힌 항만이 만들어졌고, 중국의 닝보-저우산 항만 합병이 있었고, 허베이 장쑤, 안위에서도 항만통합이 추진되고 있다. 항만합병의 주 목적은 얼라이언스의 항만기항을 유치하기 위한 것이다. 또한 항만과 배후지간의 연계기반시설을 건설하는 데 있어 중복을 피하기 위한 목적도 있다. 실제로 닝보-저우산항의 합병 이후 컨테이너 항만물동량이 30% 증가하고, 신규 노선이 8개가 추가 기항하게 되었다.[15]

(2) 터미널 간 협력

항만 내 터미널 간의 협력은 항만 자산의 활용도를 높이고 선박의 대기시간을 단축하여 쌍방 모두에게 이익이 될 수 있다. 초대형선이 기항하는 요일에 많은 양적하물동량 처리를 위해 장비와 인력을 투입하고 야드공간에 직업피크가 발생되지만, 대부분 다른 요일에는 이러한 자원들이 필요하지 않는 현상이 발생한다.

이러한 피크는 항만의 서로 다른 터미널 간에 동시에 발생하는 경우가 드물기 때문에, 터미널이 피크 부하에 직면했을 때 인접한 터미널의 장비, 노동력 및 공간을 사용할 수 있는 자산 공유 약정의 혜택을 받을 수 있다.

그러나 항만에는 정기선사가 운영하는 전용터미널이 다수 있어 터미널 간 협력에 걸림돌이 되고 있다. 오히려 얼라이언스는 항만 내 회원선사의 운영터미널에 선택적으로 기항하는 경향이 커지면서 터미널 간 작업피크가 다르게 나타나고 있다.

2016년부터 홍콩항의 허치슨(Hutchison)과 COSCO가 16개 선석을 통합운영

---

13) Cargonews Asia(2018)
14) Mclaughlin, Fearon(2013)
15) People's Daily Online(2016)

을 한데 이어 계속 확대하여 2019년에는 23개의 터미널이 통합운영되고 있다.[16] 미국의 LA 항만 당국은 터미널 병합이나 터미널 활동 조정 논의를 시작하였고, 일본 고베항도 NYK, MOL, K-Line 3개 컨테이너 선사 통합에 따라 컨테이너 터미널도 통합하여 운영할 예정이다.

항만 당국은 터미널을 통합하거나 항만 내 터미널 간의 협력을 모색할 수 있는 권한을 가져야 할 것이다. 항만 당국의 주도하에 터미널 간 협력이 강화될 수 있는 방안[17]을 강구해야 한다.

5 규모의 비경제

초대형선의 자본비와 연료유가가 전체 선박비용의 23%를 차지하고 있지만, 가장 많은 규모의 경제 효과를 보여야 할 건조선가와 연료유가의 경우 실제로는 규모의 경제효과가 크지 않다고 분석하고 있다. 왜냐하면 선가의 경우 4,000TEU 이상 선박부터는 거의 1천 TEU당 1천만 달러의 건조비가 유지되고 있기 때문이다. 최근 2만 TEU 이상 초대형선 건조가격이 2억 달러를 밑돌고 있는 것은 해운 및 조선경기 하락에 의해 건조선가 하락으로 보아야 한다.

또한 연료유가도 선형 증가에 소비 연료량 증가가 거의 선형관계에 있기 때문에 원칙적으로는 대형선에 의한 연료유가 절감은 기대할 수가 없다.[18] Triple-E 선박이나 2만TEU 이상 선박의 연료유가 절감이 있다고 분석되는 것은 이전 선박에 비해 연료소비 절감형으로 설계, 건조되었기 때문이지, 대형선화에 의한 효과로 보기 어렵다.

컨테이너 비용 및 유지보수비용, 내륙운송비용, 공 컨테이너 리포지셔닝 비용 등은 선박비용 중 각각 18%, 25%, 13%로 총 56%로 절반 이상을 차지하는데, 거의 모든 비용이 컨테이너선의 대형화에 따라 특별히 영향을 받지 않는 비용들이다.

오히려 초대형선박으로 운송하면서 추가되는 비용이 크게 증가된다. 특히 선

---

16) UNCTAD(2019), p.52

17) 본서 제18장 전용터미널의 재혁신 참조

18) Stopford(2002)

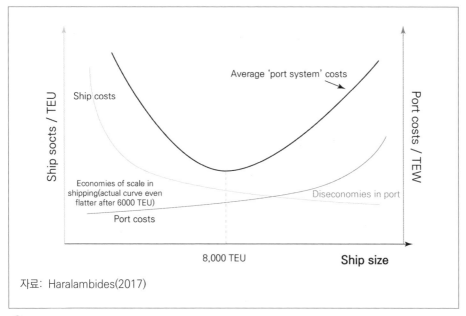

자료: Haralambides(2017)

✍ 항만에서의 초대형선 규모의 비경제

박비용의 21%를 차지하는 항만 및 터미널 비용의 경우 규모의 비경제 효과가
나타난다. 항만하역 작업물량 증가로 크레인 투입증가에 의한 비용증가, 환적에
따른 피더운송비 및 항만에서의 양적하 횟수 증가에 따른 비용들이 추가되어야
한다.

여기에 18,000~2만TEU 선박의 최적 운항항로 제약이나 최적기항 방식, 최
대 기항시간 제약 등을 감안한 초대형선의 운항 경직성에 따른 선박 및 화주서
비스 비용 증가까지 포함하면 실제 초대형선화를 통해 부담할 총비용은 오히려
증가하는 규모의 비경제(diseconomies of scale) 선박이 될 가능성도 높다.

그러나 실제로 초대형선 기항에 따른 터미널 비용 증가를 연구한 실증분석은
부족한 편이다. 한 연구에 의하면 4,000TEU 선박에 비해 18,000TEU 선박을 처
리하면서 터미널이 운영비가 17% 증가했다고 분석했다.[19] 그러나 터미널 운영
비뿐만 아니라 진입 수로 및 안벽 전면 수심 증심 투자비나 안벽크레인과 야드
장치장 확장 같은 시설 및 장비 투자비도 함께 고려되어야 한다.

또 다른 연구는 초대형선의 규모의 경제 이익은 선형이 커질수록 그 효과가

---

19) Saanen(2013)

줄어들고 한계에 다다르고 있지만 선형이 커지면서 항만에 대한 규모의 비경제 효과는 선형이 커지면서 급속히 증가한다고 분석하고 있다. 이 두 가지 비용을 합쳐 총 비용면에서 최적의 선형을 분석하면 8,000TEU 선박이 적정하다고 분석했다.[20]

OECD의 관련 연구에 의하면 19,000TEU 선형을 대상으로 검토한 결과 초대형선 기항에 따른 추가 추가비용은 1/3은 장비에 대한 투자비용이고, 1/3은 항만 진입 수로 및 안벽 전면 증심 준설비, 그리고 1/3은 야드 등 항만 인프라 시설과 항만 배후지 연결 투자비로 분석되었다.[21]

---

20) Haralambides(2017)

21) OECD(2015), p.6

02

초대형선 전용항만

1 초대형선 전용 신항만

컨테이너 선박의 초대형화에 따라 정기선사들은 점차 화물중심지로 허브항만을 선택하여 피더, 환적을 할 수밖에 없는 환경변화를 맞고 있다. 또한 초대형선박의 선형이 24,000TEU까지 커지면서 이들 초대형선이 이용할 수 있는 시설을 갖춘 항만이 점차 줄어들 수밖에 없다.

네덜란드 로테르담, 독일 함부르크, 영국 펠릭스토우 및 사우스햄턴과 같은 유럽의 대형 항만도 접안공간 부족으로 대형 선박들의 체선이 발생하기도 했다. 그러나 대부분의 기존 항만들은 터미널 확장이나 장비개체로 초대형선 입항시설을 구축하기가 어려운 상황이다. 미국이나 유럽의 기존 메가허브 항만들은 대부분 대도시를 끼고 있어 항만증설에 따른 환경파괴를 이유로 반대하기 때문에 초대형선 전용터미널을 건설하기가 어렵다.

이에 따라 깊은 수심과 넓은 수로, 길고 넓은 선석, 대형크레인과 같은 양적하 특수장비 등이 갖춰진 초대형선을 위한 전용항만 건설 수요가 나타나기 시작했다. 환적비용과 피더운송비용이 저렴한 신규 대형 항만이 기존 항만질서를 재편성하고 있다. 초대형선 운항으로 기항항만수가 줄어드는 상황에서 기존 허브항만에게는 도심과 떨어져 있는 초대형선 전용 신항만이라는 새로운 경쟁자를 맞이해야 한다.

초대형선 전용항만은 주기간 항로상에 위치하면서도 피더비용이 가장 유리한 곳에 위치해 있고, 내륙운송이나 피더운송을 위한 복합운송시스템이 연결되어 있으며, 나아가 초대형선 재항시간을 줄여줄 수 있는 대용량 고효율의 하역 시스템을 갖추고 있어 기존의 허브항만을 대체할 수 있게 된다.

2 물류중심항만

초대형 컨테이너선이 기항하는 중심항은 단순한 중심항만이 아니라 물류중심항만이 되어야 한다는 의미이다. 물류중심항만이 되기 위해서는 항만이 부가가치 물류활동을 제공해야 하며, 동시에 항만 배후지(hinterland)나 전면지(foreland)[22]로의 이송이 원활해야 한다.

(1) 부가가치 물류활동

화주의 입장에서는 항만에서의 비용뿐만 아니라 문전 서비스의 총비용과 운송시간이 가장 유리한 항만을 선택하게 된다. 또한 부가가치 활동 서비스를 가장 효율적으로 제공받을 수 있는 항만을 선택하려 할 것이다.

글로벌 기업들은 생산과 판매의 세계화를 추진하면서 다양한 물류거점 구조를 유지하고 있다. 이러한 다국적기업들은 원거리 유통과정 중에 부가가치 물류활동을 수행하게 된다. 부가가치 물류활동이란 물류에 생산활동이 결합된 개념으로 유통과정에서 조립하거나, 상표부착, 품질검사, 포장 등 상품에 가치를 부가하는 활동으로 설명할 수 있다.

최근 들어 화주가 물류비 절감을 위해 이러한 부가가치 물류활동을 항만 배후지에서 수행함에 따라 항만의 기능에서 부가가치 물류활동이 크게 중요하게 되고 있다. 따라서 화주에 대한 부가가치 물류활동을 제공하기 위한 항만배후지 및 부가가치 물류서비스 체계화가 항만의 경쟁력 요인이 되고 있다. 항만 배후지에서 다국적 기업의 생산, 유통 및 부가가치 물류활동이 크게 활성화되어야 물류중심항만이 될 수 있다.

이런 의미에서 항만은 화주기업의 공급사슬의 한 부분을 구성하는 역할을 해야 한다. 항만이 포함된 공급사슬의 경쟁력이 타 항만의 공급사슬보다 비용이나,

---

22) 본서 11장 3절 참조

운송시간(transit time), 그리고 부가가치 물류활동에서 경쟁력을 갖추어야 한다.

(2) 2차 연계수송

중심항만이 물류중심항만으로 발전하기 위해서는 배후지와의 연계발전이 이루어져야 한다. 항만 배후지까지의 수송에 소요되는 시간과 비용이 항만을 선택하는 주요 요인이 되고 있다. 홍콩항이 광동성의 제조단지를 배후단지로 두었지만 항만까지 접근하는 데 시간과 비용이 증가하여, 이 화물이 선전항으로 이전하여 항만물동량이 크게 감소한 사례에서 볼 수 있듯이 배후지와의 연계성이 물류중심항만이 되기 위한 중요한 요인임을 알 수 있다.

따라서 물류중심항만이 되려면 항만이 내륙컨테이너기지나 항만 배후지와 철도, 트럭운송으로 통합된 운송 네트워크를 구축하고 있어야 한다. 또한 피더항과의 피더운송 네트워크도 효율적으로 구축되어 있어야 한다. 항만이 내륙이나 배후지와 연계되는 관문의 역할만 해서는 정기선사나 화주에게 선택받지 못하게 될 것이다. 해상운송, 항만비용, 내륙운송비, 피더운송비 전체의 비용, 시간, 신뢰성에 의해 항만이 선택될 수 있다.

특히, 물류 허브항만이 되기 위해서는 피더 네트워크가 잘 구성되어 있어야 하며, 피더의 개념도 지리적으로 확대되어야 한다. 컨테이너선의 초대형화가 24,000TEU까지 이루어지면서 해상물류가 동서항로를 주 간선항로로 그리고 남북항로가 동서항로의 연계항로로 발전하고 있고, 이미 5~6천TEU의 대형선박이 취항하는 남북항로가 본격화되고 있다. 해상물류가 동북아지역에서 아시아 역내로 확대되었고, 동북아 지역의 피더는 물론 동서기간항로와 연계되는 남북항로도 중계(relay) 및 교환(interlining)[23] 모선-모선 피더의 대상이다.

---

23) 다음 절 참조

(03)

환적과 피더

1 환적 유형

　해상운송 시 모든 항만을 쌍으로 직접 연결하는 것은 불가능하므로 글로벌 무역 시스템 내에서 연결성을 보장하기 위해 환적은 불가피하다.

　환적화물이 증가하는 요인은 다음 세 가지로 나누어 볼 수 있다. 첫째, 초대형선의 운항이 증가할수록, 그리고 선박이 더욱 대형화될수록 컨테이너 환적화물이 증가한다. 두 번째는 정기선사들의 얼라이언스 확대로 환적 화물이 발생한다. 얼라이언스 선박 간 모선환적이 이루어지기 때문이다. 그리고 세 번째는 다층 환적구조의 요인에 의해 환적화물이 발생한다. 초대형선의 동서기간 항로 서비스를 보완하기 위해 각 지역별로 남북항로가 연계되고 각 지역별로 세분화된 피더운송구조가 형성된다. 이러한 다층 환적구조[24]는 화주에 대한 초대형선의 운항을 효율적으로 뒷받침해 줄 수 있도록 하기 위한 시스템이다.

　글로벌 경제에서 화주는 화물이 적재적소에 신속하고, 저렴하게 운송되기를 원하고 있다. 따라서 초대형선이 운항되더라도 화주에 대한 적기운송 서비스를 수행하기 위해서는 다층 환적 구조를 통해 대형 항만은 물론 중소형 항만까지 운송되는 시스템을 갖추어야 한다.

　환적발생률은 항만이 처리하는 총 항만물동량에서 컨테이너 환적물동량 비율을 말한다. 1980년 환적발생률은 11%였으나, 1990년 19%, 2000년 26%로 높

---

24) Payer(2001)

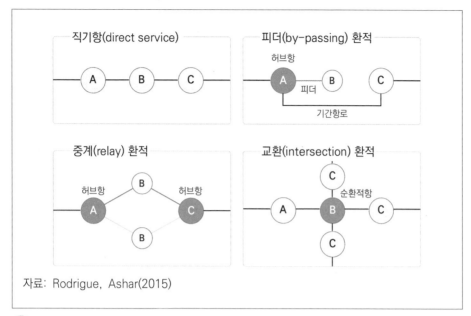

✎ 환적 유형

아졌고, 2007년 이후 2014년까지 28%대를 유지하다가 2015년 이후 2019년까지 26%대를 보이고 있다.[25] 환적발생률이 1980~90년대 10%대에서 2000년대 이후 20년간 26~28%대를 유지하고 있다.

환적은 몇 가지 유형으로 나누어 볼 수 있다. 첫째는 허브 앤 스포크 전략에 따라 허브항에서 인근 항까지 피더(feeder) 환적을 하는 경우이다. 선박이 초대형선화 되면서 항만 기항횟수를 줄이는 것이 경제적으로 이익이다. 초대형선 건조시 소요되는 많은 자본비를 감안할 때 상대적으로 양이 적은 화물을 취급하기 위해 여러 항만에 기항하는 것은 시간비용이 많이 발생할 수 있다. 따라서 한 지역에 중심이 되는 허브항만에 기항하고 인근 항만은 피더선으로 연결하는 방식을 선호하게 된다. 이러한 환적수요는 선박의 대형화가 가속화되면서 더 크게 증가할 것이다.

두 번째 환적 형태는 모선과 모선 간의 중계(relay) 환적이다. 항만 입장에서는 선박 간 컨테이너 이동이라는 같은 결과를 가져오지만 중계환적은 피더환적과는 다른 요인에 의해 이루어진다. 모선 간 중계 환적의 목적은 같은 방향의

---

25) Drewry(2020)

항로상 두 개 이상의 서비스 라인의 서비스를 연결하여 서비스 범위와 유연성을 확장하려는 것이다.

모선 간 중계환적은 일반적으로 같은 무역 축의 항로상에 있는 기항항만이 다른 서비스 항로 간에 화물 환적을 의미한다. 예를 들어 극동-유럽 노선에서 하나는 중국 연안 항만을 주로 기항하고, 또 다른 하나는 한국이나 일본의 항만을 기항한 경우 싱가포르나 홍콩 등에서 유럽지역 항만 기항이 가능한 모선으로 화물을 환적할 수 있다. 이를 통해 정기선사는 수익항로의 수를 더 늘리는 효과를 누릴 수 있게 된다.

세 번째 환적형태는 교환(interlining, intersection)환적이다. 이는 모선 간 환적이지만 중계에 그치는 것이 아니라 모선이 피더운송도 하는 위의 두 가지 기능을 모두 갖고 있는 형태의 환적이다. 두 개 이상의 항로를 운항하던 각각의 모선들이 자신의 화물 중 피더운송 화물을 특정 항만에서 교환하는 방식이다. 보통 동서 기간항로와 남북무역로가 연결되는 곳에서 주로 발생한다. 예를 들어 오만의 살랄라(Salalah) 항에서 아시아-유럽 간 동서 기간항로 화물과 중동 및 동 아프리카의 남북노선 화물을 서로 교환하고 있다. 알헤시라스 항만에서 극동-북유럽 항로의 물동량과 지중해, 서 아프리카 및 대서양 횡단 항로의 물동량을 교환하는 것도 교환 환적의 예이다. 이를 통해 선박은 항만 기항을 최소화할 수 있으며 다른 항로의 항만 화물을 확보할 수 있는 장점이 있다.

② 피더 운송

피더운송은 피더항에서 컨테이너를 수집해 허브항만의 초대형 선박에 물량을 공급한다. 환적화물과 피더화물은 해상운송의 첫 번째 또는 마지막 구간이다. 피더운송업체는 연근해 정기선 업체와 구별되지만, 대부분 단거리 운송업체들은 지리적 중첩 때문에 피더운송과 연근해 운송을 병행한다.

피더서비스는 전용서비스와 공용서비스로 나눌 수 있다. 전용 피더서비스는 특정 정기선사 전용으로 제공되며, 공용 피더서비스는 다양한 고객으로부터 받은 컨테이너 운송서비스를 말한다. 2017년 기준으로 전 세계에 전용 피더서비스

를 제공하는 피더운송업체는 13개가 있고, 공용 피더서비스를 제공하는 피더운송업체는 107개이다.[26]

이중 상위 5개 피더운송사는 연간 수송능력 200만TEU를 초과한다. 그러나 이 중에서 공용 피더운송사는 1개(X-Press Feeders)이며, 나머지 4개사는 MSC, Maersk, Evergreen, CMA CGM사의 대형 정기선사의 전용 피더운송사다. 거의 모든 대형 정기선사가 대형 피더운송사를 소유하고 있는 셈이다.

전용 피더선사라해도 일부는 공용서비스도 제공한다. Maersk와 CMA CGM 은 전용 피더서비스 이외에 공용 피더서비스도 제공한다. 또한 자체 전용 피더운송사를 운용하고 있는 정기선사라도 자신의 피더 운송사가 기항하지 않는 항만에서는 공용 피더운송사의 서비스를 이용한다.

---

26) OECD(2018), p.53

04

환적항

① 환적 항만

2018년 기준으로 환적 항만물동량은 1억 9,930만TEU로 전체 항만물동량의 25.4%를 차지했다. 최근 중국항만의 환적물동량이 감소하고 있는데, 이는 항만처리능력의 제한 때문이다. 상하이항은 수출입화물처리에 더 중점을 두고 있다. 부산항은 닝보 등 중국항만의 환적물량 이전에 힘입어 환적물량이 증가하고 있다.

유럽항로 등에서 초대형선의 운항이 늘어나면서 유럽, 아시아 지역에서 환적물동량이 꾸준히 증가하고 있다. 한편에서는 컨테이너선의 직기항 연계가 늘어나면서 환적물동량이 감소할 것이라는 예상도 있다.

부산항은 싱가포르에 이어 세계 환적항 순위에서 2위를 차지하고 있다. 부산항의 경우 항만물동량 중에서 50% 이상이 환적물동량이 차지하고 있기 때문에 허브항만이라고 분류할 수 있을 것이다.

부산항은 특히 중국과 미국 간 북미항로 화물의 환적항 기능을 주로 수행하고 있다. 환적물량의 약 60%가 주요 3개국(중국, 일본, 미국)의 대외 국가 간 교역에서 발생하는 구조를 가지고 있다. 대 중국 환적물량은 30% 정도이며 중국 경제성장률 둔화에도 불구하고 물량 감소 없이 지속적인 성장세를 이어오고 있다. 미국 및 일본의 환적물량은 중국에 비해 절반 정도에 불과하나 국내 환적물량의 상당부분을 차지하며 지속 증가하고 있다.[27]

---

27) 하태영 외(2018a)

세계 10대 환적항만(2018년)

순위	항만	항만물동량 (천 TEU)	환적물동량 (천 TEU)	환적비중
1	Singapore	36,599	31,603	86.3%
2	Busan	21,538	11,393	52.9%
3	Tanjung Pelepas	8,961	8,402	93.8%
4	Dubai	14,954	7,776	52.0%
5	Port Klang	12,316	7,570	61.5%
6	Hong Kong	19,596	6,240	31.8%
7	Colombo	7,047	5,602	79.5%
8	Rotterdam	14,520	5,082	35.0%
9	Kaohsiung	10,446	4,872	46.6%
10	Algeciras	4,773	4,194	87.9%

자료: Drewry(2020)

그리고 부산항에 기항하여 환적물량을 처리하는 정기 컨테이너 선사는 약 70 여 개에 이르지만, 연간 10만TEU 이상을 처리하는 선사는 19개에 불과하며, 이들 선사가 부산항 환적물량의 약 94.4%를 처리하고 있다. Maersk, MSC, CMA CGM순으로 환적물량을 처리하고 있다.

2 환적항 유형

환적발생률의 차이에 따라 컨테이너 운송 네트워크 및 지역 경제 내에서의 항만의 기능이 달라진다. 그리고 환적발생률에 따른 항만의 기능은 지역별, 국가별로 다를 수 있다. 환적기능의 정도에 따라 항만을 수출입 항만, 지역관문 항만, 허브 항만, 순 환적 항만 네 가지로 나누어 볼 수 있다.[28]

수출입 항만 유형은 일반적으로 환적발생률이 제일 낮다. 대부분의 항만 활동이 배후에서 생성된 물동량과 관련이 있기 때문이다.

---

28) Rodrigue, Ashar(2015)

두 번째는 지역관문 항만으로 이 항만 유형은 배후지 수출입 관문으로서의 서비스를 제공하고 있지만 여전히 피더 물동량은 크지 않은 항만이다. 전통적으로 뉴욕이나 로스앤젤레스, 앤트워프항 같이 거대한 항만 배후지를 갖고 있는 중심성(centrality)을 통해 안정적인 항만 물동량이 발생되어 왔다.

본격적으로 주변의 여러 피더 항만의 화물 환적 중심항의 역할을 수행하는 항만이 허브항만이다. 피더항만은 보통 배후지에 서비스를 제공하는 작은 항만으로 대부분의 화물을 환적 허브로 전달한다. 환적 허브 역할을 하면서도 배후지 서비스를 제공하여 지역 관문항 역할과 환적항의 역할을 동시에 수행한다. 이러한 항만은 일반적으로 대형 정기선사의 기항 결정에 의해 허브항만으로 발전하는 경우가 대부분이다. 로테르담, 함부르크, 부산, 홍콩 등은 배후지 수출입 서비스를 제공하면서도 환적 기능을 수행한다. 최근 들어 초대형선이 유럽항로에 많이 취항하면서 유럽의 항만 물동량 중에 장거리 환적, 피더 물동량의 비중이 크게 증가하고 있다.

컨테이너 물량이 증가함에 따라 많은 항만이 수출, 수입 및 환적 컨테이너를 처리하는 데 어려움을 겪고 있어, 환적에 특화된 환전 허브항만이 등장했는데, 이를 순환적항만(pure transshipment port)이라고 부른다. 순환적항만은 배후지 화물처리를 거의 하지 않고 대부분 환적물동량만 처리하기 때문에 환전발생률이 제일 높을 것이다.

주로 동서기간항로상에 놓여있는 순환적항이 나타나고 있다. 항만 배후지의 수출입화물을 수송하는 항만이 아니라, 주로 인근 항만의 화물, 혹은 다른 선박의 화물을 환적하는 항만이다. 이러한 순환적항은 동서기간항로상의 화물을 다른 남북항로의 선박으로 환적하거나 좀 더 원거리의 배후부지의 화물에 대한 중계역할을 수행하게 된다. 대부분 환적 목적을 위해 건설되었고 주요 해상경로상이라는 위치를 활용했다.

그러나 항만에서의 중계성(intermediacy)만을 경쟁전략으로 삼는 순환적항은 정기선사들의 서비스 네트워크 전략에 전적으로 의존하고 있기 때문에 항만의 경쟁위치가 매우 불안정하고 물동량 변화의 위험에 크게 노출될 수밖에 없다.

2018년 기준으로 환적화물을 100만TEU 이상 처리한 환적항이 총 37개인데 이중 환적비중이 80%가 넘는 항만이 16개나 된다. 싱가포르, 탄중 펠레파스(Tanjung Pelepas), 콜롬보(Colombo), 오만의 살라라(Salalah) 항, 이탈리아의 지오

아타로(Gioia Tarro) 항, 스페인의 알헤시라스(Algeciras) 항, 바하마의 프리항만 (Freeport) 항 등을 예로 들 수 있다.

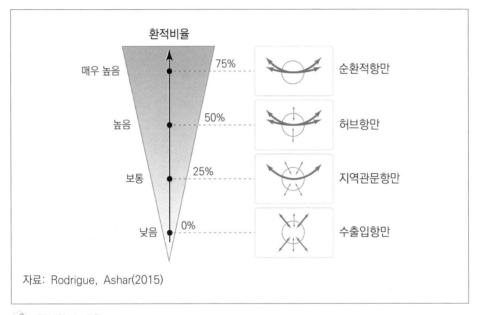

자료: Rodrigue, Ashar(2015)

✎ 환적항의 유형

컨테이너터미널
수요와 공급

01

컨테이너터미널 산업

컨테이너터미널 산업은 지난 20년간 컨테이너 물동량 증가로 함께 크게 성장한 산업이다. 글로벌터미널운영자(GTO)의 부상으로 세계 터미널 운영산업이 네트워크로 연결되어 정기선사의 글로벌 네트워크와 함께 화주의 공급사슬을 지지하는 인프라 역할을 하고 있다.

그러나 세계경기의 장기침체와 선진국들의 보호무역주의 회귀로 항만물동량 증가세가 둔화하고 있고, 앞으로도 수요 증가율이 둔화될 것으로 전망하고 있다. 또한 정기선사들의 선박대형화로 컨테이너 터미널은 투자비가 늘어나고 운영비가 증가하고 있다. 정기선사들이 대형 얼라이언스를 구성해 협상력을 높이고 있지만 터미널의 비즈니스 리스크는 높아지고 있는 상황이다.

 업무영역의 확대

컨테이너 화물이 화주가 있는 출발지에서 수하인이 있는 목적지까지 운송되는 공급사슬상 관련업체는 물류서비스 제공자, 내륙운송인, 창고업체, 터미널 운영자, 정기선사 등이다. 이보다 복잡한 공급사슬에는 상품의 보관, 재분류, 개조, 조립 또는 기타 방식으로 처리하는 창고 및 물류 센터가 포함될 수 있다.

터미널 산업을 구성하고 있는 이들 참여자들이 자신의 본연의 분야에서 다른 분야까지 그리고 전세계적으로 업무영역을 넓히는 등 여러 가지 역동성이 나타나고 있다. 물류서비스 제공자와 내륙운송인이 물류센터 운영에도 참여하고, 터미널 운영자가 내륙운송에 참여하며, 정기선사는 유통, 내륙운송, 터미널운영까지 업무를 확대하고 있다.

특히 정기선사 간 통합, 협력을 통해 글로벌 정기선사로 발전하려는 수평적 확대, 그리고 정기선사가 해상운송뿐만 아니라 터미널 운영, 내륙운송, 물류활동 등 공급사슬의 거의 모든 분야로 영역까지 확대하는 수직적 통합, 그리고 이 두 가지를 혼합한 하이브리드형으로 공급사슬에서 필요한 여러 업무영역에 진출하고 있다.

또한 터미널운영자들도 국제적 네트워크 확장으로 얼라이언스에 대응하고, 복합운송업체와 내륙 터미널 운영 등 수직적 통합으로 화주에 대한 직접적인 영향력을 제고하는 등 시장에서의 지위를 높이고 있다.

② 터미널 고객

컨테이너터미널 산업에 여러 유형의 고객이 있다. 터미널 화물처리비를 지불하는 고객, 그리고 항만 및 터미널 기항 결정에 영향을 주는 고객 등으로 나누어 볼 수 있다. 또는 직접 터미널을 이용하는 고객과 직접 터미널을 이용하지는 않지만 의사결정을 하는 고객으로도 나누어 볼 수 있다.

정기선사는 선박운영자 또는 컨테이너 박스 운영자로 직접터미널을 이용하는 고객이다. 동시에 물동량 규모와 터미널 선택의 의사결정자, 또한 터미널 화물처리비를 지불하는 고객의 특성을 함께 지니고 있다. 또한 피더 선사나 내륙 복합운송업체도 직접이용 고객이며 때로는 사용자로만 때로는 의사 결정자, 사용자 및 비용 지불자로의 고객 특성을 함께 갖고 있다.

정기선 해운회사는 선박관리와 선박운영 부서에서 터미널 관련 업무를 수행한다. 정기선사의 선박관리센터와 터미널 그리고 정기선사 에이전트들이 서로 운영에 대해 협의한다. 입출항 일정, 항해 시간 및 항만의 해상 접근성과 같은 문제에 대해 협의를 하지만, 기항 수, 일정 유연성 같은 중요한 상업적 이해관계가 걸려 있는 사안에 대해서도 협의한다.

직접 터미널을 이용하지 않는 고객으로는 해운회사의 고객을 들 수 있다. 정기선 해운회사의 고객은 특정 화물 운송 시 운송경로에 대한 의사결정을 할 수 있어, 항만 또는 터미널 선택에 대한 결정을 내리거나 영향을 미치는 고객이다. 정기선사의 고객은 송하인이나 수하인 같은 화주를 의미하나 이들 화주를 대리한 운송 주선인(포워더)과 무선박운송인(NVOCC)과 같은 물류 서비스 제공자가 되기도 한다.

컨테이너터미널은 역사적으로 해운회사의 운송화물을 주로 취급했다. 그러나 터미널의 미래 성공 요인은 최종 고객인 화주와 그 대리인에 달려있을 수 있다. 대형 글로벌 화주의 특정 항만 및 터미널 기항 선호가 정기선사에 영향을 미칠 수 있기 때문이다. 화주는 물류센터나 조립공장의 위치 선택뿐 아니라 수출입 컨테이너 흐름을 결정해야 하기 때문에, 정기선사가 다른 항만에 기항하기로 결정한 경우에도 화주가 자동적으로 그 정기선사의 결정에 따라가지 않을 수 있다.

⟨02⟩

터미널 수요환경

① 화주 영향력

전 세계를 대상으로 조달, 조립 및 생산, 판매활동을 하는 글로벌리제이션의 추세에 따라 컨테이너 운송시장이 크게 성장했다. 화주들이 글로벌 경쟁을 하면서 경쟁우위를 점하기 위한 전략으로 핵심역량에 집중하고 물류 등은 아웃소싱하는 전략을 세우게 되었다.

이 결과 해운을 포함한 물류부문의 아웃소싱을 위해 제3자 물류서비스 제공자(3PL) 같은 물류전문서비스 제공업체를 이용하게 되었다. 일부 대형 다국적 기업은 단순히 화물 운송을 위탁하는 것이 아니라 물류서비스 전체 최적화를 아웃소싱하기도 한다.

화주가 제3자 물류서비스 제공자에게 물류에 대한 포괄적 아웃소싱을 하면서 기존의 운송주선인의 역할에 그치는 것이 아니라, 내륙운송비까지 고려한 총 운송비와 총 운송시간을 절감하고 단축할 수 있는 서비스를 제공하게 되었다. 결국 물류서비스 제공자가 해운회사나 항만, 내륙운송 수단 및 경로선택을 포함한 컨테이너 화물 전반에 걸친 흐름을 결정하기 시작했다.

또한 화주들은 물류에 대한 통제력, 공급사슬 가시성, 화물추적 등의 요구를 하고 있다. 즉 빠른 시장 대응 및 시장 수요 중심 물류가 비즈니스 성공의 핵심 성공요인으로 인식하고 있는 화주들은 해운과 항만이 자신의 공급사슬관리에 파트너로 역할을 해주기 바라는 것이다. 이를 위해 화주가 필요로 하는 정보제공과 가치 창출의 역할을 수행하는 항만을 선호하게 된다.

화주나 화주의 대리인이 그동안 정기선사가 결정하던 컨테이너 흐름을 결정하고 있다. 힘의 균형에서 물류서비스 제공자나 운송주선인의 우위로 바뀌게 된 것이다. 정기선사와 컨테이너 터미널은 이런 화주나 화주의 물류서비스 최적화를 맡은 대리인에게 선택될 수 있는 서비스 차별화를 시도할 수밖에 없는 상황이 되었다.

선사들은 서비스의 차별화가 어려운 해상운송에서 벗어나 화주에 대한 물류서비스 사업에 진출해 문전운송(door to door)시스템을 구축하고 있다. 또한 컨테이너 터미널은 터미널 이후 화주가 위치한 배후지 수송에 직접 관여하여 서비스를 차별화하는 것이 경쟁력이라고 판단하고 있다.

화주의 글로벌 아웃소싱이 늘어나면서 운송주선인이나 3PL 같은 물류서비스 제공자[1](LSPs)가 함께 성장했다. 이들은 화주의 물류사슬, 공급사슬의 최적화서비스를 제공하고 있다. 화주의 세계화로 인해 물류서비스 제공자도 범 세계를 대상으로 업무영역을 넓혀 글로벌 물류서비스 제공자로 발전하게 되었다.

물류서비스 제공자 업체들 간의 인수 합병이 이루어져 대형화, 집중화가 이루어졌고, 수직적 통합도 이루어졌다. Deutsche Bahn이 Stinnes를 인수하여 철도 운영자에서 물류 서비스 제공 업체로 전환한 것이 대표적 사례이다.

또한 글로벌 정기선사가 국제물류 서비스업무로 업무영역을 확대한 사례는 많이 있다. Maersk(Damco), NYK(NYK Logistics) 및 APL(APL Logistics) 등이 있다. 그러나 운송주선이나 물류회사가 정기선사나 컨테이너터미널 같은 컨테이너 운송산업에 진출하는 하향 수직통합의 예는 보이지 않는다. 이 사업은 자본 집약적이며 경기 순환성이 높기 때문에 그다지 매력적이지 않다.

❷ 협상력저하

컨테이너 정기선사 대형화와 얼라이언스 형성으로 인해 주요 무역항로에서 해상운송서비스 수가 줄어들고 있다. 항만기항을 유치하거나 유지시키기 위해 항만은 얼라이언스와 힘겨운 협상을 해야 한다.

---

1) Logistics Service Providers

컨테이너항만은 글로벌 컨테이너 해운 네트워크의 기항지로서의 경쟁력을 강화하기 위해 조치를 취해야 한다. 해상 접근성, 안벽 등 인프라에 대한 투자, 정보시스템, 항만가격 책정, 그리고 항만 배후지 연결성을 개선하기 위한 조치 등이 포함된다.

또한 많은 항만들이 컨테이너 선박에 대한 항만이용료를 경감시켜주고, 내륙 운송비용의 보상을 제시하게 된다. 이에 따라 항만들이 항만요율을 원가요인보다는 수요요인에 의해 조정을 하게 된다. 터미널 운영권 입찰이나 협상, 전용터미널 개발에서 정기선사의 협상력이 커지게 된다.

더욱이 정기선사가 요구하는 항만 이용료 인하로 터미널 물동량이 늘어나고, 이는 다시 터미널 처리능력 확대를 위한 투자로 이어진다. 이러한 터미널 생산성 향상 노력이 결국은 항만의 수익성을 떨어뜨리는 결과를 초래한다.

단기적으로 보면 새로운 고효율의 설비를 갖추어 생산성을 높이고 비용을 절감하는 전략이 경쟁우위수단이 될 수 있어도 장기적으로 본다면 항만 산업의 처리능력, 공급 과잉이 되어 산업 불안정의 요인이 되는 것이다.

3 국제물류거점

국제물류는 국제무역에 필요한 단순한 국제수송과는 다르다. 국제물류는 두 개국 이상 송화인과 수화인 사이에 떨어져 있는 시간, 공간을 극복하여 재화를 이동시키는 경제활동이라고 정의할 수 있다.[2] 즉 수출입 무역에 관련된 포장, 하역, 수송, 보관 등 제반 물류활동을 총칭하는 것이다. 이런 활동은 생산제품을 수출하거나, 외국에서 원자재나 부품을 수입하는 경우, 또는 일부 제품의 경우 특정 외국에서 조립된 후 제3국으로 수출되는 경우 발생한다.

국제물류는 생산지와 목적지 사이가 원거리인 것이 특징인데, 그것은 관리자가 운송과 재고 유지비용 사이의 상충관계를 고려해야만 한다는 것을 의미한다. 비록 생산지와 목적지 사이에서의 빠른 운송이 낮은 재고 유지비용을 초래할지라도, 빠른 운송은 일반적으로 높은 운송비용을 유발하기 때문이다. 따라서 국

---

2) 鈴木 睦(2009), p.5

제물류에서는 물류거점을 어디에 두느냐 하는 것이 중요하다.

국제물류거점은 기본적으로는 3가지 형태가 있다. 첫째는 공업단지에 인접한 물류거점이며, 두 번째는 상업거점으로서의 물류거점이다. 그리고 세 번째는 비교적 노동력이 저렴한 개도국 등의 물류거점이다. 공업단지에 인접한 물류거점이란 가공무역을 하기 위해 항만을 관문으로 사용하는 것이다. 여기서 물류는 어디까지나 산업발전을 위해서 불가결한 부문이며, 자립적인 것은 아니었다.

이에 비해 수평분업시대 상업거점으로서의 물류거점은 공업의 뒷받침이 없기 때문에 경영적 자립이 중요하다. 상업의 부가가치는 공업에 비교해서 낮아, 법적규제완화 등을 통해 물류를 효율화시켜야 한다.

또한 물류거점 중에는 질 좋고 저렴한 노동력을 비교우위로 갖고 있는 곳도 있다. 물류는 노동집약적 산업이기 때문에 이용자에게 있어서 노동비의 저렴함은 커다란 매력이다. 미국 해군기지였던 땅을 재사용한 필리핀의 수빅 만에 위치한 물류거점이 그 하나의 예이다.

물류시스템은 국가나 지역의 경제구조의 변화에 맞추어 변화해 왔다. 가공무역을 기본으로 하는 공업입국이었던 시절에, 사람과 물건과 자금의 흐름은 특히 공업에 집중하고 있었으며, 물류는 생산과 판매를 지원하는 존재에 불과했다. 이에 비해서 가공조립형 산업에서는 해외의 생산거점과 시장과의 연결이 강화되었고, 물류시스템의 효율적인 설계가 필요해졌다.

이러한 국제물류에서 비용과 시간을 절감할 수 있는 효율적인 방안이 항만인근에서 물류활동을 하는 것이다. 중국 연안에 위치한 항만 인근에 있는 제조단지가 전통적인 제조단지였던 미국 중부지역이나 서유럽의 라인강 델타지역보다 세계시장 접근이 더 수월하게 된 것이다.[3]

해외와의 무역량이 증가한다는 것은 지역의 관문이 되는 항만의 편리성이 중요해진다는 것을 뜻한다. 실제로 물류거점인 항만도 가공무역시대의 수출지향형에서 수평분업시대의 수입 대응형으로 변화하고 있다. 이것은 공업항에서 상업항으로의 변화라고 할 수 있을 것이다.

오늘날처럼 해외직접투자의 증대가 지속적으로 이어지고, 생산거점이 해외에 이전하게 되면 국내의 제조 산업은 축소되고 경제성장에 맞추어 확대되어 온 항만은 상업항이나 중계항으로서의 역할로 변신하지 않는 한 국제물류거점으로서

---

3) Notteboom, Rodrigue(2008)

존재하기 어려워진다. 그리고 이와 같은 항만으로 바뀌기 위해서는 자유로운 물류거점으로서의 편리성을 이용자에게 주기 위해서, 규제의 완화나 철폐가 필요하다. 그리고 물류거점의 변화에 따라 물류거점을 생산거점과 일치시킴으로써 물류의 효율화도 필요하다.

03

세계 컨테이너 항만물동량

1 항만물동량 추이

전 세계 컨테이너 항만물동량은 2000년 2억 4,100TEU에서 2019년 8억 3,900만TEU[4]로 20년간 연평균 6.4%씩 성장했다. 이는 컨테이너 화물 해상물동량(seaborne trade volume)이 같은 기간 동안 연평균 5.6%씩 증가한 데 비해[5] 더 많이 증가한 것이다.

컨테이너 항만물동량(throughput)이 컨테이너 해상물동량보다 더 많이 증가한 이유는 환적물동량의 증가와 공 컨테이너 재배치 물동량 때문이다. 수출입화물이 반입 또는 반출 한 번의 항만물동량을 발생시키는 데 비해, 환적화물은 화물 1개가 반입과 반출 두 번의 항만물동량을 발생시킨다. 따라서 환적화물은 항만물동량 증가요인이 된다.

또한 수출입 불균형으로 인해 화물운송을 마친 공 컨테이너도 불균형이 발생된다. 수출보다 수입이 많은 지역은 공 컨테이너가 축적될 것이고, 수입량보다 수출량이 많은 지역은 컨테이너 부족에 직면하게 된다. 이러한 상황이 지속되면 두 교역국 간에 컨테이너 재배치(repositioning)가 요구된다. 공 컨테이너 재배치로 인해 공 컨테이너 수송수요가 발생한다.

---

4) 주요 해운항만컨설팅 기관마다 통계가 다르다. 이 수치는 Alphaliner 사의 집계이고 Drewry 사의 집계는 2019년에 8억 8백만TEU이다. 장기간 추세 비교를 위해 여기서는 Alphaliner 통계를 사용하지만 본 장의 다른 곳에서 GTO 처리량 등 자세한 분석은 Drewry사의 집계를 사용한다.

5) 본서 3장 2절 참조

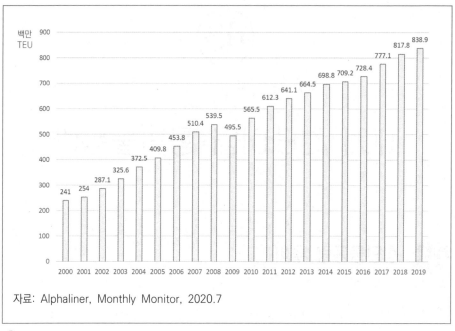

백만 TEU

2000	241
2001	254
2002	287.1
2003	325.6
2004	372.5
2005	409.8
2006	453.8
2007	510.4
2008	539.5
2009	495.5
2010	565.5
2011	612.3
2012	641.1
2013	664.5
2014	698.8
2015	709.2
2016	728.4
2017	777.1
2018	817.8
2019	838.9

자료: Alphaliner, Monthly Monitor, 2020.7

세계 컨테이너 항만물동량

항만물동량의 구성을 살펴보면 2019년 기준 총 8억 8십만TEU[6] 중 항만 간 수출입물동량은 5억 9,540만TEU이고 환적컨테이너 물동량은 2억 530만TEU이다. 환적 컨테이너가 전체 항만물동량에서 차지하는 비중이 25.6%이다. 또한 항만 간 수출입화물 중 화물이 실린 적 컨테이너는 4억 4,420만TEU, 공 컨테이너는 1억 5,120만TEU이다. 환적컨테이너 중 적 컨테이너는 1억 5,320만TEU, 공 컨테이너는 5,220만TEU이다.

이에 따라 적 컨테이너 물동량이 합계는 5억 9,740만TEU, 공 컨테이너 물동량 합계는 2억 340만TEU이다. 공 컨테이너가 전체 항만물동량에서 차지하는 비중이 25.4%이다.

세계 컨테이너 항만물동량을 대륙별, 국가별, 항만별로 살펴보면 다음과 같다. 아시아 지역물량이 2019년 기준 전 세계 물량의 64.2%로 가장 높은 비중을 차지하고 있으며, 다음으로 유럽 16.1%, 북아메리카 7.5% 등이다. 특히 중국과 홍콩을 합친 항만물동량이 전 세계 항만물동량의 1/3인 33.3%를 차지하고 있다.

2000년 기준 아시아 지역물량은 전 세계 물량의 51.6%이었으며, 유럽이

---

6) Drewry사의 통계와 Alphaliner사의 컨테이너 항만물동량 통계 차이.

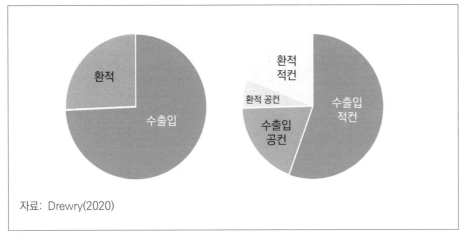

자료: Drewry(2020)

✎ 항만물동량 구성, 수출입/환적, 적 컨테이너/공 컨테이너

22.7%, 북아메리카가 13.7%이었다. 20년 전의 지역별 구성과 비교해보면 아시아 지역 물동량 비중이 크게 늘어나는 대신 유럽과 북미의 물동량 비중이 낮아졌다. 이는 중국의 성장에 기인하여 2004년을 기점으로 아시아 지역으로 물량이 집중되면서 전 세계 컨테이너 물량비중은 유럽과 북미 주도에서 아시아 주도로 전환되었다.

2 GDP 대비 물동량 승수 하락

GDP 성장률에 따라 항만에서 취급한 컨테이너물동량 증가율이 얼마나 변화하는지를 볼 수 있는 지표가 GDP대비 컨테이너 물동량 승수이다. 이 승수를 살펴보면 1990년대에 4 이상을 기록한 이후 현재까지 계속 하락하고 있다. 이러한 추세는 GDP성장이 컨테이너 항만물동량에 끼치는 영향력이 줄어들고 있다는 의미이다.

1960년대부터 컨테이너 무역이 회복되기 시작했지만 승수는 2~2.5의 범위였다. 세계화와 무역 자유화는 진행 중이었지만 컨테이너 흐름에 미치는 영향 면에서 비교적 느린 속도로 진행되었다. 1990년부터 1999년까지는 중국 등 해외생산(offshoring)이 본격화된 시기로 승수가 4 이상으로 급증하면서 컨테이너화

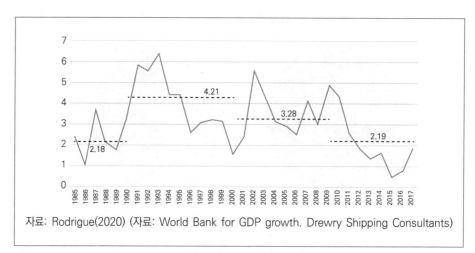

자료: Rodrigue(2020) (자료: World Bank for GDP growth. Drewry Shipping Consultants)

✎ GDP에 대한 컨테이너물동량 승수, 1985-2017

가 빠르게 진행되는 기간이었다. 새로운 글로벌 컨테이너 운송 서비스와 항만 투자가 확장된 시기이다.

2000~2008년의 승수는 3 정도로 여전히 높은 수준을 기록했는데, 이 기간은 중국 컨테이너항만 물동량이 가장 크게 성장한 시기였다. 2009년 금융위기 이후 승수는 2배 수준으로 크게 줄었고, 2020년까지는 이 승수가 1정도 까지 떨어졌다. 현재 GDP 성장률이 컨테이너 운송 성장에 미치는 영향이 매우 적다는 것을 보여준다.

2000년 이후 항만처리 실적을 살펴보면, 중국 항만들이 가장 눈에 띄게 성장했음을 알 수 있다. 2000년을 기준으로 할 때 세계 컨테이너항만 순위 10위 내에 중국항만은 6위의 상하이항이 유일했다. 홍콩항이 1위였기 때문에 이를 포함해도 중국대륙의 항만은 2개였다. 그러나 2019년 기준 세계 컨테이너항만 순위 10위 내에 중국항만은 1위 상하이, 3위 닝보－저우산, 4위 센젠, 5위 광저우, 7위 칭다오, 9위 텐진 등 6개 항만이 포함되어 있고, 홍콩을 포함하면 중국대륙에 총 7개 항만으로 늘어났다. 1위는 상하이 항으로 총 4,330만TEU를 처리하였고, 부산은 6위로 2,190만TEU를 처리했다. 반면에 일본은 물동량 증가추세가 급격히 둔화되고 있으며, 세계 20대 항만에 1개 항만도 포함되지 못하여 향후 동북아 항만경쟁에서도 그 지위가 점차 상실되고 있음을 알 수 있다.

04

컨테이너터미널 항만 처리능력

세계 컨테이너 터미널 항만처리능력은 2005년 5억 9,550만TEU에서 2019년 11억 6,100만TEU로 증가했다. 15년간 연평균 4.6%씩 증가했다. 2005년 이후 15년간 전 세계 컨테이너항만물동량은 연평균 4.9%씩 증가했다. 컨테이너 터미널의 수요와 공급이 거의 비슷한 증가세를 보이고 있다.

컨테이너 터미널 공급의 가장 큰 특징은 항만 내 그리고 항만 간 경쟁에 의해 공급이 늘어나는 점이다. 항만 내 경쟁은 항만 내 서로 다른 터미널과 서비스 경쟁에서 비롯된다. 이는 항만 내 터미널별로 전용 터미널 등 운영권 이용을 늘렸기 때문이다. 적하와 양하시간 단축을 뒷받침하는 기술 및 서비스수준이 항만 내 경쟁에서 중요한 차별 요소이다. 따라서 터미널별로 장비나 기술 채택경쟁이 일어나면서 서비스 수준이 균일하게 상향되었고 이는 결국 터미널 처리능력 증가로 이어졌다.

정기선사의 기항을 유도하기 위한 항만 간 경쟁을 위해 항만 처리능력의 규모의 경쟁과 생산성 등 항만 효율성을 증대시켰다. 이러한 경쟁이 터미널 공급능력을 확대시킨 요인이 되고 있다.

특히 얼라이언스가 기항하는 항만이 되면 많은 물동량을 확보할 수 있어[7] 수익성을 보장받을 수 있다. 이에 따라 많은 항만들이 초대형선과 얼라이언스가 요구하는 생산성을 맞추기 위해 전용 컨테이너 터미널을 신규로 건설하고, 기존 터미널에도 안벽크레인 등을 추가로 설치하여 처리능력이 크게 늘어나게 되었다.

주요 항만들 간에 이러한 컨테이너 터미널 경쟁이 심화되면서 얼라이언스가 기항하지 않는 터미널은 처리능력이 과잉이 되고, 터미널 이용률도 크게 낮아질

---

7) 연간 항만당 평균 45만TEU 이상, 제4장 5절 참조

✎ 지역별 컨테이너 터미널 처리능력

지역	처리능력(백만TEU)	비중(%)
북미	107.1	9.2
-북미서안	58.2	5.0
-북미동안	39.7	3.4
유럽	229.1	19.7
- 북유럽	103.0	8.9
아시아	554.4	47.8
- 극동	399.8	34.4
- (중국)	(294.4)	(25.4)
- 동남아	154.6	13.3
중동	112.5	9.7
남미	87.6	7.5
아프리카	50.4	4.3
오세아니아	19,5	1.7
세계 전체	1,161.0	-

자료: Drewry(2020)

수밖에 없다. 2019년 기준으로 컨테이너 터미널 처리능력은 11억 6,100만TEU인데 비해 컨테이너 항만물동량은 8억 800만TEU이다. 터미널 시설이용률이 69.6%에 불과하다. 터미널 이용률이 가장 높은 지역은 아시아 지역으로 78%에 이른다. 그중에서도 특히 중국의 시설이용률은 85.6%에 이른다. 유럽과 북미 지역 컨테이너 터미널의 이용률은 61%, 64%에 머물고 있다. Drewry사가 전망한 자료에 의하면 향후 5년 이후 아시아 지역의 터미널 이용률은 84%까지 올라가지만, 여타지역 터미널은 개선되지 못할 것으로 보인다.

전체적으로 터미널이용률은 낮지만, 터미널별로 보면 양극화 현상을 보이고 있다. 얼라이언스가 기항하는 터미널은 과다 이용률에 문제를 일으키지만, 그렇지 못한 터미널은 저조한 이용률에 문제를 갖고 있다. 이는 얼라이언스의 터미널 선택적 기항 정책에 의해 더욱 증폭되고 있다.

2019년을 기준으로 지역별 컨테이너 터미널 처리능력을 살펴보면 아시아가

💪 세계 10대 터미널 운영자별 터미널 처리능력

순위	터미널운영자	처리능력(백만TEU)	비중(%)
1	China Cosco Shipping	141.6	12.2
2	PSA International	117.0	10.1
3	Hutchison Ports	113.0	9.7
4	APM Terminals	107.6	9.3
5	DP World	91.0	7.8
6	Terminal Investment Limited (TIL)	72.8	6.3
7	China Merchants Ports	44.2	3.8
8	CMA CGM	43.1	3.7
9	NYK	22.5	1.9
10	Eurogate	20.6	1.8
	합계	773.4	66.6
	세계 전체	1,161.0	−

자료: Drewry(2020)

5억 5,440만TEU로 전체의 48% 정도를 차지하고 있다. 특히 홍콩을 포함한 중국은 전 세계의 25.1%인 2억 9,440만TEU를 보유하고 있다. 다음으로 유럽 지역항만이 2억 2,910만TEU로 19.7%를 차지하고 있으며, 동남아지역 항만이 1억 5,400만TEU로 13.3%를 차지하고 있다. 북미지역 항만은 1억 710만TEU로 9.2%를 차지하고 있다.

중국은 세계 10대 컨테이너 항만 중 상해, 홍콩, 닝보/저우산항 등 7개나 포함되어 있다. 세계에서 가장 큰 컨테이너 항만인 상하이항에서 컨테이너터미널 시설 중 두 군데 핵심 지역이 있다. 와이까오차오(Waigaoqiao) 지역과 양산 지역이다. 와이까오차오는 양쯔강 하구에 위치한 항만이다. 하역능력은 2000년에 4백만TEU였으나 현재는 1,440만TEU로 증대되었다. 양산지역은 동하이 대교에서 대략 40km 떨어져 있는 심해항이다. 2005년 개장 당시 400만 TEU였던 처리능력이 현재는 1,980만TEU까지 확대되었다.

동남아 지역의 컨테이너 항만 처리능력은 싱가포르 항과 탄중팔레파스 항 등이 있기 때문이다. 싱가포르는 2012년 새로운 대규모 컨테이너항만인 TUAS항을 개발하기로 하였으며, 1단계 개발은 2016년 시작되었고 연간 2,000만TEU의 물동량을 처리할 계획이다. 2040년까지 4단계 건설 계획이 완료되면 최대 6,500만TEU의 물동량을 처리할 수 있게 된다. 이는 2016년 싱가포르항에서 처리한 물량의 두 배 이상에 해당하는 것이다.

글로벌 터미널 운영자(GTO)별로 살펴보면 2019년 기준 세계 10대 GTO가 운영하는 컨테이너 터미널의 처리능력이 전 세계의 66.6%인 7억 7,340만TEU에 달하고 있다. 처리능력으로 세계 1위는 China COSCO Shipping 그룹으로 1억 4,160만TEU의 처리능력을 갖고 있다. 세계 5위까지 GTO가 각각 7%에서 12%씩 터미널 처리능력을 보유하고 있다.

세계 주요 항만의 컨테이너터미널 건설계획을 보면 2020~2024년까지 극동지역에서는 부산항과 닝보항이 각각 17%씩 확장할 계획을 가지고 있고, 중국 난통과 천진항이 각각 14%, 13%씩 확장할 계획이 있고, 상하이항도 9%정도 확장할 계획이다. 동남아에서는 싱가포르항이 30%정도 확장할 계획이며, 북유럽에서는 안트워프항이 15% 확장할 계획을 갖고 있고, 지중해에서는 피레아스항이 22% 처리능력을 확대할 계획이다. 중동지역에서는 제다항과 칼리파 항이 19%, 18%씩 확장계획을 가지고 있다.[8]

---

8) Drewry(2020), p.226

05

터미널운영자의 집중화

1 글로벌 터미널운영자

세계 각지에서 터미널을 운영하는 터미널운영자를 글로벌 터미널운영자 (GTO)[9]라 한다. 세계 컨테이너터미널 운영은 유럽과 아시아, 그리고 북미 각 항만에 컨테이너 터미널을 운영하면서 터미널 간의 글로벌 네트워크를 구축하고 있는 글로벌 터미널 운영자(GTO)에 의해 주도되고 있다.

터미널운영자는 이러한 집중화를 통해 글로벌 물류서비스 제공 업체의 역할을 키워나가고 있다. 정기선사들도 컨테이너 터미널을 소유하고 관리하는 경우도 크게 늘어나고 있다.

하역 사업의 세계화는 3단계에 걸쳐 진행되었다.[10] 첫 번째 단계는 영국의 P&O Ports가 말레이시아의 포트클랑(Port Klang)에 있는 터미널 시설에 처음으로 투자하기로 결정한 1980년대 중반으로 거슬러 올라갈 수 있다. 이 전략적 선택은 전 세계의 항만 민영화가 시작된 덕분에 가능했다. 몇 년 후 홍콩에 본사를 둔 허치슨 왐포아 그룹(Hutchison Whampoa Group)의 Hutchison Port Holdings가 영국의 펠릭스토우 항만에 유럽 본사를 설립했다. 이는 해외 확장의 출발점이 되었으며 이후 중국 본토, 북유럽, 중미 및 기타 아시아 국가에도 투자를 했다.

---

9) Global Terminal Operator를 의미하며 Drewry Shipping Consultants사가 연간 리뷰 보고서에서 글로벌 규모의 터미널 운영자를 지칭하면서 사용
10) Bichou. Gray(2007)

✏️ 세계 주요 글로벌 컨테이너 운영자(2019년 기준)

GTO	처리물동량(백만TEU)	세계 전체 점유율
PSA Intrenational	60.4	7.5
China Cosco Shipping	48.6	6.1
APM Terminals	46.8	5.8
Hutchison Ports	45.7	5.7
DP World	44.3	5.5
China Merchant Ports	41.5	5.2
TIL	28.8	3.6
ICTSI	10.1	1.3
CMA CGM	8.3	1.0
SSS Marine	8.3	1.0
10대 GTO 합계	342.8	42.8
세계 합계	800.8	–

주: 터미널운영자가 소유하고 있는 터미널의 지분을 고려한 처리물동량 기준
자료: Drewry(2020)

글로벌 터미널 글로벌화의 두 번째 단계는 싱가포르의 PSA와 미국 CSX 그룹이었다. PSA는 전 세계를 대상으로 항만 민영화의 기회를 활용하여 투자하였다. 1996년에 처음으로 외국 컨테이너터미널에 투자하여 중국 북부에 위치한 다롄 컨테이너터미널의 지분을 인수했다. PSA는 2002년에 전 세계적으로 성장하는 데 있어 중요한 곳인 벨기에의 Hesse Noord Natie를 인수하였다. 이를 통해 HPH 및 P&O Port가 있는 유럽 북부 시장에 진입할 수 있었다.

철도 사업에 주력했던 미국의 CSX 그룹은 1980년대 중반에 당시 최대 정기 선사인 시랜드(Sealand)를 인수하여 하역시장에 진입했다. 1999년 시랜드사가 머스크에 매각된 후에도 CSX는 터미널 그룹을 유지하고 CSX World Terminals를 설립했다. 결국 2004년 말 두바이 항만공사(DPA)에 매각되어 DP World사로 흡수되었다.

세 번째 단계는 정기선사의 터미널 운영 참여로, 머스크 시랜드, 에버그린, COSCO 등을 예로 들 수 있다. 에버그린은 대만, 파나마, 미국, 이탈리아 및 베

트남에서 터미널을 운영했고, COSCO는 홍콩, 중국 및 이탈리아에서 터미널을 운영했다. 이와 같이 정기선사들이 터미널을 운영하는 것은 정기선사의 수직적 통합 전략의 일환이기도 했다.

2019년 기준 전 세계 컨테이너 항만물동량은 8억 800만TEU이다. 상위 10대 글로벌 터미널 운영자에 의해 처리된 항만물동량은 총 3억 4,280만TEU로 전체의 42.8%를 차지했다. PSA와 COSCO가 각각 1위와 2위를 차지하였다. Hutchison Ports의 지분 20%를 가지고 있는 PSA가 단연 1위로 6천만TEU 이상을 처리했고, 중국 COSCO는 OOCL 인수에 힘입어 4,860만TEU를 처리해 2017년 5위에서 2019년 2위로 상승했다. 이에 따라 각각 4,680만, 4,570만TEU를 처리한 APMT와 허치슨이 3위와 4위로 한 계단씩 하락했다. DP World와 China Merchants Ports, TiL이 각각 5위, 6위와 7위를 차지했다. 세계 컨테이너 터미널 운영은 세계 점유율 3% 이상을 차지하는 상위 7개사의 GTO가 주도하는 형태를 보이고 있다.

 ## 2 터미널운영자 유형

글로벌 터미널 운영자(GTO)는 하역형 터미널운영자와 정기선사 운영 터미널 운영자로 나누어지는데, 정기선사 운영 터미널 중 일부는 하역형 정기선사 터미널운영자로 발전했다.[11]

하역형 터미널운영자는 전 세계적인 컨테이너터미널 네트워크를 운영하여 운영 효율성, 상업적 이점 및 규모의 경제 효과를 통해 이익을 극대화하는 것이다. 대부분 자국 항만시장의 포화상태를 타개하기 위한 차원에서 글로벌 항만투자를 개시하였다. Hutchison Ports(HP), PSA International(PSA) 및 DP World(DPW)를 비롯한 CMP(China Merchants Ports), ICTSI 및 SSA 등이 이 범주에 속한다.

정기선사형 터미널운영자는 모기업인 정기선사의 정기선 사업과 효율적인 선박운항을 지원하기 위해 국제 터미널 사업에 진출했다. 한국, 대만, 홍콩, 일본의 정기선사들이 운영하는 터미널이 거의 모두 이 유형이다. 대표적인 사례는

---

11) Mori, Takayuki(2009), p.4

에버그린, 양밍, HMM 등이다. 터미널은 일반적으로 별도의 독립회사가 아닌 관리부서 형태로 운영된다.

하역형 정기선사 터미널운영자는 모기업의 주요 활동이 정기선 운송사업이지만 별도의 터미널 사업부서가 존재하는 회사이다. 모회사인 정기선사의 컨테이너 운송을 지원하면서 동시에 제3자에게 서비스를 제공하는 유형이다. COSCO, APM Terminals(APMT), CMA CGM, TIL(Terminal Investment Limited)이 있다.

이러한 "하이브리드 운영자"는 터미널 운영의 전략적 대상을 자사 정기선사에서 제3자 정기선사로 바꾸었다. 실제로 그들은 제3자 정기선사를 유치하여 수익을 창출하는 등 공용터미널로 터미널시설을 관리하는 경향이 있다. 이들은 글로벌 터미널운영자 상위에 포함되는 대형 GTO로 발전한 것은 제3자 선사에 대한 서비스를 강화했기 때문이다.

이중 COSCO, DP World, PSA International사 등의 글로벌 물류시장 진출은 국가 차원에서 전략적으로 추진한 해당 국가의 성장동력사업이다. COSCO, DP World, PSA사는 모두 중국, 두바이, 싱가포르의 국영기업이다. 중국은 중국정부가 추진하는 일대일로정책을 배경으로, PSA 사는 막대한 국부를 원천으로, DP World사는 막대한 석유자본을 배경으로 글로벌 항만시장에 진출했다. 중국의 주요 항만 운영 그룹의 대부분은 국영기업이거나 국영기업을 주요 주주로 보유하고 있다. 특히 항만은 일대일로정책 중 해양진출로 확보의 거점이 되는 곳이다. 국가가 직간접적으로 이들 터미널 운영업체의 세계시장 진출을 촉진 및 지원하고 있다. 특히 이들 국가는 항만운영업체가 세계적 GTO로 성장하기 이전에 자국항만에서 독점적 또는 과점적 지위를 구축하도록 하여 국제적 경쟁력을 갖추도록 뒷받침해 주었다.

정기선사가 컨테이너터미널에 투자하는 데에는 몇 가지 이유가 있다. 우선은 정기선 회사의 자체 컨테이너선을 위한 터미널 확보이다. 또한 터미널 사업 자체가 수익성이 높기 때문이다. 그리고 정기선사들이 터미널운영, 그리고 터미널운영은 해당지역의 내륙운송에 진출해서 화주에 대한 물류서비스 수직적 통합을 만들어 낼 수 있는 기반이 될 수 있기 때문이다.

정기선사 전용 터미널이 공용터미널에 비해 비용이 저렴한지는 분명치 않지만, 하역과 선박 스케줄을 통합하여 사용할 수 있는 통제력을 갖고 있기 때문에

얼라이언스	정기선사	터미널 수 (지분소유)	처리능력 (백만TEU)
2M	APMT(Maersk)	59	46.8
	TIL(MSC)	39	28.8
	2M 합계	98	75.6
Ocean Alliance	CMACGM	41	13.2
	China Cosco Group	52	48.6
	Evergreen	12	8.3
	Ocean 합계	105	70.1
THE Alliance	ONE	32	8.9
	Yang Ming	5	2.3
	Hapag-Lloyd/UASC	1	0.7
	HMM	8	5.0
	THE 합계	46	16.9
3대 얼라이언스 합계	-	249	162.6

주: OOCL 터미널은 China Cosco Group에 포함
자료: Drewry(2020)

화물이 증가하고 기항이 증가하는 시기에는 매우 유리한 상황에 놓일 수 있다. 여러 정기선사들이 컨테이너터미널에 투자하는 것을 기업전략 차원에서 설명하지만 일부 정기선사는 터미널에 투자를 하고 있지 않거나 혹은 터미널을 매각하는 사례[12]도 있어 모든 정기선사의 전략이라고 볼 수는 없다.

정기선사 운영 컨테이너터미널의 또 다른 유인은 터미널운영 수익성이다. 글로벌 터미널운영자들의 영업이익률은 물류부문 등 다른 서비스 부문을 포함하는 여부에 따라 다르지만 2019년 기준으로 30~60%를 기록했다. PSA는 60%가 넘었고, China Merchants Ports도 40%를 넘었고, 기타 GTO들도 모두 30%는 넘었다.[13] 통상적인 타산업과 비교하면 고수익 사업인 셈이다.

---

12) 2000년대 초, 현대상선(HMM)은 부채를 줄이기 위해 터미널 지분을 매각했다. 또한 2006년 한진해운은 맥쿼리 코리아 기금(MKOF)과 한진해운 해상 터미널에 대한 전략적 제휴를 발표했으며, 지분 60%를 보유하고 경영권을 보유한 한진이 지분 40%를 매각했다.

13) Drewry(2020)

터미널을 운영하는 정기선사는 자사선박을 우선적으로 자신의 터미널에 기항시키려 한다. 그런데 선사가 얼라이언스에 소속이 되어 있는 경우 반드시 소속선사의 터미널에 기항할 수 있는 것은 아니다. 3대 얼라이언스가 1번이라도 기항하는 항만은 총 86개이다. 그러나 2019년 기준 2M 선사들이 98개 터미널, Ocean 얼라이언스 선사가 105개 터미널, 그리고 THE 얼라이언스가 소속 선사가 46개 터미널 등 총 249개 터미널에 지분을 갖고 있다. 3대 얼라이언스 선사가 지분관계에 있는 터미널 중 기항하지 않는 항만이 163개나 있는 것이다.

그리고 정기선사가 터미널 운영을 통해 해당지역의 내륙운송에 진출해서 화주에 대한 물류서비스 수직적 통합을 만들어 낼 수 있는 기반역할을 할 수 있다. 배후지까지 연결되는 연결 인프라 투자, 혹은 내륙터미널 투자의 기반역할을 할 수 있다. 항만배후지에서의 부가가치활동을 통해 현지 화주들의 글로벌 진출의 교두보 역할도 할 수 있다. 2016년 COSCO가 그리스 피레우스항 항만공사 지분인수와 선석운영권을 인수한 이후 COSCO의 지중해 지역 물류센터의 역할을 수행하고 있다. 그리고 피레우스항과 헝가리를 연결하는 내륙운송에도 투자를 하여 동부유럽국가 진출의 교두보 역할을 하게 될 것으로 보인다.

 ## 새로운 터미널 개발방식

컨테이너 터미널 개발에서 중요한 추세는 다양한 당사자들이 합작투자를 통해 수행한다는 점이다. 글로벌 터미널운영자(GTO)와 정기선사, 그리고 현지 하역회사가 합작해서 터미널을 개발하는 사례가 증가하고 있다.

몇 가지 사례를 보면 2005년 HPH, APM Terminals, COSCO, China Shipping Group이 SIPG[14]와 합작투자하여 양산항 2단계 프로젝트를 공동으로 개발했다. 그리고 2005년 PSA, K-Line, 양밍, 한진해운이 앤트워프 터미널 선석운영을 위해 합작회사인 Antwerp International Terminal NV를 설립했다. 그리고 2006년 COSCO Pacific사는 Quanzhou Port Container Co. Ltd와 합작투자하여 Quanzhou Pacific Container Terminal Co. Ltd를 설립했다.

---

14) Shanghai International Port (Group) Company Limited

이는 터미널운영자가 정기선사와 현지 하역사와 합작사를 만들어 터미널을 개발하고 운영하는 협업 모델이다. 터미널운영자나 정기선사가 단독으로 컨테이너터미널을 개발하는 것보다 투자비도 줄이고 위험을 공유하며 규모의 경제를 높일 수 있기 때문이다.

터미널운영자는 장기적 관점에서 터미널 물동량을 확보할 수 있는 능력을 보유할 수 있다. 정기선사가 경쟁항만으로 이전하지 못하도록 장기적인 관계를 구축할 수 있기 때문이다. 또한 터미널 운영 전문지식도 제공할 수 있다.

정기선사는 터미널운영자에게 합작투자를 통해 자신의 수송 물동량을 제공할 수 있다. 또한 정기선사 입장에서 컨테이너 터미널의 지분 파트너십을 통한 터미널 운영자와의 긴밀한 관계가 정기선사의 비즈니스 네트워크를 효과적으로 개선할 수 있다.[15] 현지 하역사는 현지의 물동량을 확보하는데 도움이 되고 현지 항만당국이 선호할 수 있기 때문이다.

---

15) Parola et al.(2014)

컨테이너터미널 작업

01
|
컨테이너터미널 개요

1960년대 초 이후 재래식 다목적 터미널에서 컨테이너 터미널로 전환되면서 부지 선정뿐 아니라 터미널 배치도 근본적인 변화가 생겼다. 기존 재래식 화물선에 비해 컨테이너선에는 크레인이 탑재되어 있지 않고, 컨테이너 터미널은 부두에 적재할 수 있는 안벽 크레인과 충분한 야드 보관 공간을 제공하고, 효과적인 부두 운영을 위해 재설계되었다.

컨테이너선의 항만 입항부터 출항까지 체류한 시간(turnaround time)은 평균 약 24시간이며,[1] 이는 컨테이너선이 동급의 재래식 화물선보다 항만에서 체류하는 시간이 10%밖에 되지 않는 것이다. 재래식 개품선적이 컨테이너 화물로 양적하되면서 생산성이 크게 높아진 결과이다. 이러한 컨테이너화가 항만운영의 기본 기능이 되면서, 컨테이너 전용항만으로 배치와 장비들이 변경되었다.

컨테이너터미널은 컨테이너의 해상운송 및 육상운송의 접점으로서 컨테이너의 반입 또는 양하, 반출 또는 선적, 장치, 컨테이너 및 관련기기의 정비 및 수리, 외부트럭이나 철도, 피더선 등 2차 연계운송수단과의 연계 등이 이루어지는 장소이다.

따라서 컨테이너터미널은 컨테이너 선박의 안전한 항해, 이·접안 및 계류가 가능해야 하며, 컨테이너를 양적하 할 수 있는 크레인이 구비되어야 한다. 또한 선박에 양적하되거나 반출입되는 컨테이너를 일시적으로 보관하기 위한 일정 규모의 장치공간이 운영되고 있다. 이 장치공간은 여러 개의 컨테이너 장치블록

---

1) OECD에 의하면 2018년 기준 전 세계 컨테이너 항만에서 선박 체류시간은 1.03일이었고(OECD(2015), p.47), UNCTAD에 의하면 2018년 기준 컨테이너선의 재항시간 평균치는 0.7일이었다(UNCTAD(2019), p.68).

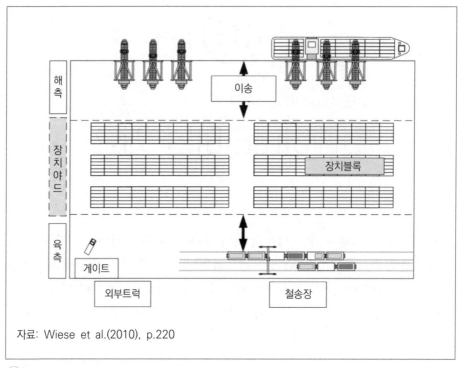

자료: Wiese et al.(2010), p.220

✎ 컨테이너터미널의 구성도

으로 구성되어 있다. 터미널 내 컨테이너 이송장비가 컨테이너를 안벽과 야드사이를 이동시킨다. 야드에는 컨테이너를 취급할 수 있는 야드크레인이 설치되어 있어야 한다. 그리고 트럭 및 철도 그리고 피더선과의 연계운송체계를 확보해야 한다. 터미널 전체를 효율적으로 운영한 터미널운영시스템도 갖춰야 한다.

컨테이너 항만에서는 컨테이너의 반입 및 양하, 반출 및 선적, 이송, 장치의 4가지 활동이 이루어진다. 수입 컨테이너는 선박을 통해 항만으로 반입된 후 내륙 운송업체에 의해 반출된다. 반면에 수출 컨테이너는 내륙운송업체에 의해 항만으로 반입되고, 선박에 의해 반출된다.

수출 컨테이너가 게이트를 통해 항만에 반입되면 컨테이너 도착시간 및 관련 정보가 기록된다. 그런 다음 수출 컨테이너의 경우 선적될 선박 도착 때까지 야드에 장치된다. 컨테이너의 장치위치는 블록의 열(row), 베이(bay)와 단(tier)까지 정해진다[2]. 이 위치는 최적의 선박 선적을 가능케 하는 선박의 화물 적재계획

---

2) Gunther, Kim(2006), p.439

(stowage plan)에 따라 결정된다. 이 계획은 다음 기항 항만에서 양하/선적시간을 최소화하고 선박의 안정성을 고려한 계획이다. 일반적으로 수출컨테이너의 반입은 무작위로 이루어진다. 심지어는 선박 입항 2주 전에 반입이 되기도 한다.

수입 컨테이너가 적재된 선박이 항만 부두에 접안하면 컨테이너는 안벽크레인으로 선박에서 터미널 이송장비인 야드 트럭에 하역되고 야드 트럭은 컨테이너의 장치위치로 이송한다. 이 컨테이너는 일정시간 후에 외부 트럭에 실려 게이트를 통해 반출된다. 수입화물은 수출화물과 달리 화물 반출이 상당부분 예측 가능하다. 위험물 화물 등 일부는 안벽크레인에서 외부트럭에 직접 실려 터미널 외부로 직 반출되는 경우도 있다.

컨테이너터미널에서는 수출 및 수입 컨테이너 외에도 환적 컨테이너도 처리한다. 환적 컨테이너는 선박을 통해 터미널에 반입되지만 곧 다른 선박으로 반출되기 위해 임시로 정치하는 화물이다. 그러나 실제로 터미널에서 환적화물을 수출화물 처리와 같이 취급하고 있다.3)

컨테이너 터미널의 경쟁우위는 선박 입항시간 단축(운송시간), 낮은 양적하 비용, 신뢰성 등에 달려있다.4) 선박정박 시간을 최소화하기 위해 자원을 가장 효율적으로 사용한다. 우선 해측 작업을 살펴보면 먼저 선박이 안벽에 배정된다. 그런 다음 컨테이너가 양하되고 선적된다. 이 화물은 이송장비로 선박과 야드 사이로 이송된다. 이때 수행되는 절차는 접안 선박에 대한 선석이나 안벽크레인의 배정계획(선석계획), 선박 내 컨테이너 위치계획(선박 화물적재계획), 야드 내 컨테이너 위치 계획(야드계획), 양하, 선적 순서 계획(컨테이너 양적하 순서계획) 같은 여러 계획에 의해 수행된다.

육측에서도 야드와의 연결된 작업이 발생한다. 외부 트럭은 게이트를 통과하여 컨테이너 반입, 혹은 반출을 위해 게이트를 통과하고, 적절한 야드 위치에서 야드 크레인에 의해 컨테이너의 상차, 혹은 하차작업을 한다. 철송의 경우 크레인을 이용해 철송 야드에서 열차에 적재하기도 하고 하차시키기도 한다. 관련된 컨테이너 물류는 트럭 순서 지정 계획, 컨테이너의 야드 내 위치 계획(야드 계획), 트럭과 열차에 대한 컨테이너 작업순서계획(컨테이너 작업 순서) 등에 의해 수행된다.

---

3) Kim, Park(2003)
4) Steenken, Stahlbock(2004)

02

컨테이너터미널 영역별 기능

　컨테이너항만은 일반적으로 항만수계, 선석(부두), 안벽, 에이프론, 컨테이너 야드, 게이트로 나누어 볼 수 있다. 항만수계(harbor)는 항만의 육지구간에 인접한 자연적이거나 인공적인 수역으로 선박이 앵커를 놓아 정박할 수 있는 곳이다. 정박을 통해 선박은 항만의 부두 접안이 가능할 때까지 기다릴 수 있다.

　선석(berth) 또는 부두는 안벽(quay)에 나란히 접해있는 바다 영역으로, 화물을 내리거나 선적하기 위해 선박이 접안하는 곳이다.[5] 선박이 도착하면 항만은 선박이 접안할 부두의 위치를 결정하고 크레인 등 양적하를 위한 크레인 등 자원을 할당한다.

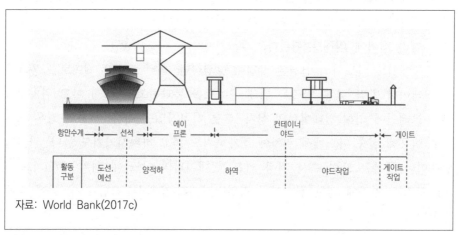

자료: World Bank(2017c)

✏️ 컨테이너 터미널 영역별 기능

---

5) Tally(2018), p.26

안벽(quay, wharf)은 화물의 양하 및 선적을 위해 선박이 접안하는 부두와 나란히 접해있는 육상구조물이다. 에이프런(apron)은 안벽의 한 영역으로, 하역작업을 위한 크레인이 주행할 수 있도록 하는 영역이며, 동시에 야드 트레일러 같은 이송장비와 안벽크레인이 컨테이너 양적하 작업을 하는 공간이다.

컨테이너 야드(container yard)는 반입되거나 반출될 컨테이너의 장치공간이며, 야드트럭(YT)이나 외부트럭에 상차, 하차작업이 이루어지는 공간이다. 게이트(gate)는 컨테이너가 항만으로 반입되거나 항만에서 내륙으로 반출되는 지점이다. 이 밖에 관리 및 유지 보수건물, 수출화물을 컨테이너에 적입하거나 배분하는 건물(CFS), 트레일러, 야드 장비이동을 위한 도로, 항만에 철송 서비스가 있는 경우 철도 트랙과 레일 야드도 위치한다.

 ## 안벽 및 에이프론 영역

컨테이너 선박이 안전하게 접안할 수 있는 육상구조물을 안벽(quay)이라고 한다. 안벽은 컨테이너터미널의 가장 중요한 시설로 선박과 내륙을 연결하며, 안벽크레인(QC)[6]에 의해 컨테이너를 양·적하하는 장소이다. 안벽의 길이는 초대형 컨테이너선의 취항으로 신설 항만의 경우 400m 혹은 그 이상의 길이로 건설되고 있다. 안벽 및 에이프런(apron) 영역은 펜더(fender)[7]를 포함한 법선에서부터 장치장 첫 적재 시작위치까지의 영역이다.

이 영역에는 안벽법선을 따라 크레인이 주행할 수 있도록 레일이 설치되어 있다. 레일 간 간격(rail span)은 30∼70m폭이며, 이 영역은 야드트럭(YT) 주행로, 그리고 안벽크레인과 YT의 접속이 이루어지는 공간이다. 또한 선박작업 시 선박의 해치커버(hatch cover) 등을 임시적으로 장치하기도 한다.

YT의 주행로는 기본적으로 QC 레일 간격 내부에 위치한다.[8] YT의 주행영

---

6) 안벽크레인(quay crane)은 안벽에 설치된 크레인을 의미. 컨테이너 크레인(C/C)으로 부르기도 한다. 이 책에서는 안벽크레인(QC)으로 통일해 사용한다.
7) 선박이 안벽에 접안할 때 충격으로부터 선박과 부두시설을 보호해주기 위해 안벽에 설치하는 방충재
8) YT의 주행로를 1레인의 폭이 4.5m

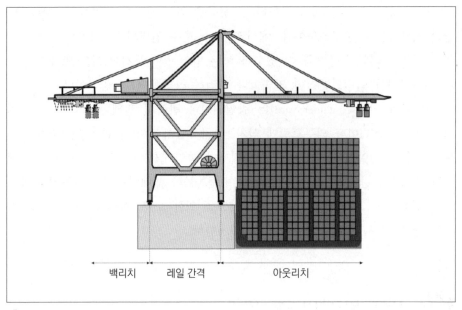

백리치   레일 간격   아웃리치

◇ 안벽 및 에이프론

역은 YT가 컨테이너를 적재하고 야드로 이동하거나 본선으로 이동하는 구간으로서 가장 많은 이동이 발생하는 공간이다.

안벽법선과 해측 레일 간에 선박의 기울어짐에 따른 선박과 크레인의 충돌방지를 위해, 그리고 QC 유지보수를 위한 공간으로, 그리고 승선을 위한 공간(set-back)을 두며 3.5~6.5m 정도의 거리를 두고 있다.

QC의 백리치(backreach) 영역9)은 해치커버를 위한 공간, 여유 작업레인 및 기타차량을 위한 공간으로 활용된다.

---

9) 크레인의 선박측 작업붐대를 아웃리치(outreach)라하고 육지측 붐대를 백리치(backreach)라 함

② 야드영역

야드영역은 마샬링 야드(marshalling yard)와 컨테이너 야드(container yard)로 구성되어 있다. 마샬링 야드는 컨테이너의 양적하 생산성을 향상시키기 위해 특별히 지정한 야드로 컨테이너의 도착지 항만, 규격, 무게를 고려해서 선적예정 순서대로 미리 쌓아놓는 장소이다. 최근 터미널에서는 양적하 계획능력이 고도화되면서 이런 마샬링 야드를 별도로 두지 않고 야드에서 직접 양하나 선적 순서에 의해 작업이 이루어지는 경우가 많다.

컨테이너 야드는 크게 수출 장치장과 수입 장치장으로 나누어지며, 화물이 적재된 적 컨테이너와 공 컨테이너는 장치장을 구분하여 관리한다. 또한 냉동 컨테이너, 위험물 컨테이너, 규격 외 컨테이너는 각각 특정위치에 장치장을 배정하고 있다.

컨테이너 선박의 대형화로 컨테이너 야드 면적도 증가하고 있다. 야드 장치장은 수평구조형과 수직구조형으로 구분할 수 있다. 대부분의 국내 터미널 야드는 수평구조식이며, 수직구조식은 자동화 컨테이너터미널에서 사용하는 방식이다. 야드장치장은 야드블록으로 구성되어 있고 야드블록의 길이는 컨테이너 베

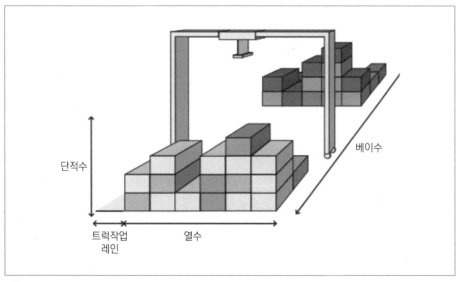

◇ 야드블록

이(bays)수에 의해, 야드의 폭과 높이는 야드크레인의 처리 열(rows)수와 단적(tiers)수에 의해 정해진다.

(1) 일반 컨테이너 야드 영역

일반 컨테이너 야드 영역에서 취급화물은 표준 컨테이너[10]로 화물종류는 수출입화물과 환적화물을 취급하며 컨테이너 종류는 적 컨테이너와 공 컨테이너를 취급한다.

일반적으로 야드 블록은 야드의 터미널 안벽과 수평으로 위치해 있다. 야드 블록의 폭과 단적수는 야드 크레인 장비의 처리 열수와 최대 단적수에 의해 결정된다. 최대 적재 단적수는 대부분 4단, 5단으로 운영되지만 홍콩, 싱가포르 등 해외항만에서는 7단, 9단까지도 적재한다.

(2) 냉동 컨테이너 야드 영역

냉동 컨테이너블록은 본선에서 하역된 수입화물이나 환적화물, 반입된 수출화물에 대하여 냉동 컨테이너를 야드에 저장한다. 냉동 컨테이너 내부의 일정 온도 유지를 위하여 전력시설을 보유하고 있다.

냉동컨테이너는 컨테이너별로 설치된 냉동감시기로 연결여부, 온도체크 등을 수행하며, 또한 각 냉동감시기는 터미널 운영시스템과 연결되어 중앙통제를 한다. 또한 냉동관리자가 냉동전원의 연결, 해제 관리 및 감시 역할을 수행한다.

(3) 위험물 컨테이너 야드 영역

위험물 컨테이너 야드 영역에서의 취급화물은 위험물 컨테이너 중 IMO 규정 1번(폭발물), 7번(방사능 물질)을 제외한 위험물 컨테이너를 취급한다. IMO 1번, 7번화물은 직반출을 원칙으로 한다. 위험물 컨테이너 야드 영역의 운영 하역장비는 일반 컨테이너 야드 영역의 하역장비와 동일하게 사용된다.

---

10) 길이가 20피트나 40피트, 45피트이고 폭이 8피트, 높이가 9.6피트인 컨테이너

(4) 온휠 컨테이너 야드 영역

온휠(on-wheel) 야드 영역의 취급화물은 기준규격을 벗어나거나 특수 화물로서 일반 컨테이너 야드에 적재될 수 없는 컨테이너를 저장한다. 컨테이너 야드에 적재 불가능한 비규격 컨테이너, 비 컨테이너 브레이크벌크 화물을 장치한다. 그리고 IMO 규정 1번, 7번 화물의 임시 장치장으로도 사용된다. 온휠 야드 영역의 경우 사용되는 별도의 장비는 없으며 샤시에 놓인 형태로 저장되고 야드 트럭이나 외부트럭이 접근, 연결하여 이동하는 형태이다.

(5) 재유통 공 컨테이너 야드 영역

재유통을 위한 공 컨테이너, 수리 및 검사를 위한 공 컨테이너, 수출입 공 컨테이너 장치장의 부족시 등 특별한 경우 일부 수출입 공 컨테이너 등이 장치된다. 재유통 공 컨테이너 야드에서는 컨테이너의 종류에 상관없이 적재, 인출이 가능하기 때문에 장비는 경제적이고 효율성이 높은 리치스텍커(RS)가 사용된다. 국내에서는 태풍 등 기상조건을 감안하여 5단적을 기본으로 하고 있으나, 기상이 좋은 싱가포르항 등에서는 9단 이상까지도 적재한다.

(6) 철송야드 영역

철송야드는 원칙적으로 컨테이너터미널 내부에 위치해야 한다. 터미널 내에 철송시설이 없을 경우 게이트를 통과하여 철송시설까지 이송하는 작업이 추가로 발생하게 되고 이는 해당 터미널을 이용하는 화주의 비용을 상승시키는 요인이 되기 때문이다.

철송영역은 크게 레일터미널 영역, 조차장 영역, 임시보관 야드 영역으로 나뉜다. 철송터미널(rail terminal)은 크레인에 의해 컨테이너를 이송장비나 화차에 상차, 하차하는 곳이다. 철송터미널에서 사용되는 하역장비는 일반적으로 레일을 따라 이동하는 크레인(RMGC[11]))을 사용한다.

조차장 영역은 기본적으로 열차의 대기를 주목적으로 하며 하역이나 적재 작업을 수행하지는 않는다. 또한 화차의 도착이나 출발시 대기장소로서 작업트랙

---

11) Rail mounted gantry crane

으로 들어가기 전 빈 트랙상에서 컨테이너 열차를 대기하거나 교체하는 기능을 한다.

야드에서 컨테이너가 이송되거나 화차에서 하차된 컨테이너가 터미널로 이송될 때 정확한 스케줄을 맞추기가 어렵기 때문에 임시 보관 야드가 필요하다. 임시보관 야드는 일일 반출입 철송물동량을 수용할 수 있어야 하며, 철송터미널 인근에 위치해야 한다.

③ 게이트 영역

게이트는 컨테이너터미널을 출입하는 컨테이너화물 정보의 발생지이자 종착지이며, 보안구역이 시작되는 장소이다. 게이트는 컨테이너터미널을 출입하는 컨테이너화물에 대한 반입, 반출의 출입구일 뿐 아니라 수출 컨테이너의 경우 게이트를 통과하여야 선적이 가능하며 수입화물의 경우는 게이트를 통과함으로써 화주에게 인도될 수 있다.

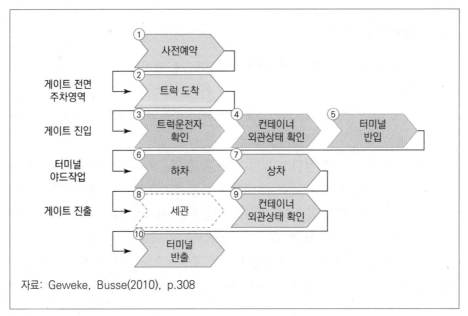

자료: Geweke, Busse(2010), p.308

✎ 게이트 업무

게이트에서 고려하여야 할 사항은 EDI 등을 이용한 게이트 반출·입 정보의 사전처리이다. 사전에 컨테이너에 대한 정보가 전송된 컨테이너와 운송차량은 신속하게 게이트를 통과하여 반출·입이 가능하지만 사전정보가 처리되지 않은 컨테이너와 운송차량은 컨테이너터미널 내 선사 사무실 등에서 관련 정보를 입력·전송한 후 게이트를 통과해야 한다.

게이트에 진입한 후 컨테이너 운송트럭 기사 확인, 컨테이너 손상 여부 확인, 봉인 검사작업 등이 이루어진다. 터미널 작업을 마친 후 트럭은 반출작업을 하게 된다. 통관, 검역업무를 한 후 컨테이너 검사를 하게 된다.

통관, 검역, 검사 시설은 반입게이트 및 반출게이트와 인접한 장소에 위치한다. 게이트를 진입한 후 별도의 검사가 필요한 컨테이너에 한하여 검사업무가 수행되며, 세관공무원이 요청하는 경우, 컨테이너터미널 내의 컨테이너 검사시설에서 컨테이너 내용물을 검색하게 된다.

4 시설물 영역

시설물 영역은 컨테이너터미널을 운영하기 위하여 요구되는 건물 및 주요 운영시설 영역을 의미한다. 시설물의 종류에는 터미널 지원을 위한 메인운영빌딩, 유지보수빌딩, CFS, 근로자빌딩, 컨테이너 세척시설, 주유소, 세관건물, 크레인 수리장소, 운전자 대기소, 변전소 등이 포함된다.

(1) 메인운영빌딩

운영빌딩은 외부 이용자들을 접견하는 기능과 컨테이너터미널 운영, 재무, 상업적인 업무기능과 기타 지원기능 및 운영직원 수용 및 편의시설 제공기능 역할을 한다. 선박상황, QC 등 안벽작업, YT의 해측작업, 야드작업, 육측작업 상황 등을 감시, 통제한다. 터미널 운영시스템, 항만정보시스템 운영 기능도 수행한다.

(2) 유지보수빌딩

컨테이너터미널 하역작업에 사용되는 야드크레인, 스프레더, YT, 샤시의 수리와 유지보수를 위한 정밀검사, 정비 등의 작업장으로 사용된다.

(3) 컨테이너 화물조작장

CFS(container freight station)에서는 화물의 집화, 혼재, 분류, 포장, 통관, 보관 및 화물의 인·수도, 검수작업 등이 이루어진다. 수출화물의 경우, 화주가 1개의 컨테이너를 가득히 채울 수 없는 소량의 화물[12]을 인수하여 동일 목적지별로 선별하여 컨테이너에 혼재하고 수입화물의 경우, 혼재되어 있는 화물을 목적지별로 구분하고 수화인에게 인도하는 업무를 수행한다. CFS는 컨테이너터미널 내부에 위치하는 경우가 많이 있지만 터미널 부지조성에 많은 투자비가 소요되기 때문에 터미널과 인접한 곳에 위치할 수도 있다.

---

12) LCL(Less than Container Load) 화물이라고 함

03
|

컨테이너터미널 장비

1 안벽크레인(QC)

안벽에 고정적으로 설치되어 있는 안벽크레인은 컨테이너 하역용으로 에이프런에 설치되어 있는 레일 위를 주행하는 크레인이다. 컨테이너 크레인(C/C)으로도 불리고 있다. QC는 선박의 컨테이너를 이송장비로 양하하거나 이송장비에 적재된 컨테이너를 선박에 적하하는 작업을 한다.

QC는 선박의 대형화에 따라 아웃리치가 길어지고, 인양높이가 높아지며, 호이스트 및 트롤리 속도가 빨라지고 있다. 그리고 크레인의 스프레더 기술, 호이스트 기술이 개발되면서 크레인의 생산성을 크게 높이고 있다.

안벽 크레인의 하역작업은 선박의 재항시간을 단축시킬 뿐만 아니라 하역생산성을 좌우하는 작업이다. 특히 아웃리치는 초대형선의 기항을 결정하는 중요한 요인이다. 22,0000~24,000TEU급 초대형선의 컨테이너 갑판적 열수가 23~24열에 이르기 때문에 안벽크레인의 아웃리치도 24열 이상을 처리할 수 있어야 한다. 이전에 설치된 포스트 파나막스급 선박용 안벽크레인은 17~19열처리가 가능한 것으로 아웃리치가 45~55미터였다. 그러나 23~24열을 처리하기 위해서는 크레인의 아웃리치가 70미터 이상이 되어야 한다.

안벽크레인이 시간당 몇 개의 컨테이너를 양적하할 수 있는지가 터미널 전체의 생산성에 큰 영향을 미친다. 세계 최대 선석생산성을 기록한 터미널도 시간당 평균 120여 개 정도이다. 이는 크레인 6대가 동시작업을 할 때 크레인당 20개 정도만 처리한 것이다. 시간당 크레인 생산성을 60개로 올릴 수 있다면 선석

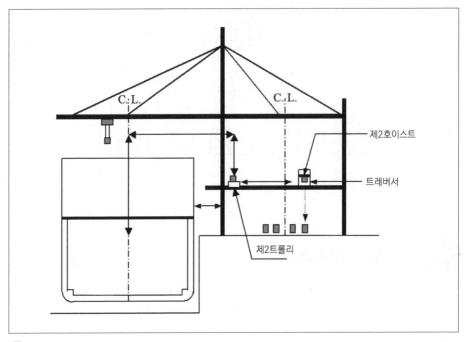

제2호이스트

트레버서

제2트롤리

✒ 듀얼 호이스트 시스템 QC

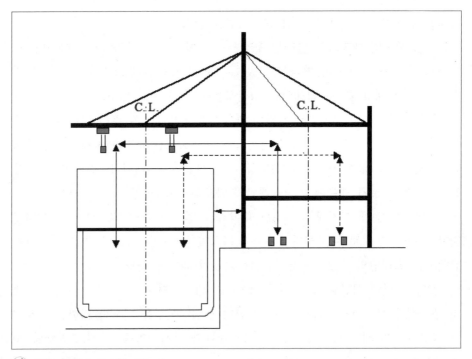

✒ 더블 트롤리 시스템 QC

생산성은 300개를 넘을 수 있다.

현재 안벽크레인 시스템 중에서 가장 많이 사용하는 방식은 안벽크레인은 싱글 트롤리시스템(single trolley), 더블 트롤리시스템(double trolley), 듀얼 호이스트(dual hoist) 시스템과 같이 3가지로 나누어 볼 수 있다. 대부분의 항만에서 싱글 트롤리시스템을 사용했으나, 선박의 대형화 및 항만의 자동화로 인하여 더블 트롤리 및 듀얼 호이스트시스템의 사용이 증가되고 있다.

더블트롤리 시스템은 2개의 트롤리가 작업을 하는 방식이고, 듀얼 호이스트는 시간이 많이 소요되는 트럭과의 인터페이스 작업을 위해 호이스트를 별도로 두는 방식이다. 트럭과의 연계가 선박 상에서의 하역작업과 분리됨으로써 무인 하역시스템에 적합하다.

스프레더에 따라서도 안벽크레인 작업이 변한다. 20피트 컨테이너 2개를 동시에 처리할 수 있는 트윈 스프레더, 40피트 컨테이너를 동시에 2개 처리할 수 있는 탠덤(tandem) 스프레더가 있다. 탠덤 스프레더를 장착한 경우, 싱글트롤리 탠덤크레인 혹은 듀얼호이스트 탠덤크레인으로 불린다.

2 야드 장비

컨테이너부두는 제한된 부지에서 가능한 많은 컨테이너를 장치하며, 장치된 컨테이너를 효율적으로 관리하여 빠른 시간 내에 컨테이너를 반입, 반출할 수 있어야 한다. 터미널 장치장 운영시스템은 저단적 하역시스템과, 대규모 컨테이너 전용터미널에서 많이 채택하고 있는 고단적 하역시스템으로 나눌 수 있다.

저단적 하역시스템은 온샤시 시스템, 포크리프트 시스템, 스트래들 캐리어 시스템 등이 있다.

온샤시 시스템(on-chassis system)은 샤시에 올려진 상태로 야드에 보관하는 방식이다. 크레인에 의해 선박에서 하역된 컨테이너를 트레일러의 샤시 위에 올려놓은 상태로 외부트럭에 의해 견인되어 반출될 때까지 정해진 장치위치에 보관된다. 또한 외부트럭에 의해서 견인된 수출컨테이너도 안벽크레인에 의해서 선박에 선적될 때까지 트레일러의 위에 놓여진 채로 적재위치에서 보관된다. 이

시스템은 컨테이너의 상차, 하차작업이 생략되기 때문에 야드크레인이 필요 없는 방식이지만, 1단으로 적재해야 하므로 넓은 장치장이 필요한 단점이 있다.

포크리프트 시스템(folk-lift system)은 2단적 이상이 가능하다. 일반적으로 포크리프트 트럭은 컨테이너 야드(CY) 내에서 또는 컨테이너 화물조작장(CFS)과 CY 사이에서 작업을 수행한다.

스트래들 캐리어 시스템(straddle carrier system)은 자체 프레임에서 컨테이너를 들어 올려 항만 내 다양한 위치로 컨테이너를 운반할 수 있는 바퀴 달린 고무 타이어 차량이다. 야드장치장 영역에서는 장치장에 컨테이너를 장치하거나 컨테이너를 재배치하는 데 사용된다. 스트래들 캐리어는 3단적까지 적재가 가능하다.

고단적 야드시스템은 트랜스퍼 크레인(transfer crane, T/C)시스템과 오버헤드 브릿지 시스템(overhead bridge system, OHBC)을 들 수 있다. 트랜스퍼 크레인은 컨테이너터미널의 야드에서 컨테이너를 YT에 상차 혹은 하차작업을 하는 하역장비이다. 야드장치장에 컨테이너를 장치하거나 컨테이너를 재배치, 또는 컨테이너 반출을 위해 YT나 외부트럭에 상차하는 데 사용한다. 스트래들 캐리어와 달리 트랜스퍼 크레인은 컨테이너 운송을 위해 YT 등 추가 장비가 필요하다. 트랜스퍼 크레인은 6단적까지 적재가 가능하지만 스트래들 캐리어는 2, 3단적 적재만 가능하다. 또한 야드 장치장에서 컨테이너를 신속하게 픽업 또는 재배치할 수 있는 장점이 있다.

T/C는 바퀴식과 레일식이 있다. T/C는 대부분 바퀴식인 RTG(rubber tired gantry crane)이지만, 레일 위로 이동하는 레일식인 RMG(rail mounted gantry crane)도 많이 설치되고 있다.

RTG 시스템은 바퀴가 달린 고무타이어로 주행하는 크레인으로, 레일로 주행하는 방식에 비해 이동성이 높아 유연성 있는 작업이 가능하다. 현재 세계 각국의 컨테이너 전용터미널 중 약 63% 이상의 터미널이 RTG를 채택하고 있다.[13] 일반적으로 RTG의 폭은 보통 6열에서 9열까지이며 트럭 주행레인 4~5미터 한 개가 포함된다. 장치높이는 4단에서 6단까지가 보통이며, 처리하는 블록은 40TEU에서 50TEU 길이이다. 대부분 디젤엔진을 사용하나 최근에는 전기를 동력으로 하는 e-RTG도 사용된다. 이러한 경향은 유가상승으로 인한 운영사의

---

13) Wiese et al.(2010), p.224

◇ RTG와 RMG

운영비 상승을 억제하고 저탄소 녹색물류를 지향하는 정책의 영향이 크다고 볼 수 있다.

레일식인 RMG 시스템은 일반적으로 철송용 장비로 가장 많이 사용되어 왔으나 최근에는 야드운영의 자동화시스템 채택에 따라 야드 내 컨테이너 취급장비로 많이 사용되고 있다. 국내의 경우 부산 신항만에서 최초로 야드 운영시스템으로 RMG를 채택하였다. RMG는 RTG에 비해 폭과 높이가 크다. 폭은 최대 12열까지 이며 높이는 8단적 이상이다. 시간당 처리능력이 요구되는 허브 항만이나 야드 면적이 제한된 부두에서 많은 양의 적치능력이 필요할 경우, 환적화물을 많이 처리하는 부두에서 효율적인 야드 장비이다.

특히 RTG는 주행시 고무바퀴의 마찰력이 철로 주행보다 10~15배에 달해 에너지사용이 비효율적이다. 그리고 디젤엔진을 통해 전력을 얻는 방식은 전력 전환률이 35%에 불과해 비효율적인 연료 사용방식이다. 연료절약형을 감안한다면 전기식 RMG가 우수한 방식이다.[14]

오버헤드브릿지 시스템(OHBC)은 기둥(붐)을 세우고 기둥 간에 레일용 거더를 설치하여 이 레일 위에 크레인을 설치하여 이동시킬 수 있는 방식이다. 이때 크레인 레일용 거더를 받치는 기둥(붐) 건설과, 기초공사에 많은 초기투자가 소요된다.

싱가포르 PSA사의 파샤르판장 터미널(PPT)에서 8단적 높이의 OHBC를 설치하

---

14) Rijsenbrij, Wieschemann(2010), p.71

자료: 저자

 OHBC

여 운영하고 있다. 수출화물과 환적화물을 처리하며, 특히 환적화물이 주류를 이루는 싱가포르 항만의 특성에 따라 이와 같은 고단적 장치시스템 운영이 가능하다.

이 밖에 최근 벨기에의 헤세네티 터미널에서도 OHBC 방식을 이용한 자동화 컨테이너터미널을 계획하고 있으며, 앞으로 점차 야드의 고집적화 현상에 비추어 볼 때 OHBC 시스템이 좋은 대안이다.

③ 야드 이송장비

야드 이송장비는 컨테이너를 적재하여 안벽과 야드 간을 운반하거나 또는 CFS 및 철송장으로 운반하는 장비로 야드 트랙터에 샤시를 붙여 사용하며 야드 트럭 또는 야드 트레일러로 불린다.

야드 트럭(YT)은 게이트를 통과하여 도로운송을 할 수 있는 외부 트럭과 달리 게이트 밖 도로를 주행할 수 없으며 터미널 내에서만 주행이 가능하다. 최근 터미널의 QC 및 야드크레인의 대수가 증가하고 생산성이 향상되면서 이송장비인 YT의 소요대수도 늘고 생산성 향상도 필요해졌다.

이송장비 대안으로 셔틀캐리어(shuttle carrier)가 혁신적인 장비로 부각되고 있다. 셔틀캐리어 시스템은 기존의 YT를 대체할 수 있는 시스템으로서 컨테이너를 적재한 상태로 주행 가능하며, 스스로 컨테이너를 적양하여 작업할 수 있다. 기존 이송장비와는 달리 본선작업이나 야드작업시 하역 장비와의 연계가 불필요하므로 셔틀캐리어의 작업사이클을 줄일 수 있어, 생산성을 크게 증가시키는 것으로 분석되었다.[15]

자동화 터미널에서는 무인이송장비(automated guided vehicle, AGV) 또는 자동 셔틀캐리어(automated shuttle carrier, ASHC)가 YT 대신 이송장비로 사용된다. 자동화 터미널에서 이송장비를 AGV를 10년 이상 사용하면서 나타난 결과가 사람이 조작하는 YT에 비해 타이어나 엔진이나 브레이크 등 부품 소모율이 낮다는 것이다. 자동화 장비가 정비주기나 감가상각비용에도 유리한 영향을 주고 있다.[16] 또한 AGV도 초기에는 디젤엔진으로 구동되었으나 최근 자동화터미널에서는 에너지 효율성이 좋은 친환경 배터리로 구동되는 전기식 AGV가 사용되고 있다.

과거에는 컨테이너터미널에서는 선박작업 시 안벽크레인(QC)별로 YT를 3~4대 투입하는 조별방식(dedicated operation)으로 운영하였으나, 현재는 선박 또는 선석, 터미널별로 YT를 배정하는 풀링방식(pooling operation)을 적용하여 하역생산성을 높이고 있다.

 ## 4 기타

컨테이너터미널에서 사용하는 기타장비로는 공 컨테이너를 장치하는 탑 핸들러(top handler)와 이동성이 자유로운 리치 스태커(reach stacker)로 공 컨테이너 또는 화물이 적재된 컨테이너를 상·하차하고 있다. 그리고 CFS 등에서 컨테이너에 화물을 적입하거나 적출하는 경우에는 지게차(folk lift)를 주로 사용하고 있다.

---

15) Yang, Chang Ho, Choi, Yong Seok, Ha, Tae Young(2004)
16) Rijsenbrij, Wieschemann(2010), p.76

|

터미널운영시스템

컴퓨터를 이용한 기술 발전으로 컨테이너 터미널 운영시스템은 최적화 기반의 의사결정 시스템을 지원하고 있다. 중요한 알고리즘의 개발뿐만 아니라 예상치 못하게 발생하는 문제에 대한 해결책을 합리적인 시간에 찾을 수 있게 되었다. 컨테이너 터미널에서 트윈 리프트 작동을 하는 크레인 같은 새로운 장비를 도입해도, 최적화 알고리즘을 포함하는 운영시스템의 적절한 소프트웨어적 지원이 수반되지 않는다면 기대된 생산성 향상으로 이어지지 않을 수 있다.

1 기능

터미널 운영시스템(terminal operating system, TOS)은 항만운영에 있어서 두뇌에 해당하는 것으로 항만생산성 향상과 처리능력 최대화에 중요한 기능을 한다. 세계 주요 항만들은 안벽 하역장비 및 야드크레인의 생산성 향상과 더불어 효율적인 터미널 운영과 높은 수준의 서비스를 제공하기 위하여 지속적으로 컨테이너터미널 운영시스템을 개선하고 있다.

선사에 대한 서비스 수준을 높여야 하므로 터미널 시스템은 안벽크레인 생산성은 높아져야 하고, 야드의 적재 밀도가 높아져야 하며, 화주서비스 개선을 위해 육측 서비스 시간도 단축되어야 한다. 터미널 운영시스템은 야드 등 시설에 대한 공간할당과 모든 장비에 대한 배치 결정으로 이 모든 목적을 달성할 수 있게 통합한다.

터미널 운영시스템에서 각종 업무 규칙과 알고리즘, 그리고 각종 변수가 잘 설정되어 있지 않은 경우, 설계 능력보다 처리능력이 크게(20~50%) 저하될 수 있다.[17] 홍콩의 HIT 터미널에서는 터미널 운영계획, 생산, 통제 및 관제업무 등 터미널 통합운영시스템(terminal management system)을 항만운영업무에 적용하여 전체 항만생산성을 약 30% 증가시킨 적이 있다.

터미널 운영시스템은 터미널을 통과하는 모든 컨테이너에 관한 기록들을 관리하고 컨테이너의 예정 위치, 컨테이너의 이동 방법, 트럭과 크레인 운전자에 대한 작업 지시 방법에 대한 계획을 사전에 계획한다.

컨테이너 터미널의 작업 및 운영의 최적화를 위한 각종계획을 수립하고, 운영과 통제를 하며, 실시간 의사결정을 지원한다. 선석배정 및 본선작업계획 등 안벽작업 최적화, 장치장 운영계획을 세우고 효율적인 장비이동과 장치장 활용을 극대화하도록 운영한다. 실시간으로 터미널 내에서 발생하는 상황을 모니터링하고 장치장, 선석 등 터미널 내의 모든 컨테이너 이동을 추적하고, 하역장비의 상태 및 작업상황을 추적한다.

선사들로부터 정보를 접수하여 입항 선박에 적재되어 있는 컨테이너의 위치를 파악하고 화주와 운송업자들로부터 육로나 철도로 터미널에 반입, 반출할 컨테이너에 관한 정보도 계획한다. 터미널 운영 시스템은 컨테이너를 선박이나 열차, 트럭으로부터 반출하여 야드 내 어느 장소에 각 컨테이너를 장치할 것인지 계획한다.

② 시스템 구성

컨테이너 터미널에서 이루어지는 대부분의 업무는 사전계획에 의해서 수행된다. 특정 선박에 적재할 게이트 반입 화물을 수출입장치계획에 의해 수출장치장에 적재한다. 선박이 도착하면 선석이 배정되고 수립된 컨테이너의 수출입 장치계획에 따라 선박으로부터 양하된 컨테이너는 수입장치장에 적재된다.

수출장치장에 적재된 컨테이너는 해당 선박이 접안하면 터미널의 적하계획에

---

17) Saanen(2010), p.94

따라 순차적으로 선박에 적재되면서 터미널에서의 모든 작업이 종료된다. 수입장치장에 적재된 컨테이너는 반출트럭에 적재되어 게이트로 반출되면 터미널에서의 관련업무가 모두 종료된다.

이러한 업무의 흐름은 터미널의 운영시스템에 의해서 원활한 처리가 가능하며 작업영역별로 볼 때 게이트, 장치장, 안벽 및 이를 전반적으로 지원하는 IT영역으로 구분된다.

(1) 선석 운영시스템

선석운영시스템(berth operation system)은 선석배정 계획시스템과 본선작업 계획시스템으로 나누어 볼 수 있다. 선석배정 계획시스템(berth allocation planning)은 선석활용의 극대화와 선석대기시간의 최소화를 목표로 여러 제약조건과 요구사항을 수용하는 선석배정 계획을 수립한다.

본선작업 계획시스템(ship planning)은 QC와 야드트럭의 이동을 최소화시키도록 선박으로부터 컨테이너를 하역하거나 선적하는 데 있어 최적의 방법을 도출해 내는 것이다. 선박에 적재할 때 선박의 다음 기항 항만에서 먼저 하역할 컨테이너를 상단에 적재할 수 있도록 한다. 또한 중량 컨테이너의 배분 등 선박의 운항 안정성 확보도 고려해서 본선작업 계획을 수립한다.[18]

(2) 장치장 운영시스템

장치장 운영시스템(yard operation system)은 주로 컨테이너 장치장 배정계획을 수립하는 것으로 야드를 통과하는 컨테이너를 최적의 방법으로 이동시키기 위한 것이다. 먼저 이동시켜야 할 컨테이너를 적재단의 상단에 위치시킨다. 컨테이너를 선적하거나 터미널 밖으로 반출할 경우에는 선박 가까이에 위치시키거나 게이트에 가까이 위치시킬 수 있다. 야드 이송장비와 야드트럭의 이동을 최소화시키고 컨테이너 재작업(rehandling)을 최소화할 수 있도록 계획을 세워야 한다.

---

18) 김갑환 외(1997)

(3) 게이트 운영시스템

게이트 운영시스템(gate operation system)은 게이트 운영과 컨테이너와 장비 인식시스템으로 구성된다. 게이트 운영시스템은 컴퓨터에 사전 입력된 데이터를 활용하여 트럭 운송업자에 대한 장치장 이송안내 기능을 보유하여야 한다. 또한 컨테이너 운송트럭과 운전자의 확인 기능과 이송 컨테이너에 대한 손상확인 및 자료 보존 기능을 보유하게 된다.

(4) 운영통제시스템

운영통제시스템(operation & control system)은 컨테이너터미널 내의 종합관제 시스템, 작업지시 및 통제시스템, 문제해결 및 통합경보시스템 기능이 포함된다. 종합관제시스템은 실시간으로 터미널 내에서 발생하는 상황을 모니터링하는 것 으로서 장치장, 선석 등 터미널 내의 모든 컨테이너 이동을 추적하고, 하역장비 의 상태 및 작업상황을 추적하는 기능이다.

컨테이너 터미널 운영을 사전에 계획을 잘 수립해 놓아도 돌발 변수에 의해 실시간으로 최적화를 위한 의사결정을 해야 할 경우가 생긴다. 예를 들어 트럭 에 의해 터미널로 반입되는 컨테이너 데이터가 EDI에 의해 사전에 입력될 수 있어도 실제 컨테이너가 터미널에 도착하는 시간은 예측시간과 다를 수 있다. 또한 도착한 컨테이너의 사전 정보를 수정해야 할 때도 있다. 대상 야드 위치가 변동될 수 있다. 컨테이너 양적하에 대해서도 같은 일이 발생할 수 있다.

작업지시 및 통제시스템은 장치장 및 안벽작업을 실시간으로 최적화하여 재 작업을 줄이고 이송장비 및 하역장비의 이동거리를 최소화하도록 장비를 할당 하는 기능이다.[19] 문제해결 및 통합경보시스템은 문제를 실시간으로 파악하여 상황에 적합한 계획을 재수립하는 작업지시 기능과 사전에 설정된 문제발생 및 해결방법 시나리오에 따라 작업자에게 경보를 발령하는 기능이다.

---

19) 김갑환 외(1999)

05

항만정보시스템

항만정보시스템은 항만 내에 있는 컨테이너화물에 대한 정보를 보다 많은 이해관계자들이 이용할 수 있게 하고 항만 커뮤니티와 정보교환이 가능한 시스템이다. 항만정보시스템은 항만 관리, 터미널 운영자, 트럭 운송업체, 세관, 정기선사, 내륙 운송업자, 선박대리점 등 항만공동체 관련 이해 당사자들을 전자적으로 연결한다. 항만 사용자들에게 화물, 서류 작업, 항만 시설의 가용성에 대한 실시간 데이터를 제공하는 선박과 터미널이 통합된 시스템이다.

선박회사나 운송업자는 컨테이너 작업을 할 준비가 되어 있거나 선박이 도착했다는 메시지를 기다리지 않고도 실시간으로 터미널 운영 시스템에 접속할 수 있게 되는 등 전체 항만정보시스템 관련 당사자들 간에 실시간 정보 공유가 가능해질 수 있다. 화주는 항만정보시스템을 이용하여 항만을 통과하는 컨테이너를 추적할 수 있고, 터미널은 항만 내 터미널 간 컨테이너 이동도 관리할 수 있다.

컨테이너를 적재, 하역 및 운송하는 과정에서 전달되어야 할 정보로는 여러 가지가 있다. 컨테이너 선박이 항만에 도착하면, 터미널은 어느 컨테이너를 선박에서 하역하고 그것이 어디에 있는지를 알아야 한다. 항만당국에 본선 위험물에 관해서 통보하여야 한다. 세관에는 컨테이너 안에 무엇이 있는지를 통보하여 해당 컨테이너의 국내 반입을 허가할 것인지 아니면 추가로 확인할 필요가 있는지를 결정할 수 있도록 하여야 한다.

선박에 컨테이너를 다시 적재하여 다음 기항지로 향하여 출항하면, 선박 회사는 본선에 적재된 모든 새로운 컨테이너에 대해 알고 있어야 한다. 다른 정보 가운데 이들이 어디에 위치해 있으며 그 속에는 무엇이 들어 있으며 최종 목적지는 어디인지 알 필요가 있을 것이다. 이러한 정보는 표준 포맷 형식으로 전송하는 전자 데이터 교환 (EDI: electronic data interchange)으로 가능하다. 또한 인터넷 통신도 지원한다. 따라서 항만 관계자들이 항만 관련 기업 간 인터넷/인트라넷을 이용할 수도 있다.

항만정보시스템은 항만커뮤니티의 여러 관계자들의 양자 간 연결을 서로 연결시켜주는 플랫폼역할을 하게 된다. 이들 간의 커뮤니케이션은 EDI나 인터넷으로 이루어 질 수 있다.

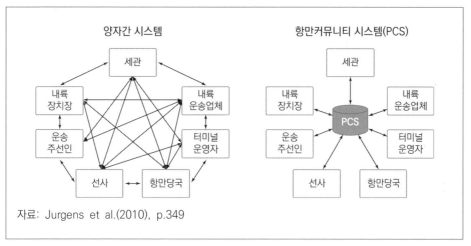

자료: Jurgens et al.(2010), p.349

✎ 항만정보시스템 개념도

우리나라의 경우 해운항만물류정보시스템(Port-MIS)이 구축되어 있어 항만을 이용하는 선사/대리점, 운송사, 하역자, 화주, 포워더 등 물류주체들 간의 정보를 공유하고 정보교환이 가능하다. 항만물류선사와 대리점이 선박운항신고, 화물반출입신고, 시설사용신청을 할 수 있다. 하역사 터미널은 선박 운항정보와 화물반출입 예정정보 등을 입력하며, 내륙운송사는 화물반출입 신고 및 컨테이너 반출입정보를 입력한다. 화주와 포워더는 화물의 위치, 상태정보를 볼 수 있다. 유관기관에 대한 입출항신고, 선원명부 등 정보를 입력한다.

항만과
터미널개발

⓪①

항만정책

　모든 국가가 명시적인 항만정책을 가지고 있는 것은 아니지만, 대부분의 정부는 항만시스템이 해운 및 무역 발전에 도움을 줄 수 있도록 정책을 수립한다. 컨테이너 해상운송은 지난 수십 년 동안 규모의 경제 효과를 추구하기 위해 초대형 선박을 건조하고, 선사통합과 얼라이언스 세력을 강화해왔다. 이러한 발전에 대응하기 위해 많은 국가들도 공공 지출의 필요성을 인정하고 있다. 항만정책은 항만에 대한 선택과 집중 문제, 항만전문화, 그리고 항만 배후지 투자 등 크게 세 가지로 나누어 볼 수 있다.

① 전략항만

　명시적으로 국가 항만 계층 구조를 규정하는 나라들이 있다. 항만 계층 구조는 국가 중요 항만, 혹은 전략 항만, 그리고 국가적으로 중요하지 않은 기타 범주의 항만으로 구분한다. 후자의 항만은 지역항만 혹은 보조항만일 수 있다. 캐나다, 프랑스, 그리스, 인도, 인도네시아, 아일랜드, 이탈리아, 한국, 폴란드, 포르투갈 및 스페인을 포함하여 최소 11개국에서 이러한 명시적인 항만 계층구조를 갖고 있다.[1]

　이러한 항만 계층정책은 공공 인프라 투자의 우선순위를 결정하는 데 도움이 된다. 국가적으로 중요한 항만의 수는 인구 수, 인구의 집중 또는 분산, 해안선

---

[1] OECD(2015), p.85

길이와 관련이 있다. 또한 항만은 지역 간 균형을 달성하는 데 도움이 될 수 있는 인프라로 인식되기 때문에 항만 계층정책에 지역적, 정치적 고려도 감안된다.

그러나 전략항만이 너무 많아지면 항만시스템이 평준화되고 비효율적인 공공 인프라 지출이 발생할 위험이 있다. 따라서 국가적으로 중요하지 않은 항만 관리를 분권화하는 것도 방법이다. 프랑스는 2008년에 분산 항만개혁을 시행해 분권화 대상지역의 항만을 항만 당국의 책임으로 혹은 지방정부와 공유하는 형태로 관리할 수 있게 했다.[2]

우리나라는 항만법에 의해 항만의 구분과 항만시설의 지정을 통해 무역항 31개와 연안항 29개를 지정, 관리하고 있다. 무역항은 주로 외항선이 입출항하는 항만으로 국민경제와 밀접한 관계가 있는 항만이다. 국가관리 무역항과 지방관리 무역항으로 나누어 관리한다. 연안항은 주로 국내항만 간을 운항하는 선박이 입출항하는 항만으로 지정된 항만으로 역시 국가관리 연안항과 지방관리 연안항으로 구분된다. 국가관리 연안항은 경제적 측면보다는 국가안보 및 해상영토 수호의 측면 때문에 지정하게 된다.

얼라이언스, 초대형 선박 증가, 선사통합이 진행되는 상황에서 보다 항만에 대한 선택과 집중이 필요하다. 얼라이언스 및 대형 선박에 의해 선박 기항당 늘어나는 양적하화물량은 초대형 전용선석에서 수용할 수 있기 때문이다.

② 항만 전문화

선박의 선종별로 다양한 형태의 화물을 취급한다. 컨테이너선은 다른 화물취급 작업에 사용할 수 없는 컨테이너 전용 갠트리 크레인과 야드 장비를 사용하여 처리된다. 마찬가지로 석유 등 액체 벌크화물을 수송하는 유조선과 석탄, 곡물 등을 수송하는 건화물선들도 화물별 전용 하역장비가 설치된 터미널을 이용한다. 모든 항만이 초대형선을 처리하는 컨테이너항만이 될 수 있는 것은 아니다. 항만시설의 중복을 피하기 위해 대부분의 국가는 어느 정도의 항만 전문화 정책을 채택한다. 전문화된 항만은 특정화물에 대한 전문 항만설비, 장비 및 전

---

2) OECD(2015), pp.85-86

문 지식을 구축하게 된다.

일부 국가에서는 명시적으로 항만 전문화 정책을 추진하고 있다. 우리나라의 경우 항만정책상 항만기본계획을 수립, 고시하고 있는데, 이 계획에서 항만 전문화정책을 명시하고 있다. 부산항은 동북아 물류허브항 등으로 항만 기능을 정하고 있어 이에 맞는 여러 가지 시책을 추진할 수 있다. 터미널 대형화를 통해 환적중심항으로 육성하는 전문화 정책도 항만기본계획상 전문화정책에 의해 추진될 수 있는 것이다. 부산항은 글로벌 컨테이너 허브 항만이 될 수 있는 것도 이러한 정책 때문이다.

얼라이언스와 초대형선박은 항만 전문화 정책에 대한 필요성을 증가시키고 있다. 동서기간항로에서 얼라이언스의 초대형 컨테이너선이 기항하는 항만의 범주가 있다. 이들 항만 대부분은 넓은 터미널 야드, 깊은 수심의 선박 접근 수로, 충분한 길이의 선석, 충분한 부두 작업자, 초대형선박의 최대 부하를 처리할 수 있는 충분한 장비가 구비되어 있다. 초대형 컨테이너선 전용의 항만 전문화가 이루어진 것이다.

이러한 전문화 결정은 정부와 시장이 요구하는 균형점에서 이루어지게 된다. 정기선사의 목표는 가능한 낮은 요금으로 사용할 수 있는 충분한 수의 항만을 확보하는 것이다. 이에 비해 정부는 항만시설 지출을 최소화하면서도 납세자 및 기타 공급사슬 참여자들에게 가능한 낮은 비용으로 항만을 이용하게 만드는 것이다. 그러나 항만의 전문화 정책은 정부의 공공 인프라 지출에 큰 영향을 받는다.

3 항만 배후지 정책

최근의 국제적인 항만정책은 항만 배후지 연결에 더 초점을 맞추고 있다. 지난 수십 년 동안 항만운영의 민영화로 인해 항만에서 공공부문의 역할은 기본 항만 인프라 제공, 규제 기능 및 민간 운영자에게 부두운영권 입찰 또는 임대정도의 기능으로 축소되었다. 항만과 배후권역 간의 화물열차 같은 연결 인프라에 대한 정책과, 항만 배후단지에서의 부가가치 활동 조성정책이 국가항만시스템에 대한 중요한 정책이 되고 있다.

배후권역과의 연결성을 강화하는 것은 얼라이언스 유치에도 도움이 된다. 그 이유는 배후권역 연결성이 좋아지면 항만과 연결되는 지역이 늘어나, 추가 비용이 수반되는 인근 항만에 대한 기항을 줄일 수 있기 때문이다. 항만 내륙 연결은 항만의 수출입화물 비중을 높일 수 있다. 이는 환적화물보다 항만에게는 안정적인 물동량이다. 따라서 항만 배후권역에 대한 정책은 컨테이너 선사와 얼라이언스에 적응하는 효과적인 방법이 될 수 있다.

또한 항만배후지에서의 부가가치 활동을 유도할 수 있는 투자를 하게 되면 화주는 항만을 이용하면서 자신의 제품의 가치를 높일 수 있는 기회를 갖게 되기 때문에 이런 항만에 대한 기항을 선호하게 된다. 이는 환적화물에도 해당되는 항만선호 요인이 된다. 이를 통해 초대형선사나 얼라이언스와 독립적인 항만수요를 확보할 수 있기 때문에 안정적 항만물동량 확보에 중요한 항만정책이 될 수 있다.

우리나라에서는 항만법에 의해 항만구역으로 항만배후단지를 지정, 고시할 수 있게 되어있다. 복합물류, 물류서비스 지원, 공공시설 등 종합물류 거점기능 확보 및 다국적 물류기업들의 조립, 가공, 라벨링 등 물류활동을 통한 부가가치 활동 화물 창출을 위해 부산항 신항, 광양항, 평택당진항, 인천항 등을 중심으로 항만 배후단지를 조성 공급하는 정책을 추진하고 있다. 2015년에 비해 2020년에 2배나 증가시킬 계획을 수립했다.

02

항만개발계획

1 항만계획수립

우리나라 항만계획 수립에 대한 총체적 관리는 「항만법」에 의거하여 국가(해양수산부)에 귀속되어 있으며 항만정책상 항만기본계획을 수립하고, 항만기본계획의 타당성을 검토하며, 항만기본계획의 고시 등을 할 수 있도록 되어 있다. 이에 따라 해양수산부는 10년 단위의 '전국항만기본계획'을 수립, 고시해오고 있다. 항만법상 항만기본계획 수립을 위한 조사연구전담기관으로 한국해양수산개발원(KMI)이 지정되어 동 계획 수립의 실무를 맡고 있다.

1차 항만기본계획(1992~2001)은 해상물동량이 급증하는 데 따른 항만시설 부족을 해결하는 데 중점을 두어 계획을 수립했다. 충분한 항만시설 확충에 우선순위를 주면서, 항만의 민영화를 추진해 자율경쟁에 의한 효율성 증대도 추구하였다.

2차 항만기본계획(2002~2011)은 허브항만을 육성하고 지역별 거점항만을 개발하는 것을 골자로 하였다. 항만운영의 자율화, 민영화, 상업화를 추진했다. 2차 항만기본계획 수정계획(2006~2011)으로 화물증가율 둔화와 중국 양산항 개장 등 해외 경쟁여건을 감안해 계획을 수정했다. 특히 트리거 룰을 도입해 일정 수준의 물동량이 도달하지 못하면 추가적인 항만개발을 연기시킬 수 있도록 했다. 특히 부산항을 동북아 허브항으로 기능을 전문화했다.

3차 항만기본계획(2011~2020)에서는 항만의 부가가치를 2배 증대하는 것을 목표로 삼고, 항만공간을 재창조하는 것을 목표로 했다. 부산항의 컨테이너 허브항으로 위상을 강화하고, 항만별 기능정립과 역할분담을 더욱 세분화하여 항만의 전문화를 추진했다. 항만별 특성화를 통해 지역 경제활성화의 거점역할을 하도록 추진했다. 그리고 노후화되고 유휴상태에 있는 항만지역을 재개발을 추진하는 계획도 수립했다. 부산 자성대 부두 재개발과 인천내항 재개발 추진계획을 세웠다. 국내 터미널 운영사의 대형화, 국제화를 제시했고, 고효율 항만하역 시스템 개발과 활용에 대한 계획도 수립했다.[3]

3차 항만기본계획 수정계획(2016~2020)을 통해 부산항을 세계 2대 컨테이너 환적 허브항만으로 육성하고, 광양항은 국내 최대 산업클러스터 항만, 그리고 인천항을 수도권 종합 물류 관문으로 특화 개발하기로 했다. 항만배후단지 내에 상업, 주거, 문화 등 도시기능을 도입하여 항만 근로자를 위한 정주환경을 마련하는 등 항만 및 배후단지 활성화를 도모하기로 했다. 그리고 항만구역에서 배출되는 온실가스를 줄이기 위한 친환경 항만을 추진하기로 했다.[4]

2020년에 2030년까지의 4차 항만기본계획이 수립되고 있다.

 ## 2 우리나라 항만의 발전

1960년대 이후 7차에 걸친 경제발전 5개년 계획 및 3차에 걸친 전국 항만기본계획 및 수정계획에 따라 국내 경제발전을 지원하는 현대적인 항만확보를 위한 노력이 지속적으로 이뤄져 왔으며 그 결과 세계 최고수준의 항만시설을 갖추게 되었다. 우리나라 항만의 발전을 시대별로 구분하면 근대항만의 개발시작(1962~ 1971), 항만시설 현대화 및 국제화(1970년대), 세계 수준의 컨테이너터미널 시설확보(1980년대), 대한민국 항만의 근간완성(1990년대), 새로운 도약, 첨단신항만 건설(2000년~현재)로 구분할 수 있다.[5]

1970년대 초반 부산항 개발사업 1~4단계 및 2000년대 부산항 신항 건설에 이르기까지 국내 항만공사 기술은 항만건설 대상 지역의 열악한 지반조건을 극복하기 위해 세계적 수준의 건설기술을 확보하게 되었다. 특히 지반조건에 맞는

3) 국토해양부(2011)
4) 해양수산부(2016)
5) 한국공학한림원(2019)

다양한 신공법의 개발 및 적용을 통해 세계최대 연약심도에서의 항만건설을 성공적으로 이뤄내고 있다.

국내 항만하역장비기술도 항만시설개발과 함께 빠르게 발전해 왔다. 특히 1980년대 이후 국내 중공업 산업의 기술력이 크게 발전하면서 외국의 선진 장비기술과 큰 차이를 보이지 않을 만큼 신장했다. 2000년 초에는 자동화 야드 크레인을 개발, 국내 컨테이너터미널의 자동화를 이뤄냈다. 이후 국내 개발 주요 컨테이너 터미널은 모두 자동화 야드 장비를 도입하여 사용하고 있으며 생산성 역시 세계적인 수준을 유지하고 있다. 그러나 중국 장비업체와의 가격경쟁에서 밀리기 시작하면서 국내 중공업 업체들의 항만하역장비 산업은 침체되기 시작했다.

③

컨테이너터미널 계획

1 타당성 검토

항만개발은 초기 기획연구에서 예비타당성 분석, 타당성 분석, 기본계획, 기본설계, 실시설계, 시공까지 여러 단계에 걸쳐 검토된다. 기획단계에서는 항만개발 목표를 설정하는 단계로서 항만의 혼잡도, 항만시설의 과부족, 선박, 항만, 하역장비의 기술적 변화, 항만물동량과 경제성장률의 변화와 같은 요인들을 고려한다.

예비타당성 분석에서는 기획단계에서 제기된 문제나 분석사항을 구체화시키며 항만의 개발개념과 타당성 분석의 필요성을 결정한다. 항만수요와 용량분석, 위치와 부지선정, 기술적 사항과 장비의 변화실태 조사, 토목적 사항과 요소기술 분석, 조직운영방안, 개발계획 수립, 재무 분석과 투자비 분석 등을 수행한다.

타당성 분석에서는 항만개발에 대한 투자여부를 결정하기 위해 예비타당성 분석사항을 세부적으로 분석하며 제안된 개발계획을 기술적, 경제적 측면에서 분석하고 기본계획 시 항만개발의 결정을 위한 기초 작업을 수행한다.

기본계획 및 기본설계 단계에서는 터미널 능력, 하역시스템 선정, 하역장비의 소요규모, 기타 시설물 규모, 평면배치 계획, 세부적 운영조직 및 운영방안, 재무분석 등과 같은 사항들을 수행하며 제시된 상부설계 요소에 맞추어 하부기반시설에 대한 개략적 설계요소 분석과 작업을 수행한다.

실시설계 단계에서는 기본계획 및 기본설계 단계에서 제시된 사항을 기초로 공사수행을 위한 상세한 설계 최종작업을 수행한다. 이 단계에서는 기본계획 및 기본설계에서 제시된 문제점을 수정 보완하고 공사수행을 위한 장비, 야드블록 시설, 도로, 건축, 전기통신 등 상부시설의 세부적 설계와 하부기반 토목시설에 대한 최종 작업을 수행한다.

따라서 최종 실시설계에서 확정된 터미널 평면계획과 모든 설계사항들을 바탕으로 터미널 시공을 수행하게 된다. 이렇게 초기 기획단계에서부터 7단계의 기간을 거쳐 항만개발이 계획된다.

② 컨테이너터미널 계획

컨테이너 터미널 계획은 다음 그림처럼 터미널 설계, 운영 계획, 실시간 통제의 세 가지 단계로 구성된다. 물론 이런 계획들은 항만시스템을 구성하고 있는 선박, 안벽, 안벽크레인, 야드크레인, 장치블록, 야드트럭, 배후지별로 수행된다.[6]

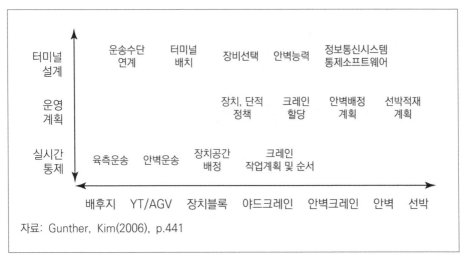

자료: Gunther, Kim(2006), p.441

✎ 컨테이너 터미널 계획

---

6) 이 내용은 다음 자료를 주로 참조하여 기술. Gunther, Kim(2006)

(1) 터미널 설계

터미널 설계(terminal design) 문제는 터미널의 초기 설계를 결정짓는 일이다. 이는 터미널 설계시 수행하는 경제적, 기술적 타당성 분석과 동시에 검토되어야 하는 사안이다. 크게 다음 다섯 가지를 검토한다.

첫째, 운송수단 연계 계획을 세워야 한다. 컨테이너 터미널은 트럭이나 철도 혹은 피더운송과 연결될 수 있다. 내륙 운송이나 피더운송을 어떻게 수행하는지에 따라 터미널 설계가 달라질 수 있다. 두 번째는 터미널 배치계획이다. 장치야드, 야드트럭 및 외부트럭 운송로, 안벽의 위치 등이 정해져야 한다. 각각의 수용능력과 넓이가 터미널의 생산성을 결정할 수 있다. 냉동컨테이너나 위험물 영역, 비규격컨테이너 위치 등도 계획해야 한다. 세 번째는 장비의 선택이다. 터미널 내 컨테이너 취급과 운송을 위해 여러 가지 장비가 사용된다. 야드장비의 선택에 따라 장치단적수도 정해지며, 자동화 정도에 따라 이송장비도 달라질 수 있다.

네 번째 안벽 능력은 접안선박의 크기나 척수를 결정하며, 동시에 야드 장치장의 규모까지 결정하는 일이다. 마지막으로 정보통신시스템과 통제 소프트웨어는 대형 컨테이너 터미널을 최적화하여 운영하고 실시간으로 의사결정을 하는 데 필수적인 시스템이다.

(2) 운영계획

운영계획(operative planning)은 컨테이너 터미널의 장비나 시설에 대한 단기 계획을 세우는 것이다. 우선 안벽배정 계획을 세워야 한다. 선박이 도착하기 전에 필요한 안벽배정 계획을 세워야 한다. 선박의 안벽 점유시간을 예측해야 한다. 또한 크레인의 가용성을 이미 사용하고 있는 크레인과 곧 도착할 선박에 할당할 크레인 등 모두 고려해서 검토해야 한다.

다음은 선박적재 계획(stowage planning)과 선적순서 계획이다. 선사는 컨테이너의 목적지, 중량 또는 유형과 같은 컨테이너 특성을 고려하여 선박 내 컨테이너 선적위치를 결정해야 한다. 선박 적재계획에 의해 컨테이너 터미널에서는 수입 컨테이너의 양하순서와 수출 컨테이너의 선적순서를 계획하게 된다. 이 계획은 야드크레인과 야드트럭의 작업 순서의 입력자료가 된다.

다음은 야드장치계획이다. 하루에 수만 개의 컨테이너가 이동하는 터미널 야드 장치계획을 수립하는 것이다. 특히 고단적 장치를 하는 터미널인 경우, 컨테이너 재조작(rehandling)을 최소화하고 야드크레인의 이동을 최소화해야 하는 복잡한 최적화 대상이다. 컨테이너의 장치위치는 수출, 수입으로 나누고 수출화물도 선박별, 무게별, 목적지별로 분류해서 나누게 된다.

(3) 실시간 통제

컨테이너 터미널의 선적, 양하, 장치, 반출 등의 사전계획을 최적으로 세웠다 해도 여러 가지 변수로 인해 재계획을 세워야 한다. 보통 5~10분 후를 계획하기 어려운 경우가 많다. 그래서 컨테이너 터미널의 각종 물류활동에 대해 실시간 통제가 매우 중요하다. 반출입 이송장비에 대한 컨테이너 배정, 수송차량의 운송로 지정, 양하 컨테이너에 대한 장치위치, 안벽크레인이나 야드 크레인의 작업순서 등에 대한 실시간 의사결정이 필요하다.

컨테이너터미널 설계

1 시뮬레이션 분석

컨테이너터미널 건설을 위한 설계는 크게 상부시설 설계와 하부시설 설계 두 가지로 나누어진다. 하부시설 설계는 과거 항만 건설이 토목건설의 위주로 이루어졌기 때문에 국내 건설업계에서는 상당한 노하우를 가지고 있다.

그러나 상부시설 설계는 항만 전문 설계기관의 기술력이 필요한 부분이다. 공학적 기법(시뮬레이션)을 이용한 상부시설 설계를 수행할 뿐만 아니라 미래를 대비한 신개념의 하역시스템도 적용해야 되기 때문이다. 상부시설 계획이 터미널의 처리능력을 좌우할 뿐만 아니라 하부 기반시설 설계에도 영향을 미치기 때문에 시뮬레이션 기법 등을 통한 분석이 필요한 부분이다.[7]

경쟁이 극심한 컨테이너 터미널은 비용을 절감하고 서비스 품질을 개선해야 한다. 짧은 리드 타임이나 고품질 제품 같은 고객의 요구를 충족시키기 위해 모든 작업을 빠르고 효율적으로 수행할 필요가 있다. 이러한 수요를 충족시키기 위해 터미널도 자동화된 운송 시스템과 자동화된 제어 방식과 같은 새로운 기술을 적용하고 있다. 또한 컨테이너 터미널의 운영이 복잡하고 자동화될수록 새로운 수요에 대처하기 위한 고도로 정교한 IT 시스템의 중요성은 더욱 높아진다.

컨테이너 터미널의 계획 단계는 이러한 새로운 기술 및 장비를 포함한 시뮬레이션 모델을 통해 지원받을 수 있다. 시뮬레이션 기술의 도움으로 컨테이너

---

7) 컨테이너 터미널 계획을 위한 객체지향적 통합시뮬레이션 모델은 양창호, 최용석(2002)을 참고

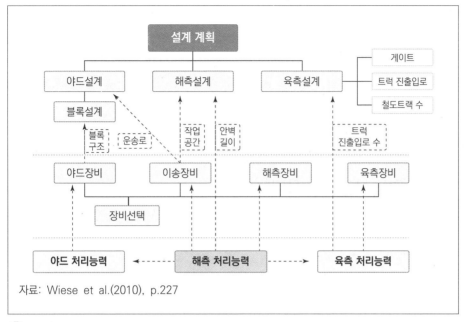

```
                        ┌──────────────┐
                        │   설계 계획   │
                        └──────┬───────┘
          ┌────────────────────┼────────────────────┐
          │                    │                    │         ┌──────────────┐
    ┌──────────┐        ┌──────────┐        ┌──────────┐      │    게이트     │
    │  야드설계 │        │  해측설계 │        │  육측설계 │──┤  트럭 진출입로 │
    └──────────┘        └──────────┘        └──────────┘      │  철도트랙 수  │
    ┌──────────┐                                              └──────────────┘
    │  블록설계 │
    └──────────┘
```

야드설계 · 해측설계 · 육측설계 — 게이트 / 트럭 진출입로 / 철도트랙 수

블록설계

블록구조 · 운송로 · 작업공간 · 안벽길이 · 트럭 진출입로 수

야드장비 · 이송장비 · 해측장비 · 육측장비

장비선택

야드 처리능력 ◄--► **해측 처리능력** --► **육측 처리능력**

자료: Wiese et al.(2010), p.227

✎ 터미널 처리능력과 장비 및 시설규모 계획과의 상호관계

터미널을 가상 시스템으로 만들어 기존 또는 계획된 터미널을 상세하게 분석할 수 있다. 시뮬레이션은 하드웨어 구성 요소별 실행 소프트웨어 모델을 구현하고 터미널 내 프로세스를 재현하여 최적의 시설 소요 및 시설 소요규모를 산출할 수 있다.[8]

터미널 상부시설 계획 및 설계 관련 요소는 크게 적정 처리물동량, 대상선박, 하역시스템 선정, 소요장비, 평면배치 레이아웃(영역별 규모, 터미널 동선) 등으로 나뉜다. 이러한 요소들은 터미널 계획 및 설계에 있어서 필수적인 항목들이며 반드시 하부 기반시설에 대한 설계가 이루어지기 전에 결정되어야 할 요소들이다. 특히 하부 기반시설 중 안벽 측 기초부분(케이슨, 파일 기초) 등은 상부시설의 안벽 쪽 에이프런 부분의 규모, 안벽크레인의 사양, 운영방안 등에 따라 그 규모가 결정된다. 야드 측도 상부시설의 블록의 규모, 블록과 블록사이의 도로, 블록에 적재되는 화물의 종류 등에 따라 달라진다.

터미널 설계를 위한 장비나 시설 규모 결정과정은 다음과 같다. 우선 양적하 작업을 위한 안벽시설 규모와 QC장비 대수와 이송장비 대수를 결정하고 반출입

---

8) Schutt, Holger(2010), p.104

작업을 위한 게이트시설 규모를 결정한다. 그리고 양적하 작업과 반출입 작업이 동시에 일어나는 장치장 시설 규모와 장비 대수를 산출한다. 안벽, 게이트, 장치장 시설 규모가 결정되면 이들 시설을 수용하기 위한 터미널 레이아웃과 운영모델 측면을 고려하게 된다. 또한 터미널의 기타 시설물에 대한 규모를 산출하여 적정 위치에 배치를 결정한다.[9]

 ## 안벽시설 및 장비[10]

(1) 안벽시설 규모

안벽길이와 안벽크레인 대수는 컨테이너 터미널의 처리능력과 서비스 수준을 결정하는 중요한 요소이다. 선박의 입항스케줄을 감안할 때 터미널이 어느 수준의 서비스를 제공할 것인가 고려하여 안벽길이와 몇 대의 크레인을 설치할 것인가에 따른 비용의 문제를 함께 고려해야 한다.[11] 특히 안벽에는 효율적인 작업을 하는 대형 모선뿐만 아니라 안벽길이당 처리량이 낮아지는 피더선도 함께 접안한다. 피더선이 많이 작업하면 안벽길이당 처리능력이 줄어드는 효과가 나타난다. 따라서 안벽길이와 처리능력 안벽크레인 소요대수는 모선과 피더선의 작업에 대한 정책이 함께 고려되어야 한다.[12]

안벽시설 규모를 결정하기 위해서는 입항예정 선박에 대한 스케줄을 담고 있는 선박정보를 분석해야 한다. 연간 도착 선박수와 선박의 도착 간격을 감안한다. 선박도착 스케줄에 따라 선박별 안벽 접안위치와 점유길이를 이용하여 통계적으로 필요한 안벽 규모를 추정할 수 있다.

---

9) 이하 내용은 주로 양창호, 최용석(2002) 자료를 참고하여 기술
10) 이하 내용은 저자가 연구책임자로 수행한 여러 항만개발기본계획 하역시스템 및 평면배치계획 연구내용 참조 기술(양창호 외(2004a), 양창호 외(2004c), 양창호 외(2004c) 양창호 외(2007))
11) Bose(2010), p.14
12) Hartmann et al.(2010), p.137

(2) QC 소요대수

입항예정선박정보에서 구한 기항선박별 평균 양적하 물동량(lifts per call, LPC)을 산출한다. 선형별 선박 입항 스케줄과 선형별 LPC가 입력으로 주어질 경우, 선형별 LPC와 QC대수에 대한 회귀분석으로 선형별 최대, 최소 편차를 감안하여 선형별로 장비할당의 최대최소치를 결정하게 된다.[13)]

QC 장비를 선박에 할당할 경우에는 해당 선박에 필요한 최소 QC 대수를 할당하고, 할당을 계획하는 시점에 유휴 중인 QC를 고려하여 최대수까지 추가 할당할 수 있다.

QC의 생산성은 QC의 사이클 타임 생산성에 QC 작업효율과 QC 가동률을 곱하여 시간당 컨테이너수로 계산한다. 시간당 QC가 몇 개의 컨테이너를 선박과 안벽 사이에 이송할 수 있는가 하는 생산성 QC_p(TEU)는 다음의 공식을 사용하여 계산한다.[14)]

$$QC_p = 3,600 \frac{n_c}{t_t} \times t_p \times c_t \times f_t$$

여기서, n_c는 트롤리 한 번 이동시 이송 컨테이너 수(TEU)
t_t는 한 번 이동시의 이론적 시간(초)
(컨테이너의 이송시 호이스팅시간, 트롤리 이송시간 등 모든 시간의 합)
이론적 시간을 t_p 계수로 수정
(실제 운영시 시간은 이론적 생산성의 70% 정도라면 값은 0.7)
적재/하역 대기시간 및 기타 대기시간 등 비효율성을 c_t 계수로 조정
계수 f_t로 QC 고장시간을 고려

2 이송장비

이송장비 대수에 따라 QC 생산성이 달라진다. 이송장비 투입대수의 시나리

---

13) Gunther, Kim(2006)
14) Bartošek, Marek(2013)

오별로 QC의 생산성 증가율과 대기시간비율의 변화 추이를 비교하여 적정한 이송장비 소요대수를 결정할 수 있다. QC의 생산성을 만족시키는 이송장비 대수를 산출하더라도 이송장비의 QC대기시간과 이송장비 대기시간, 그리고 이송장비의 1왕복 시간(사이클 타임)을 함께 고려해서 결정한다.

3 게이트 시설

게이트 시설을 산정은 반출·입 게이트 레인수 및 야드 내 게이트 통과트럭 대기영역 규모를 산정하는 것이다. 주요 분석 대상은 게이트 대기 트럭의 길이와 대기영역의 대기 길이를 분석하여 게이트 입출구 활용도, 입출구 대기열의 길이 등 게이트 시설의 서비스 수준을 만족하는 레인수를 결정하는 것이다.

외부트럭의 도착패턴을 이용하여 먼저 반입 게이트 레인수 시나리오에 대한 반복과정을 통해서 반입 게이트 레인수를 결정한 후 반출 게이트 레인수 시나리오에 대한 반복과정을 거쳐 반출 게이트 레인수를 결정하며, 마지막으로 야드 내 대기영역 규모를 산정한다.

게이트를 통과해 반입되는 수출화물은 거의 무작위로 이루어진다. 이렇게 변동성이 큰 트럭 도착에 대한 한 가지 해결책이 터미널 운영자가 컨테이너에 대해 반입가능한 시간대를 지정하고 그 후에 트럭 운전사들이 사용가능한 시간대를 선택하는 반입 예약시스템을 사용하는 것이다. 반입 예약시스템을 통해 터미널운영자는 트럭 도착률을 효과적으로 제어하여 자원이 최대한 운용되도록 하는 동시에 트럭에 대한 적기서비스를 보장할 수 있다.

예약 시스템을 적용할 경우 트럭 회전 소요시간(turnaround time)이 44%나 개선되는 것으로 분석되었다.[15] 반대로 일시에 트럭 반입이 늘어날 경우 게이트 대기가 발생하게 되는데, 그 원인이 게이트에 있는 것이 아니라 실제는 야드작업에 큰 부하가 걸리게 되어 야드작업을 위한 대기가 발생되기 때문이다. 실증분석결과 정상보다 트럭이 15%가 더 반입될 경우 야드작업 지체로 트럭 회전기간이 183%나 증가하게 된다.[16]

---

15) Geweke, Busse(2010), p.440
16) 위의 자료, p.339

4 야드장치장

(1) 레이아웃 및 소요면적

야드 장치장은 야드블록으로 구성되어 있다. 야드블록이 안벽과 수평으로 배치되는 수평레이아웃과 야드블록이 안벽과 수직으로 배치되는 수직레이아웃이 있다. 수평레이아웃은 대부분의 터미널에 적용되어 있는 레이아웃으로 각 야드블록에서 외부트럭과 터미널 내부 이송장비가 함께 작업을 하는 방식이다.

이에 비해 수직배치 형태에서는 외부트럭이 장치블록 후면의 육측에서 작업을 하게되어 장치블록과 작업공간이 분리되는 방식이다. 아는 이송장비가 안벽과 장치블록 간 해측 공간에서 작업을 하게 되어 외부트럭과 터미널 내 이송장비의 동선이 겹치지 않고 분리되도록 한 것이다. 자동화터미널에서 무인 이송장비와 유인 외부트럭을 분리하기 위한 야드 레이아웃이다.

야드 소요면적을 산정하려면 입항예정 선박에 대한 스케줄, 각 선박의 LPC, 크레인당 작업순서 등의 선석계획을 세워야 한다. 다음에 수출입화물 대비 환적화물 비율, 수입 대비 수출 비율, 적컨테이너 대비 공컨테이너 비율 같은 화물구성비(container mixes)를 계획한다. 그리고 수출입화물에 대한 무료장치기간을 설정해야 한다.

이를 갖고 우선 장치장 재고량을 화물종류별로 산출하고, 여기에 재유통 공컨테이너를 포함시켜 20피트 단위 소요 장치개수(twenty foot equivalent ground slot, TGS)를 구한다. 여기에 운영형태에 따른 장치단적수를 감안하여 화물종류별 장치소요량을 제공할 수 있는 영역별 소요 장치개수를 산출한다. 화물별 단적수를 고려하여 소요 적재량에 대비한 계획 장치장능력을 산출할 수 있다. 무료장치기간의 설정은 터미널 용량에 영향을 미치는 중요한 요소이다.[17] 터미널 용량은 컨테이너 무료장치기간을 얼마만큼 부여하는가에 달려있다.

---

17) Rugaihuruza(2007), OECD(2018)에서 재인용

(2) 야드장비 소요대수

야드크레인 유형에 따른 운영상 장단점을 비교하여 사용자가 요구하는 야드 크레인을 선택하게 되며, 최근에는 자동화율이 높은 장비인 RMGG 유형 야드장 비를 많이 사용하고 있다. 이송장비의 대수 변화에 따른 목표 QC생산성에 가장 근접한 경우의 야드장비 소요대수를 산출하게 된다.[18]

(3) 야드운영규칙

여러 연구에서 분석한 가장 대표적인 야드운영규칙이 컨테이너의 흐름 방향에 따라 수출컨테이너는 해측 블록에, 그리고 수입컨테이너는 육측 블록에 구분하여 장치하는 것이다. 또한 장치하는 위치에 대해서도 하역작업 선박, 목적항, 크기, 무게 등의 여러 기준에 따라 동일 특성별로 그룹을 형성하고 이에 따라 컨테이너들을 동일 저장 공간에 장치하는 원칙을 적용한다.

전자는 장치구역 구분 전략(storage area division strategies)이고 후자는 장치위치 선정방법(pile selection methods)이다. 장치구역 구분은 수출, 수입별로 블록을 지정해서 사용하는 지정장치방식(reservation stacking)과 블록을 지정해두지 않고 블록을 자유롭게 사용하는 자유장치방식(free stacking)이 있다. 그리고 장치위치 선정방식에는 동일 특성을 가진 화물을 그룹으로 분류해서 이들을 같은 장소에 장치하는 분류장치방식(category stacking)과 무작위로 위치를 선정하는 무작위장치방식(random stacking)이 있다.

여러 실증 연구에 의하면 장치구역 구분 전략은 야드의 구분 없이 자유장치방식(free stacking)을 하고 장치위치는 화물을 분류하여 한곳에 장치하는 분류장치방식(category stacking)이 가장 적합한 것으로 분석되었다.[19]

---

18) Saanen(2010)
19) Kemme, Nils(2010), p.285

⑤

항만처리능력

① 적정하역능력

터미널의 처리능력은 단위면적, 단위시간, 장비당 처리능력, 곧 생산성에 의해 결정되며, 설치되는 안벽크레인, 야드 크레인 등 장비의 성능과 대수, 그리고 컨테이너 야드의 면적 등에 의해 결정된다. 따라서 이런 변수가 바뀌면 같은 선석길이에서도 처리능력이 달라질 수 있다. 그러나 우리나라 컨테이너 터미널 개발에서는 적정처리능력을 기준으로 한다.

선석당 적정처리능력을 산정하는 이유는 향후 항만개발규모를 선석수로 산정하기 위함이다. 즉 장래 소요 항만처리능력을 선석수로 환산하기 위해 선석당 적정처리능력을 계수로 사용한다.

그러나 이 적정하역능력 개념은 고생산성의 컨테이너 부두를 개발할 때의 하역능력과 일치하지 않을 수 있는 문제점이 있다. 즉 적정하역능력에 맞는 항만의 하부공, 상부공을 개발한다면 고생산성 첨단하역시스템의 터미널을 개발할 수 없을 것이다.

터미널운영자는 경쟁력 있는 터미널 개발을 요구할 수 있고, 상당 부분 운영사가 결정해야 할 일이기도 하다. 투자수익률, 물동량을 감안하여 상부시설에 어떤 안벽크레인을 설치하고, 어떤 야드 방식을 채택하고, 자동화는 어느 수준까지 하고, 몇 대의 장비를 투입할 것인가를 결정하게 된다. 이 경우 운영사는 적정 하역물동량이 아니라, 투자수익률이 보장이 된다면 가능한 최대로 많은 물동량을 처리하려 할 것이다.

첨단 시스템을 갖춘 터미널이나 자동화터미널을 개발하게 되면 같은 선석에서도 터미널 처리능력이 적정처리능력을 상회하게 될 것이며, 이 경우 항만개발 규모는 선석당 표준처리능력을 기준으로 한 항만개발규모에 비해 선석수나 안벽길이가 줄어들게 되고, 항만개발에 소요되는 투자도 절감할 수 있다.

② 항만처리능력 산정 방식

컨테이너터미널의 처리능력은 안벽처리능력과 장치장 및 게이트 처리능력을 함께 검토하여 선사와 화주에 대한 서비스수준을 유지할 수 있는 한도 내에서 처리능력이 결정된다.

이 방식에는 안벽크레인의 처리능력 및 대수에 의해 처리능력을 산정하는 방식과 안벽, 야드 등 터미널 생산성과 목표 서비스수준에 의해 처리능력을 산정하는 방식으로 나누어질 수 있다.

전자는 전통적으로 컨테이너부두개발 계획에 사용되었던 방식으로 대부분 안벽크레인의 처리능력을 기준으로 선석처리능력을 산정하는 것이었다. 이는 향후 발생될 것으로 추정되는 물동량을 처리하기 위해 건설해야 할 터미널 개발규모를 산정하기 위해 주로 사용했다. 실무적으로 터미널 처리능력은 경험적 방법으로 사용된다. 항만건설 운영의 경험에서 선석능력을 결정하는 요인을 논리적으로 작성하고 그 요인의 경험치 값을 갖고 능력을 산정하는 방식이다.

후자는 특정터미널을 운영하는 운영자 입장에서 항만이 경쟁력을 갖기 위해 유지해야 하는 터미널 생산성과 정기선사에 대한 목표 서비스 수준을 충족하는 선에서 최대의 처리능력을 산정하는 것으로 시뮬레이션 모형에 의해 산출한다.

(1) 안벽크레인 처리능력 기준 방식

전자의 방식에 의하면 안벽장비인 안벽크레인의 실질 작업시간과 시간당 실질 처리능력에 의해 안벽능력이 결정된다. 크레인의 실질 작업시간은 연간 총 작업가능시간에서 선석점유율, 크레인 총 작업시간비용 등을 고려하여 산출된 다[20]. 크레인 처리능력은 크레인 수, 크레인 생산성 등에 의해 결정된다.

$$C = N_B \times R \times T \times O_C \div 100$$

여기서, C: 연간 안벽능력
N_B: 선석수
R: 연간 평균 일당 선석당 화물처리율(일일작업시간×장비대수×장비능 력×작업계수×선박이동계수×선내이적계수×환산계수×실작업시간 율×작업손실계수)
T: 연간작업일
O_C: 선석점유율

이 계산방식에서 가장 중요한 계수가 선석점유율이다. 이 식에서 선석점유율 은 연간 안벽능력을 산출하는 입력변수이다. 즉 목표 선석점유율이다. 이는 선 석수와 대기시간비율(W/S ratio)의 조합으로 산출한다.[21] 대기시간비율(W/S)은 선박의 안벽에서의 서비스시간(S)에서 선석에 접안하기 위해 대기한 시간(W)의 비율이다.

안벽능력 산출에 가장 큰 영향을 미치는 요인은 안벽크레인(QC)의 설치대수 라 할 수 있다. 야드에서의 처리능력만 뒷받침된다면 이론적으로는 안벽크레인 설치대수 만큼 안벽능력이 증가 될 수 있다.[22]

연간 작업가능시간은 365일을 기준으로 하고 있지만 기상조건,[23] 유일, 장비 고장 등과 같은 요소를 배제한 순수 작업일의 개념으로 보면 이보다 작아질 수 있다. 일일작업가능시간은 총 작업시간의 개념을 적용하여 24시간을 적용하고 있는데 교대시간과 식사시간을 제외한 시간을 기준으로 한 순작업시간의 개념 도 적용한다.

---

20) 한국해양수산개발원, 「전국항만 적정하역능력산정」, 1998.7 참조하여 구성

21) 실제로는 UNCTAD에서 발행한 보고서의 선석수와 대기시간비율을 조합한 표를 이용한다. 이 두 변수를 조합하면 이 표에서 선석점유율을 찾을 수 있다. UNCTAD는 이 표를 만들 때 선박입항분포를 무작위(random)로 가정했다. (UNCTAD(1978))

22) 물론 크레인 간섭계수 등을 고려해야 함.

23) 우리나라의 경우 1년 중 폭풍 10.3일, 안개 3.9일, 강우 5.9일(10mm) 이상 등 총 20여 일이 실제 작업불가능 일수로 나타나고 있다.

크레인 가동률은 크레인의 작업시간을 말하는데 선박이 접안 후 컨테이너의 양하작업을 시작해서부터 마지막 컨테이너의 적하적업을 마칠 때까지의 총 작업시간에서 고장, 식사 등 작업 중단 시간을 제외한 실질작업시간을 의미한다. 크레인 작업효율은 크레인 설계능력에 간섭계수를 곱하여 계산될 수 있다. 안벽크레인의 설계능력은 이상적인 상태[24]에서의 트롤리의 이동거리를 속도로 나누어서 구한 최대작업능력을 의미한다.

간섭계수 혹은 작업유휴계수로 표현되기도 하는데 안벽크레인의 숫자가 늘면서 크레인의 이동이 인접 크레인의 작업으로 제약을 받는 등 안벽크레인의 작업효율이 떨어지는데, 계수는 그 정도를 나타낸다.

(2) 생산성과 서비스 수준 기준 방식

항만처리능력은 안벽능력, 이송능력, 장치장 능력, 게이트 처리능력 등 결합적인 요소가 모두 함께 고려되어야 함에도 기존의 전통적 처리능력은 안벽처리능력에 맞추어 처리능력을 산정한 문제점이 있다.

UNCTAD가 제시한 선석점유율은 컨테이너선이 접안을 위해 서비스 받는 시간의 일정비율만큼 대기한다는 가정 하에 대기시간비율(W/S ratio)을 가지고 산출하고 있다.[25] 그러나 현실은 컨테이너터미널운영자는 선석점유율을 가능한 100%까지 최대한 운영하고 있는 현실과 다르며, 선박 대기시간이 이렇게 일상적이지 않아 선석점유율 해석이 현재의 컨테이너선 입항과 운영에 비추어 보면 오류가 있다.[26] 또한 이 산출의 기본가정인 컨테이너선이 무작위로 입항한다는 것이지만, 현재 컨테이너선은 일정한 정규분포에 따라 입항하고 있어[27] 무작위 가정은 비현실적이다.

더 큰 문제는 항만의 효율성, 하역 시스템의 첨단화, 초대형선의 기항, 항만 간 경쟁심화에 따른 전략적 요소 등을 표준하역능력 산정식에 포함시키지 않고 있다. 즉 초대형화된 선박, 첨단화, 고성능화된 항만의 장비 및 하역시스템 등을

---

24) 이상적인 상태란 크레인을 이동하지 않고 선박의 같은 부분에서 컨테이너를 하역하고, 하역된 컨테이너는 장치장으로 이동하여 크레인의 작업에는 아무런 대기시간이 안 생기는 상태를 의미한다.

25) UNCTAD(1978)

26) Bassan, Shy(2007)

27) 양창호, 김창곤, 배종욱(2001)

전혀 고려하지 않고 있는 점이다.[28]

　생산성과 정기선사에 대한 서비스 수준을 고려한 항만처리능력은 통합 시뮬레이션 모형을 통해 산정할 수 있다. 우선 입항선박의 실제 도착분포, 입항선박의 선형, 선박당 양적하 화물량 등을 통해 안벽하역능력이 산출된다. 안벽 작업에 투입되는 안벽크레인 생산성은 터미널 하역시스템의 안벽크레인, 이송장비, 야드크레인 등의 최적 장비조합에 의해 도출된다.

　즉 안벽에서의 생산성 향상이 달성될 수 있는 장치장에서의 이송 및 장치하역시스템, 장비대수 조합의 최적화 해를 도출하고, 나아가 선박 본선작업과 게이트 반출입 작업을 동시에 할 경우 장치장이나 안벽작업의 최적해를 도출하게 된다. 전통적 처리능력산정에서는 선석점유율을 목표치로 하여 입력변수로 사용했지만 시뮬레이션 모형에서는 적정하역능력이 산정되면 선적점유율이 결과치로 산출된다.

　컨테이너터미널은 정기선사가 요구하는 서비스 수준에 맞도록 컨테이너터미널을 운영해야 한다. 정기선사의 요구에 부응할 수 있는 상부시설 생산성과 효율성을 달성할 수 있도록 터미널을 건설하는 일은 이를 위한 처리능력, 생산성을 모두 만족시키는 터미널이 되어야 하고 이는 항만이 컨테이너 선석개발 계획을 수립할 때 고려해야 하는 사항이다.

③ 개발규모 단위변경

　항만개발계획은 향후 10년간 처리해야할 물동량 증가를 감안할 때 부족할 것으로 보이는 항만처리능력을 추가할 수 있도록 개발규모를 추정하여 계획에 포함시키는 작업이다.

　그러나 이 계획의 개발 규모를 선석단위로 수립하기 때문에 적정처리능력이라는 개념이 필요하다. 앞서 분석한 대로 적정처리능력은 과거에는 안벽장비처리능력에 의해 추정했지만 현재는 시뮬레이션방식에 의해 추정하고 있다. 그러나 여전히 표준화된 컨테이너 터미널의 하역시스템을 가정하여 적정처리능력을

---

28) 양창호(2010)

산정하고 있다.

완전무인자동화터미널, 스마트항만을 건설해야 하는 시기에 여전히 적정하역 능력 규모의 처리능력만 구현할 수 있는 상부시설을 설계해서 낮은 비용으로 제시하면 시공사로 선정되는 터미널 공사가 발주되고 있다. 그러나 유럽, 미국은 물론 중국, 싱가포르, 말레이시아도 한정된 안벽길이에 가장 첨단의 하역시스템을 구비한 높은 처리 능력의 터미널을 건설하고 있다.

항만기본계획을 수립시 개발 규모 단위를 변경해야 한다. 향후 증가하는 물동량에 비해 부족한 처리능력을 항만별로 제시하면 될 것이다. 여기에 화주와 선사에 대한 경쟁력 있는 서비스 수준을 함께 제시하면 될 일이다.

각 항만공사는 항만별 부족한 처리능력을 건설하는 공사를 진행하면서 안벽 같은 항만투자 예산을 가장 적게 들이면서도 가장 효율성이 높은 상부 하역시스템을 터미널을 제시한 건설 대안을 선택하면 될 것이다.

자동화
컨테이너터미널

자동화터미널 개발

1 자동화터미널의 필요성

자동화 컨테이너터미널은 컨테이너선의 대형화로 인한 일시에 많은 컨테이너화물을 양적하고 야드에 장치, 이송하기 위하여 하역, 이송, 보관의 컨테이너터미널 작업의 효율을 향상시킬 수 있는 시스템이다. 최근 각국의 항만들이 신규 컨테이너 터미널을 건설 계획을 발표하는데, 채용하는 시스템이 거의 자동화터미널이다. 이렇게 자동화터미널을 건설하는 이유는 터미널 간 경쟁, 그리고 생산성 향상 두 가지로 볼 수 있다.

첫 번째 이유는 항만 간 운영비 경쟁 때문이다. 항만이 자동화터미널 운영으로 전략적, 비용경쟁적 우위를 확보할 수 있다. 항만 간 경쟁이 심화되는 가운데, 경쟁항만에 비해 인건비 등 비용경쟁력이 뒤지지 않도록 하기 위해 자동화터미널을 건설하지 않을 수 없다. 항만 내 터미널 간에도, 그리고 항만 간 터미널에서도 특정터미널이 비용우위나 서비스 우위를 오래 지속할 수 없는 이유이다. 특히 대형 GTO 체제하에서 GTO 내의 터미널 간 혹은 다른 GTO 터미널과의 비용이나 서비스 차이가 지속될 수 없는 일이다. 처음 네덜란드의 로테르담 항에서 자동화 컨테이너터미널을 구축한 이후 경쟁관계에 있는 독일의 함부르크 항에서 자동화 컨테이너터미널을 개발 운영한 것도 같은 이유이다.

컨테이너터미널 하역작업 중 가장 많은 인력이 소요되는 부분은 에이프런에

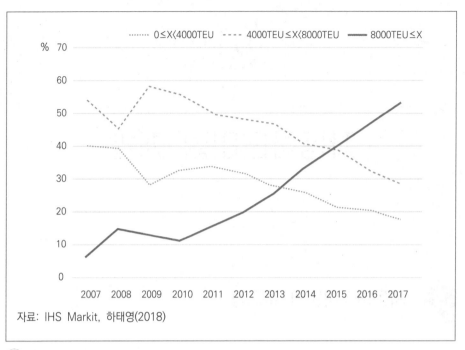

자료: IHS Markit, 하태영(2018)

✎ 부산 신항 컨테이너 선박규모별 처리물량 비중 추이

서 장치장까지 컨테이너를 이송하는 YT작업이다. 자동화 컨테이너터미널은 컨
테이너의 이송을 자동 무인이송장치인 AGV(automated guided vehicle)를 이용한
다. 자동화터미널에서 인건비 비중을 가장 많이 절감시키는 부분이다. 그리고
야드에서도 자동화 무인 야드크레인(ARMG)을 사용하여 야드크레인 인력도 절
감하게 된다.

두 번째 이유는 선사, 얼라이언스의 초대형선 운항에 따른 생산성 향상요구
때문이다. 세계 정기선 산업이 3대 얼라이언스로 재편하면서 동서 기간항로상
투입선박을 크게 대형화하였다. 컨테이너 선박이 대형화되면서 선박당 하역 물
동량이 증가하고 있다. 부산신항의 경우도 8,000TEU 이상 선박에서 처리되는
물량비중이 2017년 50%를 초과하였다.

컨테이너 터미널은 이와 같이 기항 선박의 양적하물동량이 크게 늘면 단위시
간에 처리해야 할 화물이 증가하고 있다. 그러나 컨테이너선은 평균 항만 체류
시간인 약 1일[1] 내에 하역을 완료하고 출항하려 한다. 이를 위해 항만 생산성을

---

1) 본서 제7장 1절 참조

현재보다 크게 향상되어야 한다.

초대형선에 대한 요구 생산성을 분석해보면 2만TEU급 이상의 초대형선에 대해 1일 선박당 3,660개를 처리해야 하고, 시간당 선석성산성 230여 개가 요구된다.[2] 해외 전문가들도 20,000TEU 선박에 대해서 선박당 6,000개 이상의 항만서비스가 요구되고 있다고 분석하고 있다.[3] 이는 현재 세계 최대 생산성을 보이는 항만의 생산성보다 크게 높아져야 하는 수준이다.

장비의 할당 및 배정, 장치계획의 체계화, 기타 자원의 할당계획이 기존터미널보다 정확하고, 신속하고, 인공지능적 첨단화가 필요하며, 이에 가장 현실적 대안이 자동화터미널이다. 자동화터미널에서는 장비의 작업 및 이송에 대한 시간 예측이 가능하기 때문에 이를 바탕으로 인공지능 솔루션이 최적의 작업지시를 계속 갱신할 수 있다.

2 도입현황

자동화터미널 기술 패러다임은 항만노동을 포함한 여러 운영 및 절차의 개선을 수반한다. 따라서 터미널 자동화의 정도는 항만을 둘러싸고 있는 여러 가지 조건을 감안하여 추진하게 된다. 자동화 터미널 추진에 영향을 미치는 조건들은 경쟁 전략 목표, 항만생산성 및 효율성 목표, 초기 투자비용, 야드의 토지 가용성, 전문 기술인력, 노동조합과의 관계, 데이터 확보 정도 등이다.

컨테이너 터미널의 자동화는 작업과정을 표준화하고, 인공지능을 이용한 시설 및 장비 최적화 운영을 통해 항만서비스와 항만 생산성을 높일 수 있다.[4] 현재 초대형선 기항이 일반화되어 있는 상황에서 세계적으로 신규 컨테이너 터미널은 거의 자동화 컨테이너터미널로 건설하고 있다.

2020년 기준으로 유럽의 네덜란드, 독일, 벨기에, 영국 등 주요 항만, 그리고 아시아에서는 중국, 싱가포르, 호주 등 세계에서 70개 이상의 컨테이너터미널이 부분적으로 또는 완전 자동화 시스템을 도입했다. 최근 건설되는 자동화터미널

---

2) 본서 제5장 1절 참조
3) Dynamar(2015) 최상희 외(2017)에서 재인용
4) Cariou(2018)

은 완전 무인자동화터미널인 경우가 많다. 2016년 기준으로 전체 자동화터미널 중에 완전무인자동화터미널은 51%였다. 그리고 2021년까지 그 비중이 55%로 더 증가할 것으로 보고 있다. 그럼에도 불구하고 전세계 항만 중 자동화터미널은 약 3%에 그치고 있고 완전자동화 터미널은 1%에 불과하다.[5] 초대형선이 기항하는 대형허브항만들은 경쟁에서 유리한 위치에 서기 위해 자동화터미널을 건설하고 있지만, 중소형 항만들은 자동화터미널의 이점에 비해 투자비가 더 부담되기 때문이다.

반자동화를 포함한 자동화 컨테이너터미널 시장이 2020~2024년 동안 10억 달러의 성장세를 보일 것으로 예상되며 예측 기간 동안 연평균 2.5% 성장할 것으로 전망하고 있다. 자동화터미널 건설을 계획하고 있는 곳도 지중해 항만 등 유럽항만이 10여개, 중국 등 극동이 4개 등 20개 이상에 이르고 있다.[6]

초대형선 기항을 유인해야 하는 글로벌 터미널 오퍼레이터(GTO)들은 자동화 컨테이너터미널을 운영을 선호하고 있다. 전 세계 자동화터미널 70여 곳 중 75%는 GTO에 의해 운영되고 있다. 또한 2020년 현재 계획 중인 자동화터미널 22개 중 80%를 GTO가 운영할 계획이다.[7] 글로벌 터미널 운영자 중에서 HP, DPW, PSA, COSCO가 특히 자동화터미널을 많이 운영하고 있다.

---

5) Drewry Maritime Research(2018)

6) Drewry(2020), p.76

7) https://shipip.com/covid-19-to-stifle-container-port-investment/

$$\textstyle \binom{02}{}$$

자동화터미널의 발전 및 장단점

1 발전단계

자동화 컨테이너터미널은 향후 항만의 핵심 발전방향일 뿐만 아니라 항만건설의 새로운 혁명이다. 세계 최초의 ACT인 네덜란드 로테르담 항만의 ECT 터미널이 완공된 1993년 이후 30년 가까이 개발과 혁신을 거치면서, ACT의 현재의 기술이 점차 성숙하고 향상되고 있다.

1993년 세계 최초 무인자동화터미널인 네덜란드 로테르담 ECT(Europe Container Terminal)터미널을 제1세대 무인 자동화터미널이라 할 수 있다. 최초로 AGV를 도입했고 무인 야드크레인 ASC를 도입했다. 자동화터미널의 블록배치도 최초로 수직배치를 도입했다. 현재 자동화터미널의 기술이 많이 발전했지만 여전히 ECT의 하역시스템과 야드배치 방식이 그대로 이어지고 있다.

유럽의 관문을 두고 로테르담과 경쟁하던 독일 함부르크항이 2002년에 CTA(Container Terminal Altenwerder)터미널을 무인자동화터미널로 개발했다. ECT의 자동화터미널에서 비효율적인 면을 보완하는 방식이었다. ECT에 이은 제2세대 무인자동화터미널이라 할 수 있다. 수직배치 블록에 크레인을 두 대 배치해서 생산성 저하를 보완했다. 그리고 AGV의 이동 동선을 혁신시켜 주행거리를 단축시켰다.

2010년 네덜란드의 ECT는 완전무인자동터미널인 유로막스(Euromax) 컨테이너터미널 운영을 개시하였다. 해측 QC 작업을 원격조정, 무인화한 제3세대 무인자동화 터미널이라 할 수 있다. 안벽크레인(QC)은 선박에서 컨테이너 양적하 작업을 수행하면서 선박의 흔들림으로 인해 무인자동화가 어려웠다. 안벽크레인의 자동화는 1993년 로테르담 항과 2002년 독일 함부르크 항만의 자동화 터미널이 가동될 때 자동화를 유보했던 부분이다. 3세대 완전무인자동화터미널은 선박에 컨테이너를 싣고 내리는 작업을 중앙통제실에서 원격으로 제어한다. 이제 유인작업으로 남아 있는 것은 컨테이너선 갑판에 선적되어 있는 컨테이너의 고박(래싱)을 풀고 채우는 일뿐이다.[8]

네덜란드는 2015년 안벽크레인까지 무인화하여 가장 최첨단화된 APMT와 RWG(Rotterdam World Gateway)를 개장하며, 「로보틱 항만」시대를 선도하고 있다. Maasvlakte 2의 APMT 및 RWG 컨테이너 터미널은 세계에서 가장 높은 수준의 자동화터미널로 평가되고 있는데, 이는 인공지능을 통한 자율운영 컨테이너터미널이기 때문이다. 터미널에서 AI 애플리케이션의 예는 배터리 충전 수준이 낮으면 로봇이 제공하는 배터리 교체 스테이션으로 이동하는 시스템에서 찾아볼 수 있다.

중국은 2016년 샤먼에 최초로 자동화 터미널 XOCT(Xiamen Ocean Gate Container Terminal)를 설치하였다. 세계 주요 자동화 터미널이 항만 생산성 향상을 위해 야드블록을 수직으로 배치했는데, XOCT는 선석 개발비용 절감을 위해 수평배열로 설계했다. 운영원가가 기존 수동 터미널 대비 선석당 36.5% 절감이 가능해졌다고 한다.[9]

2017년 5월에는 청도항에 아시아 최초의 완전무인자동화터미널 QQCTN이 개장되었다. 모든 동력원을 전기와 배터리 시스템을 적용하는 고효율 친환경 무인항만을 목표로 하고 있다. 2017년 12월 QQCTN은 크레인 시간당 39.6개의 생산성을 기록, 세계 최고 크레인 생산성을 보였다.[10]

2017년 12월에는 안벽길이 2.35Km의 세계최대 규모의 완전무인자동화터미널인 상해 양산항 4단계터미널이 중국의 세 번째 자동화터미널로 개장되었다. 터미널 설비는 전력으로 구동되기 때문에 탄소 배출량이 10% 이상 감소 가능하다[11]. 특히 인공지능으로 AGV의 배터리 유닛의 잔량이 부족을 판단하고 배터

---

8) 양창호(2015)

9) 상해진화(주) 인터뷰, 2017.9.

10) 소후신문 기사, 2017.12.7.

리 보관 창고에서 자동으로 장치를 교체할 수 있도록 하여 컨테이너 터미널 장비에 인공지능시스템을 처음 구현하였다. 중국의 학자들은 이 점을 들어 제4세대 자동화터미널이라고 구분하기도 한다.[12]

강력한 항운노조로 인해 완전무인 터미널 건설이 어려웠던 미국도 2016년 4월 완전무인자동화터미널인 LBCT(Long Beach Container Terminal)를 개장하여 운영 중에 있다. 전기충전 방식의 자동이송장치(AGV)가 부두와 야드사이에 컨테이너를 무인으로 이송한다. 자동 야드크레인(ASC)은 야드의 양쪽 끝에서 컨테이너를 자동으로 양적하한다. 야드에는 최소한 두 개의 ASC가 있다. 하나는 해측용, 하나는 육측용이다,

그리고 세계 1위의 환적중심인 싱가포르는 차세대 항만인 TUAS에 2020년부터 2040년까지 총 65개 선석을 건설하고 모든 시스템을 완전무인자동화시스템으로 건설, 운영하기로 했다. 2040년 완공되면 연간 최대 6,500만TEU의 컨테이너를 처리할 수 있다. 싱가포르는 2027년부터 모든 항만 활동을 TUAS로 이전할 계획이다. TUAS는 자동화 터미널과 함께 그린기술, 드론기술, 선박추적 및 정시 입항기술 등 스마트 기술을 동시 실현하는 걸 목표로 개발 중이다. 이를 위해 사물인터넷(IoT), 빅데이터(Big data), 인공지능(AI), 지능형 로봇 등의 4차 산업 혁명 기술을 적용하기로 했다.

2 자동화터미널의 장점

터미널 입장에서 자동화 컨테이너터미널의 장점은 여러 연구에서 검토되었는데, 운영비 절감, 처리능력 및 생산성 향상, 서비스 신뢰성 향상 및 재해경감, 그리고 배기가스 저감 등 네 가지로 요약될 수 있다.

컨테이너터미널이 자동화시스템의 가장 큰 장점은 운영비 절감이다. 항만이 글로벌 공급 네트워크에서 경쟁력을 높이기 위해 항만 생산성 향상을 위해 하역 시스템에 새로운 기술, 도구 및 방법을 투자해야 한다.[13] 특히 자동화 터미널은

---

11) The Straits Times, 2017.12.11.

12) Wang et al.(2019)

13) Bichou, Gray(2005)

항만의 운영비를 절감하기 위해 기존의 인력위주의 하역작업을 탈피하여, 자동화된 하역시스템을 도입하는 것이다. 자동화터미널은 안벽에 의해 이루어지던 작업이 자동화장비와 자동화 운영시스템에 의해 이루어지기 때문에 인건비를 줄일 수 있는 장점이 있다.

기존의 재래식 컨테이너터미널에서는 연간 운영비용 중 인건비가 차지하는 비중이 45~50% 정도 되고 있으나, 무인 자동화시스템에서는 인건비 비중을 25~30% 정도까지 낮출 수 있다. 2017년 5월에 개장한 중국 청도항 자동화터미널(QQCTN)의 경우 재래식 터미널의 인력 60명을 9명의 인력이 대체하면서 인건비의 70%를 절감했다.[14]

두 번째 장점은 자동화터미널은 작업교대나 중단이 없이 24시간, 365일 무휴로 가동이 가능해 항만처리능력을 크게 향상시킬 수 있다. 여러 데이터를 종합하면 일반적으로 자동화터미널이 재래식 터미널에 비해 20~30%의 처리능력 향상이 이루어지고 있다고 볼 수 있다. 인공지능적 운영시스템과 정확하고 효율적인 무인 장비의 결합으로 재래식터미널보다 생산성이 크게 향상될 수 있다.

유럽의 완전무인자동화터미널인 APMT는 50% 이상 생산성 향상을 목표로 하고 있다.[15] 2017년 5월에 개장한 중국 칭다오 자동화터미널(QQCTN)과 2017년 12월 개장한 양산항 4단계 자동화터미널은 기존터미널의 생산성보다 25% 향상된 시간당 40개 처리를 목표로 하고 있다.[16]

세 번째 장점은 무인 자동화 터미널이기 때문에 운전자에 의한 오조작, 에러를 감소할 수 있어 하역작업의 일관성, 신뢰성을 제고할 수 있다. 청도항 자동화터미널은 1년 동안 다양한 악천후 속에서도 운영의 안정성을 입증했다.

또한 각종 산업 재해도 대폭 경감시킬 수 있다. 최근 항만 내 기계화가 진행되고 거대규모의 장비사용이 확대되면서 전체 항만재해 중 장비로 인한 재해자 비율은 줄지 않고 있다. 항만 내 장비와 장비, 사람, 화물 간의 충돌, 졸음운전, 노동피로도 증가 등 항만 장비가 사용되는 영역에서 사람이 함께 작업하기 때문에 주로 발생한다. 터미널의 완전무인자동화는 작업 영역 내 사람의 접근을 엄격히 제안하며, 모든 장비들이 자동으로 운영되므로 사고발생 요인을 원천 차단

14) http://info.chineseshipping.com.cn/cninfo/News/201712/t20171204_1297432.shtml

15) Dynamar B.V.(2015)

16) http://info.chineseshipping.com.cn/cninfo/News/201712/t20171204_1297432.shtml

할 수 있다.

　네 번째는 자동화 터미널은 안벽크레인, 이송장비, 야드크레인 장비동력을 친환경적인 전기나 배터리로 사용하여 디젤 배기가스 등 공해물질 배출을 줄이고 있다. 네덜란드 APMT 터미널은 세계 최초로 온실가스 배출량이 '제로'인 무인자동화 컨테이너터미널을 지향하고 있다. 또한 미국 롱비치항의 완전무인자동화 컨테이너터미널(LBCT)에서는 자동화터미널 운영 후 NOx(질소산화물), SOx(황산화물), CO_2(이산화탄소)가 평균 TEU당 84% 이상 감소된 것으로 나타났다.[17]

.3　자동화와 항만노동

　터미널 자동화가 효율성 증대와 인력 감소로 인해 비용을 절감할 수 있게 되었지만, 이 점이 터미널운영자와 노동조합간의 갈등의 원인이 되고 있다. 자동화터미널 도입을 앞두고 2019년 6월 로스엔젤레스 항의 부두노동자파업과 2019년 7월 뱅쿠버항의 부두노동자 파업을 예로 들 수 있다. 로테르담 항만에서 노조는 자동화로 인해 컨테이너 터미널의 3,700개 일자리 중 최대 800개의 일자리가 줄어들 수 있다고 주장했다.

　노동조합은 터미널 자동화 기술이 그들의 직업을 대체할 수 있다는 사실에 대책을 요구하는 것이다. 이미 자동화 컨테이너터미널에서는 무인이송장치(AGV), 컨테이너 야드의 자동화 RMG, 안벽 크레인의 원격 제어까지 구현이 되고 있다.

　자동화의 장점은 항만 운영 표준화를 증가시켜 항만 효율성이 증가하고 항만 작업에서 생산성 및 품질이 향상될 수 있다는 점이다. 그러나 자동화는 초기 투자비용이 증가하고, 전문 기술 인력이 부족하다는 단점이 있다. 자동화터미널은 숙련된 일자리에 대한 수요가 증가한다.

　기존 항만직원들에 대한 재교육으로 최대한 고급일자리로의 이전을 준비해야 한다. 자동화 및 로봇화의 도입은 정보통신기술에 대한 인력에 대한 새로운 수요가 발생한다. 기술적으로 진보된 장비를 운영할 수 있는 고도로 숙련된 인

---

17) 최상희 외(2017), p.8

력이 필요하다.

자동화, 디지털 항만으로 이동시 항만노동 인력의 질적 변화도 함께 이루어져야 한다. 기존터미널의 단일 숙련 인력은 다 숙련 혹은 전문 인력으로 변화해야 하며, 노동집약적 운영인력에서 기술집약적 운영인력으로 바뀌어야 하고, 실무교육도 비공식적으로 받는 것이 아니라 공식화된 교육시스템으로 바뀌어야 한다. 교육 이후 인증제도도 터미널 내의 인증이 아니고 인증기관의 인증을 받을 수 있도록 해야 한다.[18]

불가피한 인력 감소 대안으로 미국 롱비치항 LBCT는 자동화장비 전문인력 양성을 위해 800만 달러 투자하고 있다.[19] 자동화에 따른 새로운 기술 및 장비 관리·운영 등 새로운 일자리에 기존 인력을 재교육시켜 투입노력도 병행하고 있다. 2016년 자동화 터미널 운영 시작 이전부터 지속적인 기존 항만인력 대상 기술교육 프로그램 지원 및 재고용 기회를 제공하고 있다.

그러나 현실적으로 기존 항만인력이 대부분 YT기사, 크레인 기사 등 단일 숙련 인력이어서 이들 인력을 교육을 통해 자동화시스템을 기획하고 통제하는 고급 전문인력으로 변화시키기는 쉽지 않은 일이다. 항만을 자동화하는 것은 항만의 경쟁력을 키워 더 많은 화물을 처리하기 위함이다. 늘어나는 화물을 항만배후지로 유치해 부가가치활동을 하게 되면 항만배후지에 창고, 수송, 숙련 노동자 일자리가 창출된다. 자동터미널을 건설할 때 항만배후지 부가가치 활동 단지도 연계 개발한다면, 항만자동화로 줄어드는 일자리를 배후지에서 신규로 만들어 갈 수 있을 것이다.

---

18) Vaggelas, Leotta(2019)
19) LBCT 인터뷰, 2017.4.24.

자동화터미널 하역시스템

1 터미널 야드 배치

　기존의 재래식 컨테이너터미널의 경우 야드 블록은 안벽과 평행하게 수평 형
태로 배치된다. 야드 블록에서는 야드크레인의 이동을 최소화시키기 위해 안벽
야드 트레일러나 외부트럭이 야드크레인 위치까지 진입하여 작업하게 된다. 그
러나 자동화 컨테이너터미널의 경우 터미널 내의 이송장비인 AGV는 본선작업
을 위한 무인장비이고 외부트럭은 육측 반출입을 위한 유인장비이므로 이 양자

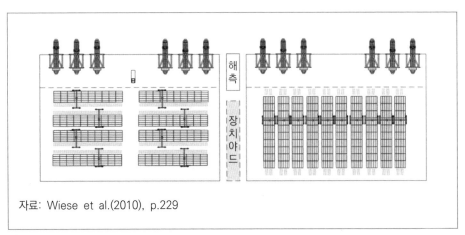

자료: Wiese et al.(2010), p.229

◇ 수평배치와 수직배치

가 같은 공간에 함께 운행하면 외부유인트럭의 안전과 AGV의 작업신뢰성을 보장하기 어렵게 된다.

야드 블록을 안벽과 수직되게 배치함으로써 AGV는 블록 앞부분(해측)에서만 운행하게 하고, 외부트럭은 블록 뒷부분(육측)에서만 작업하게 함으로써 이 양자간의 운행을 분리할 수 있다. 거의 대부분의 자동화 터미널의 야드 블록이 안벽과 수직되게 배치되는 형태를 갖도록 건설되었다.

그러나 자동화터미널의 야드블록 수직배치는 야드크레인이 컨테이너의 적재를 위해 AGV나 외부트럭이 있는 수직배치 양 끝단 교환구역까지 먼거리를 이동해야 하는 단점이 발생한다. 야드 하역장비의 생산성이 떨어지고, 하역 집중 시 하역효율이 떨어지게 된다. 이를 보완하기 위해 수직 배치 시 블록당 야드크레인을 2대 이상 배치하여 본선작업과 육측작업을 분리하고 있다.

자동화 컨테이너터미널의 일반적인 터미널 배치는 해측에 안벽크레인(QC) 작업구역이 있고, AGV의 대기 등을 위한 해측 완충지대(buffer zone), 그리고 AGV 주행 차로가 있다. 수직블록의 해측 끝에 야드크레인과 AGV가 컨테이너의 상차, 하차작업을 하는 해측 교환구역(exchange area)이 있다.

선박으로부터 무인 자동안벽크레인을 통해 컨테이너를 AGV에 올려놓게 되면, AGV는 자율주행을 하여 컨테이너를 해측 교환구역까지 운송하게 된다. 자

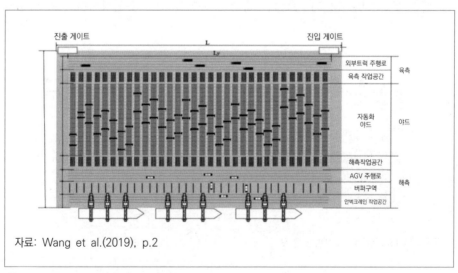

자료: Wang et al.(2019), p.2

✎ 전형적인 자동화 컨테이너 터미널 배치도

동 무인 야드크레인(ARMG)이 AGV 도착을 인식하고 컨테이너를 상차하여 정해진 위치에 적재하게 된다.

육측에는 외부트럭의 주행차로와 수직블록의 육측 끝에 외부트럭과 야드크레인과 컨테이너 상차, 하차작업을 하는 육측 교환구역, 그리고 게이트가 있다. 야드의 장치블록의 폭은 선택한 자동 야드 크레인의 종류에 따라 달라진다.

2 하역시스템

(1) 반자동화터미널

반자동화 터미널 방식은 터미널 내의 야드 크레인 작업을 자동화시킨 것으로 자동화터미널의 자동이송장비(AGV)는 채택하고 있지 않은 방식이다. 이는 이송장비 부문의 자동화 미 채택으로 인력절감은 크게 기대할 수 없어도 야드 크레인 부분의 자동화로 터미널의 생산성을 향상시키려는 방식이다.

터미널의 블록설계는 재래식 터미널처럼 수평배치형의 구조로 설계되며, 투입장비는 안벽 측에 QC, 안벽-야드 간 이송에 YT, 야드 하역에 자동화 RMG를 사용하는 터미널 하역시스템이다. RMG는 야드 트럭 및 외부트럭과의 연계시 원격조정으로 자동화된 작업을 수행한다. 대표적인 운영사례로는 영국의 테임즈항만, 싱가포르 PSA의 PPT, 부산신선대 터미널 등이 있다.

반자동화 터미널 하역시스템의 장점은 야드 작업의 안전성과 정확성을 높일 수 있는 점이다. 야드 작업의 고속화가 가능하며, 생산성 향상이 가능하다. 다만 부분적 자동화이므로 투자대비 효율성이 떨어질 수 있고, 안벽 작업생산성을 높이는 데 한계가 있을 수 있다.

(2) 자동화터미널

터미널의 블록설계가 수직배치형의 구조로 설계되며, 투입장비는 안벽측에 무인 안벽크레인, 안벽-야드 간 이송에 자동이송장비인 AGV, 야드 하역에 무인 야드크레인을 사용하는 무인 자동화터미널 하역시스템이다.

◈ 자동화터미널 이송장비(AGV와 ALV)

대부분의 자동화터미널에서 안벽크레인에 트롤리가 2개인 더블 트롤리 시스템(double trolley)을 채택하고 있다. 해측 트롤리는 유인, 혹은 원격으로 작동되며, 육측 트롤리는 무인으로 작동된다. 유로막스 터미널에서는 호이스트가 두 개인 듀얼호이스트 방식을 사용했다. 그러나 최근에는 양산항 4단계에서처럼 작업이 복잡한 듀얼 호이스트 방식 대신 탠덤 스프레더를 장착한 트롤리 두 대를 운영하는 더블 트롤리 방식을 사용하고 있다.

자동화터미널 야드 이송장비는 AGV이다. 최근 AGV는 디젤 구동이 아닌 배터리 구동방식(Battery Lift AGVs)을 채용[20]하고 있다. 안벽과 야드를 스스로 컨테이너를 집어 올리기도 하고 내려놓을 수도 있는 야드크레인의 기능을 가진 자동이송장치인 ALV(automated lifting vehicles)를 이용한 자동화시스템까지 제안되었다.[21] 터미널 내에서 컨테이너의 이송 및 장치, 이적작업 등을 무인하역장비로 처리하고, 이를 인공지능으로 제어하는 시스템이다. 무인자동화 항만은 무인장비와 지능화된 컴퓨터가 운영하기 때문에 사람이 운전하는 것보다 생산성이 높아질 수 있다.

최근 건설되는 무인자동화 컨테이너 터미널에는 거의 모든 야드크레인이 ARMGC로 운영되고 있지만 야드 블록당 투입하는 대수와 방식에 따라 몇 가지로 나누어 볼 수 있다. 자동화터미널이 건설되던 초기에는 야드블록당 1개의 크레인을 두는 싱글 시스템(single system)이었고, 야드블록당 2개를 배치하는 트윈

---

20) 로테르담에 컨테이너 전용터미널 RWG(Rotterdam World Gateway)와 이후 건설된 중국의 자동화터미널 등에서 사용

21) Yang et al.(2004)

✏️ 자동화터미널 하역시스템 발전

세대	터미널	하역시스템	QC	야드장비	처리능력 (백만TEU)	개장
1	로테르담 ECT	Double trolley QC + AGV+ARMG(ASC)	20	106 AGV 52 ARMG	3.5	1993
2	함부르크 CTA	Double trolley QC + AGV+ARMG	15	86 AGV 52 ARMG	3	2002
3	로테르담 Euromax	Double trolley QC + AGV(전기)+ARMG	16	96 AGV 58 ARMG	2.3	2010
	상해 양산항 4단계	Double trolley QC + AGV(전기)+ARMG	26	130 AGV 120 ARMG	6.3	2017

자료: Wang et al.(2019) 자료를 이용하여 저자 수정

시스템(twin system)으로 발전했다. 트윈 시스템은 본선작업용 크레인과 육측 반출입작업용 크레인을 분리해서 생산성을 높이려 한 것이다.

이후 블록당 2대를 설치하지만 서로 주행시 통과할 수 있도록 소형, 대형 크레인으로 만든 더블 시스템(double system), 그리고 블록당 소형크레인 2대와 대형크레인 1대를 두어 대형크레인이 소형크레인을 통과하여 지나갈 수 있도록 한 트리플 시스템(triple system)도 설치되고 있다. 트리플 시스템 방식의 장점은 트윈시스템에서처럼 본선작업과 육측작업용 크레인을 두고 이를 지나다닐 수 있는 대형 크레인 한 대를 더 두어 화물의 블록 내 이송과 작업량에 따라 크레인을 추가할 수 있도록 한 것이다.

자동화터미널 하역시스템의 장점은 효율적인 운영계획을 신속하게 터미널 전체에 반영할 수 있고, 복잡하고 위험한 작업이라도 기계적으로 손쉽게 처리할 수 있다. 또한 작업의 안전성과 높은 정확도의 실현이 가능하다. 작업의 고속화가 가능하며, 인력의 의존도가 매우 적어 생산성의 정확한 측정이 가능하다. 그러나 단점은 건설비용이 높으며, 유지보수비용도 높다. 운영상의 문제가 발생할 경우 부분적인 장비교체가 힘들어, 추가비용이 높을 수 있다. 따라서 주기적이고 정확한 점검이 요구된다.

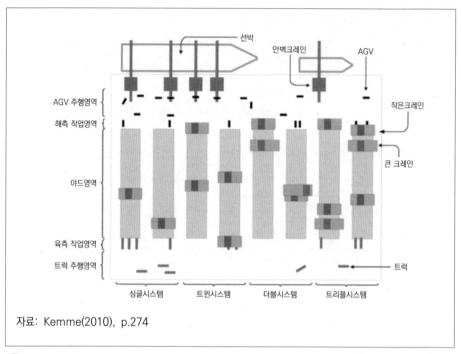

자료: Kemme(2010), p.274

✎ 자동화터미널 하역시스템 대안

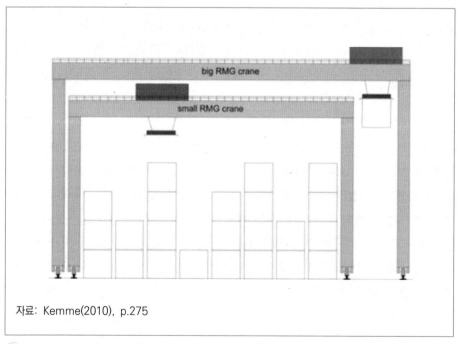

자료: Kemme(2010), p.275

✎ 더블시스템의 ARMGC

⓸

자동화터미널과 스마트항만

완전무인자동화 항만은 무인장비와 지능화된 컴퓨터가 운영하기 때문에 사람이 운전하는 것보다 안전하고, 저렴하고, 효율적으로 운영 가능하다. 컨테이너 터미널 내 모든 무인장비들의 움직임이 정확히 측정되며 장비들의 이상상태 또한 실시간으로 모니터링된다. 무인자동화 터미널의 이러한 특성은 로보틱 터미널의 특성을 갖추고 있어, 4차 산업기술을 접목한 스마트항만으로 진화가 용이하다.

세계적인 글로벌 터미널 운영자인 DP World사는 항만에서 혁신적인 ICT 도입을 통해 현 저성장 상황을 벗어날 수 있다고 하며, 항만에 적용할 수 있는 핵심기술로 로보틱스와 자동화, 자율주행차, IoT와 빅데이터, 시뮬레이션과 VR, 사이버보안 등 5가지를 제시하였다.

이중 특히 사물인터넷(IoT), 빅데이터, 인공지능(AI)은 4차 산업혁명을 선도하는 정보기술로 항만산업에 적용할 경우 스마트항만으로 변화시킬 수 있는 기술이다. 스마트항만은 IoT, 빅데이터, AI 등 정보기술의 도입과 혁신을 통해 자동화, 물류 최적화, 에너지 효율화, 친환경 및 배후도시와의 연계성 강화를 지향하는 다소 포괄적인 개념으로 정의되고 있다.

로테르담 항은 스마트항만 구축을 위해 물류, 에너지 및 산업, 항만 인프라, 항만도시, 전략 등 5개 부문에 대한 로드맵을 수립했고, 함부르크 항도 공급사슬 최적화 및 운송 네트워크 효율성 제고를 추구하는 물류부문과 에너지 소비량 감축 및 오염물질 배출량 최소화를 위한 계획을 세워 추진하고 있다.

✎ 스마트항만의 정의

구분	정의 또는 개념	수단/조건
Deloitte(2017)	• IoT 기술을 바탕으로 통찰력을 가진 완벽하게 통합된 항만	• 효율적 항만운영, 항만활동 확대(외부 시장), 새로운 비즈니스모델 기회 수반
Olaf Merk. OECD (2016)	• 공간, 시간 및 자원의 낭비 최소화, 활용 극대화 실현 • 화물 흐름의 최대화보다는 지역(local)의 가치 최대화 강조	• 생산성, 항만의 물리적 한계, 친환경 요구 등 현재 항만의 제약요인들을 해결 • 기술과 혁신이 해결 수단으로 적용
Peter, JLT Mobile Computer(2016)	• IoT에 의해 모든 항만 장치가 연계된 자동화 형태의 항만 구축 • 물리적 인프라와 IT 기술의 통합	• 정보수집을 위한 내부 저장소(클라우드) 구축을 통해 항만 내 활동 정보 저장
Hamburg Port Authority(2015)	• 스마트, 도시(Smart city)를 적용한 개념 • 항만운영, 친환경, 에너지소비 3가지 범위로 구분	• 운송수단의 통합, 에너지 효율성, 항만 도시 및 지역의 사회·경제적 개발 등

자료: Deloitte(2007), Port Technology(2016), Hamburg Port Authority(2015), 김근섭 외 (2018)에서 재인용

스마트 항만은 컨테이너터미널의 자동화에 머무르지 않고 4차산업 혁명 기술을 적용해 인공지능형 디지털 항만으로 발전시킨다는 개념이다. 스마트항만의 범위도 선박과, 배후지, 항만도시까지 확대해서 자율운항선박, 첨단 내륙운송수단, 항만도시 시스템까지 포함한다. 항만이 선박, 내륙연계운송수단, 항만도시와 정보시스템을 구축하고 정보를 공유하여 화물운송의 효율성은 물론 친환경 항만도시를 만들어간다는 구상이다.

◣ 사 례 ◢ ᐩ ──── 국내 최초 자동화터미널 계획

자동화터미널의 필요성을 인식하고 동북아 물류중심국가로의 도약을 위해 정부 및 연구기관, 민간업체가 중심이 되어 1998년 10월에 첨단기능보유 항만건설의 실천계획으로 「자동화 컨테이너터미널 개발 추진 계획」이 수립되었다.

국내 최초 자동화 컨테이너터미널 개발 및 운영에 필요한 자동화 장비 및 운영시스템은 동

연구개발사업에 참여한 개발업체에서 제작 설치토록 하였다. 기술개발 대상은 광양항에 5만톤급 3선석 규모의 자동화 컨테이너터미널로 건설하는 것을 목표로 추진되었다.

자동화 컨테이너터미널 건설에 필요한 AGV-ATC 시스템을 개발하고 이를 운영하는 통합운영시스템과, 자동화터미널을 설계하는 항만전용 시뮬레이션 모델을 하나의 컨소시움을 통해 개발키로 했다.

광양항 자동화 컨테이너터미널은 광양항 3단계 2차지역에 안벽길이 1,050미터에 안벽크레인 9대가 설치되며, 연간 취급량은 110만TEU로 계획되어 있다. 자동화터미널의 평면배치는 수직배치안으로 결정하였다. 수직배치안은 네덜란드 ECT, 독일 CTA 등에서 적용하는 방식으로 입증된 기술로서의 장점이 있고, 수평배치안보다 AGV의 항법시스템이 간단하며, 외부트럭과의 분리가 가능하므로 자동화터미널의 기본 배치안으로 채택하였다.

광양항 자동화 컨테이너터미널의 하역시스템은 독일 CTA 터미널의 것과 흡사하다. 다만 CTA터미널의 4단 10열 대신 5단 10열의 야드 크레인을 사용한다는 점에서 차이가 있다. 네덜란드 ECT의 하역시스템과도 유사하지만 다음 세 가지 면에서 차이가 있다. 첫째, 블록당 2대의 자동화 RMGC(ATC)를 배치하여 1대 고장시에도 대비할 수 있고 본선 작업과 반출입 작업에 할당될 수도 있으며 블록의 장치 작업도 서로 분담할 수 있도록 하였다. 둘째, ECT에서는 외부트럭 화물을 스트래들 캐리어가 자동화 블록에 이송시켜 주게 되나, 광양항 자동화터미널에서는 외부트럭이 직접 ATC 밑으로 진입하게 되고 원격조정을 통해 하역하게 된다. 세 번째, ECT의 경우 AGV가 QC 레일 스펜 내로 진입하지만 이 계획에서는 QC의 백리치 밑으로 주행하게 됨에 따라 AGV의 회전에 QC가 방해가 되지 않게 하였다.

자동화터미널 기술개발은 AGV에 인양기능을 보유한 ALV(automated lifting vehicle)를 개발, 세계 최초로 시제품을 제작했다. 또한 자동화 야드크레인을 제작하여 광양항 철송장에 설치하였다. 그리고 자동화 컨테이너터미널 최적 운영에 필요한 시뮬레이션 모델도 개발하였다.

그러나 아시아 최초의 자동화터미널 개발계획은 기술개발에 이어 개발 기본계획까지 수립되었지만 광양항의 물동량이 예상만큼 확보되지 않아 실제 건설에 이르지는 못했다. 광양항 자동화 부두건설은 무산되었지만, 이 기술은 2004년에 부산 신선대 부두 4번 선석 장치장 자동화에 적용되었다. 야드 크레인 제작은 연구사업에 참여했던 현대중공업이, 그리고 크레인 자동화 제어시스템은 역시 기술개발에 참여했던 서호전기가 맡아 2005년에 완공했다.

또한 참여한 기술개발 기업 중 서호전기는 자동화 야드크레인 제어시스템에 대한 기술개발을 계속해, 2015년 말에 싱가포르 파시르 판장 터미널(PPT) 자동화 야드 크레인(ARMG)을 10선석 분량, 총 130대 규모의 크레인 제어시스템(Electric control system for Cranes) 공급계약을 체결하여 세계적인 자동화터미널 기술업체로 싱가포르 자동화터미널 사업 등에 참여하고 있다.

자료: 양창호 외(2001a), 양창호(2016)

항만수요 및
항만선택

01

선사와 화주의 항만수요

1 선사의 항만수요

화물운송업체는 화물을 한 위치에서 다른 위치로 이동하는 운송서비스를 제공하는 회사이다. 이러한 운송은 육상, 해상 또는 항공을 통해 발생할 수 있다. 해상운송업체와 트럭이나 철도 등 육상운송업체 간에 화물 이전은 항만에서 이루어진다. 운송인은 항만서비스를 요구하는 수요자이며, 항만을 선택하는 사용자이다. 항만 관련 운송인은 선박을 소유한 정기선사와 트럭을 소유한 트럭운송사 혹은 바지선, 철도운송 업체 등이다.

(1) 항만비용

항만서비스에 대한 수요는 항만비용과 반비례한다. 항만비용이 낮은 항만일수록 그 항만에 대한 운송인의 항만서비스 수요가 증가한다. 부산항이 컨테이너 처리 실적면에서 세계 5~6위의 항만이 되고, 세계 2위의 환적항만이 된 것은 항만 처리능력이 확대된 것이 주요 원인이지만, 일본, 중국보다 항만비용이 낮은 것도 중요한 요인이다. 2019년 분석 자료에 의하면 부산항의 항만비용이 중국 상하이항의 88% 수준으로 낮다.[1] 하역료는 상하이에 비해 92% 수준이나 나머지 항만시설사용료 등 항만비용이 상하이에 비해 64% 수준이다.

항만서비스에 대해 운송인이 지불하는 항만비용은 화폐적 비용과 시간비용

---

1) 김찬호 외(2019), p.7

두 가지가 있다. 화폐적 비용은 항만이 제공한 서비스에 대해 항만이 청구한 가격이다. 서비스에 대한 시간비용은 항만서비스를 제공받으면서 운송업체의 선박 또는 차량에 대한 시간 가격이다. 구체적으로 운송인의 시간 가격은 선박(또는 차량)의 시간당 가치 또는 비용에 선박(또는 차량)이 항만 서비스를 받기 위해 소요된 시간의 곱이다.

시간비용에는 선박 또는 차량의 감가상각비와 보험료가 포함된다. 항만 서비스에는 선박 접안 및 이안, 그리고 선박 및 차량에 화물을 양적하는 서비스가 포함된다.

(2) 항만생산성

대형선을 운항하는 선사들은 생산성이 더 높아 시간당 더 많은 화물을 양적하 할 수 있는 항만을 선호한다. 항만의 화물 취급 생산성과 컨테이너 항만에 기항하는 컨테이너선의 크기 사이에는 정(+)의 상관관계가 있다.[2]

그 이유는 항만의 화물 취급 생산성이 증가함에 따라, 선박의 재항시간이 줄어들 것으로 기대하기 때문이다. 이를 통해 해상에서 규모의 경제효과를 발생시킬 수 있는 해상운송 시간을 더 확보할 수 있게 된다.

컨테이너선이나 일반화물선은 모두 해상운송시 규모의 경제효과가 발생한다. 컨테이너선 선박크기가 커질수록 해상운송시 TEU당 비용이 감소하는 규모의 경제효과가 발생된다.[3] 규모의 경제효과가 발생하는 것은 컨테이너 해상운송비용이 선박 크기에 따라 비례하여 증가하지 않기 때문이다.

컨테이너선이 항만에 접안해 있을 때는 선박크기에 따라 규모의 비경제를 발생시킨다. 선박크기가 증가함에 따라 하역 작업에 피크가 발생해서 장비의 생산성이 저하되거나, 장비를 추가로 투입하게 되어 TEU당 양적하 하역비가 증가한다.[4] 같은 시간 동안에 더 많은 컨테이너를 처리하기 위해 안벽장비, 야드장비, 이송장비가 투입되어야 하고 많은 야드 장치장이 할당되어야 하기 때문이다.

미국 로스앤젤레스/롱비치항 터미널 운영업체는 2004년 첫 8,000TEU 선박이 도착하면서 이 선박에 대한 하역작업이 2척의 4,000TEU 선박의 하역작업보

---

2) Tally(1990)

3) Tally(1990)

4) Haralambides et al.(2002)

다 어렵다는 것을 확인했다. 또한 8,000TEU 선박을 하역하기 위해 안벽 전면 수심이 15미터(50피트)가 되어야 하며, 최소 100에이커[5]에 달하는 터미널과 철송장이 추가로 더 필요하게 되었다.[6]

② 화주의 항만수요

화주(shipper)는 상품을 출발지에서 도착지까지 운송하기 위해 운송인을 활용하는 기업이나 개인을 의미한다. 상품이 운송되어 도착지에서 이를 수령하는 기업이나 개인을 수령인이라 한다. 화주는 상품운송시 운송비용뿐만 아니라 운송과 관련된 재고, 창고, 주문처리, 자재 취급 및 포장비용 등의 비용도 부담한다. 이러한 비용의 합계가 출발지에서 목적지까지 상품 운송 시 화주가 부담해야 할 총 물류비용이다. 화주는 운송과 관련해서 두 가지 비용을 부담한다. 화물수송을 위해 운송인에게 지불한 금액과 운송시간 동안 발생한 화물 관련 비용을 부담하게 된다.

화주는 글로벌 공급관리를 하면서 화물에 대한 수송을 발생시킨다. 이러한 화주의 수송수요가 운송인을 통해 항만의 수요가 되기 때문에 화주는 항만수요의 원천이라고 할 수 있다. 화주의 항만수요를 이해하기 위해 화주의 수송수요를 먼저 이해해야 한다. 화주는 항만서비스에 대해서도 두 가지 종류의 비용을 부담한다. 제공받은 항만서비스에 대해 항만에게 지불한 비용과 항만에 있는 시간 동안 발생하는 화물 관련 비용이다.[7]

(1) 공급사슬 관리

공급사슬관리(supply chain management)는 원자재 공급업체, 중간 부품 제조업체, 최종 제품 제조업체, 창고, 운송사, 항만(또는 터미널), 최종 고객 및 기타

---

5) 40만 평방미터(이는 400미터 안벽길이에 야드 폭 1킬로미터 터미널 규모)

6) Mongelluzzo(2006)

7) 본절의 내용은 다음 자료를 주로 참고해서 집필, Tally, Wayne K.(2018), Chapter 5

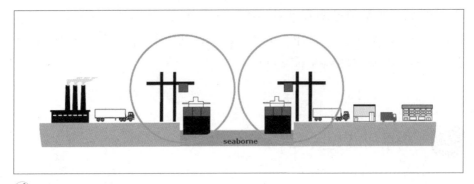

✎ 공급사슬 네트워크

이해 관계자의 활동을 통합한 것이다. 고객의 서비스 요구 사항을 충족시키면서 공급사슬의 시스템 전체 비용을 최소화하기 위해 공급사슬을 따라 제품과 자원이 분산되도록 관리한다.

일반적으로 개별 기업의 물류관리는 기업의 물류 활동을 통합하여 관리하는 것이다. 물류 관리는 기업 내 물류 관련 활동을 통합하여 최적화하는 것으로 다른 회사의 운영 결정을 고려하지 않고 독립적으로 의사결정을 한다. 그러나 이러한 개별기업의 최적화 결정은 공급사슬(supply chain) 내 다른 회사의 운영에 영향을 미칠 수 있다. 공급사슬관리는 다른 회사의 결정을 고려하여 최적화 물류관리의 범위를 확장하는 것이다. 공급사슬은 시스템이자 네트워크이다. 공급사슬관리는 원자재를 회사의 생산현장으로 운송하고, 또한 회사의 완제품을 최종 소비자까지 운송하는 전체 프로세스를 관리하는 것이다.

수출입관련 공급사슬 네트워크를 살펴보면 다음과 같다. 수출국가의 제조업체의 완제품이 수입국가의 고객에게 수송된다. 수출국 트럭 및 철도 운송업체는 완제품을 항만터미널 또는 나중에 항만터미널로 이송하기 위한 창고로 운송한다. 운송주선인과 선박대리인이 완제품 제조업체와 수입국까지 해상운송하는 정기선사를 대리한다. 운송주선인은 제조업체, 트럭 및 철도 운송업체 및 항만터미널과의 업무, 그리고 관세사를 통한 수출통관업무를 대행한다. 운송주선인의 선적의뢰를 받은 선박대리점은 항만 터미널, 운송선박의 선적을 예약한다.

수입국의 항만 터미널(외국)에서 완제품은 선박에서 하역되어 고객에게 직접 운송되기도 하고 혹은 창고로 운송된 후 나중에 트럭 및 철도운송을 통해 고객에게 운송된다. 수입국의 운송주선인과 선박대리점은 완제품 수령 고객과 정기선사(완제품을 운송한 선박)를 각각 대리한다. 수출국 운송주선인의 파트너인 수입국 운송주선인은 고객, 트럭 및 철도 운송업체 및 항만 터미널 관련 업무, 그리고 수입통관업무를 대행한다.

(2) 공급사슬과 항만

공급사슬은 사슬로 묶여 있는 한 회사가 다른 회사의 이익을 무시하게 되면 최종 제품가격이 높아져 최종 제품에 수요 감소 등을 통해 공급사슬 전체 비용은 더 높아진다. 운송 대기시간이 길어지거나 운송시간이 늘어나는 등 공급사슬 서비스 수준이 낮아질 것이다. 공급사슬관리는 기업 간의 상호 의존적 행동을 관리하는 것이다. 공급사슬통합은 상호 의존적인 회사가 공급사슬관리 목표를 공동으로 결정하는 전략적 계획 프로세스의 일부가 되어야 한다는 것을 인식할 때 가능한 것이다.

공급사슬관리의 목표는 공급업체의 가치를 창출하여 공급사슬의 지속 가능한 경쟁우위를 확보하는 것이다. 그러나 그렇게 하는 데 어려움이 있을 수 있다. 공급사슬의 한 부분에서의 행동은 다른 부분의 행동에 영향을 줄 수 있어 공급사슬 시스템 전체의 최적화를 어렵게 만들 수 있다.

항만도 화주의 공급사슬 네트워크 중의 하나이다. 특정 항만을 통해 수출입을 하는 화주의 경우 항만이 다른 공급업체처럼 화주에게 가치를 창출해서 궁극적으로 최종제품의 품질이 높아지거나 혹은 적기 운송을 통한 서비스 향상 등 가치가 높아지길 기대한다.

그러나 많은 경우 화물이 항만에 들어오게 되면 시간이 낭비되고 비용이 추가되는 곳으로 인식한다. 이는 항만이 화주의 공급사슬의 한 부분으로 역할을 수행하고 있지 못하고 있기 때문이다.

일반적으로 수출입화물인 경우 그리고 공장이나 공단이 항만인근에 있는 경우 그 항만을 이용하는 것은 어쩔 수 없는 선택이다. 그러나 빈번하게 부품과 완제품이 수출입 되고, 환적화물 등 항만 경유화물이 늘어나면서 화주는 항만경유에 따른 시간과 비용을 줄이거나 심지어는 항만에 화물이 머물 때 운송 중 가공활동까지 원하게 되었다. 따라서 항만은 자신의 행동이 화주의 공급사슬에서 어떤 영향을 미칠 수 있는지 인식해서 공급사슬 최적화에 기여해야 한다.

(3) 화주의 수송수요

화주의 수송서비스 수요는 파생수요(derived demand)이다.[8] 수송은 그 자체가 목적이 아닌 수단이다. 제품을 수송해야 할 수요가 없는 한 수송수요는 존재할 수가 없다. 화물 수송서비스가 이루어지려면 두 당사자가 합의에 이르러야 한다. 화주는 수송할 제품을 제공하고 운송업체는 제품 수송을 수행해야 한다.

수송은 장소적 효용성과 시간적 효용성을 통해 화주에게 가치를 창출한다. 장소적 효용성(place utility)은 제품을 소비될 수 있는 장소로 이동하면서, 그리고 시간적 효용성(time utility)은 제품이 소비될 적절한 시간에 도착하는 것을 의미한다.[9]

운송업체가 제품을 출발지 A에서 목적지 B로 수송하는 경우 화주에게는 두 가지 비용이 발생된다. 하나는 운송업체에 지불한 수송비이다. 또 하나는 수송품에 대한 감가상각비와 보험료와 같은 재고유지비용(inventory carrying costs)[10]이다. 수송비와 재고유지비용의 합이 화물운송 시 발생한 화주의 총비용이다.

재고유지비용은 운송업체의 운송 서비스 품질과 화물의 가치에 따라 결정된다. 운송업체의 서비스 품질이 높을수록 화주의 재고유지비용은 낮아진다. 운송 서비스 품질은 운송속도와 운송의 신뢰성 및 안전성으로 설명할 수 있다. 예를 들어, 운송업체의 운송 속도가 빠를수록 운송시간이 단축되므로 화주의 운송 중 재고비용이 낮아질 수 있다. 또한 운송업체 서비스가 신뢰성이 있고 화물 손상 없이 안전할 경우 화주는 재고수준을 낮출 수 있어 감가상각비나 보험료 같은 재고유지비용이 낮아질 수 있다. 그리고 수송품의 가치도 수송에 따른 재고유지비용에 영향을 미친다. 즉 수송품의 가치가 높을수록 운송에 따른 재고 유지비용이 높아진다.

일반적으로 운송업체는 서비스 품질을 개선하는데 많은 비용이 발생하기 때문에 높은 품질의 운송서비스에 대해 그만큼 더 많은 요금을 청구하게 된다. 이러한 서비스 품질향상으로 인한 화주의 재고유지비용의 하락이 운송업체가 제

---

8) Bardi, Coyle, Novack(2006), p.36

9) 양창호(2019), p.159

10) 재고유지비용(carrying costs)은 보관료, 취급비용, 보험, 세금, 노후화비용, 도난 멸실 비용, 제품제조 자금에 대한 이자 등이 포함된다. 재고수준이 높을수록 재고유지비용도 증가한다. 재고유지비용은 보통 평균재고량(1회 주문량(Q)의 1/2)에 제품단가(V)의 일정 비율(I %)을 곱하여 산출(1/2QVI)한다. (양창호(2019), p.137)

시한 가격 상승보다 크다면, 화주는 총 비용을 낮출 수 있다. 운송업체가 낮은 요금의 낮은 품질의 운송서비스를 제공하는 운송업체보다, 높은 요금을 청구하지만 양질의 운송서비스를 제공하는 운송업체를 선정하는 이유가 된다.

(02)

|

항만선택 연구

컨테이너 터미널을 선택할 수 있는 사용자는 선사와 화주이다. 항만 선택 요인에 대한 여러 연구를 통해 볼 때 정기선사와 화주의 항만선택 요인은 크게 다르지 않다. 항만 효율성, 기항빈도, 항만비용, 항만위치 등 중요한 선택요인이 모두 같게 나타난다.

다만 선사와 화주의 항만선택 기준은 선박에 대한 시간가치와 화물에 대한 시간가치에 대해 중점을 두는 요인이 다소 다를 수 있다.[11] 항만선택을 하는 의사결정자의 관심과 이익에 따라 달라지기 때문이다. 또한 항만선택 요인 중에서 가장 중요하게 생각하는 요인은 선사는 비용수준이고 화주는 서비스 빈도이다. 선사는 선박기항과 관련되어 발생하는 항만비용과 선박 기회비용에 민감한 반면, 화주는 화물의 기회비용을 줄일 수 있는 항만서비스에 더 중점을 두고 있다.

전통적으로 항만선택요인은 주로 비용에 초점을 맞추고 진행되어 왔지만, 최근 들어서는 항만서비스의 질적 요인을 포함한 다른 범주의 기준에 대해서도 많은 연구가 진행되었다.[12] 또한 항만선택이 항만의 경쟁력에 의해 이루어지기 때문에 많은 연구가 항만선택요인 분석이 인근 항만과의 경쟁력 분석에 초점을 맞추고 있다.

---

11) De Langen(2007)
12) Zarei(2015)

1 선사의 항만선택 기준 연구

선사의 항만선택 요인은 항만의 요율, 내륙운송비, 재항시간에 다른 선박기회비용 같은 비용수준이 거의 모든 연구에서 제일 중요한 것으로 분석되었다.[13)]

또한 항만의 지리적 위치를 중요한 항만선택 요인으로 분석했고, 항만 수심, 장비 같은 항만시설을 선사의 항만 선택요인으로 분석했다. 기간항로 선사의 항만선택은 항만의 선진화와 편의성, 작업 운영 능력 등 항만운영 품질을 중요한 요인으로 꼽고 있으며, 이는 피더선사의 항만선택과 차이를 보인다.[14)]

항만물동량, 시장크기, 선박기항빈도 등을 항만선택 요인으로 분석하였다. 항만 효율성과 생산성을 중요한 기준으로 분석하였다. 그리고 양적하 처리속도, 서비스 품질을 중요한 요소로 분석했다. 이 밖에 선사의 항만선택요인으로 중심항 기항, 인수합병, 전략적 제휴 요인, 그리고 터미널 소유의 변동 등도 분석했다.[15)]

이상의 연구를 종합하면 대부분 선사의 항만선택은 비용, 항만위치, 시설, 운영품질, 효율성, 항만의 특성과 운영, 항만물동량, 선사의 요인 등으로 요약할 수 있다.[16)17)]

2 화주와 운송주선인의 항만선택 기준 연구

화주의 항만선택기준이 선사의 항만선택기준과 크게 다르지 않게 연구되었다. 화주의 항만선택요인으로 항만비용, 항만의 효율성, 항만위치, 선박기항빈도, 항만운영품질이 중요한 것으로 분석했다, 또한 항만 연결성, 생산성, 전자정보, 물류 등을 주요 기준으로 식별하기도 했다. 항만선택과 배후지 연결, 신뢰성, 위치, 유연성 등을 화주의 선택요인으로 분석했다.

---

13) Wu Peng(2013)

14) Chang et al.(2008)

15) Notteboom et al.(2017)

16) Kavirathna et al.(2018)

17) Lee et al.(2010)

	항만선택요인(순위별)	연구자
선사	항만비용, 항만위치, 항만시설, 항만운영품질, 하역시간, 항만효율성, 항만체선, 해운서비스 빈도, 배후지 연계성, 항만정보시스템, 가용정보, 항만관리, 항만서비스, 특별화물에 대한 유연성	Lirn et al.(2004), Lirn and Beynon(2006), Yeo et al.(2008), Wiegmans et al.(2008), Tang et al.(2008), Chang et al.(2008), Aronietis et al.(2010), Lee et al.(2010), Wang(2011), Yuen et al.(2012), Saeed and Aaby(2013),Wu and Peng(2013), Salem and El-Sakty(2014), Nazemzadeh and Vanelslander (2015), Kurt et al.(2015), George and Hawa (2015), Gohomene et al.(2016), Kim et al. (2016), Kavirathna(2018)
화주	항만비용, 항만효율성, 항만위치, 해운서비스 빈도, 항만운영품질, 하역시간, 서비스 효율성, 항만시설, 항만정보시스템, 배후지 연계성, 항만체선, 항만서비스, 특별화물에 대한 유연성	Slack(1985), D'Este and Meyrick(1992), Malchow and Kanafani(2001,2004), Song and Yeo(2004), Ugboma(2006), De Langen (2007), Magala and Sammons(2008), Grosso and Monteiro(2008), Tongzon(2009), Yuen et al.(2012), Nazemzadeh and Vanelslander (2015),
포워더	항만효율성, 항만운영품질, 명성, 항만비용, 서비스 빈도, 항만위치, 하역시간, 항만정보시스템, 배후지 연계성	Slack(1985), Bird and Bland(1988), Tongzon (1995), De Langen(2007), Magala and Sammons(2008), Grosso and Monteiro (2008), Yuen et al. (2012), Nazemzadeh and Vanelslander(2015)

자료: OECD(2013) 자료에 2010년 이후 논문 저자 추가

　화주의 항만선택 의사결정에는 서비스 질적 요인도 포함되어 있다. 서비스의 유연성과 사용 편의성, 항만의 마케팅 노력, 전통, 개인적 접촉, 화주와 항만 사이의 협력 수준 등의 주관적 영향도 포함된다.

　화주와 포워터의 항만선택기준을 살펴보면 비용, 시간, 위치, 상당부분 선사의 항만선택기준과 같거나 비슷한 결과를 보여주고 있다. 선사의 항만선택기준에서 나타난 항만물동량, 선사의 특성정도가 다를 뿐이다.

　그러나 선사와 달리 화주의 항만선택의 강조점은 서비스 빈도이다. 화주의 항만선택요인으로 여러 연구에서 서비스 빈도를 가장 중요한 요인으로 분석하

였다.[18][19][20] 서비스 빈도가 가격보다 우위에 있는 요소임을 지적하고 있다.[21] 화주와 포워더의 경우 항해 빈도, 명성, 운송 시간, 직항로 등이 더 중요한 요인으로 분석되었다.[22]

운송 시간, 서비스 빈도, 배송의 신뢰성, 클레임 응답 속도, 정시 픽업 및 배송과 관련되었다. 이는 화물선 운송서비스의 전략적 의사결정에 물류와 물적 유통의 개념이 매우 중요해졌음을 시사한다.

---

18) Bird(1988)

19) Ugboma(2006)

20) Tongzon(2003)

21) Meyrick, D'Este(1989)

22) Brooks(1990)

$$(03)$$

|

선사의 항만선택

이전 절에서 살펴본 대로 선사의 항만선택 요인에 대해 많은 연구가 있었다. 선사가 이익을 극대화하기 위해 비용보다 수익이 더 발생하는 항만을 선박운송 네트워크에 포함시키는 것이 합리적일 것이다. 항만 서비스에서 발생하는 수익과 비용에 영향을 미치는 요인이 정기선사가 항만을 선택하는 요인이다. 연구를 종합하면 대부분 선사의 항만선택은 비용, 시간, 항만의 위치, 터미널 운영, 항만물동량, 선사의 특성 등으로 요약될 수 있다.

① 비용

항만기항과 환적과정에서 발생하는 선사의 비용으로 이로(deviation)비용과 항만비용, 그리고 피더운송 비용이 포함된다. 이로비용은 주 간선항로에서 벗어나 항만으로 운항하면서 발생하는 운항비용이다. 항만 비용에는 항만시설사용료, 하역료, 해상서비스 및 선박서비스료 등이 포함된다. 피더 비용은 환적화물에 대해서 발생하며 기항항만과 피더항만 간 화물 운송비용이다.

동일 권역에 있는 항만들의 항만 간 해상운송운임은 선사들의 경쟁심화로 큰 차이가 없다. 항만과 항만 간의 정기선 운임은 동일운임 체계이기 때문에 출발지 지역 근처 항만과 도착지 근처 항만 간의 화물운임은 거의 동일하게 유지된다.23) 차이가 나는 부분은 특정항만으로 운항하기 위해 많은 이로(deviation)가

---

23) 정기선 동일운임체계는 항만마다의 자연적 배후단지를 유지시키며, 선박이 여러 항만을 기

발생하는지, 그리고 항만들의 항만비용이 차이가 있는지가 비용수준을 결정하게 된다.

화주가 항만과 배후지 간의 내륙운송비를 부담하는 경우, 화주는 화주가 소재한 지역과 가장 가까운 항만으로 해상운송을 요청할 것이다. 이를 통해 내륙운송비를 줄여 총 운송비를 최소화할 수 있기 때문이다.[24]

즉 기항항만에 따라 해상운송거리와 육상운송거리가 달라질 수 있다. 특정 항만에 기항할 경우 운송화물의 해상운송 거리는 거의 늘어나지 않으면서도 내륙운송 거리에서 상당한 비용 절감을 달성할 수 있다면, 선사는 화주의 요청으로 이 항만에 기항할 가능성이 커진다.

 ## 시간

시간 항목은 간선 항로에서 이로 후 항만에 접근하는 데 걸리는 시간인 이로시간, 선박이 선석을 확보하지 못해 항만 정박구역에서 대기해야 하는 시간인 선박대기시간, 그리고 선박이 양적하 작업을 위한 항만 체류 시간이 포함된다.

시간의 중요성은 기회비용이라 할 수 있는 시간비용이 발생하기 때문이다. 어떤 시간비용을 중요시하는가는 선사의 인식에 따라 다를 수 있다. 예를 들어 어떤 선사는 선박 대기시간을 이로시간보다 더 중요하게 생각할 수 있다. 대기시간은 선박 운휴로 높은 기회비용이 발생하기 때문이다. 대조적으로 다른 선사는 높은 운항비 때문에 이로시간을 대기시간에 비해 더 중요하다고 생각할 수 있다. 시간비용에 대한 선사의 중요성 정도는 화폐적 비용 기준과 다를 수 있다.

항하는 운항서비스를 만들어 내게 하는 이유가 된다.

24) 화주의 항만선택 이유

항만의 위치

선사들이 최소한의 항만기항으로도 넓은 범위의 시장을 확보하기 위해, 기항하는 항만의 지리적 위치는 중요한 선택기준이다. 항만배후지가 비슷한 다른 항만과 인접해 있는지 여부를 보게 되고, 그리고 진입수로 및 안벽 전면 수심, 조수 간만의 차 등 항만 접근성에 영향을 미치는 요인 등을 고려한다.

정기선 운임체계가 해상운송과 내륙운송을 포함한 문전운송(door to door) 전 운송구간의 운임인 경우가 많다. 화주는 항만선택과 무관하게 문전운송 요금을 지불하게 된다. 따라서 이러한 요금체계에서는 정기선사는 기항 항만을 선택하고, 화물을 내륙으로 운송하기 위한 육상 운송업체(트럭 및 철도)를 확보해야 한다.

이 경우 선사는 중심항 기항을 선호한다. 인근항만으로 피더운송이 가능하고, 선박재항시간이 줄어들기 때문이다. 정기선사는 대형선을 이용하기 때문에 인근항마다 직기항을 줄이고 중심항에 기항하면서 대형선박의 규모의 경제효과를 발생시키고자 한다[25]. 물론 정기선사는 중심항 인근 소형 항만까지 화물을 추가로 운송해야 할 경우가 생긴다. 그리고 정기선사가 특정항만을 선호할 경우 인근 항만의 자연발생 배후단지가 위축될 수 있다.

정기선사는 또한 재항시간이 줄어들 수 있는 중심항에 기항하려 한다. 대형선을 수용할 수 있는 중심항만은 선박 입항과 출항 간의 시간을 의미하는 선박회전시간(ship turnaround times)을 빠르게 유지할 수 있어야 한다. 또한 대형선 기항에 대응할 수 있도록 진입수로와 안벽전면 수심도 깊어야 한다.

선사 운항관점에서 항만의 위치가 다음 혹은 이전 기항항만과의 근접성, 같은 지역의 대체 항만의 가용성 등에 의해 결정될 수도 있다.

4 **터미널 운영**

선사는 항만 서비스를 받을 때 다음과 같은 충분한 처리능력을 가지면서도

---

25) 정기선사의 항만선택 이유

높은 생산성과 운영효율을 기대한다. 인프라의 적합성은 안벽, 크레인, 터미널 면적의 수나 크기뿐 아니라 장비의 성능, 복합운송 가용성 같은 서비스의 질적 요소도 의미한다. 특정항만이 인근항만에 비해 정부의 경제적 규제 및 안전, 환경 규제가 다른 항만에 비해 적은 경우 항만 기항을 선택할 가능성이 크다.

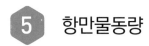 터미널 운영에 대한 선사의 요구

터미널 운영항목	선사의 요구사항
항만처리능력	선박에 대한 항만의 전체 처리능력
선석 이용가능성	선사의 경험에 근거한 선석 이용가능성
지연 빈도	예정된 운항서비스 시간보다 지연되는 빈도, 선사의 불만족도를 높이는 요인
항만당국, 통관, 규제	항만 내 기업하기 좋은 환경의 특성, 복잡하고 시간이 많이 걸리는 절차, 문서처리와 규제가 있는지 여부
항만 인프라	선진화된 항만 인프라 가용성
항만 상부구조물	선박, 화물 처리를 위한 상부시설의 가용성
IT 및 첨단 기술	항로 편의성을 높이는 첨단 IT 시스템 및 관련 기술의 가용성
물류시설	환적허브항만에 필수적인 혼재(consolidation), 창고 등 물류시설 제공 능력
해상서비스 효율성	선박 대형화, 통항선박이 많아지면서 도선, 예선 해상서비스의 중요성이 커짐
용역 서비스 효율성	항만에서의 선박수리, 벙커링 등 다양한 용역 서비스의 효율성
전문직 직원	전문직 직원의 존재, 업무 편의성을 높여주는 기능
마케팅 노력	효과적인 항만 가격 책정, 인센티브 및 장기적인 비즈니스 관계를 포함한 마케팅 노력
선사 요청에 대한 유연성	선사의 특별요청, 운영변경, 추가 요구사항 등을 처리하는 유연성

자료: Kavirathna et al.(2018)

5 항만물동량

선사의 항만 선택과정에서 항만물동량은 중요한 요인이다. 항만의 선적물동량이 많을수록 정기선사가 그 항만에 기항할 가능성이 커진다. 초대형 선박이라 해도 항만의 배후지 수출입화물이 충분히 확보되어 있는 항만을 지나칠 수가 없다. 배후지 수출입 화물과 항만과의 연계운송수단, 연계운송시간 면에서 다른 항만과의 경쟁이 있는지 등을 살피게 된다. 또한 인근 피더 항만의 물동량 공급, 그리고 모선 간 환적 물동량 공급으로 항만의 환적물동량이 많을 경우 항만 선택요인이 된다. 피더 시장의 성장 잠재력, 물동량, 시장 특성 등을 검토하게 된다.

항만배후지의 수출입화물과 환적 물동량이 많을 경우 이는 선박 적재율에 영향을 미치는 요인이다. 항만물동량이 많은 항만은 서비스 빈도가 높을 수밖에 없어, 항만의 정기선 서비스 항로수로도 항만물동량의 규모를 파악할 수 있다.

⑥ 선사의 특성

항만의 특징 외에 선사의 특성에 의해서도 항만을 선택하는 기준이 달라질 수 있다. 현재 많은 항만에 선사 전용터미널이 운영되고 있고, 일부 선사들은 터미널 운영 및 하역사업에 지분투자를 하고 있다. 이런 요인이 선사의 항만선택 요인이 될 수 있다.

선사의 항만기항은 선사 간 인수합병 및 얼라이언스에 영향을 받게 된다. 선사 간 합병이 발생하면 합병 이후 새로운 선사로 출범하게 된다. 그리고 한 선사가 다른 선사를 인수하면 피 인수 선사의 소유권을 얻지만, 보통 두 개의 선사와 그 이름은 그대로 유지되는 경우가 많다. 선사의 브랜드 가치와 고객이 있기 때문이다. 또한 복수의 선사들이 선박 공유 등을 목적으로 얼라이언스를 형성하는데, 최근 얼라이언스의 세력이 확대되면서 선사 간 이동이 많았다.

인수합병과 얼라이언스 개편이 이루어질 경우 특정 정기선사가 운영 중인 전용터미널이 있다면, 이 거래에 관련된 다른 정기선사들은 기존에 이용하던 터미널을 떠나 이 터미널로 이전하게 되고, 터미널들이 동일 항만에 있지 않다면 항만 기항도 변경될 수 있다. 물론 특정 정기선사가 전용터미널을 확보하고 있더라도 얼라이언스의 항만 선택은 협상의 대상이고 그 정기선사의 결정과 다를 수 있다.[26]

---

26) Farrel(2012)

또한 컨테이너 터미널 소유가 변경되면서 정기선사의 항만기항에 영향을 미칠 수 있다. 예를 들어, 정부 소유의 항만이 글로벌 터미널운영자(global terminal operator) 등에게 소유권이나 운영권이 매각 또는 임대되는 민영화가 이루어질 수 있다. 이 경우 항만 서비스 품질이 개선되고 선박의 기항이 증가할 수 있다. 그러나 항만을 공용으로 이용하던 정기선사들은 특정 정기선사나 터미널운영자의 전용터미널로 바뀌면서 터미널을 변경해야 하고 일부는 항만기항도 변경할 수 있다.

이 밖에도 선사가 항만을 선택하는 여러 요인이 있을 수 있다. 항만이 특별히 제공하는 인센티브, 유리한 접안조건 등의 이유도 특정 항만을 선호하는 경우 중요한 요인이 된다. 그리고 화주와 운송주선인의 의견도 중요한 항만선택요인이 된다.

04

|

화주의 항만선택

선사가 항만을 선택하는 요인이 비용과 생산성 등이지만 화주는 이렇게 계량적인 것으로는 설명할 수 없는 부분, 즉 항만의 서비스에 대해 더 관심이 있다. 항만의 유연성이나 항만이용의 편의성, 개인적 접촉 같은 항만의 마케팅 노력 같은 주관적 요소가 항만을 선택할 때 작용한다.

화주의 항만선택 기준에 대한 연구결과를 종합하면 크게 세 가지 요인으로 나누어 볼 수 있다. 첫째는 항로요인이다. 정기선 기항 서비스 빈도, 직기항, 항만처리능력, 운송시간, 항만이용의 편의성, 유연성 등이다. 두 번째는 하역료와 기타 항만비용 등 비용요인이다. 세 번째는 서비스요인으로 지연, 신뢰성, 파손, 분실, 도난방지, 문제에 대한 신속한 대응, 선사와 화주 간의 협력, 문서처리 및 화물추적으로 정리될 수 있다.

화주나 운송주선인 등 화주를 대리한 물류서비스 제공자의 항만선택은 선사의 항만선택과 차이를 보인다. 화주는 항만선택 시 대부분 화주의 시간비용을 단축할 수 있는 요인에 중점을 둔다. 과거 연구에서는 항만비용의 수준이 화주의 항만선택기준의 중요한 요인이었으나 최근 연구에서는 항만비용이 다소 높더라도 높은 수준의 항만서비스를 더욱 선호하는 결과가 나타나고 있다.

화주가 항만을 선택하는 요인은 항만서비스에 대한 화폐적 비용과 시간비용 두 가지로 나누어 설명할 수 있다. 화폐적 비용은 화주나 대리인이 항만에 지불한 금액이다. 항만이 화주에게 청구하는 금전적 비용이 높을수록 화주가 그 항만을 선택할 가능성이 줄어들 수 있다. 항만서비스에 대한 시간비용은 화주의 수송품에 대한 시간당 비용이다. 시간비용은 수송품의 시간당 가치나 비용에 항만서비스에 소요된 시간을 곱하여 산출한다. 항만서비스에 소요된 시간은 항만 특성과 선박스케줄에 의해 결정된다.

화주의 항만선택에 영향을 주는 요인은 비용, 시간, 신뢰성, 가시성, 그리고 공급사슬 요인 등으로 나누어 살펴볼 수 있다.

① 비용

특정항만을 통한 컨테이너 운송에 소요되는 비용에는 많은 항목이 포함된다. 항만 간 운송비, 배후지 연계운송비, 하역비 등 항만비용, 운송 중 재고비용 등이 포함된다.

항만 내 운송, 보관비는 물론 항만에서의 재포장이나, 배분, 가공, 조립, 검사 등 부가가치활동 비용도 고려해야 한다. 배후지 연계운송비용을 고려할 때 화주(혹은 정기선사[27]))는 화주의 공급사슬 목적에 어느 것이 부합되는지 판단해야 한다. 연계운송수단(도로, 철도, 피더운송)별 장단점을 검토해야 한다. 예를 들면 트럭운송은 빠르고 편리한 반면, 내륙수로 바지운송에 비해 비싸다는 단점이 있다. 내륙수로운송은 저렴한 반면 느리고 내륙 바지터미널에서 최종목적지까지의 추가적인 도로운송비가 발생하는 단점이 있다.

항만과 항만배후지 간의 거리가 배후지 연계 운송비용을 결정하기 때문에 항만 배후권역에 대한 분석을 항만의 경쟁위치를 파악하는 데 도움이 될 수 있다. 배후권역의 지역별로 화물량과 시장점유율을 설정할 때 화물 발생지와 항만 간의 실제 운송비에 대한 분석뿐 아니라, 경쟁이 되는 항만과의 운송비도 분석해서 비교해야 시장점유율을 높이기 위한 잠재적 기회가 있는지를 파악할 수 있다.

---

27) Carrier Haulage인 경우

② 시간

시간과 관련해서는 총 운송시간(total transit time)이 판단 척도가 될 수 있다. 여러 공급사슬의 단계를 거쳐 최종목적지까지 운송되는 총 운송시간을 검토하며, 여러 기항항만 대안별로 검토하게 된다.

항만 관련 시간은 항만 간 해상운항시간, 재항시간, 그리고 항만과 배후지까지의 운송시간으로 나누어 볼 수 있다. 항만 간 해상운송시간은 항만의 위치와 관련되고, 재항시간은 선사의 기한빈도, 운항서비스 수, 양적하 물량과 터미널의 효율성에 의해 결정된다. 배후지 까지의 운송시간은 통관, 검사시간과 내륙운송수단의 선택과 관련이 된다.

항만의 위치는 시간비용을 결정하는 중요한 요인이다. 항만의 위치는 해상운송비를 결정하고, 또한 내륙운송비를 결정하는 요인이다. 총운송시간의 관점에서 중요한 요인이다. 최근 연구에서 화주의 항만선택 기준에 항만의 위치가 가장 중요한 요인인 이유이다.

항만 간 해상운송비는 출발 항만에서 도착 항만까지의 해상운송거리에 비례한다. 항만 간 해상운송거리가 길수록 해상운송비가 높아진다. 화주들은 화물의 출발항과 목적항 모두를 고려하여 시간비용이 저렴한 항만을 선택하려 할 것이다.

다음으로 재항시간은 항만의 효율성, 항만서비스의 빠르기와 신뢰성과 관련이 있다. 적기수송이 화주와 운송주선인의 최대 관심사이기 때문이다.[28] 물류사슬의 중요한 접점인 항만운영자가 신뢰성 있고 신속한 항만서비스를 제공해야 한다. 화물이 항만에서 대기하고 체류해야 하는 시간이 길어질수록 그 항만 선택을 꺼려할 것이다.

항만이나 터미널이 어떤 경우에는 일시적인 제품 보관 장소로 이용되기도 한다. 또한 공급사슬 각 단계에 컨테이너화물을 보관하여 보관비용을 절감하는 효과를 추구하기도 한다. 따라서 시간은 항상 속도(speed)문제가 아닐 수 있다. JIT 목표가 설정될 경우에도 속도가 주된 요소가 아니며, 오히려 화물이 계획된 대로 배송되는 신뢰성이 핵심요소라 할 수 있다.

마지막으로 항만과 배후지 간 수송에 따른 시간비용이다. 화물의 출발지(혹은

---

28) UNCTAD(1992)

도착지)와 항만 사이의 거리이다. 이 거리가 길수록 항만까지 화물운송에 대한 운송비와 운송시간이 늘어나게 된다.

③ 신뢰성

운송시간이 빠른 것만이 선택기준은 아니다. 신속한 항만서비스라 해도 그 시간이 일정하지 않다면 화주입장에서는 빠른 시간이 아니라 가장 오래 걸린 시간을 기준으로 재고유지를 해야 하기 때문이다. 결국 빠르기도 중요하지만 신뢰성 있게 동일한 시간이 유지될 수 있어야 한다. 또한 신뢰성문제는 화물의 손상, 도난이 되지 않아야 한다는 것과도 관련된다.

만약 어떤 소매상에서 해외수입 특정 상품에 대한 할인행사를 계획하고, 이를 홍보하였는데 정한 기간 내에 상품이 배송되지 않을 경우, 소매상은 매출의 기회를 상실했을 뿐 아니라 소비자들로부터의 평판가치를 잃는 결과를 초래할 것이다. 또한 기계류 제조회사에서 필요부품을 수입하는데 너무 늦게 배송될 경우 생산라인의 정지까지 초래할 수 있다. 이는 고객에 대한 불만족 요인이 되고 수익 기회상실 그리고 운영비 상승으로 이어가는 것이다. 공급사슬에서의 신뢰성 요인이 얼만큼 중요한 것인가를 알 수 있다.

신뢰도는 예측력과 밀접하게 관련되어 있다. 물류사슬은 예측 못한 환경에 의해 효율성 저해를 가져오게 된다. 여기에는 항해 중 기상상태, 이전 항만에서의 지체, 항만 체선에 의한 지연 등이 포함된다.

해상운송의 경우 정시도착률이 신뢰성 지표로 사용된다. 최근 들어 자연재해뿐 아니라 코로나바이러스 같은 감염병 대유행도 공급사슬의 신뢰성을 저해하는 공급사슬 위험요인이 되고 있다.

이와 같은 예상치 못했던 문제들로 인해 최종소비자 혹은 고객에 대한 물류시스템에는 심각한 영향을 미치게 된다.

4 가시성

화주는 공급사슬과 물류시스템을 관리해야 하며 이를 위해 공급사슬의 가시성을 확보하는 것이 중요하다. 가시성은 수동적 가시성과 능동적 가시성으로 나누어 볼 수 있다. 수동적 가시성이란 화주가 웹사이트에 들어가서 컨테이너의 위치를 파악하고 계획대로 운송되고 있는지를 비교하는 것이다. 이에 비해 능동적 가시성이란 화주가 인터넷이나 EDI를 통해 공급사슬의 단계별 운송에 대한 메시지를 받는 방식이다.

만약 컨테이너가 계획대로 운송되지 못할 경우 이를 알려줄 수 있는 시스템이 구축되어 있어야 한다. 화주에게 다른 대책을 미리 세울 수 있도록 해야 하기 때문이다. 예측치 못한 지연이나 예측 못한 수요 발생 시 화주는 컨테이너 운송물류를 재구성할 수 있다. 예를 들어 당초 이용하기로 한 내륙운송 수단을 바꾸어 운송시간을 단축할 수 있을 것이다.

항만이용자의 요구에 즉각적인 대응은 항만이 항만이용자의 요구사항을 계속 모니터링할 때 가능한 일이다. 특히 화주의 항만선택에서 고객중심, 신속대응의 가치가 중요한 것으로 나타나고 있다.[29]

5 공급사슬 요인

공급사슬의 네트워크 수송능력은 주어진 기간 동안 화주가 수출지역에서 화물 수령지까지 보낼 수 있는 컨테이너 최대 물동량을 의미한다. 이 수송능력은 수송 용량이 가장 작은 공급사슬의 링크(links) 또는 접점(nodes)에 의해 제한될 수 있다. 공급사슬 네트워크 링크는 항만 간 운송, 수출국 내륙운송, 수입국 내륙운송으로 구성된다.

이 경우 공급사슬의 접점은 항만이다. 만약 링크를 통한 컨테이너 흐름이나 항만을 통한 컨테이너의 흐름이 비효율적이라면 컨테이너의 흐름은 공급사슬

---

29) De Langen(2007)

네트워크 수송 능력보다 적게 된다. 특정 공급사슬의 네트워크 수송능력은 항만 간 수송능력, 내륙 운송업체의 수 및 크기, 운송업체의 운송속도 및 수출항에서의 선적대기시간과 수입항에서의 반출대기시간에 따라 결정된다.

컨테이너항만을 이용하는 화주에게는 화물의 원활한 흐름을 위한 항만의 능력, 처리 물동량 규모가 중요하다. 그러나 화주에게 항만은 공급사슬상 중요한 접점(node)이고, 부가가치활동 거점의 역할을 하는 점이 더 중요하다. 컨테이너항만이 공급사슬의 활동을 최적화하여 최종 소비자에게 가치를 제공하는 공급사슬 구성원의 역할을 해야 한다는 의미이다.

치열한 경쟁 환경에서 항만은 운영 효율성 및 입지를 활용한 경쟁을 해야 할 뿐만 아니라, 화주의 공급사슬에 포함되어 있다는 사실을 바탕으로 경쟁해야 한다.[30]

예를 들어, 수출국 X의 수출기업이 Y국의 수입 회사로 화물을 운송할 계획이 있다. 수출국 X에는 3개의 가능한 항만 A, B, C가 있고, 수입국 항만은 D가 있다. 그리고 수입 항만 D에서 수입회사로 선적물을 운송한다. 수출 회사는 항만선택과 내륙운송을 선택해야 한다. 즉 세 개의 수출항에서 항만 D까지 해상운송을 하는 정기선사, 그리고 수입항에서 목적지까지 내륙운송업체를 선정해야 한다. 이 경우 화물이동에 따른 여러 가지 공급사슬이 가능하다.

이 중에서 화주 또는 제3자 물류서비스 제공자 같은 화주의 대리인은 화물운송 비용과 재고비용 등 물류비가 가장 적게 발생하는 공급사슬을 선택할 것이다. 선택된 공급사슬은 화주에게 물류비용을 절감시킬 뿐만 아니라, 경쟁업체와

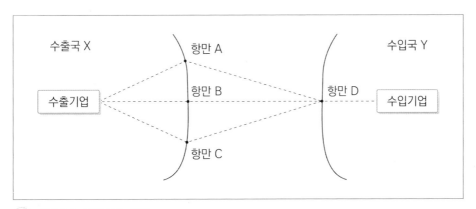

✎ 화물운송 공급사슬 대안

30) Robinson(2002)

차별화하여 판매를 늘려 시장가치를 향상시켜서 궁극적으로 경쟁우위를 제공할
수 있다.

화주나 정기선사 등 여러 참여자가 항만을 포함한 공급사슬을 선택한 경우,
항만 선택은 선사나 화주의 항만선택이라기보다는 공급사슬 항만 선택이라고
말할 수 있다. 즉 화주가 항만을 선택할 경우 네트워크 비용을 고려하게 된
다.[31] 해상운송비와 배후지 수송까지 포함한 총 항만서비스 비용이 가장 저렴한
방안을 선택할 것이다. 따라서 화주의 공급사슬관리를 지원하는 것이 항만의 효
율성이며, 이는 화주의 물류와 공급사슬에서 가장 많은 부가가치를 창출할 수
있는 활동에 항만전략을 집중하는 것이다.[32]

항만은 공급사슬에게 다음과 같은 활동을 통해 가치를 부가시킬 수 있다. 우
선 공급사슬 구성원들과 정보를 공유할 수 있다. 또한 공급사슬 구성원(정기선
사, 내륙 운송업체, 화주 등)과 장기 협력계획을 통해 공급사슬에 가치를 전달할
수 있다. 그리고 항만사용자의 요구변화를 수용할 수 있는 새로운 맞춤형 서비
스 시작과 같은 유연성을 제공할 수 있다.

공급사슬 전체 성과를 향상시키기 위해 자신의 업무영역을 넘는 활동을 계
획, 수행할 수도 있다. 항만의 경우 화주의 가치를 창출시키기 위해 고유 활동범
위를 넘는 활동으로 화주의 시간 비용을 줄여줄 수 있는 내륙터미널 설치, 철도,
피더 등 2차 연계운송 강화를 위한 투자, 항만배후지에서의 부가가치활동 지원
강화 같은 활동이 가능하다.

---

31) Notteboom, Winkelmans(2001)
32) Bichou, Gray(2004)

화주위주
항만정책

⓪①

화주의 영향

항만은 국제물류 네트워크상 중요한 가치사슬의 역할을 하고 있다. 화물이 항만을 통과하면서 육상 및 해상 연계수송에 의해, 그리고 항만배후단지에서 부가가치활동을 통해, 상품과 제품가치가 창출되는 곳이다. 이러한 이유로 다국적 기업들의 공급사슬관리가 항만을 중심으로 이루어지고 있다.

많은 기업이 성공에 중요한 요인으로 공급사슬관리를 들고 있다. SCM을 통한 즉각적인 시장변화에 대한 대응, 시장수요를 기반으로 한 물류 등이 핵심 성공요소가 되고 있기 때문이다. 특히 공급자들의 신뢰성과 가시성이 물류성공의 핵심요소가 되고 있다. 항만은 화주의 입장에서 보면 공급사슬관리의 한 고리역할을 하고 있기 때문에 항만은 비용이나, 시간, 서비스, 가치면에서 경쟁력을 지니고 있어야 한다.

항만, 컨테이너터미널, 선박회사, 그리고 복합운송업체의 최종 고객은 화주이다. 그리고 많은 제조업체나, 유통업체들이 그들의 컨테이너화물 흐름을 직접 혹은 3PL, 4PL 서비스 제공자를 통해 관리하는 경우가 증가하고 있어 화주를 대리한 물류서비스 제공자들도 화주와 같은 터미널 등의 최종 고객이다.

많은 화주들은 화물을 문전수송으로 선사에게 수송을 위탁하고 있다. 그러나 화주를 대리한 물류서비스 제공자들은 공급사슬에 대한 통제를 통해 운송, 보관 등의 유연성을 확보하려 한다. 이 두 가지 방식이 항만 선택에도 영향을 미치게 된다.

전자는 선사가 내륙운송과 해상운송을 결합한 복합일관운송으로 문전운송을 책임지는 방식이다. 따라서 항만선택이나 배후지 수송수단 경로를 선사가 결정한다. 내륙운송도 복합일관수송의 일환으로 선사가 지정한 운송인에 의해 이루어진다. 이를 '선사 내륙운송'(carrier haulage, line haulage)이라 한다. 문전수송의 편리성과 가격의 이점 때문에 많이 이용되고 있는 수송방식이다.

후자는 컨테이너 화물의 흐름을 화주가 결정하며 화주가 지정한 운송인에 의해 내륙운송이 이루어지며, '화주 내륙운송'(merchant haulage)이라고 한다. 화주는 실화주, 무역업체, 화물수취인 또는 화주의 물류서비스를 대행하는 계약인이 될 수 있다. 선하증권상 선사의 책임에 내륙운송이 포함되지 않는 조건으로 이루어진다. 이 경우 내륙운송방법과 경로를 화주가 결정하면서 내륙운송시간과 비용에 유리한 항만을 선사에게 요구할 수 있다. 화주와 운송주선인은 시간과 비용, 그리고 신뢰성, 유연성을 고려해서 이 두 가지 방법 중 하나를 선택하게 된다. 특히 운송주선인은 고객에게 제공하는 서비스의 품질, 시간 및 비용을 평가하면서 항만선택 등을 결정하게 된다.[1]

북유럽의 경우 내륙운송을 화주가 지정하는 '화주 내륙운송'(merchant haulage)이 대부분을 차지하고 있다.[2][3] 정기선사가 수행하는 '선사내륙운송'(carrier haulage)도 대부분 항만선택과 관련해 화주가 결정하는 '화주의 요구로 수행하는 선사내륙운송'(merchant inspired carrier haulage)방식이다.[4] 즉 항만선택이나, 그 이후 내륙운송까지도 화주 또는 화주를 대리하는 물류서비스 제공자에 의해 결정되고 있는 것이다.

미국 수입업체들도 아마존(Amazon)의 빠른 배송에 맞추어 비용만큼 중요한 요인이 시간인 만큼 기존 선사를 통한 문전수송서비스인 '선사 내륙운송'방식을 줄이고, 화주가 직접 내륙수송을 지정하는 '화주 내륙운송방안'을 늘려가고 있다. 화주 내륙운송방식은 비용이 다소 비싼 반면, 선사 내륙운송은 신뢰성이 떨

---

1) Hesse(2004)

2) 화주에 의해 내륙운송이 직접 통제 받는 것은 70% 정도(Notteboom(2004))이지만 정기선사별로 항만별로 이 수치는 다를 수 있다. 예를 들어 르하브르항에서 선사인 MOL이 내륙운송을 통제하는 경우는 60%에 달한다(Fremont(2009)).

3) 북유럽의 경우 화주의 요구에 의한 내륙운송 비중이 높은 것은 무역이 상인들에 의해 주도되었던 역사와 무관하지 않을 것이다. 유럽의 무역은 자발적 상인연합인 상인 길드(merchant guilds)에 의해 2천년 동안 주도되었다. 그들은 중세부터 공적인 계약의 보호대신 네트워크, 즉 관계를 기반으로 한 거래를 해왔다. 암스테르담, 함부르크, 런던 등에서 활약하던 상인길드가 16세기 이후 주식회사 등으로 혁신되면서 쇠퇴했다. 그러나 유럽의 무역은 아직 이들 상인들의 관계를 기반으로 하는 관행에 의해 주도되고 있고 (Cassidy(2019)), 이런 이유가 화주 내륙수송 비중이 높은 이유일 수 있다.

4) Stenvert, Penfold(2007), p.100

어지는 단점이 있는데, 수송비보다 화물도착시간이 더 중요해졌기 때문이다.

　우리나라와 북중국 선사와 화주, 포워더를 대상으로 분석한 결과에서 한국의 화주 내륙운송 결정 67%, 북중국의 화주 내륙운송 결정이 56%로 나타났다.[5] 화주 내륙운송이 높게 나타난 것은 내륙운송비 절감이 주요 원인으로 분석되었다.

　항만과 터미널선택에서 화주들의 영향이 커지고 있는 이유는 공급사들 관리 (SCM)의 증가에서 찾을 수 있다. 화주들이 SCM을 위해 물류활동을 제3자 물류 서비스 제공자(3PL)에게 위탁을 하면서 3PL사는 공급사슬과 무역흐름을 통제하면서 항만에 대한 영향력이 커지고 있다.

---

[5] 조국연(2018), p.81

항만의 대응전략

화주의 항만선택에 대한 영향이 커지면서 항만정책에도 많은 변화를 가져올 것으로 보인다. 항만이 화주의 요구에 부응하기 위한 정책은 주로 내륙연계운송 항만의 육측 정책이 될 것으로 보인다.[6]

1 항만 육측서비스

항만의 서비스 수준을 평가할 때 과거에는 주로 해측(sea-side)에 중점을 두었다. 선박의 기항빈도, 선박의 대기시간, 접안시간 등이 서비스 수준을 결정하는 주된 요인이었다. 육측의 서비스 수준은 체선문제가 발생하여 육측 트럭운송 회사들의 불만이 제기될 때 관심의 대상이 되는 정도였다.

그러나 화물운송의 수요자인 화주의 요구가 점차 중요시되면서 항만의 서비스도 화주에게 중점을 두게 된다. 항만의 육측서비스 소요시간, 육측서비스 비용, 그리고 신뢰성 등이 항만당국이나 터미널 운영자들의 관심사가 되고 있다. 특히 강조되는 것은 항만으로 반입되거나 항만에서 반출되는 화물과의 연계 운송에 소요되는 인터페이스 시간이다.

항만의 육측 서비스는 통관, 검역, 각종 검사 등의 정책과도 관련이 된다. 그리고 항만의 정보통신시스템도 화주에 대한 항만의 효율성과 서비스 수준을 결정하는 큰 요인이 될 수 있다. 항만과 관계된 공급사슬 간의 협력을 촉진시킬

---

6) 이 절의 내용은 다음의 자료를 주로 참고하여 기술. Stenvert, Penfold(2007), pp.104-112

수 있기 때문이다. 특히 화주들의 요구가 항만정책이나 전략에 반영될 수 있도록 화주와 항만당국, 터미널운영자와의 의사 소통기반도 필요하다.

② 선사의 화주서비스

선사는 주요한 항만고객이다. 선사는 화주의 공급사슬을 연결시켜 주는 역할을 한다. 선사에 대한 서비스 향상이 육측서비스 개선에 도움이된다. 또한 선사가 화주에게 전달하는 항만서비스 수준과 비용 역시 관심을 두어야 한다.

선사에 대한 서비스 수준은 계획, 통신, 정보교환 분야에서의 개선이 가능하다. 계획분야의 경우 선사와의 정보교환 개선이 이루어지면 터미널의 생산성이 향상될 수 있다. 예상 도착시간(ETA[7])과 실제 도착시간(ATA) 간의 차이를 최소화시킬 경우 선박에 대한 화물 양적하 작업을 최적화할 수 있으며, 가능한 많은 안벽크레인(QC)을 배정, 활용할 수 있게 된다.

통신과 정보교환 부문의 개선을 통해서도 터미널 생산성이 향상될 수 있다. 만약 컨테이너에 대한 무게정보, 도착지 정보, 온도 등의 정보가 부정확하거나, 미리 교환 통보되지 않게 되면 터미널에서의 추가적인 작업과 그에 따른 비용이 발생하게 된다.

또한 선사의 화물정보가 터미널의 연계운송수단과 공유되거나, 적기에 통보되지 않는다면, 화주의 시간낭비, 터미널의 생산성 저하를 가져오게 된다. 따라서 선사, 터미널, 화물, 연계 운송복합운송에 대한 정보 공유 정보교환이 유기적으로 이루어질 수 있도록 하는 정보통신체제가 구축되어야 한다.

한편 정기선사가 터미널에서 발생한 비용을 화주에게 부과하는 비용은 터미널 화물처리비(THC), 그리고 장치장 보관 체화료 등이다. 이 비용 수준은 항만별로 다를 뿐만 아니라 선사가 부과한 금액이 터미널이 부과한 금액과 비교하여 적정한지에 대한 투명성이 떨어져 화주의 불만을 사고 있는 분야이다.

항만은 계속해서 정기선사가 화주에게 부과하는 이 같은 비용의 적정성에 대해 검토해 보아야 한다. 이 밖에 다른 부과비용 대해서도 실제비용과의 차이가

---

7) ETA: estimated arrival time, ATA: actual arrival time

있는지 살펴야 한다. 이 문제는 화주가 선사뿐만 아니라 항만에게도 불만을 가질 수 있는 것이기 때문이다.

③ 컨테이너별 흐름관리

컨테이너터미널에서는 전통적으로 대량 화물처리방식(batch processing)을 채택하여 왔다. 컨테이너터미널에서는 모선에 3,000개의 컨테이너가 양하, 선적되고, 600TEU의 피더선 작업이나 100TEU의 철도운송이 이루어지고, 컨테이너 야드에서는 하루 수 만개의 컨테이너 작업이 이루어진다. 따라서 컨테이너터미널의 모든 시스템, 운영, 처리 과정들은 이러한 대량 컨테이너의 취급과 흐름이 효과적이고 효율적으로 이루어질 수 있도록 되어 있다.

그러나 항만선택에서 화주의 중요성이 커지면서, 컨테이너터미널도 개별 화주 컨테이너마다의 물류 요구사항에 부응할 수 있는 업무처리에 대한 요구가 발생될 수 있다. 이를 위해 개별 컨테이너화물의 물류흐름을 파악 제어할 수 있어야 한다. 이러한 개선을 위해서는 다음과 같은 요소들이 검토되어야 한다.

특정 컨테이너에 대한 우선처리 규칙과 같은 화물처리를 위한 D/B시스템, 계획시스템 등이 구축되어, 특정 컨테이너별 물류흐름을 파악할 수 있어야 한다. 우선처리 규칙에 따라 개별 컨테이너 순서, 위치, 속성 등이 변화된 경우에 따른 재계획 능력이 있어야 한다. 그리고 마감 이후 도착화물에 대해서도, 신속 반출화물에 대해서도 처리능력이 있어야 한다.

대부분의 컨테이너 터미널에서 컨테이너별로 컨테이너 위치나 상태를 추적하는 온라인 추적시스템 정보를 제공하고 있다. 로테르담 항만공사는 2019년에 터미널에서 컨테이너 위치 및 상태를 추적하는 박스인사이더(Boxinsider)라는 앱을 제공하고 있다. 선박의 도착 및 출발시간, 터미널에서 컨테이너 하역 및 터미널 출발시간을 제공하며, 사용자들은 이 앱을 통해 화물 지연이나 장애 발생시 정보를 받을 수 있다.[8]

또한 컨테이너별 2차연계 운송관리가 이루어 질 수 있어야 한다. 터미널의

---

8) Port Strategy(2019)

내륙연계 운송관리에 대한 서비스 수준 척도는 모선에서 양하된 화물이 터미널을 거쳐 다음 운송수단으로 연결될 때까지 소요되는 시간이다. 컨테이너 화물의 연계운송은 컨테이너터미널과 복합운송업자, 그리고 선박회사 간의 공동노력에 의해 개선될 수 있다. 예를 들어, 컨테이너터미널 개장시간, 영업시간, 터미널 운영시스템 상 계획능력, 터미널에 사전 정보전달 등의 개선으로 가능하다.

디지털 컨테이너해운협회(DCSA)[9]는 2020년 2월에 화물추적에 대한 인터페이스 표준을 발표했다. 화주에게 이 표준은 여러 선사와 관련된 화물 선적에 대한 가시성을 제공하고, 화물 인수 등의 활동을 보다 효과적으로 계획하고 최적화할 수 있도록 할 수 있다.[10]

4 육측서비스 시간

항만의 해측 생산성은 선박대형화에 따라 선사에 대한 중요한 서비스 수준이다. 그러나 화주의 요구에 부응하기 위해서는 내륙운송을 위한 육측 작업에 대한 서비스 수준을 높이는 것이 중요하다. 트럭비용, 철도나 바지 그리고 피더운송 비용 등 육측 작업에 따른 비용과 추가 시간이 발생된다. 이러한 육측 운송수단 역시 빠르고 신뢰할 수 있는 서비스 수준을 갖추어야 한다. 또한 트럭운송, 철도운송, 바지 및 피더운송에 충분한 능력을 갖추어야 한다.

그리고 외부트럭의 대기시간을 최소화할 수 있도록 게이트를 확충해야 하며, 게이트 통과시간도 최소화 할 수 있는 무정차 게이트 같은 게이트 자동화를 위한 노력을 해야 한다.

컨테이너 터미널에 화물을 반입하거나 반출하기 위해 게이트를 통과한 트럭이 작업을 끝내고 게이트를 나가는 시간인 트럭회전(turnaround time) 시간은 화주에게 중요한 서비스 수준지표이다. 육측 작업이 지체가 발생하면 게이트 혼잡이 유발되고 화물 반출시간이 지체된다. 부산항의 경우 30분 이내로 유지하고 있고, 싱가포르항은 15분밖에 걸리지 않는다. 반면에 미국 서부 항만은 초대형

---

9) Digital container shipping association은 Maersk, MSC, Hapag-Lloyd 등 해운의 디지털화를 추진하는 선사들이 세운 연합체

10) https://dcsa.org/initiatives/

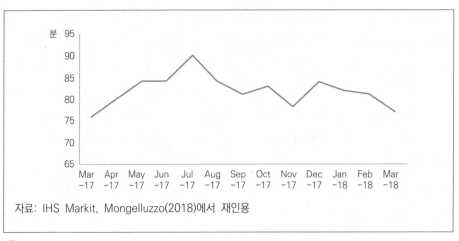

자료: IHS Markit, Mongelluzzo(2018)에서 재인용

LA-LB 항 트럭 평균 회전기간 추이(2017-18)

선 입항에 따른 화물처리 물량 증가로 트럭 회전기간이 평균 1시간이 넘고 일부 터미널의 경우 물량이 몰리는 피크시즌에는 2시간이 넘기도 한다.[11]

특히 항만은 항만설계 시부터 화주의 육측 연계운송 서비스 제공자의 필요사항과 요구사항에 맞추어야 한다. 즉 항만 설계 시 정기선사나 터미널의 최적화를 기준으로 하기보다는 화주의 총 공급사슬 시간과 비용을 최소화할 수 있는 기준을 채택해야 한다. 물론 이는 운송부문뿐 아니라 보안검사, 통관, 검역 등의 시설에 대한 설계에도 같은 기준이 적용되어야 한다.

사 례   스마트 물류와 복합운송을 위한 Smart Port Hamburg

함부르크항만공사(HPA)는 초대형선 입항 등으로 처리물동량이 늘어나자 항만의 육측연계 서비스를 개선하기 위한 Smart Port Hamburg 프로그램을 만들었다. 항만에서 시간을 줄이고 효율성을 촉진하기 위한 전용 IT도구를 개발하고 항만관계자들간에 데이터 공유를 시도했다. 이러한 노력의 일환으로, HPA는 항만교통을 원활하게 하기 위한 교통 데이터를 생산하는 복합운송 항만센터를 설치했다. 센터는 다음의 몇 가지 도구를 이용하고 있다.

교통상황의 효과적인 묘사

기존 측정 지점의 실시간 교통흐름 데이터와 단기 및 중기 교통상황에 대한 데이터를 수집해서 이 두 가지를 통합하는 시스템이다. 수집된 정보는 이동 시간부터 CO_2 소비량, 교통 체증에서 소비되는 시간을 표시해줄 수 있다. 이를 통해 데이터 평가와 단기 교통량 예측을

---

11) Mongelluzzo(2018)

제공할 수 있을 뿐만 아니라 항만에서의 효율성을 개선하기 위한 다른 지표와 도구를 개발하는 데도 도움이 된다.

항만 도로관리 센터

사고 관리, 주차장 관리, 실시간 교통 정보, 사전 게이트 주차를 통한 터미널 접근 등의 모든 도로 구역에 대해 IT 지원을 통해 도로망 내 교통을 보다 효율적으로 분산시키기 위한 시스템을 관리한다.

주차공간 관리

주택가에 주차하지 않도록 트럭 전용 주차공간 활용을 최적화하는 도구이며, 주차구획 감지 및 관리를 통해 이용 가능한 공간에 대한 정보를 제공한다.

SmartPORT Logistics 앱

HPA가 항만에서 교통흐름을 생성하는 모든 주체가 사용할 수 있도록 개발한 모바일 앱이다. 항만 및 주변 교통 상황, 인프라 제한 및 통행금지 시간, 컨테이너 야적장 및 주차 시설 상황에 대한 정보를 사용자에게 전달하는 교통 및 정보 플랫폼 역할을 하게 되며, 예약시스템을 포함하고 있다.

자료: OECD(2015), pp.58-59

---

5 배후지 전략

항만이나 터미널은 시장에서의 위치를 유지하고, 추가적인 물동량을 확보하기 위한 배후지 전략을 수립해야 한다. 배후지 전략은 항만 및 터미널과 배후지와의 연계 네트워크를 구축하는 것으로, 항만은 이를 통해 화주와의 직접적인 관계를 개발해 나갈 수 있다. 항만이 해상터미널의 활동을 배후지까지 확장하여 공급사슬에서의 물류네트워크를 구축해가는 것이다.

네트워크를 통해 화주나 화주를 대리하는 운송주선인 등 최종고객에게 항만, 터미널이 가까이 다가갈 수 있도록 할 수 있으며, 나아가 항만이 정기선사에게 의존하는 비중을 줄이고 지속가능한 물동량을 확보할 수 있는 전략이다. 항만이 자신의 고객을 스스로 확보하면서 정기선사에게도 부가가치를 제공하는 네트워크 전략이다.

이와 같은 네트워크를 통해 궁극적으로 항만은 다른 항만에 대해서도 지속가능한 경쟁우위를 만들어 나갈 수 있다. 물론 항만이 항만배후부지의 화주, 복합운송업체들과 네트워크를 구축하는 것은 시간이 많이 필요할 뿐만 아니라 튼튼한 재무적 기반도 필요하다. 협력을 하려는 사람들은 상업적으로나 재무적으로 안정된 파트너를 원하기 때문이다.

항만이 배후지 네트워크를 구축하려면 항만과 배후지 간 연계운송에 직접 참여할 수 있어야 한다. 항만은 연계운송영업과 연계운송사업의 홍보에 참여할 수 있으며 전문업체와의 합작을 통해 재무적 투자자로도 참여해야 진정한 연계네트워크의 구축을 이루는 것이다. 그리고 이러한 연계네트워크 구축에는 기존의 피더 연계항로, 혹은 신규 피더 연계운송에 직접 투자하는 것도 포함된다.

6 내륙 터미널

항만은 항만터미널과 별도로 배후지 터미널을 운영할 수 있다. 배후지 터미널은 보통 내륙 터미널로도 불리며, 트럭과 철도 같은 내륙운송수단과 연계가 이루어진다. 내륙 터미널의 기능은 컨테이너 흐름의 운송수단 간 연결고리(nodal point)의 역할을 할 뿐만 아니라, 공 컨테이너가 회수되는 정기선사의 내륙 컨테이너 장치장(inland depot)의 역할을 할 수 있다. 이 밖에도 통관 같은 관리업무도 할 수 있으며, 컨테이너 적입, 혼재(consolidation) 업무, 보관, 하역 등의 물류서비스 업무를 수행할 수 있다.

배후지 터미널은 해상터미널과 서비스 요율구조가 비슷하지만 낮은 토지가격, 장비가격 등에 의해 보관요율 등 각종 요율이 낮다. 따라서 개별 화주의 요구에 부응할 수 있는 저가운영이 가능하며, 선사들이 내륙 컨테이너 장치장으로 활용하기에 유리하다. 나아가 단순한 장치장이 아니라 화주의 현지 물류거점으로 활용할 수 있고, 선사의 내륙운송 거점으로 활용할 수 있다.

해상터미널과 항만 배후지 터미널 간에는 트럭이나 철도, 내륙수로로 연결되어 양 터미널 간 물동량 이동을 촉진시키게 된다. 보통은 트럭운송업자나 철송업자가 자사의 운송수단을 투입하여 이러한 연계운송을 수행하겠지만, 항만당국이 운송인프라나 운송수단에 직접 투자할 수 있다.

 ## 항만 내 세분화된 터미널

항만 내에 전용터미널, 공용터미널 등 여러 개의 컨테이너터미널이 있어 각각이 모두 터미널 게이트와 철송 터미널, 그리고 선박하역장비와 각종 시설을 각각 갖추고 있는 경우가 있다. 이와 같이 한 항만, 혹은 인근 항만 내에 여러 개의 터미널이 산재해 있을 경우, 항만을 이용하는 화주의 외부트럭이 여러 터미널의 게이트를 통과해야 하는 시간이 소요될 수 있다. 예를 들어, 트럭이 2TEU를 터미널에 반입하고 2TEU를 반출할 경우, 최대 4개의 터미널에 진입해야 하는 경우도 생길 수도 있다.

항만 내 체류시간과 총 운송시간이 증가하게 되면 결국 비용 증가로 이어지게 되며, 이는 화주에 대한 항만의 경쟁력 저하요인이 되는 것이다. 따라서 항만을 설계하거나 민자 유치를 통해 건설하더라도 장비나 게이트 등 시설을 공유하면서 터미널 간 통합운영을 할 수 있는 대비를 해 두어야 한다.

 ## 선사 전용터미널

정기선사가 터미널을 소유하는 것은 정기선사의 이익을 최적화하기 위한 것이며 항만전체의 최적화와는 배치될 수도 있다. 즉 항만 전체로 보면 정기선사 소유 터미널에서는 안벽크레인이 작업을 하지 않고 있어도 항만 밖에는 선박이 대기하는 현상이 나타날 수 있다. 이 경우 항만의 안벽, 야드 등 토지 이용이 비효율적이 되며, 결국 화주 등 육측 고객에 대한 전반적인 서비스도 비효율적이 될 수밖에 없다. 항만전체의 능력을 극대화하고 화주에 대한 항만의 서비스 개선을 위해 선사 전용항만에 대한 재 혁신이 필요하다.[12]

---

12) 본서 제17장 참조

(03)

항만의 가치창출

 1 항만 파라다임 변화

물류환경변화 따라 항만의 의미와 역할도 변화할 수밖에 없다. 항만은 전통적으로 선박과 화물을 처리하는 공간이었다(places). 이후 항만이 발전하고 다양한 기능을 갖게 되면서 항만의 목적도 변화해왔다. 항만을 선박과 화물을 처리하는데 필요한 생산성 향상, 효율성의 제고(operating systems)의 대상으로, 경제주체로서의 경쟁력 확보(economic units)를 위한 대상으로, 그리고 관리주체로서 항만의 민영화, 터미널 운영권 입찰 등의 정책 수단(administrative units) 등으로 바라보는 파라다임이 변해 왔다.13)

그러나 글로벌리제이션 시대의 다국적 기업들은 시장에서의 경쟁우위를 점하기 위해 공급사슬관리를 추진하면서 항만을 포함한 물류를 다시 구조화하는 환경에 놓이게 되었다. 항만도 이러한 새로운 환경에서 역할을 찾아야 한다.

항만의 새로운 파라다임에서 기능은 다음과 같다.14) 첫째, 항만은 개별기업의 공급사슬에 개입하는 제3자 물류서비스 제공자(3PL)의 기능을 가진다. 둘째, 항만 이용자에게 가치를 전달해줄 수 있어야 한다(value-delivery). 셋째, 항만간 경쟁은 항만이 포함된 공급사슬 간의 경쟁(embedded in chains)이다.

항만은 화주의 공급사슬에 관여하는 제3자 물류서비스 제공자이다. 동시에 항만은 생산자와 소비자 사이의 수출입 공급사슬에 포함되어 있는 여러 기업 중 하

---

13) Robinson(2002)
14) 위의 자료

나이다. 화주는 자신들의 화물을 그 항만으로 이동시킬 때 가치가 유발되는 항만과 항만의 서비스제공자들을 선택한다.[15] 화주에게 가치를 전달해주는 기업들을 시장지향적 기업(market-focused firms)이라 한다.[16] 화주를 단순한 항만이용자로 보는 것이 아니라 항만을 이용하는 고객에게 항만이 어떤 가치를 줄 수 있는지에 대한 물류서비스 전략으로 가지고 있는 항만이 시장 지향적 항만인 것이다.

또한 항만은 공급사슬에 포함되어 있기 때문에 항만이 화주의 공급사슬 안에서 어떠한 가치를 창출하고 전달해 줄 수 있는지가 관건이다. 즉 A 항만은 B 항만과 경쟁하는 것이 아니라 A 항만이 포함되어 있는 A 공급사슬과 B 항만이 포함되어 있는 B 공급사슬과 경쟁하는 것이다. 즉 항만은 다른 공급사슬에 포함되어 있는 항만과 경쟁을 한다.[17]

가치가 창출되기 위해서는 각 활동주체들의 활동이 유기적으로 연계되어야 하고, 네트워크상의 가치를 높일 수 있도록 활동주체별 혁신이 수반되어야 한다.[18] 물류네트워크상 활동주체는 선사, 선박대리점, 하역업자, 운송주선인, 세관, 트럭운송 및 철도운송업자, 내륙컨테이너 장치장(depot) 등이다.

그러나 항만이 화주의 공급사슬의 하나이고 화주의 제3자 물류서비스제공자의 역할을 수행해야 한다면 항만이 혁신활동을 이루게 지원하는 활동주체는 제조업체, 유통업체 물류센터, 운송업체, 보관, 가공, 검사 등 여러 제조, 유통, 부가가치활동 업체들이 포함된다.

또한 가치를 높이는 혁신은 항만이 공급사슬전체의 시간과 비용을 줄여주는데 적극적으로 개입하는 활동과, 항만이 화주화물에 대해 배후 물류단지에서 부가가치활동을 하도록 만드는 일로 나누어 볼 수 있다. 즉 화주에 대한 항만의 가치창출이란 화주, 혹은 화주의 대리인들이 화물을 특정항만을 통해 수출입을 하면서 시장에서 비교 경쟁우위를 가질 수 있게 된다는 것이다. 이는 첫째, 화주의 내륙운송비, 항만경유 해상운송비의 비용과 시간이 타 항만을 이용할 때보다 이익이 되는 경우를 의미하며, 둘째, 항만배후지에서의 부가가치활동을 통해 항만을 경유하면서 지체되는 시간과 비용보다 더 큰 이익, 즉 가치를 내는 경우를 의미한다고 할 수 있다.

---

15) Robinson(1992)

16) Phillips(1987)

17) Robinson(2002)

18) Porter(1990)

② 항만당국의 역할

항만당국은 항만 경쟁력 제고를 위해 항만의 새로운 핵심사업과 항만의 핵심 능력을 파악하여 이를 통한 항만의 성장 전략을 추진하는 기관이다. 오늘날 항만의 화물 취급 서비스 수준이 평균화되어 전통적인 기능을 기반으로 효과적으로 경쟁하는 것은 더 이상 불가능하다. 따라서 항만은 전통적인 화물 취급서비스에서의 생산성을 높이는 노력을 하면서도 고객이 항만을 통해 운송 중에 있는 화물에 대해 부가가치를 창출할 수 있는 서비스를 제공할 수 있어야 경쟁력이 생길 수 있다.

항만은 선박 하역서비스라는 항만의 고유활동(core activities)뿐 아니라 항만이라는 자산을 이용하여 고유활동과 연관이 있는 비고유활동(non-core activities)도 수행할 수 있다. 전통적인 항만 업무의 경계선을 넘어서는 비고유활동은 내륙운송 인프라투자, 내륙운송업, 항만배후 물류단지 조성, 제조, 조립, 검사 등 부가가치 활동 지원사업 등을 수행할 수 있고, 지리적 범위도 항만구역을 넘어서 배후지까지 확장할 수 있다. 이 경우 항만당국은 항만 배후물류단지, 내륙항, 배후연결 화물철도, 피더운송, 부가가치활동 지원사업 등 새로운 사업에 투자할 수 있다.[19]

예를 들어, 로테르담 항만공사는 3개의 디스트리파크(distripark)라는 항만배후지 물류단지를 조성하여 화주가 부가가치활동을 할 수 있도록 하였다. 이곳을 터미널과 복합운송을 연계하는 종합 유통시설로 사용할 수 있게 하였다. 르아브르 항만공사도 대량물류에서 공급사슬 최적화까지 전 범위의 물류서비스를 제공하기 위해 여러 물류단지를 조성하였다. 물류단지에 위치한 업체들은 항만공사의 정보시스템과 연결되어 화물 운송, 특히 통관 수속을 위한 모든 절차를 처리할 수 있다.

배후지와의 연계성 증진은 항만의 경쟁력 강화에 영향을 미친다. 로테르담, 함부르크, 안트워프 뉴욕뉴저지항 등은 배후지와의 연결을 위해 철도 인프라에 직접투자를 하고 있다.

항만에 대한 정부나 항만당국의 투자는 항만 인프라뿐 아니라 배후지까지의

---

19) De Martino(2014)

무역회랑(trade corridors) 투자를 포함하는 경우가 많다. 무역회랑은 항만의 배후지 시장 접근성이 높아지고 복합 운송 네트워크가 항만 시스템과 통합할 수 있도록 만들어 준다.

캐나다의 애틀랜틱 게이트웨이와 미국의 알라메다 회랑을 예로 들 수 있다. 애틀랜틱 게이트웨이 및 무역회랑(Atlantic Gateway and Trade Corridor)은 항만, 효율적인 도로 및 철도 네트워크, 공항 등을 포함한 통합형 복합운송 시스템이다. 알라메다 회랑(Alameda Corridor)은 32km 길이의 화물열차 시설로, 캘리포니아 주 로스앤젤레스 도심 부근의 대륙횡단철도 노선과 롱비치 항만과 로스앤젤레스 항만을 연결한다. 이 프로젝트는 24억 달러를 투자하여 미국의 가장 큰 공공 기반시설 공사 중 하나였다. 열차 운행 시간이 2시간 이상에서 45분으로 단축되고, 열차운송 신뢰도가 향상되는 등 철도 이동효율이 높아졌다.

해운이나 항만이 그동안 급증하는 물동량에 의해 규모의 경제 효과를 강조하였지만, 항만 물동량 증가세가 둔화되면 항만이 경쟁력을 갖기 위한 방법은 항만을 이용하는 화주에게 가치를 전달해 줄 수 있어야 하고, 이를 위해 내륙연계망을 강화하고, 항만 배후지를 활성화하는 전략을 추진해야 한다.

화주에 대한 항만당국의 역할도 터미널운영자들이 항만생산성 향상을 통해 정기선사에게 고도의 서비스를 제공하도록 유도하고, 항만 연계물류망을 확충하고, 항만 배후지를 활성화시키는 혁신에 투자하여 항만 이용 화주의 가치를 창출할 수 있도록 함으로써 항만을 경쟁력 있게 만드는 일이다.

③ 항만 배후지와 전면지

항만 배후지(hinterland)는 항만을 통과하는 화물 출발지/목적지의 내륙지점들을 의미한다.[20] 화주는 항만 배후지에서 화물을 수입하고 수출하는데 공급사슬 관리상 유리한 항만과 운송수단을 선택하게 된다. 항만선택은 항만에서 제공하는 서비스와 이러한 서비스의 품질뿐만 아니라 항만과 관련된 전체 운송 프로세스의 전반적인 성능에 따라 달라진다. 또한 항만과 항만 배후지 간의 내륙 운송

---

20) Ferrari et al.(2011)

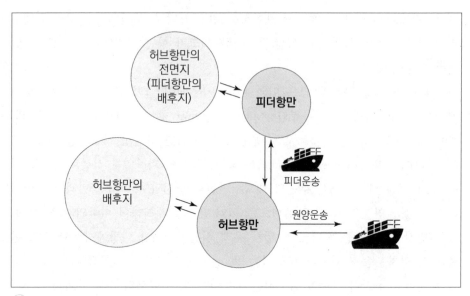

✐ 항만배후지와 전면지

수단 선택은 운송물동량, 화주의 물류비에 의해 결정된다.

  항만 전면지(foreland)는 항만이 피더선 등 선박으로 연결된 다른 항만의 육측을 의미한다.[21] 항만의 전면지는 허브항과 연결된 환적항만의 배후지가 될 수 있다. 허브항만과 전면지 환적 간의 관계가 긴밀해질수록 허브항만의 중심성이 높아지게 된다. 항만 전면지에서 화주의 화물수입과 수출은 허브항까지 피더운송에 의해 이루어지기 때문에 피더운송시간과 비용, 모선 환적 대기시간과 비용 등을 고려해서 허브항을 선택하게 된다.

특정 허브항만과 피더항만이 연결되어 있을 때, 허브항만의 고객은 피더항만 배후지의 화주들이다. 전면지도 배후지처럼 항만 선택에 영향을 미치는 화주가 있기 때문에 운송시간과 비용을 줄여줄 수 있는 투자를 할 때 배후지 연계수단, 배후지 내륙항뿐만 아니라 전면지 연계 피더망 구축 및 피더화물 하역 및 장치시설에 대한 것도 같은 맥락에서 포함시켜야 한다.

---

21) Weigend(1958), Tally(2018)에서 재인용

④ 내륙항

　　내륙항의 개념은 내륙터미널(inland terminal), 내륙항(inland port), 드라이 포트(dry port) 등 다양하게 부르고 있고 그 개념과 기능도 다르게 정의하고 있다. 그러나 내륙항이 그 설비나 소유, 운영방식에 있어 해상 항만터미널(port terminal)과 흡사하기 때문에 내륙에 있는 항만이라는 개념의 내륙항(inland ports)이라는 용어가 더욱 적합하다.[22]

　　내륙 배후지에 해상 항만과 연계된 내륙항의 개발은 국제적인 운송을 촉진시킬 수 있으며, 이동, 환적 기능과 통관 기능을 수행하게 된다. ESCAP은 내륙항을 드라이 포트(dry port)로 칭하고 다음과 같이 정의했다.[23] "드라이 포트는 차로, 선로, 내륙운송 또는 항공을 포함한 어떤 운송수단을 통해서든 드라이 포트로 들어오거나 나가는 컨테이너 화물과 일반적인 벌크 화물을 처리하고 임시로 저장하는 서비스를 제공한다. 가능할 때마다 모든 통관 관련 서비스와 수출입 화물의 필수적인 조사와 같은 관련 서비스가 드라이 포트에서 실행되어야 한다."

　　내륙항은 터미널운영자에게도 화주에게도 필요성이 있다. 물동량이 증대하는 컨테이너터미널에서 대량으로 내륙터미널로 화물을 이송한 후 그곳에서 최종목적지로 운송하게 된다. 이 경우 항만의 야드 장치 부담을 줄일 수 있다. 화주입장에서 보면 내륙운송비가 유럽의 경우 지역에 따라 다르지만 해상운송비의 40~80%까지 차지하기 때문에 이를 절감하기 위해 항만과 내륙터미널 간을 대량으로 저렴한 비용으로 수송할 필요가 있다.[24]

　　내륙항은 복합운송(intermodal transport)의 핵심 요소로 항만과 화물철도나, 고속도로, 혹은 내륙수로 등으로 전용화물 운송로(corridor)로 연결된다. 항만이 내륙터미널을 확보하는 것은 내륙운송 인프라나 운송수단에 직접 투자하는 것과 함께 터미널 산업의 수직적 통합의 일환이다.

　　이를 통해 주요 항만들은 터미널 운영 및 내륙운송에 대해 강한 교섭력을 갖고 배후지 고객을 유치할 수 있을 것이다. 항만당국이 육측의 고객에 대한 투자

---

22) Rodrigue et al.(2010)

23) Hanaoka, Regmi(2011)

24) Notteboom(2009)

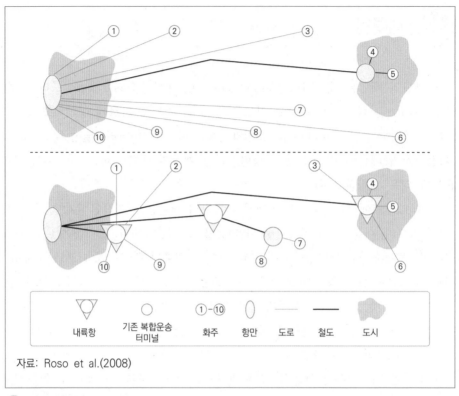

| 내륙항 | 기존 복합운송
터미널 | ①-⑩
화주 | 항만 | 도로 | 철도 | 도시 |

자료: Roso et al.(2008)

✎ 내륙항(dry port) 개념

의 일환으로 내륙터미널에도 투자를 한다. 배후지 화주의 운송비와 운송시간을 절감시킬 수 있는 대안이 내륙항이기 때문이다. 동시에 글로벌 정기선사나 대형 운송주선인의 화물 흐름을 항만으로 유도하기 위해 항만은 이러한 투자를 하고 있다. 단순히 배후부지에서 자연적으로 통과 관문으로서의 항만을 이용할 것을 기대해서는 대형화주의 화물을 유치하기 어렵다는 위기감에서 시작되었다.

내륙항의 기능은 다음 3가지로 설명할 수 있다. 첫째는 수송기능의 역할을 한다. 내륙항까지 셔틀운송, 그리고 내륙항에서 목적지까지 수송하기 위한 운송수단 간 연계센터 역할을 수행한다.

둘째는 공급사슬의 역할을 수행한다. 화주 등 다양한 경로의 컨테이너 반출입 화물을 혼재하고 배분하는 기능도 수행하고, 환적, 화물대기 등 공급사슬관리의 유연성을 증대시키는 역할을 수행하다.

셋째는 내륙항 인근의 소비지와 산업공단을 지원하는 역할을 수행한다. 소비지로 유입되는 화물이 많아 컨테이너의 반출입 불균형이 생길 경우 공 컨테이너 재배치 기능을 수행한다. 또한 산업공단에 반출입 되는 화물의 흐름을 지원하는 역할을 수행할 수 있다.

내륙항의 계획과 개발에는 고려해야 할 사항이 많다. 명확한 정책이 수립되어 있지 않거나, 관계자 간 이익의 충돌이 생길 경우 내륙항 위치 선정이 어려워 질 수 있다. 내륙항의 위치에 영향을 주는 일반적인 요소로는 항만 접근성, 다른 운송수단과의 연계성, 개발 및 운영비, 항만까지의 운송비, 수송수단 변경 가능성, 환경적 관심, 제조와 유통 시설 유치 가능성, 지역 경제발전의 경제적 기여 등이 있다.

내륙항에서 운송수단 전환(modal shift)이 발생하게 되는데, 좀 더 환경 친화적인 운송수단들을 이용하도록 계획을 세울 필요가 있다. 철도 기반의 복합 화물 운송은 트럭만을 사용하는 운송보다 이산화탄소의 배출과 먼 거리 운송으로 인해 발생되는 배기가스의 측면에서 보다 환경 친화적이다. 항만과 내륙항 사이를 연결하는 이상적 운송수단으로 고려될 수 있다.

그러나 내륙항은 화물을 증가시키고, 이로 인해 트럭이동이 증가할 수 있으며, 트럭 증가는 소음과 오염물 배출을 발생시킬 수 있다. 화물 차량과 취급 장비의 운영에서 발생되는 소음과 진동은 지역 주민에게 피해를 줄 수 있다. 또한 운송수단의 배기가스와 도로와 내륙항에서의 차량 혼잡은 추가적으로 환경에 영향을 미칠 수 있다.

그러므로 항만과 내륙항 이동 수단에 환경 친화적인 연료를 사용하고, 내륙항 내의 장비도 전기 등 배기가스 절감형으로 배치해야 한다. 내륙항 개발과 운영 계획을 세울 때 오염물의 배출, 소음, 진동을 포함한 모든 가능한 환경영향의 저감계획을 개발해야 할 것이다.

항만경쟁력

01

항만서비스 경쟁력

1 항만경쟁력 요인

2장에서 살펴본 대로 현재 대부분의 항만들은 극심한 경쟁 환경에 놓여 있어 항만들은 경쟁력 강화를 위한 방안을 모색하지 않을 수 없는 상황에 처해있다. 항만의 경쟁력은 항만서비스 시간 및 비용이 타 항만에 비해 얼마나 경쟁적인가 가 우선적인 과제이다. 항만서비스 수준을 정의하고, 평가, 관리 및 개선하는 것 이 중요하다.

항만경쟁력은 무역을 창출하고 효율적인 항만운영을 위한 경쟁력으로 정의 하고 있다.[1] 항만경쟁력이 높다는 것은 선사나 화주가 항만을 선택할 때 특정 항만이 다른 항만에 비해 비교우위를 갖는다는 것을 의미한다.

항만 경쟁력에 영향을 미치는 주요 요인은 항만 서비스 품질과 배후지 조건, 육상 접근성, 전략 차별화, 항만(터미널) 운영 효율성 수준, 신뢰성, 화물 처리 요 금, 운송업체와 화주의 항만 선택 선호 등으로 분석되었다.[2]

동시에 항만의 이러한 가격과 품질만으로는 더 이상 항만의 경쟁력을 유지할 수 없을 만큼 서비스 수준이 평준화되어감에 따라 항만의 경쟁력은 항만 배후지 에서 제공하는 부가가치활동 여부에 따라 차별화된다. 로테르담이나, 홍콩항, 중 국의 주요항만들이 배후지, 혹은 항만도시 전체를 부가가치활동을 제공하는 자 유무역지대로 제공하고 있다.

---

1) Van de Voorde, Winkelmans(2002)
2) Yang, Chen(2016)

항만의 경쟁력에 영향을 미치는 여러 요인들은 다시 항만을 이용하는 이용자의 시간과 비용에 영향을 미치는 것으로 요약할 수 있다.

2 항만서비스

기본적으로 항만은 두 가지 운송 모드 간의 인터페이스이다. 수출입 항만의 경우 해상운송과 내륙운송을 연결한다. 환적항만의 경우 원양선박과 피더선박을 연결한다. 물론 항만 및 배후단지에서 창고 보관, 유통, 포장 및 조립과 같은 부가가치활동을 추가로 할 수 있지만 운송 수단 간 인터페이스는 기본 기능이다.

항만을 통해 화물이 반출입 되는 과정과 관련된 서비스 수준 및 비용을 결정하는 항만의 범위를 살펴보자.[3]

기본 구성요소는 해측에서는 선박 서비스 수준 및 비용, 해측과 육측의 연계 인터페이스 서비스 수준 및 비용, 그리고 육측에서는 육측 서비스 수준 및 비용이다. 좀 더 범위를 확대하면 항만을 통해 반출입 되는 화물의 최종 목적지(혹은 출발지)인 항만배후지의 서비스수준과 비용을 검토할 수 있다.

화주와 선사가 항만선택 의사결정을 할 때 고려하는 서비스 특성은 여러 연구의 결과를 종합하면 비용, 시간, 신뢰성, 유연성, 가시성 등이다. 이들 특성이 항만서비스 수준을 결정한다고 볼 수 있다. 이 중에서 신뢰성과 유연성, 가시성 등은 정기선사에 대한 항만운영 결과로 나타나는 지표이다.

접안시간, 하역시간 등 시간 지표로 나타나는 서비스 수준은 항만의 입지적 위치나 생산성 때문에 발생한다. 그리고 이 시간 지표는 비용수준을 결정한다. 따라서 시간이라는 측정지표로 평가하는 서비스 수준을 먼저 살펴보아야 한다.

---

3) 이 내용은 다음 자료를 주로 참고하여 기술, Stenvert, Penfold(2007), pp.69－83; World Bank(2007c), chapter2

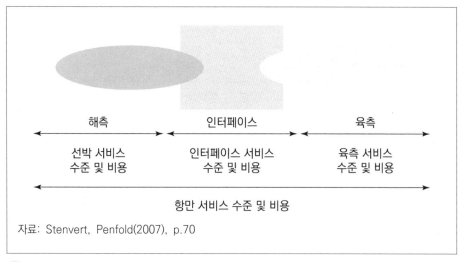

해측	인터페이스	육측
선박 서비스 수준 및 비용	인터페이스 서비스 수준 및 비용	육측 서비스 수준 및 비용

항만 서비스 수준 및 비용

자료: Stenvert, Penfold(2007), p.70

✎ 항만서비스 수준 및 비용

(1) 선박 총 항만시간

선박에 대한 서비스 속도를 논의할 때 대부분 안벽크레인 및 안벽 생산성 지표를 사용한다. 그러나 선박 시간 전체를 평가할 때 이는 일부 시간에 지나지 않는다.

선박이 특정 항만에 기항할 때 시간은 주 기간항로에서 벗어나 항만으로 항해를 시작하는 순간에 시작된다. 기항 가능한 항만을 비교할 때 주 기간항로에서 멀리 떨어진 항만은 가까운 항만에 비해 추가 운송시간이 소요되는 단점이 있다. 항만에 진입해서 컨테이너터미널에 접근하고 안벽에 접안하기 위해 추가 시간이 필요하다. 어떤 경우는 해상 또는 항만 입구에서 선박대기가 발생할 수도 있고 혹은 조석 간만의 차이에 의해 대기해야 하는 경우 등 다양한 대기시간이 발생할 수도 있다.

컨테이너터미널에서의 화물 양적하 시간은 터미널 생산성과 밀접한 관련이 있다. 여러 가지 요인에 의해 작업이 중단될 경우 이 시간도 총시간에 추가될 수 있다. 터미널 화물 양적하 작업이 완료된 후 선박은 항만을 떠나 주 기간항로로 다시 항해해야 한다. 따라서 "선박 총 항만시간"은 항만기항과 접안에 관련된 모든 선박항해시간, 그리고 대기 및 화물처리 시간의 합계이다.

선박이 주 기간항로를 벗어나는 시간부터 주 기간항로로 복귀하는 시간까지의 총 시간비교를 경쟁관계에 있는 두 개의 다른 항만과 비교하는 예를 살펴보자.

✎ 선박 총 항만시간 비교

	항해시간 (시간)	양적하 물량 (개)	안벽생산성 (개/시간)	접안시간 (시간)	합계 (시간)
항만 A	3	3,000	75	40	43
항만 B	10	3,000	100	30	40

항만 A는 주 기간 항로상과 가까운 곳에 위치한 항만이다. 이 항만의 안벽생산성이 시간당 75개(moves)이다. 항만 B는 주 기간항로와 멀리 떨어져 있는 항만이지만 안벽생산성은 시간당 100개로 더 높다. 이 경우 항해시간과 양적하에 소요되는 접안시간을 합친 총시간으로 비교하면 선박 총 항만시간으로 볼 때 항로에서 멀리 떨어져 있지만 안벽 작업시간을 단축할 수 있는 항만 B에 기항하는 것이 유리할 수 있다.

선박 항만시간을 구성하고 있는 여러 시간들의 서비스 수준을 살펴보면 우선 선박접안을 위한 안벽이 비어있지 않을 경우 선박은 대기를 해야 한다. 그러나 통상적인 경우 선박대기시간은 제로(0)로 유지되어야 한다.

항만 서비스 공급부족 현상은 항만 체선(port congestion) 지표로 나타난다. 선박대기시간(ship waiting time)은 선석점유율과 직접적인 관계가 있다. 선석점유율이 낮을 때는 선박대기가 거의 발생하지 않는다. 그러나 점유율이 일정 수준을 넘으면 선박대기시간이 급격히 증가하기 시작한다. 이후 선석점유율이 조금만 높아져도 체선과 선박 대기시간이 길어진다.[4]

또한 터미널에서 컨테이너 양적하 작업시간은 안벽생산성에 달려있는데, 안벽생산성은 선박에 대한 양적하 총 작업시간을 양적하 컨테이너 개수로 나눈 것으로 표시된다. 이는 선박에 투입된 크레인 대수와 크레인의 평균 생산성에 의해 결정된다.

따라서 항만당국은 선박의 총 항만시간을 줄여 항만의 경쟁력을 높이려 할 것이다. 첨단 항행관리시스템을 구현하거나, 정기적으로 항만 진입수로를 준설해서 확장할 수 있다. 터미널운영자들이 충분한 하역시스템을 확보하고 터미널 생산성

---

4) World Bank(2007c), p.273

을 향상시킬 수 있는 자동화 장비 등 첨단 터미널에 대한 투자를 해야 한다.

(2) 인터페이스 시간

기본적으로 컨테이너를 다음 운송수단으로 연계하는 데 필요한 시간이 인터페이스에 소요되는 시간이다. 컨테이너 야드에 장치된 컨테이너를 야드 크레인 등으로 작업해서 외부트럭이나, 철도, 혹은 피더 선박 등 2차 운송수단이 수송할 수 있도록 연결하는 시간을 의미한다.

터미널은 인터페이스 시간을 줄일 수 있도록 2차 운송수단 취급 지점까지 컨테이너의 취급 및 이동을 실행할 수 있도록 장비나 인력 등 충분한 자원을 투입해야 한다.

인터페이스 시간을 결정하는 중요한 변수는 특정 시간 내에 컨테이너를 인터페이스할 수 있는 능력이다. 선박기항이 늘어나거나 기항하는 선박이 대형화되면 시간당 처리해야 하는 물량이 증가한다. 일정 수준 이상 작업량이 늘어나면, 인터페이스 처리 능력이 제약요인이 될 수 있다.

컨테이너 야드에서 철도운송으로 연결하는 인터페이스 사례를 두 개의 다른 항만별로 비교해 보자. 항만 1은 항만 2에 비해 연간 처리하는 물동량이 2배 많지만 항만 2보다 더 큰 초대형선이 입항하면서 시간당 하역작업의 물량이 늘어나는 계수인 피크계수가 더 높은 상태이다. 이에 따라 시간당 철송으로 처리해야 할 물동량도 늘어나고 동시에 철송에 필요한 열차도 그만큼 더 소요된다. 이 사례에서 항만물동량이 2배 늘어나면 시간당 처리물동량은 그 이상 늘어나고 따라서 인터페이스 처리량과 2차 운송 수송량도 2배 이상 늘어나는 상황을 볼

🖉 인터페이스 처리능력 비교

	연간 물동량		피크 계수	1일 처리량	철송 비율	1일 철송 물동량	열차당 컨테이너	열차수
	백만 TEU	컨테이너 개수 (백만)	-	컨테이너 개수	%	컨테이너 개수	컨테이너 개수	-
항만 1	6	4	1.3	16,667	25%	4,167	120	35
항만 2	3	2	1.1	7,051	25%	1,763	120	15

주: 1일 처리량 계산: 4백만 개/52주/6일×1.3=16.667(주 6일 작업 기준)

수 있다.

(3) 육측 항만시간

육측 항만시간은 트럭운송의 경우 터미널 게이트에 진입한 후 컨테이너를 픽업하고 게이트를 다시 나가는 데 소요되는 트럭회전시간(turnaround time)으로 정의할 수 있다. 육측 항만시간을 일반화하여 표현하면 2차 운송수단이 항만 경계에 진입하는 순간부터 시작되어 컨테이너를 픽업하여 2차 운송수단이 항만 경계를 다시 떠날 때까지의 시간이다. 2차 운송수단이 피더선 등 다른 선박의 경우, 모선기항 터미널에서 피더선 기항 터미널까지 짧은 구간을 트럭으로 운송해야 할 필요가 생길 수도 있다.

육측 항만시간에는 터미널 간 운송 및 대기시간, 터미널 내 운송 및 대기시간, 화물처리시간, 게이트 통과, 통관, 검역시간 등이 포함된다.

항만당국은 육측 항만시간 단축을 위해 철도선로 설치, 외부 트럭 전용차선 설치, 터미널 내부 도로 확충 등 인프라에 대한 투자와 함께, 터미널 통합 항만정보시스템 구현, 통관절차를 터미널 흐름에 맞게 조정하는 일, 그리고 게이트 통과를 신속하게 할 수 있는 트럭 사전예약제 등을 강구해야 한다.

(4) 배후수송 시간

시간 관련 항만서비스 수준은 선박 항만시간, 인터페이스 또는 연결시간, 그리고 육측 항만시간의 세 가지 기본 구성 요소로 구성되어 있다. 그러나 항만의 최종 고객의 관점에서 보면 여기에 하나의 시간 요소가 더 추가되어야 한다. 즉 수출의 경우 출발지에서 항만까지 운송하는 시간, 그리고 수입의 경우 항만에서 최종 목적지까지 운송하는 배후수송 시간이 추가되어야 한다.

배후수송 시간은 각 화주 또는 수하인의 위치에 따라, 그리고 운송수단에 따라 달라질 수 있다. 목적지까지의 배후수송은 일반적으로 트럭 등 육상운송에 의해 이루어지게 되나, 이외에도 피더선으로 인근 항만으로의 수송도 포함될 수 있으며, 강이나 가까운 연안으로 수송하는 바지운송도 포함될 수 있다. 총 배후수송 시간에는 상하차 시간, 운송시간, 대기 시간, 그리고 해당되는 경우 내륙 터미널에서의 처리 및 대기시간 등이다.

한 항만이 이미 항만물동량의 많은 시장을 점유하고 있다면 비경쟁적 시장이다. 그러나 경쟁 항만이 매력적인 대안을 제시하고 가격, 서비스에 대한 경쟁적 압력을 줄 수 있다면 기존 항만의 시장 지배력은 제한적일 것이다. 경쟁 옵션으로 사용할 수 있는 것이 대부분 시간과 가격이다. 특히 화주가 내륙운송 선택권이 있다면 신속한 운송과 낮은 내륙운송비를 제시하는 것이 중요한 경쟁 옵션이 될 수 있다.

항만이 경쟁력을 가지려면 배후수송 시간도 단축시킬 수 있는 투자를 해야한다. 항만당국이 적극적으로 배후지 전략을 추진해야 하는 방향이기도 하다. 항만 배후지에 대한 항만이용 홍보를 강화하고, 도로, 철도, 피더, 바지운송 등배후지와 항만 간 새로운 화물 전용 운송 인프라에 투자하거나 운송 용량을 증대해 나가야 한다.

02

항만서비스 비용경쟁력

이상에서 설명한 항만시간 경쟁력 모델을 비용에 적용하면 총 항만비용은 선박 항만비용, 인터페이스 비용, 육측 항만비용, 그리고 배후수송 비용으로 구성될 수 있다. 그리고 각 비용은 선사에게 발생하는 비용과 화주에게 발생하는 비용이 다르기 때문에 별도로 검토해야 한다.

1 선박 항만비용

(1) 선사비용

선사의 경우 선박 항만비용은 항만 기항과 관련된 지불 비용과 선박운항비, 그리고 선박재항에 따른 시간비용이 발생한다. 직접 지불비용에는 입항료, 하역비용이 포함되며, 선박 운항비는 주 기간항로에서 이로 이후 발생하는 비용을 의미한다.

선박의 경우 항만기항 시 발생하는 비용은 다음과 같다. 입항료(또는 항만사용료)는 선박 총톤수(GRT)를 기준으로 계산된다. 도선료는 일반적으로 선박의 흘수나 선박길이(선장)로 정해진다. 예선료는 예인 이동거리(예선 사용시간), 선박길이와 동원된 예선 수에 따라 결정된다. 접안료는 입항료와 같은 기준으로 책정되지만 일부는 화물량을 기준으로 책정되기도 한다.

하역비용은 주로 터미널 화물처리비이다. 하역비용은 정기선사에게 청구되지만, 야드 장치료 같은 비용은 무료장치기간이 지나 부과되는 체화료는 화주에게 청구되기도 한다. 하역비용은 TEU당, 컨테이너당 청구될 수 있으며, 적 컨테이너와 공 컨테이너에 따라, 그리고 배후수송 여부, 수출입 컨테이너와 환적 컨테이너에 따라 다를 수 있다.

선박 운항비에는 세 가지 비용이 포함된다. 첫째는 자본비로 선박건조나 중고선 매입 시 발생한 선박금융비용과 자기자본의 기회비용을 감안해서 산출한다. 두 번째는 연료비로 선박 설계 연료소비량과 선박연료비 단가에 의해 결정된다. 세 번째는 선비로 인건비, 보험료, 유지수선비 등 선박운영에 필요한 비용이다.

선박 재항에 따른 시간비용(PC: port cost)은 선박이 안벽에서 보내는 시간비용과 선박이 접안을 위해 대기하는 시간비용의 두 부분으로 구성된다. 따라서 선박 재항시간 비용은 다음과 같이 대기시간과 실제 서비스 시간의 합으로 표현할 수 있다.

$$PC = (W + S) \times ac_v$$
$$W = h(r, b, \overline{v})$$

여기서, W: 대기시간
S: 서비스 시간
ac_v: 평균 선박 비용
대기시간은 생산성(r), 선석 수(b) 및 평균 선박 수($\overline{v}$)의 함수로 표현.

(2) 화주비용

화주의 경우 항만비용은 주로 항만까지 선박운항 요금, 터미널 화물처리비(THC),[5] 화물입항료(wharfage),[6] 추가 요금(유류할증료, 통화할증료, 혼잡할증료[7] 등), 그리고 보안료 등 관리비용과 운송주선인 등 중개비용으로 구성된다.

컨테이너 운송운임은 협상가능하며 지리적으로 인근에 있는 항만까지라도

---

5) 수출시에는 컨터이너화물이 컨테이너 야드(CY)에 입고된 순간부터 본선의 선측까지 선적되기까지, 반대로 수입시는 본선의 선측에서 양하되어 컨테이너 터미널 게이트를 통과하기까지의 비용
6) 부두를 거쳐 가는 모든 화물에 징수하는 요금(무역항의 항만시설사용 및 사용료에 관한 규정)으로 화물입출항료로 징수
7) 선박 혼잡으로 인해 선박이 체선되는 경우 해운회사가 하주에게 부과하는 비용

동일하지 않는 경우가 있다. 터미널 화물처리비(THC)는 정기선사가 컨테이너터미널 운영자에게 지불하는 하역비용과 반드시 동일하지는 않다.

기항 후보 두 항만 간 선박 항만비용을 비교해 보자. 항만 1이 항만 2에 비해 입항료와 터미널 화물처리비가 낮음에도 불구하고 항만까지 추가 운항하면서 자본비 등 선박운항비가 높아져 항만 2에 비해 총 선박 항만비용이 높아지는 경우다.

 선박 항만비용 비교

	선박 운항비	입항료	터미널 화물처리비	합계
항만 1	35	20	140	195
항만 2	10	30	150	190

2 인터페이스 비용

인터페이스 활동에는 장치장 보관, 야드 장비 취급, 터미널 내 운송 등이 있지만 이 중 야드 장비취급 및 운송활동은 하역료로 부과되기 때문에, 화주에 대한 인터페이스 비용 항목은 보관비와 관리비 정도이다.

관리비용은 컨테이너터미널, 포워더 또는 기타 물류 서비스 제공업체 등에 의해 부과될 수 있다. 보관비용은 컨테이너터미널 또는 정기선사가 부과할 수 있다.

컨테이너터미널은 화주의 컨테이너 야드 장치시간을 최소화하려는 목적으로 컨테이너에 대해 보관비용을 부과한다. 일반적으로는 인센티브제로 무료장치기간[8] 동안 무료 보관을 허용하지만 그 이후부터는 일당 TEU당 일정 금액을 체화료(demurrage charge)로 청구한다. 부과금액은 보통 수입, 수출 또는 환적 컨테이너별로 차별화한다.

그러나 터미널 보관 체화료가 터미널 화물처리비(THC)같이 터미널이 정기선사에게 부과하고, 정기선사가 다시 이를 화주에게 부과하는 항목이라 정기선사가 투명하게 부과하는지를 의심하는 대표적인 항목이다.

---

8) free time이라고 함

3 육측 항만비용

터미널의 육측 컨테이너 취급 및 게이트 이동이 터미널 화물처리비(THC)에 포함된다고 가정하면 육측 항만비용은 터미널 내 또는 터미널 간 이동으로 인해 발생하는 운송비용과 통관 및 검사 비용과 같은 관리비용이다. 육측 터미널 내 및 터미널 간 운송에 비용이 발생한다.

예를 들어 트럭 운전자가 한 터미널에서 컨테이너를 하차하고 다른 터미널에서 컨테이너를 픽업하고 터미널 통관검사 후 터미널 밖으로 나오는데 걸리는 지점을 통과하는 데 많은 시간이 소요된다. 이때 트럭 관련 비용은 트럭, 운전자, 연료 및 기타 비용으로 산출된다. 항만 내 터미널이 여러 곳에 흩어져 있지 않고 지리적으로 집중되어 있다면 항만 이용자에게 시간과 비용을 절감해 줄 수 있을 것이다.

4 배후수송 비용

배후수송 비용은 운송방식과 운송거리에 따라 다르게 된다. 2개의 배후 목적지에 대한 2개의 항만 중 어떤 항만을 이용하는 것이 유리한지를 생각해 보자.

컨테이너를 배후 목적지 도시 A로 운송하는 가장 비용 효율적인 방법은 항만 1을 이용하는 것이다. 도시 B의 경우 항만 2를 통한 운송이 가장 비용 효율적인 방법이다. 일반적으로 볼 때 연안운송의 평균 운송시간은 트럭의 운송시간보다 더 걸린다. 따라서 도시 A까지의 배후수송은 시간비용을 감안하면 항만 1

 배후수송 비용 비교

	항만 1			항만 2		
	트럭	기차	연안운송	트럭	기차	연안운송
도시 A	350	400	150	250	400	-
도시 B	700	675	-	650	675	-

에서 바지선으로 컨테이너를 운송하기보다는 항만 2에서 트럭으로 운송하는 편이 합리적일 것이다.

다른 항만에 비해 배후수송의 경쟁력을 높이기 위해 항만이 할 수 있는 일은 우선 기존 연계운송 수단의 연결 빈도를 증대시키는 일, 그리고 배후지까지 새로운 연계 운송수단을 건설, 그리고 기존 연계 운송비용을 절감시키는 투자 등이다.

 항만서비스 총비용 비교

이상에서 살펴 본대로 항만서비스 총 비용은 선박운항비, 항만비용, 인터페이스 비용, 육측 항만비용, 그리고 배후수송 비용으로 구성될 수 있다. 항만 간 경쟁을 비교할 때는 터미널의 시간당 컨테이너 처리개수 같은 생산성보다는 처리 컨테이너당 항만서비스 총비용이 더욱 적합하다.[9]

다음 사례를 통해 극동지역에서 미국 시카고까지 화물을 수송할 경우 어느 항만을 이용하는 것이 총 비용면에서 유리한가를 살펴볼 수 있다. 항만 대안은 멕시코 항만, 캘리포니아 항만, 캐나다 밴쿠버(델타포트)와 프린스 루퍼트 항이다. 밴쿠버 델타포트 터미널을 경유하는 것이 선박운항비면에서 프린스 루퍼트 항이나 캘리포니아 항보다 불리하지만, 항만비용의 경쟁력, 그리고 철도 및 트

◇ 항만서비스 총비용 비교 (단위: 달러/FEU)

	멕시코	캘리포니아	밴쿠버	프린스 루퍼트
선박운항비	1,966	1,593	1,599	1,455
항만비용	113	358	246	194
현지 트럭비용	189	163	200	0
철도 및 트럭운송비	2,110	1,945	1,770	2,181
총 운송비	4,209	3,895	3,615	3,831

자료: Hanam Canada Corporation(2007), Tioga Group, Inc.(2010)에서 재인용

9) Ashar(1997)

럭운송비 등 배후지까지의 복합운송비가 저렴하여 총 운송비면에서 제일 유리한 대안이다.

정기선사들은 선박의 재항시간을 단축시키기 위하여 충분한 처리시설 능력을 갖춘 항만을 선호한다. 그러나 이는 항만운영자에게는 곧 시설이 충분히 이용되지 않을 수 있다는 것을 의미한다. 반면에 항만운영자의 경우 컨테이너터미널의 개발 및 운영에 있어서 매몰비용(sunk cost)의 비중이 변동비용의 비중보다 훨씬 높기 때문에 가능한 한 시설의 활용도를 극대화하고자 할 것이다. 정기선사의 입장에서 볼 때 이는 결코 바람직하지 못한 체선현상을 야기할 수 있다.

이론적으로 컨테이너터미널의 능력은 항만 및 정기선사의 이러한 두 가지 상충되는 요인을 잘 조화시켜 유휴시설에 따르는 비용과 선박의 재항시간 비용의 합계가 최저가 되도록 결정되어야 한다.[10]

배후지 수송까지 고려한 넓은 의미의 총 항만서비스 비용은 결국 화주에게는 운송화물에 대한 기회비용이다. 운송 중 화물은 현금성 자산인 재료비, 노무비, 경비를 투입해서 생산한 제품이다. 이 제품이 운송 중에 있는 것은 자본투자비 및 현금성 투자에 대한 기회비용이 발생하기 때문이다. 이 기회비용을 추정하는 여러 연구가 있었다. 주로 운송시간 가치(value of transit time)를 추정하는 방식이다. 컨테이너 화물 운송에서 평균 운송 시간당 TEU당 가치는 15~30달러 범위에 속하는 것으로 추정했다.

✍ 운송시간 가치 연구

연구	운송시간 가치(달러/TEU/일)
Notteboom 2006	19
Bakshi and Gans 2010	272
Cariou 2011	26
Wang and Meng 2011	14-38
Bell et al. 2013	20
Wang et al. 2015	5-30

자료: OECD(2015), p.70

---

10) UNCTAD(1985)

03

부가가치 서비스 경쟁력

1 항만의 경쟁력 변화

오늘날 항만의 상업적 성공은 전통적인 화물 취급 서비스의 생산성 이점에서, 혹은 부가가치 서비스(value-added services)제공 능력에서, 아니면 이 두 가지의 조합에서 가능하다. 부가가치 서비스는 부가가치활동(value-added activities)을 통해 고객과의 관계를 발전시키는 프로세스를 의미한다.

생산성 이점은 주로 규모의 경제와 범위의 경제에서 비롯되며, 생산성이 높은 항만은 대량의 화물을 처리하거나 효율적인 관리를 통해 시간과 비용을 줄일 수 있는 항만이다. 그러나 점차 항만이 화물 취급 서비스를 기반으로 경쟁하기가 더 어려워졌다. 화물 취급 서비스 기술이 평균화되어 동일한 기술을 경쟁사에서도 사용할 수 있기 때문이다. 기본적이고 전통적인 기능을 기반으로 효과적으로 경쟁하는 것은 더 이상 불가능하다.

따라서 항만은 경쟁력을 확보하기 위한 새로운 수단을 모색할 필요가 있다. 부가가치 서비스를 제공하는 것이 항만이 지속 가능한 경쟁 우위를 구축할 수 있는 방법이다. 화주는 항만의 부가가치 서비스를 공급사슬의 필수 부분으로 보는 경향이 있다. 항만은 차별화된 서비스를 제공하여 이러한 요구를 충족시켜야한다. 즉 국제무역은 대량의 화물을 처리하고 효율적인 관리를 통해 단가를 줄이고 화물에 가치를 부가할 수 있는 항만과 협력하려 한다.

다음 그림에서 왼쪽 하단에 있는 전통적인 서비스를 제공하는 항만이 경쟁력을 가지려면 매트릭스의 오른쪽으로 이동하여 생산성을 향상시키거나, 부가가치

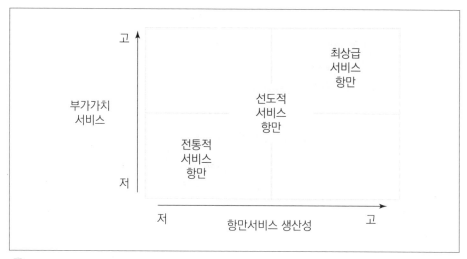

항만의 경쟁우위 매트릭스

서비스를 높여야 한다. 개발도상국의 많은 항만들이 여전히 전통적인 항만 기능과 관련하여 생산성 향상에 집중하고 있지만, 생산성 이점과 부가가치 서비스 이점을 모두 보유할 수 있다면 경쟁력을 갖춘 항만으로 발전할 수 있을 것이다.

항만은 물류센터에서 부가가치 서비스를 제공하는 시너지 효과를 공유할 수 있다. 물류센터는 항만을 통해 선적될 수 있는 화물을 확보할 수 있기 때문에 항만이 물류센터이기도 한 것이 유리하다. 항만은 고도로 통합된 다양한 서비스를 제공해서 수익을 늘리고 일자리도 창출할 수 있다.

2 부가가치활동

항만 서비스 제공업체가 컨테이너항만에서 제공하는 서비스는 고유사업인 핵심활동(core activities, traditional activities) 서비스와 비고유사업인 부가가치활동(non-core activities, non-traditional activities) 서비스로 구성된다.[11] 핵심활동 서비스는 해상서비스 활동, 터미널 서비스 활동, 그리고 수리 서비스 활동으로 구성된다.

해상서비스 활동에는 도선서비스, 예선서비스, 선박항행관리 서비스 등이 포

---

11) World Bank(2017)

함된다. 터미널 서비스 활동에는 선박 고정, 컨테이너 양적하, 이송, 컨테이너 장치, 컨테이너 적입(stuffing) 및 배분(stripping)이 포함된다. 수리 서비스 활동에는 수로 준설 및 유지 보수, 드라이 도크 선박 수리, 리프트 장비 수리, 컨테이너 수리 및 샤시 수리 등이 포함된다.

컨테이너항만의 서비스 제공 업체는 점차 기존의 전통적인 핵심활동서비스에서 벗어나 비전통 서비스인 부가가치활동(value added activities)을 확대해 나가고 있다. 그렇게 함으로써 화주의 공급사슬에서 역할을 확대해 나가고 있다. 이러한 서비스는 구매 및 판매거래 성사 비용을 절감시키고 판매하는 제품의 인도비용을 절감하는 등 경제적으로 접근할 수 있는 시장의 범위를 확대시킴으로써 화주에 대한 가치를 창출시키는 일이다.[12]

전시, 판매, 조립, 가공, 포장, 정보서비스, 사무실 및 장비 대여, 장비 유지 보수 서비스 같은 항만에서 이루어질 수 있는 비전통적 서비스 활동들은 일반적으로 화주에게 운송 중 화물에 대한 가치를 부가시키는 일이거나, 혹은 화주의 재고관리나 창고업무 같은 물류활동에 가치를 부가하는 활동이다.

전 세계의 많은 컨테이너항만이 제공하는 중요한 부가가치 활동 서비스는 자유항 구역(free port zone)이나 자유무역지대(free trade zone)에서 이루어 진다. 자유항 구역이나 자유무역지대는 모든 수입품이 관세 없이 저장 또는 가공 및 수출되는 항만 구역으로 지정된 영역이다.

자유무역지대에서 포장, 조립, 세척, 재포장, 분류, 검사, 라벨링 및 수입품을 국내 제품과 결합하는 등 다양한 활동을 수행할 수 있다. 자유무역지대에 외국인 투자를 유치하고 지역 노동력 및 기타 자원을 활용하여 지역 항만경제를 활성화시킬 수 있다. 결국 항만의 자유무역지대 구역의 목표는 환적화물의 가치를 창출하는 것이다.[13]

항만이라는 자산을 활용하여 항만과 항만배후부지에서 고유사업과 함께 비고유사업도 수행해서 항만은 물론 항만이용자에게 수익과 가치를 창출하는 일을 한다. 실제로 공항(airport)의 경우 공항의 고유사업은 활주로를 이용한 항공기 이착륙서비스이지만, 공항자산을 활용해 공항이용 여객에게 면세점, 호텔, 전시, 일반 쇼핑센터, 병원 등의 비 고유사업 서비스를 제공한다. 우리나라의 경우

---

12) 위의 자료, p.10
13) Feng and Hsieh(2008)

도 공항의 고용과 매출의 60~70% 이상이 비고유사업에서 발생된다.[14] 항만도 지금까지는 하역, 보관 등 고유사업만 수행하고 있으나, 항만도시의 고용과 경제에 기여할 수 있도록 화주의 항만물동량을 대상으로 가공, 조립, 검사, 디자인, 전시, 판매 등의 비 고유사업인 부가가치활동을 제공해야 한다.

항만에는 항만구역을 표시하는 펜스가 설치되어 있다. 이 펜스는 물리적으로 보면 항만보안을 유지하기 위한 것이다. 그러나 경제적으로 보면 항만구역을 관장하는 담당부서의 영역표시이기도 하다. 항만 펜스 안의 항만구역은 해양수산부 관할이고 펜스 밖은 항만도시 관할이다. 따라서 항만도시는 항만관련 예산을 적극적으로 편성할 이유가 없고, 해양수산부는 펜스 밖 항만도시 관련 업무를 적극 추진할 당위성이 없는 것이다. 해양도시를 표방하는 부산시의 경우 항만예산은 2018년 기준으로 부산시 전체 예산의 0.1%밖에 되지 않는다.[15] 또한 항만당국은 항만구역 안의 물류 계획만 수립하고 있다.

항만당국과 지자체의 이러한 업무형태는 항만을 단순히 하역, 보관만 하는 곳으로 생각하는 데서 비롯된다. 그러나 글로벌리제이션 시대의 다국적 기업들은 시장에서의 경쟁우위를 점하기 위해 공급사슬관리를 추진해야 하는 물류 재구조화 환경에 처해 있다. 화주는 자신들의 화물을 항만으로 이동시킬 때 가치가 창출될 수 있는 항만과 항만의 서비스제공자들을 선택한다.

항만은 화주의 공급사슬에 관여하는 제3자 물류서비스 제공자이다. 동시에 항만은 생산자와 소비자 사이의 수출입 공급사슬에 포함되어 있는 여러 기업 중 하나이다. 항만이 화주에게 가치를 전달해주기 위해 부가가치활동을 수행하는 곳이라는 사고로 전환해야 한다.

이런 의미에서 항만도시에 위치하는 항만배후단지는 항만에서 이루어지는 기본적인 하역 및 보관 서비스 이외에 다양한 부가가치 활동을 통해 항만의 화주에 대한 가치 전달과 항만 관련 산업의 활성화를 도모하기 위한 공간이다.[16] 이는 단순히 항만의 기능을 화주위주의 방향으로 가져가는 의미 이외에 항만배후지 일자리 창출을 통해 항만과 도시가 다시 공생관계에 놓일 수 있는 것이다.

---

14) 한국공항공사 연차 실적보고서

15) 2018년 기준 부산시의 총예산은 약 12조원이나 항만예산은 170억원에 불과, 0.142%를 차지하고 있다.

16) Song, Panayides(2008)

항만 연결성 경쟁력

글로벌 컨테이너 해운 네트워크에서 항만의 위치는 세계 무역의 접근성, 무역비용, 그리고 경쟁력을 결정하는 중요한 요인이며 정기선사 연결성(connectivity)으로 표시된다. UNCTAD는 900개 이상의 항만의 연결성 지수를 분기별로 분석하여 그 결과를 통계로 제공하고 있다.[17] 연결성지수가 높을수록 한 국가나, 항만이 글로벌 해상운송 시스템에 접근이 용이하다는 의미이다. 해상운송 수송력이 증가하며, 수송 선사의 선택대안이 많으며, 수송 항로 빈도가 많아져 결국 효과적으로 국제무역을 수행할 수 있다. 따라서 이 항만연결성 지수는 정기선 서비스와의 연결성 척도인 동시에 무역을 촉진하는 경쟁력 척도이다.

2019년 기준으로 정기선해운 연결성이 높은 세계 10대 국가 중 5개가 아시아 국가이며 4개가 유럽국가, 그리고 미국이 포함되어 있다. 2006년 이후 가장 정기선 연계성이 높은 나라는 중국이었다. 중국은 2006년 이후 2019년까지 연결성 지수가 51%나 증가했다. 세계 전체의 정기선 연결성 지수는 이 기간 동안 24%가 개선되었다.

정기선 연결성이 중국 다음으로 높은 나라는 싱가포르, 한국, 말레이시아, 네덜란드 순이다. 한국은 2006년에 8위에서 3위로 도약했다. 우리나라 무역규모가 2006년 11위에서 2019년 세계 8위로 상승하는 데 정기선 연결성 지수 향상이 기여했다고 볼 수 있다.

싱가포르와 말레이시아가 각각 4위에서 2위로, 10위에서 4위로 도약했다. 이 항만들은 아시아-유럽항로, 세계일주항로, 펜들럼서비스 항로상 통과해야 하는 말라카해협에 위치한 장점, 그리고 동남아 국가들과의 근해 및 피더 연결성 증

---

17) http://unctadstat.unctad.org/maritime

대로 정기선 연결성 지수가 높아진 것이다. 이에 비해 네덜란드는 2006년 2위로 정기선 연결성이 높은 국가였지만 2019년에는 5위로 하락하였다.

항만별 정기선 연결성 지수를 살펴보면 중국 상하이가 세계에서 정기선 항로가 가장 많이 연결되어 있는 항만이다. 상하이는 2006년에는 3위였지만 이 기간 동안 연결성지수가 64%나 증가해 1위가 되었다. 2006년 대비 세계 10대 연결성 항만 중에 연결성 지수가 가장 늘어난 항만은 중국 닝보항으로 두 배 이상 증가해 2006년 11위에서 4위까지 상승했다.

부산항은 2006년에 5위였지만 정기선 연결성 지수가 50% 이상 증가하여 2019년에는 3위로 개선되었다. 싱가포르는 2006년 이후 2019년까지 2위를 지키고 있고, 유럽의 항만들도 연결성 지수가 개선되었지만 아시아 항만에 비해 상대적으로 그 폭이 크지 않아 순위는 조금씩 하락했다.

✎ 항만별 정기선 연결성 지수

	2019년		2006년		증가율(%) (A-B)/B
	순위	지수(A)	순위	지수(B)	
Shanghai	1	138.08	3	84.18	64.0
Singapore	2	121.27	2	100.43	20.8
Busan	3	119.08	5	79.33	50.1
Ningbo	4	119.02	11	59.09	101.4
Hong Kong	5	102.96	1	102.55	0.4
Qingdao	6	98.43	15	50.37	95.4
Rotterdam	7	97.69	4	81.63	19.7
Antwerp	8	93.48	6	77.06	21.3
Port Klang	9	87.93	9	60.00	46.6
Kaohsiung	10	84.67	12	57.21	48.0

주: 각 연도 4분기 기준
자료: http://unctadstat.unctad.org/maritime 2020년

항만서비스 경쟁력 향상 전략

1 항만 간 경쟁

항만 간 경쟁은 동일항로에 있는 두 개의 항만이 경쟁할 때 발생한다. 예를 들어 홍콩과 싱가포르, 북미서안에서 LA/LB와 오클랜드, 북유럽에서 로테르담과 함부르크 등이 대표적인 경쟁항만들이다. 또는 동일한 배후지역을 갖고 있는 인근항만 간은 경쟁관계가 될 수 있다. 배후지가 동일하다는 의미는 곧 수출입화물의 경쟁이 이루어지게 되어 한 항만의 물동량 증가가 다른 항만의 물동량 감소를 유발하므로 경쟁관계가 될 수 있기 때문이다.

그러나 인접한 항만이더라도 배후지 시장이 분리되어 있다면 경우에 따라서는 상호 보완적 관계일 수도 있다.

항만이 중심항만 경쟁에서 경쟁관계에 있는지, 아니면 보완관계에 있는지 분석이 필요하다. 무차별 곡선 이론에 의하면 일반적으로 X와 Y의 두 개 항만이 있을 경우 한 항만의 TEU당 처리비용(C)의 변화가 다른 항만의 처리물동량(TEU)에 긍정적 영향을 미치는 상호 보완적 관계, 그리고 부정적 영향을 미치면 상호 대체적(경쟁적) 관계라 할 수 있다.

$$\frac{dTEU_X}{dC_Y} \text{ 혹은 } \frac{dTEU_Y}{dC_X} > 0 \quad \cdots\cdots\cdots\cdots\cdots\text{(식1)}$$

$$\frac{dTEU_X}{dC_Y} \text{ 혹은 } \frac{dTEU_Y}{dC_X} < 0 \quad \cdots\cdots\cdots\cdots\cdots\text{(식2)}$$

Y항의 TEU당 처리비용이 인상된 경우 X항의 항만물동량이 증가되면 이 두 항만은 상호 경쟁적(식1)이고, 반대의 경우라면 상호 보완적(식2)이라 할 수 있다.

2003년 MSC사와 CSCL사가 중국의 항만비용이 부산항에 비해 매우 낮기 때문에 환적 허브 항을 부산에서 중국으로 옮긴 사례, 그리고 2007년 MSC가 기항 항만을 닝보에서 다시 부산으로 변경한 사례에서 부산항과 중국본토항만은 경쟁적 관계에 놓여 있다 할 수 있다. 그러나 포트클랑(Port Kelang)과 싱가포르(Singapore)의 경우 포트클랑이 항만 비용을 낮추어 기항선박이 늘어나게 되었는데 이 영향으로 이웃한 싱가포르 기항도 함께 증가한 것은 상호 보완적인 관계의 사례라 할 수 있다.[18]

선사의 항만기항 변경사례

원 기항항만	변경 기항항만	물동량(TEU)	연도	선사
Singapore	Tanjung Pelepas	1,000,000	2005	Maersk
Gioia Tauro	Port Said/Freeport	700,000	2011	Maersk
Algeciras	Tanger-Med	500,000	2010	Maersk
Ningbo	Busan	400,000	2007	MSC
Tacoma	Seatle	180,000	2009	Maersk
Barcelona	Tercat	130,000	2009	Evergreen

자료: OECD(2013), p.47

동북아지역의 주요 항만은 경쟁관계에 놓여있다고 볼 수 있다. 특히 동북아 지역에서 중국의 물동량이 큰 폭으로 증가하면서 과거의 동북아 정기선 서비스 패턴이던 일본-한국-홍콩-대만 항로에서 벗어나 중국 항만기항이 증가되는 서비스 항로가 증가할 뿐만 아니라 중국과 북미, 중국과 유럽 간 직항서비스(express service)가 증가하고, 더욱이 한국과 일본시장을 분리하는 현상을 보이면서, 동북아 항만 간 정기선사 유치 경쟁이 심화되고 있다.

그러나 배후지가 다른 항만의 경우 초대형선이 기항하게 되면 이와 같은 현재의 주요 항만 간의 경쟁상태가 초대형선 기항으로 발생되는 중심 항만 간 환적 물동량 증가로 일정부분은 항만들이 보완관계로 전환될 것으로 예상된다.

---

18) Yap et al.(2004)

즉, 다중 중심항 체제에서 특정항만의 초대형선 물동량 증가는 인근 중심항만들에 환적 물동량의 증가로 이어지므로 상호보완관계가 될 수 있기 때문이다.

한 항만이 중심항만의 역할을 수행하기 위해서는 인접한 대형항만과 경쟁보다는 협력을 해야 한다. 인접항만과의 경쟁은 중심항만의 형성을 저해하기 때문이다. 즉 경쟁을 계속 유지할 경우 기항지를 축소하려는 초대형선의 유치에 있어서 협상력을 상실하게 되고, 대형선사에 종속되는 결과가 발생하기 때문이다.

이에 따라 대형항만은 인접한 대형항만과 경쟁체제를 유지하기보다는 협력체제를 조성함으로써 초대형선의 기항에 대한 불편을 해소시키고 협상력을 강화하려 하고 있다. 이에 따라 동일 국가 내 인접한 대형항만 간에는 종래의 경쟁관계를 지양하고 협력적 관계를 구축하는 현상이 나타나고 있다.

상하이항은 2000년대 전반까지만 하더라도 인접한 닝보항 및 타이창항과 경쟁관계를 유지해왔다. 그런데 초대형선의 출현에 대응하고 거대항만을 육성하기 위해 상하이항은 닝보항 및 타이창항과 협력관계를 구축하고 있다. 상하이항과 닝보항은 인접해 있기 때문에 양 항만 모두 경쟁체제 지속은 곤란하다고 판단하여 2009년에 상호 협력체제를 유지하기로 하였고 양 항만당국이 조인트벤처를 결성하였다. 조인트벤처는 해외항만 투자도 공동으로 수행하는 등 항만 간 협력적 관계를 유지하고 있다.[19]

② 경쟁력 향상 전략

한 지역에서 경쟁하는 항만들의 경쟁 위치를 평가하려면 우선 이들 항만의 항만 서비스 수준과 비용의 차이점을 비교·분석해야 한다. 이들 항만과 연결되는 주요 목적지나 출발지를 확인하고 이곳에서 항만 사이에 이용 가능한 운송수단을 고려해야 한다.

화물 출발지에서 도착지까지 소요되는 항만서비스 시간을 살펴보면, 출발지에서 화물픽업을 위해 대기하는 시간, 항만까지 복합운송시간, 출발지 항만에서 선적 대기시간, 선박항해시간, 도착지 항만에서 하역시간, 2차 연계수송 대기시

---

19) 김형태 외(2010), p.65

간, 검역통관시간, 도착지까지 복합운송시간으로 나누어 볼 수 있다. 이 구간별 시간을 경쟁항만과 비교하면 어느 곳이 더 짧은 운송 시간을 제공하는지 분석할 수 있다.

이를 통해 항만은 차이점을 분석하고 그 개선 사항을 검토할 수 있다. 같은 방법으로 경쟁 항만에 대한 각 구간별 운송비용도 분석할 수 있다. 시간과 비용에 대한 차이 분석이 가능하면 항만이 취할 수 있는 개선사항, 그리고 변경 불가능한 단점을 확인하고, 이를 보완하는 방법을 강구할 수 있을 것이다.

또한 이러한 시간과 비용의 장점이 있는 배후지역과 단점이 있는 배후지역에 대한 항만 간 시장점유율 차이를 조사해서 괴리가 있는지 살펴보아야 한다. 장점이 있는데도 시장점유율이 높지 않다면 이에 대한 대책을 강구해야 하고 단점이 있는데도 시장점유율이 낮지 않다면 시급히 단점을 개선해야 한다.

✎ 항만 경쟁력 향상 전략

항만비용과 시간 경쟁력	높음	항만 2 : 고객과의 의사소통 개선 항만마케팅, 통관개선 등	항만 1: 현재 시장위치 유지
	낮음	항만 4: 근본적 개선대책 필요, 배후지까지 연계망 구축 등	항만 3: 시장위치 불안정, 서비스 개선노력 시급
		낮음	높음
		시장점유율	

이를 항만의 경쟁력 향상 전략으로 좀 더 일반화시켜 볼 수 있다. 항만 전체의 운송 시간과 비용이 항만에 유리하고 상대적인 시장점유율이 높으면(항만 1) 항만은 그 입지를 방어하고 해당 지역에 대한 추가 진출을 고려해야 할 것이다.

또한 항만 전체의 시간과 비용이 항만에 유리하지만 상대적인 시장점유율이 낮다면(항만 2) 그 이유에 대한 설명을 찾아야 한다. 예를 들어 시장 투명성이 낮아 커뮤니케이션이나 홍보 개선이 필요할 수 있다. 각종 요율 구조가 불리한 것이 원인이라면 재정적 인센티브를 제공하거나, 요율구조를 재조정해야 할 필요가 있다.

항만 전체 운송 시간 또는 비용이 항만에 불리한데도 상대적으로 시장점유율이 높으면(항만 3) 이러한 시장에서의 위치는 불안정한 것이므로 항만은 시급히

시간과 비용의 개선조치를 취해야 한다.

항만 전체의 운송 시간 또는 비용이 항만에 불리하고, 이에 따라 상대적인 시장점유율도 낮은 경우(항만 4), 항만은 근본적인 개선에 착수해야 한다. 항만과 배후지 간 연결 인프라 투자, 기존 연결의 빈도 증가, 내륙항 건설 같은 항만까지 이동시간 또는 비용절감대책, 픽업지역의 확대 등의 대책이 필요하다. 만약 실현 가능한 개선 사항을 찾을 수 없는 경우 항만은 시장점유율 잠재력이 더 높은 지역에 투자를 고려해야 할 것이다.

항만 마케팅

1 마케팅 전략의 필요성

역사적으로 항만은 선박과 육상운송 간의 연결이 이루어지는 자연발생적 지역이었기 때문에 배후지 화물에 대해서는 독점력을 누리고 있었다. 그러나 화물이 컨테이너로 표준화가 되면서 육상운송 비용이 크게 줄게 되었다. 이에 따라 배후지에서 발생된 컨테이너화물은 특정 항만에 고정되지 않고 여러 항만에 대한 선택권을 갖게 되었다.

이 결과 무역화물에 대해 유치 경쟁을 하는 항만이 다수 나타났고 경쟁항만들이 배후지에 접근할 수 있기 때문에 특정 항만의 독점 시대는 사라지게 되었다.[20] 특히 경쟁 항만과 배후지역 물동량 확보를 위해 경쟁해야 한다. 배후지역의 물동량을 유치하고 유지하는 것이 항만 생존 및 성장의 주요 열쇠가 된다.

경쟁력을 확보하기 위해서는 서비스를 차별화하고 마케팅 전략을 추진하는 것이 중요하다. 특히 비용과 서비스의 차별화가 어려워지면서 마케팅 전략에 따라 항만의 영업실적이 개선되거나 악화될 수도 있다. 새로운 고객을 유치하거나 현재 고객을 유지하기 위해 활용할 수 있는 항만 마케팅 전략이 필요하다.

그동안의 항만 마케팅 전략은 제조업체처럼 실물 제품 홍보에 더 적합한 광고 및 활동에 초점을 맞추는 경향이 있었다. 서비스 기반 비즈니스인 항만의 특성을 고려한 마케팅 커뮤니케이션에 대한 더 정교한 접근이 필요하다. 이전 절

---

20) Pantouvakis(2010)

에서 설명한 항만이 갖고 있는 시간과 비용의 경쟁, 잠재력을 분석해서 화주가 항만을 이용하면 어떤 이익을 얻을 수 있는지에 대한 커뮤니케이션 활동 전략이 필요하다.

항만 마케팅

항만 마케팅은 마케팅 커뮤니케이션, 물동량 개발, 그리고 고객 관계관리 (customer relationship management, CRM) 등 세 가지로 구성된다.[21] 항만의 마케팅 커뮤니케이션은 고객에게 항만을 이용할 때 혜택 등에 대한 인식을 제고시키는 일이다. 전통적인 형태는 대중을 대상으로 하는 무역잡지, 신문 및 텔레비전 광고이다. 그러나 오늘날 중요한 매체는 인터넷이다. 웹 사이트는 항만에서 제공하는 서비스 및 시설에 대해 현재 및 잠재 고객과 커뮤니티에 알리기 위한 효과적인 마케팅 도구이다.

마케팅 커뮤니케이션은 항만을 현재 이용하고 있거나 향후 이용할 가능성이 있는 고객 그리고 기타 이해 관계자들에게 효과적인 소통을 하는 활동이다.[22] 이 활동은 광고, 대중 홍보, 개인 접촉 홍보, 메일, 국제 컨퍼런스 참석, 해외 영업 담당자 활용, 국내 네트워킹, 국내 박람회, 컨퍼런스 조직 등의 활동이 포함된다. 이 중에서 특히 항만 부문은 물류서비스 제공자, 운송주선인, 정기선사 등 관련한 사람들에 의해 이루어지는 비즈니스이기 때문에 개인접촉(personal contact)이 핵심적인 수단이 될 수 있다.[23]

또한 마케팅 커뮤니케이션은 지역사회에 대한 항만의 기여를 홍보하는 것도 포함된다. 광고를 통해 지역사회에 어떠한 공헌을 하는지에 대한 정보를 제공하는 역할도 수행하는 것이다. 경제적 영향, 지역사회 프로젝트에 대한 후원, 일자리 창출 등을 알릴 수 있다. 지역사회에 대한 홍보는 항만과 항만이 운영되는 지역 사회 사이에 상호 이해와 협력을 구축하기 위한 마케팅 도구이다.

그리고 마케팅 커뮤니케이션은 항만이나 해운산업에 대한 정보공유, 지식을

---

21) Cahoon(2007)

22) Bernard(1995)

23) Peters(2001)

전파하는 역할을 한다. 컨퍼런스를 조직하고 위원회에 참여함으로써 항만에 대한 관심을 높이고 지식을 전달한다.

두 번째 항만마케팅은 더 많은 항만물동량을 유치하고 항만운영사업을 성장시키는 역할을 한다. 이를 위해 물동량을 유인할 수 있는 특별한 제안과 정책을 개발해야 한다. 이 경우 항만 마케팅 혹은 항만 프로모션은 항만의 비용과 시간 경쟁력의 우위를 확보하고 이를 고객에게 홍보하는 것이다. 항만이 가지고 있는 경쟁력을 홍보하기 위해 경쟁 항만과 비교한 항만의 경쟁위치를 항만서비스 수준과 비용을 기초로 분석해야 한다. 그리고 이를 바탕으로 한 경쟁우위, 장점, 화주에게 줄 수 있는 가치 등을 분석해야 한다.

세 번째 고객 관계관리는 고객과 항만 간의 관계를 관리한다. 잠재고객을 식별하고 그들과의 관계를 개발해야 한다. 항만을 성공적으로 홍보하는 것은 항만 사용자의 충성도를 개발하고 유지하는 일이다. 이를 위한 유용한 수단이 항만의 이미지를 형성시키는 것이다.[24] 신뢰성, 서비스 품질, 경쟁력, 기술 및 효율적 관리, 화주의 이점 같은 내용을 전달하는 긍정적인 브랜드 이미지를 개발해야 한다.

 ## 3 항만배후지와 전면지에 대한 마케팅

항만은 항만 배후지(hinterland)와 전면지(foreland)[25]의 화주와 제3자 물류제 공자 등에 대한 마케팅 전략을 세워야 한다. 이들 화주와 보다 직접적인 관계형 성을 통해 항만이 이들 지역에서의 시장위치를 확보하고 추가적인 물동량을 확보할 수 있어야 한다. 배후지나 전면지와 항만 간의 연계운송망이 확대되거나 연계운송 빈도가 많아지면 이 지역에 대한 마케팅전략은 더 힘을 받을 수 있다.

이들 지역에 대한 마케팅은 항만이 항만활동을 항만배후지와 항만 전면지까지 확대시키는 일이다. 첫째 단계는 배후지와 전면지의 화주와 화주를 대리하는 물류서비스 제공자들과 접촉하는 일부터 시작한다. 이를 통해 그들의 요구사항

---

24) Stuchtey(1991)
25) 본서 11장 3절 참조

과 항만으로 유치할 수 있는 잠재적 물동량을 파악할 수 있다.

두 번째는 화주 등에 대해 항만을 이용하도록 홍보를 강화하는 단계로 항만에 대한 인식을 제고하고 선호도를 높이는 일이다. 항만이 이들의 항만이용을 도와 중개인역할을 수행하는 것이다. 이를 통해 새로운 연계운송수단이나 빈도수 증가, 운임조건 등에 대한 필요성이나 가능성을 확인할 수 있다.

세 번째 단계는 배후지와 전면지와의 연계 복합운송시설이나 배후지/전면지 내륙터미널을 직접 또는 합작으로 투자, 운영하는 것이다. 고객들은 항만까지 운송에서 시간과 비용의 이점을 갖게 되어 항만을 이용하게 된다. 이러한 연계 운송 네트워크 운영에는 화물철도 운영, 신규 피더운송 같은 복합운송 수단의 운영, 내륙터미널의 운영, 배후지/전면지를 통합하는 정보시스템 구축 등이 포함될 수 있다. 실제로 유럽의 항만공사들은 철도, 피더운송사, 내륙터미널 등에 대한 많은 투자를 하고 있다.

이렇게 항만 마케팅차원에서 배후지/전면지 네트워크운영하게 되면 터미널이 최종고객인 화주와 가까워질 수 있고, 지속가능한 항만물동량을 창출할 수 있어 해운회사에 덜 의존하게 된다. 결국 이러한 네트워크를 운영하는 것이 경쟁항만에 대한 지속가능한 경쟁력을 가져다 줄 수 있을 것이다.

컨테이너터미널
생산성

01

구성요소 및 측정지표

1 생산성 구성요소

(1) 터미널 운영성과와 생산성

터미널 운영성과는 서비스(service) 수준, 선박이나 물동량 처리 실적성과 (output), 그리고 시설이나 장비의 이용률(utilization), 그리고 생산성(productivity) 으로 구분하여 볼 수 있다. 그러나 광의로 사용하는 터미널 생산성 개념은 터미널 운영성과의 척도를 의미하기도 한다. 게이트와 야드의 서비스 수준인 트럭회전시간, 선석당 물동량처리 실적성과, 선석이용률 같은 이용률, 크레인생산성 같은 장비 생산성 등을 모두 터미널의 생산성으로 혼용해서 사용하고 있다.

서비스 수준에는 선박 회항시간(재항시간), 트럭회송시간, 컨테이너 무료장치기간 등이 포함될 수 있다. 실적성과에는 선석당 처리물동량, 시간당 선석당 처리물동량, 그리고 이용률에는 선석점유율, 야드 이용률이 포함된다. 협의의 생산성은 기항선박당 처리물동량, 시간당 크레인 생산성 등이다.

서비스 수준과 실적성과, 그리고 협의의 생산성은 모두 자원 활용의 효율성을 측정한 것으로 볼 수 있고, 시설과 장비의 이용률은 자원의 활용도를 측정한 것으로 볼 수 있다. 여기서는 생산성을 터미널의 운영성과라는 광의의 의미로 사용하고, 이를 이용률과 효율성 두 가지로 나누어 살펴본다.

생산성(productivity)을 자원 이용과 운영 효율성이 결합된 결과로 정의할 수 있다. 자원 이용률은 처리능력에 대한 실제 처리량 비율로 표시된다. 예를 들어

크레인이 24시간 사용 가능하지만 8시간만 사용했다면 이용률은 33%로 표시된다. 운영 효율성은 단위 시간당 처리량 비율로 표시한다. 예를 들어 크레인이 시간당 컨테이너 24개를 처리한다면 크레인 생산성은 시간당 24개, 혹은 하루 192개 처리(1일 8시간 기준)로 표시한다. 장비나 시설 같은 자원 활용도를 높이거나 운영 효율성을 높여 생산성을 높일 수 있다. 예를 들어 하루 크레인 작동 시간을 늘리거나, 작동 시간당 더 많은 작업을 한다면 크레인 생산성을 높일 수 있다.

터미널 생산성은 이용률(utilization)로 표시된다. 이용률은 처리물동량을 처리능력으로 나눈 백분율로 정의된다. 예를 들어 선석점유율, 크레인 가동률, 터미널 이용률 등 같은 성과 결과이다.

또한 터미널 생산성은 터미널 면적당, 안벽당, 혹은 시간당, 크레인당 처리개수 같이 단위당 처리량으로 표시된다. 이는 효율성(efficiency)으로 표시된 생산성이다. 효율성은 단위 시간 혹은 기간당 처리능력으로 표시된다. 예를 들어 시간당, 일당, 연간 최대 처리량, 혹은 시간당, 일당 최대 크레인 처리개수, 터미널 단위면적당 야드장치량 등이다.

컨테이너 터미널 이용률과 효율성을 분석하는 이유는 예상되는 최대 선형의 선박을 수용할 수 있을 만큼 충분한 안벽길이와 수심이 확보되어 있는지를 파악하기 위함이다. 또한 선박 작업지연을 피할 수 있도록 충분한 안벽과 안벽크레인 등을 확보하고 있는지, 그리고 터미널 내 작업 정체를 피할 수 있도록 충분한 컨테이너 야드가 구비되어 있는지, 또한 선박 재항시간을 단축시켜줄 수 있는지 등을 파악하기 위함이다.

컨테이너터미널의 기능은 원양선박, 피더선박, 철도 및 트럭이 터미널에 도착하여 컨테이너를 양적하하거나 환적하는 것이다. 터미널 운영은 컨테이너가 각 선사나 내륙운송사에게 올바로 적재되고 하역되는지 확인해야 한다. 이러한 이적 또는 환적이 이루어지는 속도가 컨테이너 터미널의 중요한 생산성 지표이다. 특히 선박의 재항시간이 터미널의 성능을 결정한다.[1][2] 재항시간이 짧은 터미널은 선사나 화주가 화물을 처리하기에 더 적합하다고 생각할 것이며, 터미널 처리능력이 클수록 선박의 재항시간이 짧아질 수 있다. 컨테이너 터미널의 재항시간 단축에 중요한 지표 중 하나가 터미널 안벽크레인(QC)의 생산성[3]이다.

---

1) Bish(2003)
2) De Koster et al.(2009)

(2) 생산성 구성요소

컨테이너 터미널 생산성 측정에 관한 여러 연구 결과를 종합하면 컨테이너터미널에서 생산성에 영향을 미치는 요소들은 선석, 컨테이너 야드, 게이트, 하역장비, 노동력 등 크게 5가지로 나누어진다. 5가지 요소는 상호간에 밀접한 연관성을 가지고 있어, 어느 한 가지만의 능력향상만으로 전체 터미널의 생산성에 대한 급격한 증가를 기대하기는 매우 어렵다. 따라서 각 요소별 능력향상과 더불어 요소간의 적절한 배분을 통해 전체적인 터미널의 생산성 증가를 이루어야 한다.[4]

선석, 야드, 장비, 게이트는 시설 측면의 생산성 구성요소이나 노동력은 운영 측면의 요소로 항만 생산성에 영향을 미치게 되나, 작업 및 안전규칙, 기술적 능력, 훈련적인 요소 등 항만 종사 인력 개개인의 주관적 요소가 많이 작용하기 때문에 이를 계량화하기 어렵다.

5가지 요소별로 터미널 생산성에 영향을 미치는 요인을 살펴보면,[5] 우선 선박스케줄, 안벽길이, 크레인수 같은 안벽조건에 대한 것과 크레인 특성, 선박특성, 크레인 운전자의 숙련도 같은 크레인 조건에 대한 것, 그리고 야드면적, 모양, 배치, 야드취급장비, 평균장치기간 등 야드조건에 대한 것, 게이트 운영시간, 게이트 레인수, 게이트 자동화 정도 같은 게이트조건, 마지막으로 작업 및 안전규정, 훈련, 동기, 숙련도, 선박조건 등 노동조건 등 5가지 요소별로 나누어 볼 수 있다.

이를 통해 나타나는 터미널의 생산성 척도도 5가지 요소별로 살펴볼 수 있다. 안벽에서는 연간 선석당 컨테이너선 작업척수를 들 수 있으며, 크레인에서는 크레인 작업시간당 컨테이너 처리개수, 야드에서는 야드장치장 단위면적당 터미널 처리능력을 들 수 있다. 게이트에서는 시간당, 레인당 처리 컨테이너수, 트럭회전시간, 그리고 노동부문에서는 인·시간당 컨테이너 처리개수 등이다.

---

3) Dik, Kozan(2017)

4) Thomas(1991)

5) Beŝkovnik(2008), Tioga(2010)에서 재인용

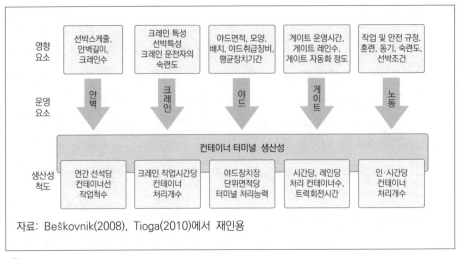

영향 요소	선박스케줄, 안벽길이, 크레인수	크레인 특성 선박특성 크레인 운전자의 숙련도	야드면적, 모양, 배치, 야드취급장비, 평균장치기간	게이트 운영시간, 게이트 레인수, 게이트 자동화 정도	작업 및 안전 규정, 훈련, 동기, 숙련도, 선박조건
운영 요소	안벽	크레인	야드	게이트	노동

컨테이너 터미널 생산성

| 생산성
척도 | 연간 선석당
컨테이너선
작업척수 | 크레인 작업시간당
컨테이너
처리개수 | 야드장치장
단위면적당
터미널 처리능력 | 시간당, 레인당
처리 컨테이너수,
트럭회전시간 | 인·시간당
컨테이너
처리개수 |

자료: Beŝkovnik(2008), Tioga(2010)에서 재인용

◇ 컨테이너 터미널 생산성 구성도

② 결합생산성

터미널생산성은 선박의 적재능력, 안벽크레인(QC)의 기계적 생산성, 야드장비의 기계적 생산성, 게이트 레인의 처리능력 등 독립적인 요소로서의 개별생산성도 고려할 수 있다. 그러나 컨테이너 터미널 영역 간의 연계가 이루어질 때두 가지 이상의 요소가 결합되어 서로 간의 영향을 미치는 터미널생산성이 발생하게 된다. 이와 같이 항만운영시 각각의 요소들과 연계된 타 요소들이 여러 가지 제약조건에 의해 상호간의 많은 영향을 끼치고 있기 때문에 각 요소마다 최대한 생산성을 낼 수 있는 완벽한 상태는 존재하지 않는다.

예를 들어 싱글 트롤리타입의 안벽크레인의 기계적 생산성은 시간당 45개 내외이나 이는 주변 다른 연계요소의 간섭이 없을 경우이며 안벽장비와 연계된 안벽의 조건이나 운영상황, 이송장비의 운영형태, 안벽장비 자체의 가동률 등과같은 타 운영적 요인에 의해 안벽장비의 실질적 생산성은 크게 떨어질 수 있다.실제 안벽크레인 운영생산성은 시간당 22~25개 내외 정도이다.

컨테이너터미널 하역시스템은 선박에 대한 수출입 컨테이너를 처리하는 안벽시스템과, 이를 적재하기 위해 이동시키는 이송시스템, 그리고 이송된 컨테이너를 보관하는 적재시스템, 내륙수송과 연계시키는 반출입시스템 등의 단위시스템으로 구성된 통합된 대규모 시스템이다.

따라서 컨테이너터미널 전체의 생산성은 컨테이너 터미널의 단위 시스템을 결합한 결합생산성으로 분석되어야 한다.[6][7] 이러한 접근방식으로 크레인과 야드, 이송장비, 야드크레인 간 사이의 병목 현상을 분리할 수 있고, 병목을 해소할 수 있는 추가 투자 및 운영방안 개선이 가능하다.

③ 생산성 측정지표

생산성 측정지표는 장비별로 총 시간 기준과 순 시간 기준의 두 가지가 있다. 크레인의 예를 들면 크레인 생산성도 총 시간을 기준으로 하는 것과 순 시간을 기준으로 하는 것 두 가지가 있다. 총 크레인 시간에서 크레인 고장, 지연 및 휴무 등 작업중단 시간을 제외하면 순 크레인 시간이 된다. 다만 순 시간을 계산하는 고장, 휴무 등 작업중단 요인들에 대한 정의가 항만마다 다른 경우가 많다.[8] 이러한 차이 때문에 국별 터미널 간 크레인 생산성 비교를 할 때에는 순 크레인 시간당 크레인 생산성보다 총 크레인 시간당 생산성을 이용하는 것이 합리적일 수 있다.

(1) 선석, 선박 관련 생산성 지표

터미널 안벽길이당 생산성은 터미널 총 항만물동량을 안벽의 길이로 나눈 값이다. 안벽길이당 생산성은 안벽의 형태, 규모, 접안선박의 규모 등에 따라 영향을 받게 된다. 또한 안벽길이당 생산성은 야드 장치장을 어떻게 효율적으로 사용하느냐에 따라 달라질 수 있다. 같은 규모의 야드 장치장을 보유하더라도 컨테이너 평균 장치기간이 단기간일수록 많은 물량을 처리할 수 있는 조건이 될 수 있다.

---

6) 양창호 외(2004)

7) Choi, Y. S.(2005)

8) Australia Productivity Commission(2003)

선석당 연간 기항척수는 선석 이용 정도를 나타내는 지표이다. 그러나 선석 길이가 긴 경우 한 선석의 길이를 얼마로 하는가에 따라 통계적 모호함이 존재할 수 있어 다른 항만과의 비교 시 유의가 필요하다.

기항선박크기 비율은 선석에서 수용가능한 최대 선박선형(TEU) 대비 실제 기항선박의 선형(TEU)비율이다. 선석에 수용가능한 선박이 입항했는지를 판단 하는 지표이다. 지표가 100%이면 선석 최대 수용선박이 입항한 것으로 볼 수 있다. 양적하 화물비율은 기항선박 평균선형대비 평균 선박당 양적하물동량 비율이다. 이 비율이 높다면 항만 배후지 물동량이 많은 선박기항이 높은 경우이고, 비율이 낮다면 여러 항만을 순회하며 기항하는 선박이 많은 것으로 판단할 수 있다.

선석당 연간 처리 물동량은 터미널의 생산성을 대표하는 지표이다. 초대형선 기항시 이 지표가 높아지며 작은 선박이라도 선석당 선박기항이 많은 경우 높아질 수 있다.

선석점유율(berth occupancy ratio)은 연간 작업시간 동안 선박의 접안시간[9] 비중을 의미한다. 선석점유율이 높으면 선박의 대기시간이 길어지고, 선석점유율이 낮으면 컨테이너터미널 운영 효율성이 낮아지게 된다. 따라서 적정한 점유율을 유지하는 것이 터미널 운영의 중요한 사항이다. 선석점유율은 선박도착의 가변성, 타 항만에서의 출항지연, 컨테이너터미널 생산성 등에 의해 많은 영향을 받기 때문에 선박의 입·출항 및 선석과 관련된 생산성 측정 지표이다. 주간, 월간, 연간 단위로 관리되고 있다.

총 선석생산성(gross berth productivity)은 선박의 총 접안시간 동안 처리한 컨테이너 물량의 비율을 나타낸다. 선사는 선박의 입항과 출항, 즉 재항시간을 예상하는 중요한 생산성 측정지표로 사용하고 있다. 선박이 입항하는 경우 예정 양적하 물동량과 총 선석생산성을 기준으로 해서 출항시간을 예상할 수 있다.

총 선석생산성이 높게 유지되기 위해서는 정기선사와 터미널측이 동시에 노력을 해야 하는 부분이 많이 있으며, 정기선사는 안벽 크레인이 균등하게 작업을 할 수 있도록 물량을 분산하여 선박 적재계획(stowage plan)을 수립해야 한다. 또한 터미널 측은 안벽 크레인 및 야드 크레인, 이송장비의 투입 수, 장비의

---

9) 컨테이너터미널은 선박접안시간을 선박이 접안하고 계류작업을 완료한 이후부터 선박작업이 완료된 시간까지를 선박작업시간으로 계산하지만, 선사는 계류작업 전 선박이 접안한 시간부터 작업이 완료되고 계류시설을 제거하여 선박이 안벽을 벗어나는 순간까지를 선박접안시간으로 고려하고 있음.

완벽한 정비, 장비운전원의 확보, 안전관리 등에 주의해서 작업을 진행해야만 높은 생산성을 유지할 수 있다.

순 선석생산성(net berth productivity)은 컨테이너터미널에서 선박작업 시 최초로 컨테이너가 양·적하되는 순간부터 마지막으로 컨테이너 작업이 완료되는 순간까지의 시간을 기준으로 한다. 이러한 작업시간을 순 작업시간이라고 하며, 이 시간 동안 처리한 총 물량을 순 선석생산성이라고 할 수 있다.

(2) 안벽크레인 관련 생산성 지표

안벽 크레인 생산성 측정지표는 시간당 크레인 처리개수로 컨테이너터미널에서는 중요하게 관리하는 생산성 측정 지표이다. 이 지표가 다른 항만에 비해 상대적으로 낮다면 안벽 크레인이 물동량에 비해 과다 설치되었거나, 항만에 선박기항이 줄어든 이유일 것이다.

순 작업시간 크레인 생산성은 순 작업시간을 기준으로 하는데 이는 크레인 총 작업시간에서 작업 중단시간을 제외한 것을 말한다. 작업 중단시간은 장비고장, 식사시간, 작업 시 사고 등 터미널 측 사유로 발생하는 빈도가 높다. 그러나 선체이상, 손상 컨테이너 양적하 등 정기선사 측 사유와, 기상 이변 등 기타 사유에 의해서도 발생한다.

크레인당 연간 기항선박수도 생산성 지표로 활용된다. 기항선박이 초대형선일수록 많은 크레인을 사용하기 때문에 이 지표가 낮아지게 된다.

안벽크레인의 생산성은 초대형선 입항을 결정하는 중요한 요인이다. 현재 12,500TEU 이상 초대형선을 처리하려면 안벽크레인 아웃리치(outreach) 열수가 22열이 넘어야 한다. 전세계 안벽크레인이 2019년 기준으로 총 4,073대이며, 이 중 22열이 넘는 크레인은 1,780대로 34%를 차지하고 있다.[10] 12,500TEU 이상 선박이 차지하는 비중이 전체의 29% 정도이기 때문에 대형 크레인을 선제적으로 설치해 둔 것으로 보인다. 아시아 지역 항만의 22열 이상 크레인 비중은 42%로 세계 평균보다 높다. 이는 초대형선의 기항이 중국, 싱가포르, 한국 등 아시아 지역에 집중되기 때문이다.

---

10) Drewry(2020)

(3) 컨테이너 야드 관련 생산성 지표

야드면적 당 처리실적은 야드면적과 연간 처리물동량 간의 관계를 평가하는 것으로, 야드면적당(예: 평방킬로당) 처리실적이 높을수록 야드를 효율적으로 운영하고 있는 것으로 판단할 수 있다. 야드면적에 비해 많은 물량을 처리하기 위해서는 컨테이너 장치기간과 밀접한 관계가 있으므로 정기선사와 무료 장치기간을 단기간으로 설정하는 것이 필요하다.

컨테이너 야드 장치공간(CY slot capacity)은 야드 장치 슬롯수에 야드의 평균 단적수11)를 곱하여 산출한다. 장치장 슬롯당 연간 실제 장치량은 슬롯당 장치생산성을 나타낸다. 여기에 연간 회전수(turnover)를 곱하면 연간 CY 장치능력이 산출된다. 연간 회전수는 평균 야드 장치기간으로 구한다. 예를 들어 평균 장치기간(dwell time)이 5일이라면 연간 회전수는 약 70회가 된다.

CY 장치능력 = CY 장치공간 × 연간회전수
CY 장치공간 = CY 슬롯수 × 평균 단적수
연간회전수 = 365 ÷ 평균 장치기간

CY 장치능력을 산정하기 위한 평균 단적수가 입력되어야 하지만 평균 단적수는 야드 재작업을 줄이기 위해 어느 정도 단적수를 유지하는가에 따른 정책적 요인에 의해 결정된다. CY 장치능력 이용률은 CY 장치능력 대비 연간 항만물동량 처리량으로 구할 수 있다.

그러나 CY 장치능력 산출에 정책적 고려가 포함되어 있어 적정 최대 CY장치능력 산정이 어렵다. 따라서 실무적으로 CY 장치장 이용률은 연간 터미널 처리능력에 대한 연간 터미널 항만물동량 처리량 비율을 지표로 사용한다. 이 비율이 높으면 그만큼 CY 장치장 작업 부하가 커지기 때문이다.

---

11) 최대 단적수는 유효단적수(야드에서 컨테이너의 반출입을 하기 위해 상단에 비워두어야 하는 공간을 감안한 최대 단적수)이며 평균 단적수는 유효단적수보다 낮음

(4) 게이트 관련 생산성 지표

일반적으로 게이트 생산성은 일일 순작업시간당 반출·입 물량을 측정하는 것이다. 그러나 얼마나 많은 물량이 작업시간 동안 발생되었는지도 중요한 측정 대상이지만, 게이트를 진입한 트럭이 야드에서 반·출입 작업을 종료하고 게이트를 진출하는 시간이 어느 정도가 되는지가 중요한 관심사가 되고 있다. 이러한 트럭 회전시간(turnaround time)은 운송사, 화주, 정기선사에 대한 컨테이너 터미널의 중요한 서비스 항목이며, 터미널은 일일, 주간, 월간, 연간단위로 목표를 가지고 모니터링을 실시하고 있다.

 # 4 이해관계자들의 관심

터미널 생산성 지표는 터미널 운영자, 정기선사, 항만 당국 등 여러 이해관계자들마다 다른 의도로 사용될 수 있다.

(1) 터미널 운영자

터미널 운영자는 부지, 장비 및 노동력을 최대한 활용하기 위해 생산성을 향상하려 할 것이다. 우선 기존의 항만 시스템과 기술 개선을 모색하고, 사용 가능한 부지를 확장하려 한다. 터미널 운영자가 사용 가능한 부지가 더 이상 없을 경우 장비에 투자하게 될 것이다.[12]

터미널 운영자는 터미널의 성과를 모니터하기 위해, 자본지출에 대한 계획수립을 위해, 그리고 수익계획 수립을 위해 성과지표를 사용한다. 터미널 운영자의 주 관심사는 설비자산의 생산성과 효율성이다. 터미널 운영자는 선박을 신속하고 효율적으로 서비스하는 것을 주된 목표로 한다. 터미널 운영자가 관심을 두는 생산성 척도는 시간당 크레인 처리 개수, 컨테이너당 크레인 작업 평균비

---

12) 그러나 터미널 운영자는 새로운 장비에 대규모 투자를 하는 것보다 추가 인력을 투입하는 것이 투자대비 더 효율적일 수 있어, 시설투자 이전에 인력충원으로 처리능력 부족을 해결하려 한다. 그러나 장비투자를 늦추다가 안벽점유율을 더욱 높여, 터미널의 정상적 운영기회를 잃을 수도 있다.

용, 선박 양하 및 선적비율, 선박 재항시간에 대한 신뢰성 등이다.

터미널 내 혼잡이 증가하거나, 단위 비용이 상승하거나, 혹은 선박 재항시간이 길어지면 운영 개선조치나 추가 투자의 필요성이 나타나는 신호이다. 경영진은 성능 저하의 원인을 식별하고 가능한 대안을 선택해야 한다. 선박 재항시간이 길어지면 장비투자를 늘려야 할 것이다. 안벽 크레인을 추가로 확보하거나, 야드 장비를 추가해야 한다. 또한 비효율적인 크레인 작업에 대한 관리, 크레인 운영자의 생산성을 높이는 조치도 필요할 것이다.

(2) 선사 및 화주

터미널 운영자의 경우 직접적인 주요 고객은 해상 운송사인 선사이다. 선사가 관심을 갖는 생산성 지표는 정시에 항만에서 출항하는 일이다. 또한 접안 및 하역작업 비용이 저렴한지 비교해 볼 것이다. 선박의 크기나 기항빈도에 맞게 작업 크레인 대수가 할당되는지를 살펴볼 것이다. 그리고 터미널 운영자가 선석 점유율을 높이면서 선박 접안이 어려워지지 않는지를 볼 것이다.

미국 터미널을 대상으로 조사한 연구에서 선사가 터미널 간 경쟁력 측정을 위해 주로 사용하는 지표는 선석당 생산성, 무료장치기간, 그리고 선박대기시간인 것으로 나타났다.[13] 2020년 홍콩 항만 마스터 플랜 연구[14]에서는 선사 관점에서 선박 재항시간, 선석당 생산성 및 컨테이너 취급 비용을 핵심 요소로 언급하고 있다.

터미널 운영자는 선사가 요구하는 재항시간과 항만비용 절감노력을 해야 한다. 화주나 선사는 터미널 운영의 신뢰성, 경쟁력 있고 예측 가능한 비용, 화물 취급 서비스 품질에 더 중점을 두고 있다.[15]

13) Beškovnik(2008)

14) Study on Hong Kong Port-Master Plan 2020(2005)

15) Fourgeaud(2009)

(3) 항만당국

항만당국은 선박 기항과 항만물동량 확보를 위해 경쟁하고 있기 때문에 생산성을 중요한 지표로 삼고 있다. 그러나 실무적으로는 항만 확장계획, 항만의 대기오염, 항만에서의 선박운항, 트럭운송, 철도운송 등에 대한 항만 커뮤니티와 시민들의 우려와 관심이 높아지면서 항만당국은 생산성 척도를 사용할 필요가 생겼다. 항만 당국은 토지 사용(TEU/터미널 면적당), 배출량(탄소량, 배기가스량/TEU, 선박재항시간당) 등을 측정해 방어할 필요가 있다.

터미널 생산성 비교

1 항만별 선석생산성

컨테이너항만의 경쟁력을 가늠하는 주요 지표로 선석당 하역 생산성을 들 수 있다. 특히, 선박의 컨테이너 양·적하 작업에 대한 평가지표인 선석생산성은 선사의 기항지 선택의 주요 고려사항으로 선석생산성이 높을수록 선박의 재항시간 단축효과가 있기 때문에 선박운영에 소요되는 각종 비용절감 효과를 누릴 수 있다.

한국해양수산개발원(KMI)은 IHS Markit의 원 자료를 토대로 전 세계 600여 개 항만, 1,500여개 컨테이너 터미널을 대상으로 컨테이너 터미널의 선석생산성을 분석하고 있다.

선석생산성은 시간당 컨테이너 양·적하 횟수로 산정되는데 다음 세 가지 조건을 충족시키는 자료들을 대상으로 선석생산성을 도출한다. 작업물량이 최소 299개 이상인 선박만 집계 대상에 포함시키며 선박규모도 최소 150TEU급 이상의 선박으로 한정한다. 또한 컨테이너 선박이 연간 52회 이상 입항한(1년=52주, 주 1항차) 기록이 있는 항만, 선석을 대상으로 생산성을 산출한다.[16]

---

16) 하태영 외(2018a)

$$P_{ij} = \frac{CV_{ij}}{T_{ij}}$$

여기서, P_{ij} : i항만의 j년도 선석생산성 지수
CV_{ij}: i항만의 j년도 컨테이너 물동량
T_{ij} : i항만의 j년도 컨테이너 물동량 처리시간

컨테이너선의 대형화로 세계 컨테이너 터미널의 선박당 평균 하역량이 계속 늘어나고 있다. 2015년 이전 컨테이너 선박당 평균하역물량은 1,312TEU 수준이었으나, 2016년 들어 컨테이너 선박당 평균 하역물량은 1,500TEU를 초과했으며 2017년에 와서는 선박당 평균 하역량이 약 1,628TEU까지 늘어났다.[17] 이와 같이 평균 하역물동량이 늘어나면서 선박의 재항시간 단축을 위해 컨테이너 터미널의 생산성 향상이 필요해지고 있다.

2017년 세계 컨테이너항만의 선석생산성은 시간당 평균 62.3회로 전년에 비해 1.9% 증가한 것으로 나타났다. 세계 컨테이너항만의 선석생산성은 지난 2014년 이후 줄곧 상승세를 이어왔으며 특히, 2017년 4/4분기에는 시간당 63.3회로 최근 3년간 최대치를 기록한 것으로 나타났다.

2017년 지역별 선석생산성은 동북아시아가 시간당 평균 82.3회로 8개 비교권역 가운데 가장 높은 것으로 나타났으며 동남아시아 64.7회/시간, 북미동안

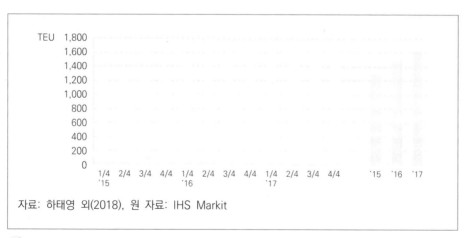

자료: 하태영 외(2018), 원 자료: IHS Markit

✎ 세계 컨테이너 선박당 평균하역량 추이

---

17) IHS Markit 각호

60.2회/시간, 북미서안 56.2회/시간의 선석생산성을 기록하였다. 반면, 지중해 지역 항만의 선석생산성은 시간당 47.9회로 비교 지역 중 가장 낮은 것으로 나타났다.

미주지역의 생산성이 낮은 이유는 터미널 운영시간이 짧기 때문이다. 북미서안 항만 중에서 오클랜드항 같은 경우는 8시간만 운영하고 나머지 16시간은 작업이 중단된다. LA/LB항은 처리물량이 증가해 1일 2조 혹은 3조로 운영하기 때문에 그나마 생산성이 높은 편이다.[18] 1주일 내내 24시간 작업을 하는 홍콩항이나 두바이항의 생산성이 높은 것은 터미널의 작업 공백이 없기 때문이다.

국가별 선석생산성을 보면 2016년에 이어 2017년에도 아랍에미리트가 시간당 110.5회로 세계 1위를 기록한 것으로 나타났다. 그 뒤를 이어 오만이 2위(100.3회), 한국이 3위(89.8회/시간), 그리고 중국이 4위(89.1회)를 기록했다.

항만별로 보면 2016년에 이어 2017년에도 아랍에미리트 제벨알리항과 중국 상하이항(양산)이 각각 시간당 평균 117.5회, 115.0회로 선석생산성에 있어 세계 1위, 2위를 기록했다. 제벨알리항은 2012년에 81개에서 5년 만에 45%의 생산성 향상을 보였다. 상하이항도 2012년 86개에서 5년만에 34%의 생산성 향상을 기록했다. 부산항의 경우 2017년에 92개를 기록해 10위를 기록했다. 2012년에 80개로 4위를 기록했지만 이후 순위가 크게 낮아졌다. 5년간 생산성도 15% 향상되는 데 그치고 있다.

중심항의 경쟁력을 가늠하는 초대형 컨테이너 선박(8,000TEU급 이상)을 대상

✎ 주요 항만별 선석생산성 변화

	2012		2017		5년간 향상률 (2012-2017)
	생산성	순위	생산성	순위	
Jebel Ali	81	3	117.5	1	45.1
Shanghai	86	2	115.0	2	33.7
Busan	80	4	92.1	10	15.1
Qingdao	96	1	87.6	12	-8.8
Rotterdam	63	10	66.5	47	5.6

자료: JOC(2013), 하태영 외(2018)

---

18) JOC(2013), p.4

으로 한 항만별 생산성을 살펴보아도 항만별 순위와 큰 차이가 없다. 아랍에미 레이트 제벨알리항이 시간당 141.2회로 세계 1위, 중국의 상하이항이 121.8회로 2위이며, 부산항은 110.0회로 10위를 기록했다.

② 지역별 터미널 생산성 비교

Drewry사가 분석한 세계 주요 지역별 컨테이너 터미널 생산성을 비교하면 아시아 지역의 생산성이 유럽이나 북미지역 터미널에 비해 약 2배 정도까지 높다.

2019년 기준으로 터미널별 선석길이(미터)당 평균 처리량에서 아시아 지역 터미널은 1,616TEU인 데 비해 유럽과 북미지역 터미널은 이 처리량의 50% 수준에 머물고 있다. 안벽크레인당 평균 처리량을 보아도 아시아 지역 터미널은 15만 8천 TEU를 처리한 반면 북미와 유럽지역 터미널은 이의 63%, 74% 수준에 머물고 있다.

◇ 지역별 컨테이너 터미널 생산성 비교(2019)

	아시아	유럽	북미	세계
평균 항만물동량 (만TEU)	200	115	93	138
평균 선석길이(미터)	1,239	1,310	1,122	1,153
평균 안벽크레인수(대수)	13	10	9	10
평균 야드면적(헥타르)	63	58	64	55
선석길이당 처리량(TEU/m)	1,616 (100)	881 (55)	829 (51)	1,196 (74)
안벽크레인당 처리량(TEU/대)	158,294 (100)	117,158 (74)	100,101 (63)	134,107 (85)
야드면적당 처리량(TEU/ha)	33,006 (100)	20,162 (61)	14,594 (44)	25,298 (77)

주: 전 세계 360개 터미널 샘플을 비교, 괄호 내는 아시아를 100으로 할 때의 비율
자료: Drewry Maritime Research

③

항만생산성 향상

항만과 터미널의 생산성이 향상되어야 하는 이유는 세 가지로 살펴볼 수 있다. 첫째는 컨테이너선의 초대형화에 의한 선박의 재항시간 단축요구에 부응하기 위하여, 둘째는 항만 투자수익률 개선 등 경영상 이유 때문이다. 셋째는 항만의 소유 지배구조가 국제화함에 따라 국제기준의 생산성 향상 요구에 따라야 하기 때문이다.

1 재항시간 단축

초대형선의 진화를 살펴보면 선박길이의 증가에 비해 선박수송능력이 더 큰 폭으로 증가하고 있음을 알 수 있다. 5,500TEU급 선박은 선박의 길이가 280미터이나 8,500TEU 선박의 길이는 320미터, 그리고 12,500TEU급 선박의 길이는 370미터, 그리고 24,000TEU 선박은 400미터이다. 이들 선박길이 미터당 수송능력이 각각 19.6TEU, 26.6TEU, 33.8TEU, 60TEU로 증가함을 알 수 있다. 즉 선박이 대형화될수록 컨테이너터미널의 하역 시간이 길어질 수밖에 없다.

선박의 초대형화가 진행되고 있어 실제로 세계 컨테이너 항만의 입항 선박당 평균 하역물량은 2015년에 1,312TEU이었으나 2017년에 1,628TEU로 계속 증가하고 있다. 이에 따라 선박의 재항시간도 길어질 수밖에 없다. 부산항의 경우 2015년부터 2017년까지의 컨테이너선 입출항자료를 분석한 결과 전반적인 항만 재항시간이 증가추세를 보이고 있는 것을 다음 그림에서 확인할 수 있다.[19]

---

19) 하태영 외(2018a), p.148

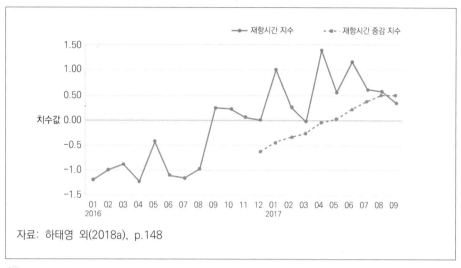

자료: 하태영 외(2018a), p.148

✎ 부산항 컨테이너선 재항시간지수

　만약 이전과 같은 시간에 양적하를 완료하기 위해서는 터미널의 생산성이 그
만큼 높아져야만 한다. 항만재항시간을 최소화하는 목표는 어떤 크기의 선박에
도 해당될 수 있다. 그러나 규모의 경제효과를 추구하는 초대형선에게는 항만재
항시간의 단축이 더욱 중요한 일이 되고 있다. 초대형선의 규모의 경제효과는
항만에 정박해 있을 때보다 선박이 운항 중일 때 더 크게 나타나기 때문이다.

　그러나 실제로 전 세계적으로 선박의 평균하역물량이 이전보다 크게 증가하
고 있지만 생산성이 따라가지 못하고 있다. 2014년 이후 2017년까지 3년간 컨
테이너 선박의 평균선형이 연평균 3.2%, 평균하역물량이 3.9% 증가했는데 비해
선석생산성은 1.1%밖에 증가하지 않았다.[20] 선박의 재항시간 증가가 불가피하
다는 점을 의미한다.

　선박의 크기의 적정성을 따지는 중요한 요인은 선박의 왕복항해시간(round
voyage time)이다. 이에 따라 한 선단에 포함되는 선박의 수가 결정되며, 선주의
투자규모가 결정된다. 선박이 초대형화 된다고 해서 선주가 대형화한 만큼의 선
가를 추가로 지불하지는 않으려 할 것이다. 오히려 선단 투입 척수를 줄여 기항
항만수를 축소하려 할 것이다. 따라서 항만에서의 양적하 시간이 처리물량에 비
해 늘어나기보다는 생산성을 향상시켜 물량 증가에도 불구하고 양적하시간이

---

20) 하태영 외(2018), p.12

✎ 원양선박 운영비

구분	6,800TEU(A)	12,500TEU(B)	규모의 경제효과 (A-B)
항해 중 총비용(달러/일)	125,081	168,512	-
재항 중 총비용(달러/일)	67,865	86,056	-
항해 중 1일비용(달러/TEU)	18.39	13.48	4.9
재항 중 1일비용(달러/TEU)	9.98	6.88	3.1

자료: Stenvert, Penfold(2007), p.19

크게 늘어나지 않는 항만을 선호하게 된다.

특히 고유가 시대에 접어들면서 초대형선을 운항하는 선주로서는 운항속도를 최대한 줄이는 감속운항(slow steaming)을 통해 연료비를 절감하려 할 것이다. 이를 가능케 하려면 그만큼 항만에서의 재항시간 단축이 요구된다. 이에 따라 초대형 선박운항 정기선사의 항만선택 기준에 재항시간 단축이 중요한 요인이 될 수밖에 없을 것이다.

② 경영상 이유

항만의 생산성을 높여야 하는 경영측면에서의 필요성은 투자수익률을 개선하기 위함일 것이다. 또한 항만체선, 선박대형화에 따라 터미널 처리 능력의 확장 필요성이 제기되고 있지만 현실적으로 항만확장을 반대하는 도시와 주민의 반대에 직면해 있기 때문에 터미널의 생산성을 높이는 대안밖에 없는 상황에 처해 있기도 하다.

아시아 항만들이 유럽이나 북미의 항만보다 한정된 터미널에서 높은 생산성을 보이고 있다. 같은 생산성 기준으로 아시아 항만의 터미널 면적은 북유럽 항만에 비해 68%에 불과하다. 특히 컨테이너 터미널 수익이 북유럽 항만에 비해 3배나 높은 홍콩항이 터미널 생산성 향상, 수익증가의 모델이 될 수 있을 것이다. 홍콩항은 항만부지가 협소하였기 때문이겠지만, 자본집약적인 고 집적 항만을 건설하고, 항만운영도 장비풀링시스템 적용 등 최첨단하여 생산성을 높일 수

있었다.[21]

③ 지배구조 국제화

허치슨 항만(Hutchison Ports)사나, 피에스에이(PSA Corporation)사, 디피월드(DP World)사 등은 기존의 하역사들이 산업 내 흡수 합병 등 수평적 팽창을 통해 세계적 터미널운영자(GTO)로 성장한 회사들이다. 자연히 이들의 활동무대는 한 국가를 떠나 범세계적이 되었고 항만에 대한 투자도 국제적 성격을 띠게 되었다. 소유 지배구조가 국제화함에 따라 동일 회사의 터미널들의 설비, 장비 및 운영시스템 수준이 향상하는 계기가 되고 있다.

정기선사의 경우도 마찬가지이다. 정기선사가 취항하는 상대국의 항만을 확보하여 안정적인 정기선 서비스를 하려는 목적이었으나 점차 소유하고 운영하는 전용터미널의 수가 늘어나면서 국제적 비즈니스로 항만을 운영하게 되었고, 터미널 간 생산성 차이를 줄이려는 노력 덕분에 터미널 생산성 향상이 이루어지고 있다.

터미널의 국제화는 항만의 생산성 향상을 가져오게 하고 있다. 2019년 기준 유럽의 경우 GTO가 운영하는 터미널의 시간당 크레인 처리생산성이 일반 터미널 운영자에 비해 6.6%나 높게 나타난다.[22] 터미널의 지배구조가 국제화됨에 따라 신항만 설계나 기존 항만의 설비, 장비 및 운영시스템 역시 상향평준화, 국제화가 되기 때문이다. 항만운영의 국제화가 진전되면서 GTO 간, 선사 간 터미널 경쟁이 심화되면서 항만의 생산성 향상추세가 경쟁적으로 일어날 가능성이 크다 하겠다.

---

21) 물론 홍콩항은 판매자 시장, 즉 하역회사 시장의 성격을 가져 무료장치기간을 1.1일로 단축해 놓은 것도 생산성 향상에 큰 요인이 되고 있음.
22) Drewry(2020)

항만 요금책정

컨테이너터미널 요금

    컨테이너터미널 요금, 즉 컨테이너터미널 서비스 가격 책정의 이론과 실제를 살펴본다. 터미널 서비스의 기본가격 책정, 터미널 이용 촉진을 위한 요금 인센티브제도, 터미널의 요금책정 전략, 항만 거버넌스에 따른 요금책정의 차이 등을 검토한다.

    컨테이너터미널 요금은 원칙적으로 민간 터미널운영자가 책정한다. 민간 터미널운영자는 터미널 요금구조와 요금수준을 자유롭게 책정할 수 있고, 관련 당사자와 개별적이며 비공개의 요금계약을 맺을 수도 있다. 또한 터미널 요금은 다른 항만 또는 터미널과의 자유경쟁에서 설정된 시장 요금이기도 하다.

    그러나 터미널 요금은 교통부나 항만당국 같은 규제기관이 직접 책정하기도 하고 혹은 요금 책정에 영향을 미칠 수도 있다. 정부가 일반이 사용할 수 있는 최대 요금수준을 책정하는 경우도 있다.

    항만 운영사는 항만 물동량을 처리하는데 있어 기술적으로 그리고 비용측면에서 효율적으로 그리고 효과적으로 수행하고 있는지 관심을 가져야 한다. 효율적이라는 의미는 항만 운영사가 사용자인 정기선사나, 화주에게 서비스를 얼마나 잘 제공하는지와 관련이 있다. 그리고 효과적이라는 의미는 예를 들어, 항만 운영사가 항만 물동량을 처리하면서 목표로 삼은 이익 극대화가 얼마만큼 달성되었는가와 관련이 있다.

    일반적으로 기업이 낮은 비용으로 제품을 생산하지 못하면(비용 효율성) 매출목표를 달성(효과적)할 수 없다. 그리고 월등한 기술을 확보하지 못하면(기술 효율성) 비용 효율적일 수 없다.[1] 즉 기술 효율성은 비용 효율성을 위한 필요조건

---

1) Talley(2006)

이고 비용 효율성은 이윤이나 매출목표 달성(효과적)을 위한 필요조건이다.

항만의 경우도 마찬가지이다. 기술 효율성이 있으면 동일한 자원으로 더 많은 물동량을 처리할 수 있어 단위비용을 낮출 수 있다. 그리고 비용 효율적인 항만은 더 많은 수익을 올릴 수 있어 효과적일 수 있다. 항만서비스 가격책정은 항만 운영목표 달성과 관련해 항만이 얼마만큼 효과적인가를 결정짓는 중요한 기능을 담당한다.

터미널의 생산성이 높아 시간당 처리개수가 많을 경우 선박 재항비용이 절감되기 때문에 이를 고려하면 화주에게 실제로 발생하는 시간당 비용은 낮아질 수 있다. 따라서 실제 항만서비스 가격은 항만 생산성을 감안한 가격이라 할 수 있다[2]. 항만생산성은 항만서비스에 대한 수요를 증대시킬 수 있고, 항만서비스에 대한 수요는 서비스 가격의 함수이다.

항만요금은 선박이나 화물에 부과되는 것으로 터미널이 선사나 화주에게 부과하는 가격이다. 항만요금은 경쟁, 운영목표, 화물의 가치 등에 따라 달라질 수 있다. 항만가격은 다른 항만 또는 터미널과의 경쟁을 통해 설정된 시장요금이다. 따라서 항만이 부과하는 실제 가격은 요금표에 명시된 것과 동일하지 않을 수 있다. 항만 간 경쟁이 있을 때 또는 대형선사의 항만기항을 유치하거나 유지시키기 위해 항만은 가격표에 명시되어 있는 가격보다 낮은 가격으로 정기선사와 계약을 체결할 수 있기 때문이다.

항만요금은 터미널 운영목표에 따라 다르게 책정될 수 있다. 터미널 운영목표가 국가나 지역의 경제발전을 촉진하는 것이라면 항만요금은 항만비용을 반영하지 않을 수 있다. 또한 항만요금이 수입보다 수출에 유리하도록 설정될 수도 있다. 이 경우 동일한 항만 서비스에 대한 항만요금이 수출보다 수입에 대해 더 높게 설정될 수 있다. 또한 선사 소유 터미널은 내부 목적에 최적화된 요금을 설정할 수 있다. 비용 기반 가격이거나 아니면 회사 내부의 가격시스템으로 책정될 수 있다.

항만요금은 화물의 가치에 따라서도 다를 수 있다. 동일한 항만서비스에 대해서도 고가화물에 더 높은 요금이 부과되고 저가화물에 낮은 요금이 부과되는 경우이다. 서비스 가치를 고려한 가격책정은 가격차별의 한 형태이다. 화주의 고가화물에 대한 항만서비스 수요는 가격 비탄력적이 될 것으로 예상되기 때문

---

2) Ashar(1997)

에 높은 가격을 부과할 여지가 있다.[3]

실제로 컨테이너화물은 고가화물과 저가화물을 구분하지 않고 컨테이너당 동일 요금을 부과한다. 항만이 가격을 차별적으로 부과하기 위해서는 화물 차이를 명확히 구분할 수 있어야 한다. 화물차이가 분명히 나타나는 공 컨테이너와 적 컨테이너, 그리고 수출입 컨테이너와 환적 컨테이너에 대해서는 요금책정에 차이를 둔다.

---

3) Value of Service Pricing

02

기본가격 책정

1 항만시설사용료

터미널운영자는 터미널이 제공하는 각종 서비스의 가격을 책정한다. 원양선박, 피더선박, 바지선, 철도 및 외부트럭에 대한 화물취급에 대한 요금은 터미널의 주된 요금이다. 선박에서 하역하여 트럭으로 반출되거나, 혹은 반대로 트럭으로 터미널에 반입되어 선박에 선적되어 터미널을 떠나는 모든 과정의 요금을 전 구간(full-cycle) 요금이라 한다. 컨테이너 원양선박의 경우 전 구간요금에 포함되는 항목은 항만시설사용료, 항만하역료, 항만 해상서비스료로 나누어 볼 수 있다.

항만시설사용료에는 선박입항료, 접안료, 화물입출항료⁴⁾가 있다. 선박입항료는 입출항선박에 적용하는 요금으로 입항수로, 선회장, 등대 및 항로표지 등 항행보조시설 등에 부과하는 요금이다. 선박 총톤수를 기준으로 톤당 금액으로 부과한다. 접안료는 선박의 계류가 가능한 접안시설 사용료이다. 선박이 선석에 접안할 때부터 종료한 때까지를 기준으로 부과하며, 우리나라는 12시간까지는 기본료로 징수하고 이후 초과사용은 시간당으로 부과한다.

화물입출항료는 화물에 대해 항만시설사용료를 징수하는 것으로 수역시설, 항만교통시설, 화물 장치장 시설을 사용하는 것에 대해 부과하는 요금이다. 이

---

4) 2019년 기준 선박입항료는 톤당 135원, 접안료는 12시간 기준 톤당 358원이며 이후 1시간당 10톤당 29.9원이 부과된다. 부산항의 경우 화물입출항료는 TEU당 4,429원이고 FEU는 2배가 부과된다.

는 화물 양적하를 위한 부두사용료(wharfage)로 컨테이너의 경우는 TEU를 기준으로 징수한다. 항만시설사용료는 선사가 부담자이나, 이 중에서 화물입출항료는 화주가 부담한다.

② 터미널 화물처리비(THC)

항만하역료는 터미널 화물처리비(terminal handling charge, THC), 화물장치료, 공 컨테이너 취급 및 보관료 등이 있다. 하역비 중 터미널 화물처리비(THC)가 대부분을 차지한다. 터미널에서 컨테이너 반출입부터 양적하에 소요되는 하역요금이다. 작업범위는 통상적인 본선 양하, 적하, 터미널 내 이동, 육상 상차, 하차 작업이 포함된다.

THC는 현지비용으로 항만이나 터미널이 선사에 부과하고 선사는 다시 이를 화주에게 청구한다. THC는 동일 항로에서 동일운항선사라 해도 항만별로 터미널별로 다르게 부과한다. 예를 들어 상하이, 싱가포르, 포트 켈랑, 함부르크, 로테르담항을 기항하는 아시아/유럽 노선에서 THC는 각 항만별로 다를 수 있다. 그리고 THC는 동일 항만 내 다른 터미널과도 다를 수 있다.

THC는 항만비용 중에서 상대적으로 비중이 큰 비용이다. 예를 들어 로테르담에서 뉴욕으로 선적을 할 때 항만 간 해상운송비용은 20피트 컨테이너당 765달러이지만, 로테르담 항만에서 수출화물에 부과되는 THC는 20피트 컨테이너당 235달러이다.[5] 이는 항만 간 해상운송비의 약 30%에 달한다.

화물을 해상운송하려면 출발항, 도착항, 환적항에서 THC가 발생한다. 출발항 THC(Origin THC)와 도착항 THC(Destination THC)는 조건에 따라 판매자 또는 구매자가 항만이나 선사에게 지불한다. 그리고 환적 THC는 해상운임에 이 비용을 포함하기 때문에 환적항을 경유해 출발지에서 도착지로 운송하는 선사가 지불한다.

우리나라는 국가나 지방자치단체, 항만공사가 컨테이너 터미널을 건설하여 민간에게 임대한 경우는 정부나 공사가 임대료를 책정하여 부과한다. 그리고 사

---

5) 2017년 기준

회기반시설 민간투자법에 의해 민간이 건설하여 민간이 사용하는 경우에는 운영기간 동안 투자비를 회수할 수 있는 감가상각비를 산정하여 이를 임대료로 산정한다.[6] 민간이 터미널을 운영할 경우 대부분의 수입이 THC에서 발생하기 때문에 THC는 임대료 지불 수준 이상에서 결정된다.

컨테이너는 일반적으로 컨테이너당 요금(box-rate)으로 부과되지만, 적 컨테이너와 공 컨테이너에 따라, 그리고 20피트 컨테이너(TEU)와 40피트 컨테이너(FEU)에 따라, 또한 비규격 컨테이너별로 다르게 책정한다. 우리나라의 경우 40피트 하역요금은 20피트의 1.8배를 부과한다. 이러한 차이는 취급비용의 차이, 상업적 사항과 경쟁적 사항의 고려, 그리고 현지의 관행에 따라 발생한다. 실제 컨테이너 양적하 시 발생하는 비용은 컨테이너 화물의 무게에 따라 크게 변하지 않는다. 그러나 공 컨테이너의 경우 정기선사가 수익을 창출하지 못하는 화물이므로 터미널 운영자가 적 컨테이너보다 낮은 요금을 청구하고 있다. 또한 크레인이 컨테이너를 취급할 때도 20피트 컨테이너나 40피트 컨테이너가 비용차이가 거의 없지만 비슷한 논리로 차별하여 요금을 부과하고 있다. 비규격 컨테이너의 경우 특수 장비를 사용하기 때문에 장비사용에 따른 요금이 더 부과될 수 있다.

초과 근무가 발생하는 경우 초과 근무수당을 요금에 추가하기도 한다. 또한 선박의 예상도착시간(ETA)과 실제 도착시간(ATA)[7]이 다른 경우 크레인 또는 작업인원의 대기 시간에 대한 대기요금이 추가될 수도 있다. 그리고 휴일이나 야간에 작업을 하면 하역요금의 경우 50%의 할증이 발생한다.

3 장치보관료

야드에 장치 보관하는 컨테이너에 대한 요금은 일반적으로 TEU 기준이며 무료장치 기간이 지난 후 일별로 청구된다. 요금면제기간 후에 부과되는 장치료를 체화료(demurrage charge)[8]라고 한다. 야드 내 적재 공간의 점유 공간을 반영하

---

6) 안기명 외(2009), p.456

7) Estimated Time Arrival, Actual time Arrival

8) 우리나라의 경우 요금면제기간이 입항화물은 5일, 출항화물은 7일이다.

기 위해 TEU를 기준으로 하며, 40피트 컨테이너는 20피트 컨테이너 공간의 2배로 산정한다.

안전 예방 조치 또는 특수 적재 구역 설정과 같은 특별한 조치가 필요한 경우 추가 처리 또는 취급을 위해 추가 요금이 부과될 수 있다. 선적할 공 컨테이너의 경우 추가로 무료장치를 허용하기도 한다.

 ## 4 기타 항만서비스료

항만 해상서비스료로 도선료, 예선료[9]가 있고, 기타서비스로 라인핸들링비, 선창개폐비, 보안료, 그리고 벙커료, 청수전력료 등 각종 협정요금이 있다. 도선료는 도선요율표에 따라 항만의 도선구간별 기본요금에 선박 총톤수, 흘수 등을 합산해 산출한다. 예선료는 예선시간, 사용 예선척수, 사용 예선 선형을 감안하여 산출한다. 보안료는 선박보안료로 입출항선박의 총톤수를 기준으로 부과하는 요금이다.

터미널에는 여러 가지 기타서비스가 제공되며, 이에 대한 가격도 책정된다. 기타서비스는 협정요금으로 서비스를 제공하고 서비스를 받는 당사자간 협의에 의해 결정된다. 협정요금에는 청수료, 전기료, 냉동컨테이너 서비스요금, CFS 임대료, 세척 및 유지보수장 임대료, 고박, 계량, 검사, 소독 요금, 장비대여료 등이 있다.

이들 기타서비스 요금은 화물취급 요금에 통합되어 있는 경우가 있다. 예를 들면 원양선박 접안 요금에 고박비용이나 해치커버 취급비용이 포함되기도 한다. 육측 트럭 도로 이동요금에 계량, 점검 요금 등이 포함되기도 한다.

---

9) 2019년 기준 예선사용료는 시간당 4,000마력 기준으로 약 100만원 정도이며, 야간, 공휴일 30% 할증된다. 도선료는 선형, 도선구간, 할증조건에 따라 50~150만원 정도이다.

부산항 컨테이너 터미널 항만요금

2019년에 한국해양수산개발원에서 분석한 자료를 기초로 부산항에 입항하는 컨테이너선 항만비용을 살펴볼 수 있다. 13,000TEU 선박, 3,000TEU 양적하를 기준으로 할 때 항만비용은 총 3억 5,500만원으로 TEU당 14만 2천원 수준이다. 항만비용 중 하역료가 86%로 대부분을 차지하고 있고, 항만시설사용료가 10%, 각종 서비스료가 3%를 차지하고 있다.

부산항 항만비용

구분	항목	금액(만원)	계산
항만시설사용료	선박입항료	1,915	14.2만톤×135원/톤
	접안료 (기본, 12시간)	471	14.2만톤×358원/10톤
	부두사용료 (화물입출항료)	1,329	3,000TEU×4,429원/TEU
	소계	3,715	
항만하역료	항만하역료	30,720	3,000TEU×102,400원/TEU
항만해상서비스료	예선료	439	4천마력, 5천마력 각 1척×1시간×2회(입항, 출항)
	도선료	460	5시간 도선기준×2회 (입항, 출항)
	소계	899	
선박서비스료	라인핸들링비	19	1회
	선창 개폐비	147	해치커버당 40,700, 36개
보안료	선박보안료	43	톤당 3원
합계		35,543	
TEU당 항만비용(원)		142,171	

주: 1) 선박 13,154TEU, 총톤수 141,868GT

2) 항만하역료 중 THC는 인터뷰를 통해 파악. 선사는 검수, 세척 등의 비용을 포함시켜 화주에 부과. 정부고시 컨테이너 하역요금(46,451원/TEU)은 잡화부두에서 컨테이너 취급비용으로 사용되며, 컨테이너 전용부두에서는 선사와 터미널 간의 계약에 의해 요금이 결정.

자료: 김찬호 외(2019) 자료를 기초로 저자수정

해양수산부, 무역항 항만시설 사용 및 사용료에 관한 규정, 2020

중앙예선운영협의회, 예선사용요율표, 2019.1.1

한국도선사협회, 도선요율표

하역료 운항선사 인터뷰 자료

03

가격 인센티브 제도

가격 인센티브 제도는 특정한 고객을 유치하기 위한 특별한 가격이다. 인센티브 제도는 물량, 서비스, 활용도, 이익 공유 등 네 가지로 구분할 수 있다. 이러한 항만의 가격 인센티브제도는 다른 항만에서도 경쟁적으로 시행할 수 있다. 많은 항만에서 이러한 가격 인센티브 제도를 시행하는 것은 정기선사나 얼라이언스를 자신의 항만으로 유치하고자 하는 목적이다.

가격 인센티브 제도가 효과가 있으려면 이 제도를 통해 고객에게 실질적인 인식에 차이를 만들 수 있어야 하며, 경쟁 항만이 쉽게 따라할 수 없도록 고안해야 한다. 일반적으로 볼 때 모든 화물에 대한 요금을 일정비율(예: 10%) 감소시키는 것은 특정화물을 대상으로 하는 특별한 할인제도보다 효과가 떨어질 수 있다. 또한 인센티브가 터미널의 경쟁 우위와 관련이 없을 경우 다른 경쟁 터미널에서 쉽게 따라 적용할 수 있어 그 효과가 크지 않다.[10]

1 물량 인센티브

항만의 물동량을 추가로 유치하기 위해 물량 인센티브를 고객에게 제공할 수 있다. 가장 간단한 요금 인센티브 방법은 항만 처리물동량을 추가로 증가시킬 경우 그 요금을 일정 비율로 할인해주는 제도이다. 이는 특정한 물동량 또는 일

---

10) 본절의 내용은 주로 자료를 주로 참고하여 기술 Stenvert, Penfold(2004), pp.108-126

정 규모의 물동량에 대해[11] 할인해 주는 시스템이다. 또한 물량인센티브 제도는 보통 전년도의 물동량에 비해 얼마만큼 늘어나는지를 고려한다. 금년 인센티브 물량 책정을 할 때 이전 연도 물동량을 비교 기준으로 사용한다.

일반적으로 물동량을 기준으로 한 인센티브 제도가 명확한 목표가 있다는 장점은 있지만, 고객의 노력이 아닌 시장 성장의 결과로 그 목표가 달성될 수 있는 단점이 있다. 따라서 이상적으로는 물동량 증가 목표와 함께 터미널에서 차지하는 특정 고객의 물동량 비중도 함께 인센티브제의 척도로 삼는 것이 바람직하다.

이상의 일반적인 물량 인센티브와 달리 특별 물량 인센티브를 적용하는 경우도 있다. 주로 정기선사나 얼라이언스가 타 항만이나 터미널에서 자신의 항만이나 터미널로 얼라이언스 기항을 신규 이전하는 경우 적용하는 인센티브 제도이다. 이 경우 터미널운영자는 특정 얼라이언스에게 인센티브로 고정금액을 제시할 수도 있고 아니면 얼라이언스 전체의 항만 물동량에 대해 컨테이너당 일정률이 할인된 요금을 적용할 수 있다. 이는 기존 항만물동량에 대한 요금구조와 요금수준은 변하지 않으면서 실제로 신규 기항하는 얼라이언스에 대해서만 평균요금을 할인해 줄 수 있는 장점이 있다.

이 밖에도 항만과 연결되는 2차 운송수단 연계를 장려하기 위해 신규 철도, 피더 연결에 대해 일정 기간 동안 인센티브를 적용할 수 있다. 터미널이 피더물동량 증대를 목표로 하는 경우 원양선사가 터미널 화물처리비를 부담하는 피더물동량에 대해서도 물량 인센티브를 적용할 수 있다.

인센티브는 고정 금액으로 할 수도 있고 또는 컨테이너당 요금 할인도 가능하며, 대상 연계운송 서비스의 이용률이 사전에 정의된 비율까지만 적용하는 것으로 제한될 수도 있다. 예를 들어 신규 철송 서비스의 이용률이 80%가 될 때까지 일정률의 할인을 받을 수 있도록 하는 것이다. 그리고 터미널 홍보를 위해 신규 피더운송에 대해 특별 할인을 적용할 수 있다. 또한 특정 화주의 화물을 유치하기 위해 컨테이너당 일정금액의 할인을 제공하거나, 컨테이너 무료장치기간을 제공할 수 있다.

---

11) 범위 할인의 예를 들면 100,000TEU 이상이면 X% 할인, 120,000TEU 이상이면 $X + \alpha$ % 할인

2 서비스 인센티브

서비스 인센티브는 항만서비스나 선박기항을 대상으로 터미널과 고객 모두 제안할 수 있다. 기대보다 낮은 서비스 수준에 대해서는 패널티를 부과하지만, 합의한 서비스 수준을 초과한 경우 성과에 대한 보너스를 지급하는 방법이다. 예를 들어 예정보다 늦게 도착한 선박이나, 선박 변경, 목적지 변경 등 추가 작업을 유발시킨 경우 패널티제를 적용할 수 있다. 또는 계약시 합의한 선석 생산성이나 재항시간 단축을 초과한 경우 보너스를 지급할 수 있다. 서비스 인센티브는 요금의 일정비율을 할인하거나 또는 합의된 접안 시간을 초과하는 시간당 금액으로 구성할 수 있다.

그러나 초과 성과가 반복된다면 이는 다시 새로운 서비스 표준으로 발전할 수 있어, 보너스 받는 것이 지속되기 어려울 수 있다. 또한 패널티 시스템도 구현되기 어려운 경우가 많은데, 성과 저하가 종종 정기선사와 터미널의 최적화되지 못한 작업의 결과인 경우가 많기 때문이다. 서비스 수준에 영향을 미치거나 서비스 수준을 결정할 수 있는 정기선사에 대해 패널티나 보너스 같은 특정 인센티브제를 적용할 수 있다.

3 이용 인센티브

이용 인센티브는 터미널 사용률을 높이거나 터미널 이용의 피크를 줄이기 위해 설계된다. 대표적인 것이 무료장치기간과 육측 작업 피크 저감에 대한 것이다.

야드에 컨테이너를 보관하는 경우는 터미널이 컨테이너 취급을 위해 보관하는 것과 선사나 화주의 필요성에 의해 장치 보관하는 것으로 나눌 수 있다. 무료장치기간(free time) 인센티브는 화주나 선사의 필요에 의해 장치 보관하는 경우에도 일정기간까지 보관비용을 터미널이 지불하는 것이다. 사용 가능한 장치 공간이 제한된 상황에서 터미널 야드의 컨테이너 장치면(slot)은 잠재적 수익 기회이다. 따라서 너무 많은 무료 장치기간 부여는 수익기회의 상실로 이어질 수 있다.

무료장치기간 인센티브를 적용하는 일반적인 방법은 무료장치 일수를 허용하고 그 이후부터는 하루 TEU당 일정 금액을 청구한다. 보다 정교하게는 수입, 수출 또는 환적 컨테이너별로 무료장치기간 인센티브를 다르게 부여하기도 한다.

또한 터미널의 안벽과 육측 작업에 대해 피크 작업량을 완화시킬 수 있는 인센티브제도를 도입할 수 있다. 예를 들어 화물 및 트럭 관련 정보를 사전에 통보하는 사전 고지 외부트럭에 대한 보너스를 제공할 수 있다. 또한 안벽이 혼잡한 시간이나 요일을 피해 도착하는 선박에 대해 보너스를 제공할 수 있는데, 이를 통해 작업 피크를 완화하고 보다 일정한 선박 도착 패턴을 촉진할 수 있다.

 # 4 이익 공유

정기선사와 터미널운영자가 협력 관계를 개발할 때 이익 공유 프로그램을 구현할 수 있다. 이익 공유 프로그램은 터미널과 정기선사의 비용을 줄이기 위해 합의된 프로젝트이다. 이를 통해 터미널의 접안 계획 신뢰성을 향상시키고, 선박에 대한 화물적재 효율성을 향상시키고, 안벽생산성을 향상시킬 수 있다.

이익 공유 프로그램으로 나타난 비용 절감은 터미널과 정기선사 간에 배분된다. 일반적으로는 비용 절감분에 대해 50:50으로 배분하지만, 실제 절감비용을 감안해 비율을 조정할 수도 있다. 이익 공유는 비용절감 측정에 대한 기준 및 계산에 서로 합의해야 한다.

서비스 가격책정 전략

항만 서비스 가격책정 방법은 원가를 기반으로 책정하는 원가 기반 가격책정 방법, 항만을 이용하는 사용자의 지불의사를 기반으로 하는 구매자 기반 가격책정 방법, 그리고 경쟁자를 고려한 경쟁 기반 가격책정 방법으로 구분할 수 있다. 이중 어떤 방식을 선택하여 서비스 가격을 책정할지는 시장 경쟁상황, 항만의 경쟁력, 터미널 전략에 의해 결정된다.[12]

1 원가 기반 가격책정

원가 기반 가격책정(cost based pricing)은 각 서비스의 원가를 기준으로 해서 여기에 일정 마진을 추가하여 가격을 책정하는 것이다. 이를 위해서는 터미널이 제공하는 각 서비스의 비용을 산정해야 한다.

컨테이너터미널의 비용은 설비투자비, 장비비 등 고정비용이 변동비용보다 훨씬 높다. 비용에는 인건비, 자본비, 유지 보수 및 수리비, 정보통신비, 운영비, 외부 서비스 비용 등 여러 가지가 있다. 이 중에서 인건비와 자본비가 터미널 비용의 대부분을 차지한다.

인건비는 운영인력 직접 인건비 이외에 일반관리비나 유지보수비에도 간접적으로 계상되어 있다. 자본비는 원리금과 감가상각비로 나타나는데, 주로 터미

---

12) 본절의 내용은 다음 자료를 주로 참고하여 기술함. Stenvert, Penfold(2004), pp.108－126, Tally(2018), pp.134－144, World Bank(2017c)

널 부지조성, 하부 및 상부 토목공사, 크레인 등 장비, 정보 시스템 및 건물에 대한 자본투자 비용이다. 첨단 자동화터미널로 건설되어 운영되는 경우는 감가상각비와 정보통신비가 기존의 노동 집약적으로 운영되는 터미널에 비해 상대적으로 더 높을 것이다.

유지보수비와 운영비용은 터미널의 운영효율성과 관련이 있는 비용이다. 일반적으로 유지보수비와 운영비가 높을수록 운영효율성이 높고 유지보수비와 운영비가 낮으며 운영효율성이 떨어진다고 볼 수 있다. 그러나 유지보수비와 운영비는 이익 감소요인이기 때문에 적정한 수준 이상으로 늘릴 수는 없다. 정보통신비는 운영비와 일반관리비로 표시된다. 많은 컨테이너터미널이 첨단화 자동화, 스마트화로 발전되면서 정보통신비용도 중요한 비용항목이 되고 있다.

각 컨테이너는 터미널에 반입할 때 한 번, 그리고 터미널에서 반출될 때 한 번 등 적어도 2번의 취급이 일어나지만 그 비용구조는 서로 다르다.

터미널의 비용을 계산하고 나면 이를 항만서비스별로 배분해야 한다. 이론적으로 항만서비스의 단위당 가격은 서비스에 직접 귀속된 비용에 항만 공통비용의 일부를 합친 것으로 산출된다. 기존의 원가명세서로는 항만서비스별 비용을 집계할 수 없다. 따라서 특별히 고안된 기준에 의해 다른 성격의 비용과 함께 발생한 비용 중 항만서비스의 성격을 갖고 있는 비용을 특정 서비스별로 배분하여 추출해내야 한다.

각종 서비스 활동을 확인하고 활동마다 비용을 할당하는 활동기반 원가분석(activity based costing)을 통해 비용가격을 얻을 수 있다. 일반적으로 항만 비용에는 각 서비스 활동에 할당, 배분하기 어려운 항목들이 다수 있다. 그럼에도 가격책정의 기반이 되는 비용수준을 구하기 위해 활동기반 원가분석을 많이 사용한다.

 구매자 기반 가격책정

구매자 기반 가격책정(byuer-based pricing) 방법은 고객의 요구사항을 반영하여 요금구조와 요금수준, 인센티브 등을 정하는 방법이다. 예를 들어 특정 선사의 항만이용 비율을 높이기 위해 요금을 조정하기도 하고, 어느 정기선사가 배후지 특정 지역에 대한 수송을 늘리고, 피더 운송 등 특정 운송수단 연계 물동량을 늘리려 할 경우, 터미널은 이 상황에 맞게 선사에 인센티브를 제공하는 요금을 책정할 수 있다.

그러나 얼라이언스들의 선사들이 자주 바뀌는 상황에서 터미널이 특정 얼라이언스 선사에게 제공했던 특별한 요금수준이 타 선사에게 알려질 수 있다. 정기선사들이 이전 얼라이언스의 요금과 비교하기 때문이다. 따라서 구매자 기반 가격책정을 하더라도 터미널의 가격구조와 수준의 일관성을 유지하는 것이 중요하며, 특별 인센티브 제공을 활용하는 것이 더 효과적인 방법일 것이다.

터미널 요금과 물량, 그리고 서비스수준 간에는 일관된 관계가 유지되어야 한다. 서비스 수준이 높은데도 물량이 낮을 경우 높은 요금이 부과되는 것이 합당하다. 또한 서비스 수준이 낮은데도 물량이 많다면 당연히 요금은 낮게 책정되어야 한다. 여기서 서비스 수준은 항만의 화물처리 효율성을 기반으로 수행된 실제 서비스 수준을 의미하며, 선박의 정시 입항과 같은 정기선사의 합리적인 서비스 수용을 전제로 한다.

정기선사가 "시장최고"(best of market: b.o.m)보증을 터미널에 요구할 수 있다. "b.o.m 보증"은 터미널에서 특정 정기선사에 대한 요금이 모든 정기선사 중 가장 낮다는 것을 보증하는 것이다. 이 역시 정기선사의 합리적인 서비스 수용 준비를 전제로 해야 한다.

3 경쟁 기반 가격책정

터미널의 가격책정이 경쟁 전략을 기반으로 하는 경우 터미널의 경쟁 위치에 따라 가격책정의 여러 전략적 대안을 고려할 수 있다. 특정 터미널이 가격기준을 설정하면 그 지역 터미널들이 동일하게 가격설정을 따라 한다면 그 항만은 시장 리더의 위치에 있다고 할 수 있다. 항만은 시장 리더의 위치에 도전하는 도전자의 위치에 있을 수도 있고, 시장가격에 따르는 추종자의 위치에 있는 터미널도 있다. 또는 틈새시장에 초점을 맞춘 터미널도 있어 연근해 선사만을 대상으로 하거나, 혹은 공 컨테이너 하역에 특화할 수 있다.

시장이 경쟁적이라면 터미널운영자는 한계비용보다 높은 가격을 책정할 수 없다. 그들은 일시적으로 수요가 공급을 앞지르면 단기적으로 가격을 한계비용보다 높게 책정할 수 있지만, 경쟁 항만이 처리능력을 추가로 제공하기 때문에 장기적으로 한계비용보다 높은 가격을 유지할 수 없다.

그러나 시장이 비경쟁적이라면 터미널 운영자는 선진국에 있든 개도국에 있든 한계비용을 훨씬 초과하여 가격을 유지할 수 있는 경우가 많다. 비경쟁적인 경우는 정부도 그러한 항만에 대해 항만 입항료와 터미널 화물처리비를 제한하거나 낮추려 하지 않는 경우가 많다.[13]

만약 시장 리더와 도전자 위치에 있는 터미널들이 터미널을 변경하려는 선사와 협상을 한다면 당연히 요금 전쟁이 발생하고 마이너스 요금사태까지 직면하게 될 것이다. 결국에는 양 터미널이 낮은 요금수준에서 선사의 물량을 비슷하게 나누어 확보하는 데 그칠 것이다. 두 터미널 중 한 곳의 재무상태가 다른 곳보다 크게 양호하지 않는 한, 물량 확보를 위해 추가적으로 낮은 요금을 제시하기 어려울 것이고 결국 터미널의 효율성을 향상시켜 이 적자를 줄여나갈 수밖에 없을 것이다.

---

13) World Bank(2017c), p.270

05

|

거버넌스와 요금정책

항만 거버넌스는 항만 운영의 소유권 및 관리방식을 의미한다. 정부나 공공기관이 운영하는 항만은 공용 항만이고, 민간이 운영하는 항만은 민영 항만이다. 공용 항만(public port)은 정부가 소유자이고 정부가 설립한 항만공사(port authority) 등 공공기관에 의해 관리된다. 항만공사를 관리하는 이사회 위원은 소유자인 정부(지방정부 포함)에 의해 임명된다. 민영 항만(private port)은 민간이 소유하는 항만이고 터미널운영자나 선사, 혹은 터미널 투자그룹의 이사회에 의해 관리된다. 항만운영은 항만에서 화물의 이동에 대한 통제를 말하며, 항만 소유자(대리인 포함) 또는 항만 임대회사에 의해 이루어진다.

항만의 운영목표는 항만 거버넌스 구조에 따라 달라질 수 있다. 운영자가 정부 소유의 항만을 운영하는 공공기관이나 항만공사인 경우 항만의 기능과 운영목표는 지역의 고용과 경제 발전을 촉진하는 데 둘 것이고, 수출 증진과 같은 지역경제 발전에 초점을 맞출 것이다. 정부가 지정한 항만공사 책임자는 항만수입은 비용을 보전하는 수준에서 이루어지도록 하고, 운영이익이 제로가 되는 수준까지 항만물동량을 최대로 늘리려 노력할 것이다.

이에 비해 항만 소유주와 터미널 운영계약을 맺은 민간 운영사는 이익을 극대화하기 위해 노력할 것이다. 민간 터미널운영자는 몇 가지 유형으로 나누어 볼 수 있다. 첫째, 항만에 기항하는 모든 정기선사의 선박이 접안할 수 있는 공용터미널이다. 항만이 허브 항만인 경우 운영사는 환적화물을 유치하여 더 많은 이익을 추구하려 할 것이다. 둘째, 터미널을 정기선사 전용으로 사용하는 경우가 있다. 이 터미널에는 해당 정기선사의 선박이나 정기선사가 포함된 얼라이언스 선박만 기항할 수 있다. 이 경우 운영사는 정기선사의 이익이 극대화되도록 터미널을 운영할 것이다. 이는 항만물동량을 최대로 늘리려 하는 항만의 목표와 일치하지 않을 수 있다. 항만요금을 결정하는 방법은 다음 두 가지로 나누어 볼 수 있다.

 ## 총비용 할당 항만요금

항만의 운영목표가 이익을 추구하는 데 있지 않고 항만물동량 처리를 극대화하는 것이라면 이 항만의 항만서비스 가격은 총비용을 가격에 완전히 할당한 수준에서 책정될 것이다. 이러한 총비용할당항만요금은 항만서비스를 제공할 때 발생하는 비용을 충당할 수 있는 수준에서 책정된 것이다.

항만물동량 단위에 직접 귀속된 비용에 공통비용의 일부를 합친 것으로 산출된다. 컨테이너 항만에서 컨테이너 이동에 사용되는 다양한 크레인의 감가상각비는 이 크레인을 이용하는 컨테이너에게 배분되는 공통비용이다. 문제는 이 공통비용을 특정 컨테이너 단위에게 할당하는 방법이 간단하지 않다는 데 있다. 처리 컨테이너 단위가 동질적인 경우 단위당 부담하는 공통비용은 이 비용을 공유하는 처리량 단위의 수로 나누어 결정할 수 있다. 그러나 처리 컨테이너가 이질적인 경우 공통비용을 할당하는 데 사용할 규칙을 결정하는 데 어려움이 있다.

 ## 한계비용 항만요금 책정

항만당국 등 공공기관이 정부소유 항만을 운영할 수 있다. 이 경우 이사회에서 항만사용자에 대해 항만당국이 제공하는 항만서비스의 순편익을 극대화하는 항만 운영목표를 정하게 된다. 이 목표를 달성하기 위해 항만은 요금책정을 이익 극대화에 두지 않는다.

주어진 재화나 용역의 소비와 공급에서 순편익을 극대화하기 위해 경제학에서 사용하는 가격책정방식은 한계비용 가격 책정이다. 재화나 용역의 가격을 한계비용과 동일하게 설정하는 것이다. 생산 또는 제공되는 서비스의 마지막 단위의 한계비용을 가격으로 책정하여 순편익을 극대화하는 방법이다. 주어진 항만 서비스의 순 편익은 다음의 식으로 표시될 수 있다.

$$NB = B - STC$$

여기서, NB: 순 편익
B: 사용자에 대한 항만 서비스 총 편익
STC: 서비스 제공시 단기 총비용

이 순편익을 극대화하기 위해 필요한 조건은 항만서비스량(Q)의 변화에 대한 순편익의 변화가 0(zero)과 같다는 것이다.

$$\triangle NB/\triangle Q = \triangle B/\triangle Q - \triangle STC/\triangle Q = 0$$
$$즉 \ \triangle B/\triangle Q = \triangle STC/\triangle Q$$

여기서 $\triangle B/\triangle Q$는 특정 유형의 항만 사용자가 소비한 마지막 항만 서비스 단위의 한계이익을 나타내고 $\triangle STC/\triangle Q$는 항만에서 발생한 이 마지막 단위의 단기 한계비용을 나타낸다. 사용자가 소비한 마지막 서비스 단위에 대해 지불한 가격이 사용자에게 해당 단위의 한계이익이다. 따라서 주어진 항만서비스의 순 편익을 극대화하기 위한 필요조건은 가격이 한계비용과 같아야 한다는 것이다.

항만에 이런 개념을 적용하려면 단기 한계비용보다는 장기 한계비용을 적용 해야 할 것이다. 요금을 단기 한계비용과 동일시하면 성수기와 비수기에 서로 다른 요금으로 부과하고 시간에 따라 큰 요금변동이 발생할 위험이 있다. 수요 가 증가하면 새로운 처리능력에 투자할 때까지 가격이 상승하고 처리능력이 증 가하면 가격이 갑자기 하락할 것이다. 경제적 배분 관점에서 바람직하지만 이러 한 변동 요금은 항만이용자의 저항에 부딪힐 수 있다. 일정 기간 동안 일정 요 금으로 유지되는 것이 바람직할 것이다. 장기 한계비용은 일정기간 동안의 단기 한계비용의 평균이 될 것이다.

항만 운영자가 항만서비스의 순편익을 극대화하는 효과적인 운영목표를 채 택하고 이후 항만가격이 한계비용 가격인 항만요금제도를 채택하더라도, 항만서 비스 제공시 외부비용이 발생하면 한계비용 가격으로 인해 항만 서비스의 순편익이 극대화되지 않을 수 있다.

항만 외부비용의 예로는 항만 대기 및 수질오염과 같은 항만 오염비용이 있다. 항만에 접안한 선박은 선박에 전기를 공급하기 위해 엔진을 작동할 때 대기를 오염시키는 배기가스를 배출한다. 또한 항만에 오염된 선박평형수를 배출시켜 해양을 오염시킬 수 있다. 대기오염은 항만 근처에 사는 도시민들의 건강에 영향을 미치고, 평형수에는 그 지역 해양생물에 해를 끼칠 수 있는 외국의 비토착 종이 포함될 수 있다. 항만 근처에 거주하는 도시민과 항만수역의 지역 생물에게 부담시키는 오염비용은 항만의 외부비용이다.

한계비용 가격이 항만 서비스의 순편익을 극대화하기 위한 한계비용은 항만에서 발생하는 모든 변동비를 반영해야 한다. 즉 한계비용 가격은 한계 사회적 비용(내부 및 외부 한계비용)을 반영해야 한다.

06

항만요금 책정 실무

원가 기반 가격책정방식은 비용에 표준 마진을 합하여 요금을 책정한다. 구매자 기반 가격책정은 고객의 요구사항을 반영한 요금 책정으로 협상력의 불균형상태에서 취할 수 있는 가격차별화 정책이다. 경쟁 기반 가격책정은 경쟁업체의 가격을 기준으로 가격을 책정하며, 명확한 시장 리더가 있는 시장에서 사용된다.

이상의 요금책정 방법 중에서 원가 기반 가격책정방식은 가격책정의 논리와 구조를 이해하기 위해 분석할 수 있으나, 서비스 원가 추정의 어려움 때문에 사용되기가 어렵다. 실제 터미널의 서비스가격은 구매자 기반 가격책정방법과 경쟁 기반 가격책정 방법을 함께 고려하여 책정하게 된다.

일반적으로 항만요금은 항만서비스 단위가격을 책정하고 이를 기반으로 선형 가격을 부과하는 방식이다. 대부분 쉽게 측정할 수 있는 단위를 기반으로 한다. 항만기항의 경우 선박톤수, 취급 및 보관 작업과 관련된 경우에도 톤수 또는 TEU를 기반으로 한다.

항만요금 책정은 복잡하지만, 이러한 복잡성은 가격 설정 메커니즘보다는 항만 영업활동과 가격책정이 연계되어 있기 때문이다. 항만요금에는 다양한 할인, 조정 및 리베이트를 포함하여 복잡한 결정이 포함된다.[14] 항만서비스의 가격이 결정되어 있어도 항만 사용자가 지불하는 실제 가격이 다르고 고객마다 다를 수 있다.[15] 이러한 복잡성은 항만비용의 불투명성에 기인한다.

터미널 운영사업은 제한된 수의 업체가 글로벌 규모로 활동하는 구조이다.

---

14) Meersman et al.(2014)
15) Phillips(2005), p.18

이것은 완전경쟁시장과는 다른 시장이다. 이런 시장에서 대부분의 항만이 적용하는 개념은 가격 차별화이다. 가격 차별화는 동일한 서비스 또는 거의 같은 서비스에 대해 서로 다른 고객에게 다른 가격을 부과하는 서비스 제공업체의 가격 책정 관행이다.

이는 판매자가 수익성을 개선할 수 있는 강력한 방법이며 시간 기반 또는 물량 기반으로 차별화 할 수 있다. 물량할인은 단일 기항에 대해서가 아니라 연간 총 물동량에 적용되는 경우가 많아 할인요금으로 고객을 고정시키는 수단으로 활용된다.

항만당국과 터미널 운영자는 자신의 시장을 보다 안정되게 만들기 위해 중요한 고객을 확보하려는 노력을 기울인다. 특히 얼라이언스로 선사연합을 상대해야 하는 터미널운영자는 고객유치 혹은 고객을 유지시키기 위해 항만요금 가격협상에 소위 고객별 맞춤형 가격 책정을 적용하지 않을 수 없을 것이다.

이러한 관행에 의해 항만가격이 책정되면서, 지금까지 항만요금 책정 전략의 기초가 되는 원가 기반 가격책정에 필요한 비용구조와 가치 기반 가격책정에 필요한 항만서비스의 가치 추정에 대한 연구가 많이 이루어지지 않았다. 향후 연구의 궁극적인 목표는 항만경쟁력을 높이기 위해 현재 적용되는 것보다 더 효과적인 가격 책정 체계를 고안해야 할 것이다.

CHAPTER

15

항만보안과 안전

01

|

항만보안

보안(security)은 기밀에 속하는 모든 기관, 인물, 물자, 시설, 지역 등에 관한 일체를 허가되지 않은 자로부터 보호하는 것으로 정의된다.[1] 이 정의에 의해 항만보안은 항만 지역과 시설, 기관, 선박 등 물자, 인력을 허가받지 않은 자로부터 보호하는 것이라 할 수 있다.

항만보안 사고는 항만 시설 및 장비, 선박 등을 손상시키거나 개인을 살상하려 의도적으로 행해지는 사고이다. 항만보안 사고는 해상 공급사슬을 방해하여 국제무역에 중대한 부정적 영향을 미칠 수 있다. 따라서 항만보안은 기본적으로 시설보안이 중요한 내용이다.

항만은 국가 수출입화물의 대부분을 담당하고 있고, 항만배후단지에 유류, 원자재 등의 보관시설과 각종 산업시설이 위치하고 있는 국가 중요시설이다. 또한 항만시설은 국민의 생명을 지키는 안보측면의 최후의 국경이기도 하다. 따라서 항만은 하역이라는 물류활동 기능뿐만 아니라 외부의 잠재적인 위협으로부터 국민의 경제적 활동과 생명을 보호하는 안전(safety) 기능을 가지며, 이를 확보하기 위한 접근 제어라는 보안(security) 기능도 가지고 있다. 우리나라는 국제선박항만보안법에 의해 국가항만보안계획을 수립하도록 하고 있다.

국가 경제의 중요시설인 항만시설에 대한 보안은 보호해야 할 대상에 대한 접근제어를 위해 항만구역을 제한지역[2]으로 관리하는 것이며 울타리 또는 방

---

1) 국가정보포럼(2006), p.136
2) 국가정보원 「보안업무규정 시행규칙」 제54조에 의하면 보호구역은 제한지역, 제한구역, 통제구역으로 구분, 제한지역은 비밀 또는 국·공유재산의 보호를 위하여 울타리 또는 방호·경비인력에 의하여 일반인의 출입에 대한 감시가 필요한 지역, 제한구역은 비인가자가 비밀, 주요시설 및 III급 비밀 소통용 암호자재에 접근하는 것을 방지하기 위하여 안내를 받아

호, 경비인력에 의해 일반인의 출입에 대한 감시가 요구되는 지역으로 관리해야 한다. 이를 통해 안전을 도모하며, 항만시설에 대한 발생 가능한 직·간접 위협을 방지하여 지속적이고 안정적인 국가 수출입 물류체계를 확보하기 위한 조치이다.

해상 공급사슬은 국제무역을 위한 네트워크이기 때문에 테러에 취약하다. 항만은 이러한 네트워크의 접점(node)이므로 테러에 더욱 취약할 수 있다. 해상 보안사고로 인한 해상 공급사슬의 단절은 국제무역에 중대한 부정적인 영향을 미칠 수 있다. 해상 공급사슬에 대한 테러 공격의 영향에는 인명 손실, 재산 피해 및 파괴, 경제 활동 위축이 포함될 수 있다.

컨테이너 항만에서 테러리스트의 선박 공격이나 컨테이너 선박 침몰과 같은 보안 사고는 선박과 선박에 실려 있는 화물의 멸실뿐만 아니라 항만 내 선박통항을 방해하는 상황까지 초래할 수도 있다. 이 경우 대체 항만이나 항로를 이용해야 되기 때문에 선박의 운송시간이 증가하고, 화물 도착이 지연되어 항만과 항만도시, 그리고 국제무역에 부정적인 영향을 미치게 된다.

항만에 대한 보안사건은 그 내용에 따라 결과가 상이해질 수 있으나, 테러와 같은 사건의 경우 항만 폐쇄까지 이를 수 있다. 최근 발생한 컨테이너터미널(APMT)에 대한 랜섬웨어 사이버 테러, 미국 NY/NJ항 폭탄테러 위협 등으로 인한 항만폐쇄는 경제적 손실뿐만 아니라 국민의 생명과도 직결되는 사례라 할 수 있다.

해상 보안사고로 인해 해상 보험료도 높아질 수 있다. 예를 들어, 2002년 예멘 해안에서 유조선 림버그(Limberg)호에 대한 테러 공격이 발생한 후 예멘 항만에 기항하는 선박 해상 보험료가 3배까지 인상되었다.[3] 결과적으로 많은 선박이 예멘항 기항을 취소하고 인근 항만으로 기항을 전환했다. 보안사고가 발생하면 이후 해상보안 예방 및 탐지 기술에 대한 투자를 늘려야 하고 결국 이는 국제무역 운송비용 증가로 이어지게 된다.

또한 항만이 정보통신 발달로 디지털 방식에 의한 선박, 혹은 화주, 정부기관과 정보교환이 증가하면서 항만에 대한 시설보안뿐 아니라 사이버 테러에 대한

출입하여야 하는 구역, 통제구역은 보안상 매우 중요한 구역으로서 비인가자의 출입이 금지되는 구역

3) Richardson(2004)

사이버 보안대책도 중요한 과제가 되고 있다. 터미널의 디지털 업그레이드와 자동화가 진행되면서, 공급사슬 내 핵심 접점인 항만에서도 사이버 위험 등 보안 대책 수립이 중요해지고 있다.

2017년 6월 머스크 그룹이 사이버 공격을 받아 로테르담에 위치한 완전무인 자동화터미널과 뉴욕과 LA에 위치한 APM 터미널의 작업이 며칠간 중단되었다. 이로 인해 고객을 다른 선사로 전환시키고 화물 비상사태를 관리하기 위해 추가로 선박을 배치하였다. 이 공격으로 머스크 그룹은 3억 달러 정도의 비용을 지출하였다. 이러한 사이버공격으로 항만의 사이버 보안이 선택사항이 아니라 의무사항이라는 것을 확인시켜 주었다.

오늘날 대부분의 회사들은 비즈니스 기능 확대를 위해 3자 업체인 소프트웨어 서비스(SaaS)[4] 공급업체가 제공하는 서비스를 통해 데이터를 유지하고 있다. 만약 이 서비스를 이용하는 간접 협력업체가 안전하지 않을 경우 구매자는 안전하지 않을 수 있다.

---

4) SaaS는 Software as a Service로 소프트웨어를 웹에서 쓸 수 있는 클라우드 서비스

국제 항만보안 대책

항만보안 대책은 4단계로 구성된다.[5] 첫 번째 단계는 예방단계로 테러리스트가 테러나 사고를 계획하고 수행하는 것을 예방하는 조치를 통해 보안사고가 발생하는 것을 방지하는 것이다. 두 번째 단계는 탐지단계로 계획 중에 있는 테러 등 사고를 조기에 파악하는 것이다. 세 번째 단계는 대응 단계로 보안사고가 발생한 후의 영향을 최소화시키는 것이다. 네 번째 단계는 복구단계로 항만을 보안사고 후 정상으로 복원시키는 일이다.

예방 및 탐지 단계는 사전 보안단계이며, 대응 및 복구단계는 사후 보안단계이다. 항만보안 계획의 초점은 사후 보안단계가 아니라 사전 보안단계에 두어야 한다. 미국을 중심으로 한 국제적 항만보안 대책은 예방조치에 해당되는 조치이다.

 국제 선박 및 항만시설 보안규칙(ISPS code)

2001년 9월 11일 뉴욕시에 대한 항공기 공격테러 이후 국제해사기구(IMO)는 선박 및 항만시설을 포함한 전 세계 해상화물운송체계에 대한 보안 강화에 나섰다. IMO는 2002년 12월 12일 IMO외교회의를 개최하여 국제해상인명안전협약(SOLAS)을 개정하고 해상보안강화를 위한 특별조치 신설[6]을 만장일치로 채택하였다. 선박과 선박이 이용하는 항만시설에 대한 보안체계를 수립, 이행을 주요

---

5) Pinto, Talley(2006)
6) SOLAS 5장, 11-1장 개정, 11-2장 신설

내용으로 하는 SOLAS 신설규정에 의해서 국제 선박 및 항만시설 보안규칙(ISPS Code)이 2004년 7월 1일 108개 회원국 대표, IMO의 옵저버가 참석한 IMO 컨퍼런스에서 채택되었다.

ISPS 코드는 선박 및 항만시설에 대한 보안을 강화하기 위한 규칙이다. 이 규칙은 IMO회원국에 적용이 되어 이제는 모든 나라에서 채택하고 있는 항만보안법의 기초가 되었다. 선박보안계획서(SSP), 항만시설보안계획서(PFSP), 보안등급 등이 항만보안 세계표준으로 자리잡게 되었다.

ISPS 코드의 주요 초점은 해상 선박의 보안 및 선박이 정박 중인 선박과 항만시설 간의 연계에 대한 보안을 다루는 것이다. 이 규칙에는 정부, 해운회사, 선박 및 항만에 대한 요구사항이 있다.

정부는 '항만시설 보안 담당자'를 두어야 할 항만시설을 결정해야 한다. 또한 국제 항해 선박에 서비스를 제공하는 각 항만시설에 대해 항만시설 보안평가와 항만시설 보안계획을 세우게 하고 이를 승인해야 한다. 그리고 선박 보안계획서(SSP)를 승인한 후, 국제 선박 보안 인증서(SSC)를 발행하고 준수 조치를 이행토록 해야 한다.

해운회사는 회사 보안담당자(CSO)를 지정하고, SSC가 발행될 각 선박에 대한 선박 보안평가(SSA)를 수행한다. 그리고 선박보안 평가가 이루어진 선박별로 선박 보안계획서(SSP)를 세운다. 또한 선박에 대한 선박 보안 담당자(SSO)를 지정하고, CSO, SSO 및 선원들에게 보안 훈련을 시행한다.

선박에는 자동식별 시스템, 식별 번호 및 보안 경보 시스템을 설치해야 한다.

항만은 항만시설 보안 평가를 수행하고 승인해야 한다. 항만시설 보안계획서(PFSP)를 수립해야 한다. 그리고 회사 보안 담당자 급으로 능력을 갖춘 항만시설 보안 담당자(PFSO)를 지정해야 한다. 또한 PFSO 및 기타 적절한 인원을 위한 적절한 훈련을 시행해야 한다.

이 규칙은 3단계 해사 보안등급(MARSEC)을 설정하여 보안 위협을 나타내도록 하고 있다. 보안등급 1등급은 위협이 가능하지만 가능성이 없음을 나타낸다. 보안등급 2등급은 테러리스트가 이 지역에서 활동하고 있을 가능성이 있음을 나타낸다. 보안등급 3등급은 보안 사고의 위협이 임박했음을 나타낸다.

② 주요국의 ISPS 코드 관련 항만보안법

미국은 해사운송보안법[7](MTSA)을 제정하여 ISPS를 수용, 보완하고 있다.[8] 이 법은 ISPS 코드의 요구사항을 포함할 뿐만 아니라 미국이 지정한 특정 선박 및 항만시설에 대한 추가 보안 요구사항을 부과하고 있다. 해사산업의 높은 보안 위험 부문에 초점을 두어 해상 공급사슬의 보안사고 방지를 목적으로 하고 있다. 감독기관이 '국가, 지역 해상운송 보안계획'을 각각 수립하면 선박 및 항만 소유자가 이에 따라 보안계획을 작성토록 하고 있다.

주된 내용은 선박이 외국의 항만에 입항할 때 화물정보, 선원명세, 여객정보를 미리 제공하도록 의무화하고 있다. 또한 해사운송보안법은 상세한 선박 정보를 자동으로 육상관련기관에 송부할 수 있는 자동인식 시스템(automatic identification system: AIS) 장비를 선박에 장착하도록 의무화하고 있다.

이 법에서는 다른 나라에는 없는 보조금과 외국항만 보안평가 제도가 포함되어 있다. 연방정부는 보안취약점을 개선하고 보안장비를 유지하고, 직원 급여와 수당 지급 목적으로 총비용의 75% 내에서 보조금을 지급할 수 있도록 했다. 25,000달러 이하 사업은 소규모로 간주하여 전액 보조금을 지원 중이다. 또한 미국으로 들어오는 외국선박의 출항지 대상 항만보안 평가와 미흡시 제재 조항을 명시하고 있다. 이 내용에는 외국항만 보안인력에 대한 교육도 포함하고 있다.

이 법에서 미국의 모든 항만에 보안자문위원회를 두도록 하고 있다. 해당지역 보안 관련사항에 대한 자문, 협의, 권고를 목적으로 보안 경력 5년 이상의 전문가들로 구성된 위원으로 구성토록 하고 있다. 미국의 항만보안기관은 미국토안보부와 국토안보부 산하의 미 해안경비대(USCG)이다.

EU는 27개 회원국 간 국경통제를 최소화하고 있어 항만보안 활동을 개별적으로 규정하기가 곤란하다. 이에 국제해상인명안전협약(SOLAS)과 ISPS 코드를 기본으로 회원국 간 협업을 통해 테러 및 해적행위에 공동으로 대응하고 있다. EU 회원국들은 IMO회원국들이 일반적으로 준수하는 항만시설, 선박보안평가, 보안계획 수립, 5년마다 심사, 재평가의 기본 틀을 유지하면서 항만보안활동을

---

7) Maritime Transportation Security Act of 2002

8) MARITIME TRANSPORTATION SECURITY ACT OF 2002(107th Congress Public Law 295)

하고 있다.

유럽의회와 협의회 규정은 ISPS 코드의 일반적인 절차와 내용을 담고 있다.[9] EU의 항만보안 기관은 유럽연합 해사안전국(European Maritime Safety Agency, EMSA)이다. 회원국 항만국통제(PSC)와 항만보안업무의 기획, 조정업무를 수행한다.

ISPS Code 수용을 위한 우리나라 국내법 제정도 이루어졌다[10]. 국제항해선박 및 항만시설의 보안에 관한 법률에서 국가항만보안계획을 수립토록 하고 있고, 선박보안평가에 따른 선박보안계획서를 수립토록 하고 있고, 항만시설보안평가를 반영해 항만시설보안계획서를 작성, 시행토록 하고 있다.

이 법에 의해 국제항해선박에 대한 보안심사를 해오고 있는데 2004년 334척을 시작으로 매년 200여 척이 보안심사를 받고 있다. 또한 28개 무역항에 대해 보안계획을 수립, 승인하고 있다.

일본도 ISPS 코드의 자국법화를 위해 2004년에 국제항해선박 및 국제항만시설 보안확보 등에 관한 법률을 제정하였다.[11] 법의 목적, 구성 및 체계가 우리의 국제항해선박 및 항만시설의 보안에 관한 법률과 유사하다.

몇 가지 부분에서 우리보다 상세한 부분이 있다. 국가항만보안계획에 해당하는 국제해상운송보안지표를 수립하는 것은 같지만 선박, 부두, 수역에 대해 국제해상운송보안지표의 구체적 실행방안인 대응지표를 작성하고 이를 수행하기 위한 보안규정을 별도로 작성토록 하고 있다. 또한 항만시설을 우리와 달리 부두와 수역시설로 구분하고 수역시설에 대한 보안조치를 별도로 규정하고 있다.[12] 일본의 항만보안 관련기관은 일본 국토교통성, 일본 해상보안청[13]이다.

---

9) REGULATION (EC) No 725/2004 OF THE EUROPEAN PARLIAMENT AND OF THE COU NCIL of 31 March 2004 on enhancing ship and port facility security

10) 국제항해선박 및 항만시설의 보안에 관한 법률 제정('07. 8. 3 '13. 6. 24 타법개정 법률 128 44호), 시행령('08. 1. 31, '15년 6월 9일 일부개정 대통령령 26310) 및 시행규칙('08. 2. 15, '14년 12. 31 일부 개정 해양수산부령 128호) 등 제정 완료되었다.

11) 平成十六年法律第三十一号 国際航海船舶及び国際港湾施設の保安の確保等に関する法律

12) 우리나라는 국제항해선박 및 항만시설의 보안에 관한 법률 시행규칙 제40조에서 보안활동 지역을 울타리, 담 또는 장벽으로 보호되는 지역으로 한정하여 사실상 해상지역은 제외하고 있다.

13) 일본 해상보안청은 미국 USCG를 모델로 1948년에 운수성 외청으로 설립되었다. 준 군사조 직으로 분류되며 유사시 방위성 장관의 지휘를 받도록 되어 있다.

3 미국의 해사, 항만보안 대책

2001년 9월 11일 사태 이후 미국은 항만보안 위협을 예방하고 탐지하기 위한 여러 조치들을 만들었다. 2001년 11월 19일, 미 의회는 항공 및 교통 보안법[14]을 통과시켜 국토안보부 내에 교통안전청(TSA)을 설립했다. TSA는 여객과 화물운송의 보안을 보장하는 업무를 수행하고 있다.

미국 항만에 대한 보안 방어는 외국 항만, 근해(offshore), 연안(coastal) 및 부두지역(dockside)의 4개 구역으로 계층화되어 있다.[15] 외국 항만 구역(계층 1)은 미국과 바다로 멀리 떨어져 있는 곳이지만 외국 항만의 보안 조치가 효과적이지 않을 경우 미국 항만에 도착하는 선박에 대해 미 해안경비대(Coast Guard)는 입국을 거부하거나 입국 조건을 규정할 수 있다. 근해 구역(계층 2)은 200마일의 배타적 경제수역 내에 있지만 12마일 영해를 넘어서는 해역을 포함한다. 연안구역(계층 3)은 12마일의 영해에서 미국 항만의 부두 및 부두까지의 해역이 포함된다. 부두 구역(계층 4)은 항만 내 구역이다. 미 해안경비대는 선박과 고위험 항만 시설주변을 항만 보안구역으로 지정했다. 미국 항만 및 수로 안전법의 권한에 따라 해안경비대는 연안 구역 내에 세부지역을 설정하여 수로, 항만, 선박 및 해안가 시설의 파괴나 파괴적인 행위로부터 보호할 수 있게 하였다.

항만 출입통제 조치에는 경보 시스템, 주변 울타리, 터미널 조명, 폐쇄 회로 시스템, 트럭 및 철도 차량의 점검 및 항만 접근 제어, 직원 점검 및 경비 순찰 또한 선상 해병대원(또는 무장 해안경비대)에 의한 호송 등이 있다.

미국의 해사, 항만 보안대책은 주요한 5가지가 있다. 이 중 2개는 자발적 보안 프로그램이고 3개는 의무사항이다. 자발적 보안 프로그램은 미 세관국경보호국[16](CBP)이 화물의 원산지─최종 목적지까지의 가시성을 제공하고 컨테이너화물 운송에 대한 통제를 위해 설계되었다. 컨테이너 보안협정(CSI)과 대테러 민관 협력파트너십(C─TPAT) 프로그램 2가지가 있다.

의무사항 3가지는 9.11 테러 이후 보안강화를 위해 미국으로 입국하는 해상

---

14) Aviation and Transportation Security Act
15) Emerson, Nadeau(2003)
16) U.S. Bureau of Customs and Border Protection

화물의 선박 적하목록을 현지 항만 출항 24시간 전에 제출하도록 하는 24시간 전 적하목록제출 규칙(24 Hours Rule)과 이를 보다 강화해서 수입업자가 신고해야 할 항목을 세분화한 수입안전보고(IFS)제도, 그리고 컨테이너 100% 사전검색법(Smart Port Security Act)이다. 컨테이너 사전검색법은 미국행 컨테이너 전부를 출항 항만에서 사전에 x-ray 검색을 하도록 하는 법안이지만 기술적, 경제적 이유로 국제사회는 물론 미국 내에서도 반대하고 있어 2012년 이후 시행이 계속 유예되고 있다.

(1) 컨테이너 보안협정(CSI)

컨테이너 보안협정(Container Security Initiative)은 테러 공격으로부터 미국 항만을 보호하고 위험화물 운송에 컨테이너 사용을 방지하기 위해 만들어졌다. CSI는 미국과 외국(정부 혹은 항만 당국) 간의 쌍무협정에 의해 추진되는 사업이다. CSI가 체결되어 있는 외국 항만에게 미국으로 향하는 화물을 선박에 선적되기 전에 사전 투시(pre-screen)검사를 하도록 요청하는 제도이다.

미 세관국경경비국(CBP) 검사관을 외국 항만에 상주시키고, 해외 현지 카운터파트와 함께 미국향 화물에 대해 엑스선, 감마선 검사[17] 등을 실시한다. 실시 결과를 고위험(higher risk)화물과 저위험(low risk)화물 등으로 표시하여 화물을 미국향 선박에 선적하기 하루 전까지 화물명세서를 전자문서로 미 국토안보부에 송부하도록 하고 있다. 2019년 기준으로 미국으로 향하는 컨테이너화물의 80%를 처리하는 58개의 주요 항만(부산항 포함)이 CSI 항만으로 지정되어 있다.

(2) 대테러 민관협력파트너십(C-TPAT)

2002년 4월 시작된 대테러 민관협력파트너십(Customer-Trade Partnership to Terrorism)은 세관인증제도로 미 세관국경보호국(CBP)과 민간 무역업체들 간 협력 프로그램으로 참여 기업에게 공장출하에서부터 미국 내 도착까지 화물의 전 유통과정에 걸친 보안단계를 공개하는 책임을 부여한 프로그램이다. 이는 미국에 대한 국제 공급사슬을 이용한 테러의 취약성을 줄이기 위한 것이다. C-TPAT를 통해 인증된 파트너에 대해서는 C-TPAT 인증 시, 둘째, 검증

---

17) x-ray imaging, Gamma ray inspection

통과 시, 셋째, 최선의 보안관행 충족 시 등 3단계로 구분하여 다양한 혜택이 주어진다. 일반적으로 컨테이너 검사비율 축소, 세관절차의 신속화, FAST(Free and Secure Trade) 프로그램 및 그린레인(Green Lane)에 참여할 자격 등의 혜택이 부여된다. 실제로 미국의 세관 검사율은 C−TPAT 회원의 경우 9%인 데 비해 비회원 검사율은 91%로 10배가 넘고 있다.

C−TPAT 멤버십은 처음에는 화주와 제조업체로 제한되었지만 이후 선사, 중개인, 화물 운송업자, 터미널운영자 및 항만까지 포함되었다. 2014년 말 기준으로 10,854개 기업이 참여하고 있고, 미국 수입의 54%에 해당하는 4,315개 수입업체가 참여하고 있다.[18]

중국이 주권을 이유로 중국 기업의 미국 검증에 반대했으나, 2011년 이후 정책을 바꿔 미국 CBP 직원의 자국기업에 대한 C−TPAT 검증을 허가하기 시작했다.

(3) 24시간 전 적하목록제출 규칙

24시간 전 적하목록제출 규칙(24 Hours Manifest Rule)은 미국 항만에 기항하는 선박의 컨테이너화물에 대한 적하목록 정보를 외국항만에서 출발하기 24시간 전에 미국 관세청의 자동적하목록시스템(Automated Manifest System)에 신고해야 한다는 점이 주요 내용이다.

CSI와 C−TPAT가 자발적 참여 형식의 해상화물 보안대책이라면 24시간 규칙은 강제규정이다. 전자 신고서에 누락되거나 부정확한 정보가 포함되면, 컨테이너 정기선사, 운송주선인, 무선박운송인(NVOCC)은 CBP로부터 건당 최대 5,000달러의 벌금이 부과될 수 있다.

(4) 수입안전보고(ISF)

수입안전보고(Importer Security Filing)는 2010년 1월 26일부터 본격 시행된 제도로 수입자의 책임을 강화하기 위해 선적지에서 출항 24시간 전, 미국 세관에 온라인으로 신고를 하도록 한 제도다. 이 ISF는 수입자가 신고해야 할 사항이 10가지, 운송사가 신고할 사항이 2가지로 되어 있어 10＋2 Rule이라 불리기

---

18) Wikipedia, 2020.8

도 한다. 미국 세관에 제시해야 할 기존 10개 정보항목은 제조자, 판매자, 구매자 인적사항과 컨테이너 적입장소, 원산지명 등이 포함되어 있다. 여기에 미국 세관이 요구하는 컨테이너의 선박 내 위치정보, 어느 지역을 거쳐 미국으로 들어오는지에 대한 정보를 추가로 요구하고 있다.

(5) 컨테이너 100% 사전검색

2006년 10월 미국은 항만보안법(SAFE Port Act)을 발효시켰다. 본 법률에 규정된 여러 조항 중에서 미국 수입 컨테이너 화물에 대한 100% 사전 검색을 입법화시켰다는 특징을 가지고 있으며, 특히 기존에 시행하고 있었던 CSI, C-TPAT 등을 입법화하고 외국항만에서 미국 세관원의 지원 하에 컨테이너 화물 검색기(X-ray)로 컨테이너 내부를 검색함으로써 위험화물을 사전에 탐지하려는 것이 핵심내용이다. Smart Port Security Act는 이 법안의 재인가법이다.

2006년부터 '전 미 소매연맹'(National Retail Federation) 등 여러 단체들은 미국 수출화물에 대한 외국 정부의 반발을 불러올 수 있는, 이와 같은 비현실적이고, 비용이 많이 드는 정책의 폐기를 주장해오고 있다.

미 국토안보부는 사우스햄턴, 포트카심(Qasim), 푸에르토 코르테스, 부산, 싱가포르, 홍콩 등 100% 사전검색 시범사업대상 6개 항만에 대한 화물안전대책 결과와 경험을 바탕으로 사전검색 비용을 추정해 의회에 보고했다. 전 세계 700개 항만에서 미국에서 수출되는 모든 컨테이너 화물을 사전 검색하기 위해서는 약 160억 달러의 비용이 들 것으로 예상했다.[19] 따라서 이러한 100% 사전 검색 방식은 핵 테러로부터 미국과 글로벌 공급사슬을 보호하는 방법으로는 효율적이지도 않을 뿐더러 비용 효과적이지도 않다고 밝히고 있다.[20]

미 국토안보부가 마감시한 연장이 필요한 이유를 두 가지로 들었다. 첫 번째는 가용한 컨테이너 검색시스템의 한계로 교역규모와 화물의 흐름에 중요한 부정적 영향을 미칠 것이라는 점이다. 두 번째는 검색시스템을 설치할 명확한 물리적 특성을 갖고 있지 못하기 때문에, 해외항만에서 컨테이너 검색시스템을 구입하거나, 배치, 운영을 할 수 없다는 문제점이 있다고 말하고 있다.

---

19) Department of Homeland Security(2007), p.12
20) 위의 자료, p.13

미국의 공급사슬 보안을 위해 추진되던 화물 사전검색은 2007년 법안 통과 시 해상화물은 5년 후, 그리고 항공화물에 대해서는 3년 후부터 시행하도록 하였다. 그러나 5년 후인 2012년 6월 초에 있었던 Smart Port Security Act 법안통과를 위한 미 하원 표결에서 해상 컨테이너에 대한 100% 사전검색 조항을 그대로 두고, 다만 그 시행일자만 2014년 7월로, 그리고 다시 2016년 7월로 2년씩 연기했다. 2016년 8월에 세 번째로 그 시행을 2년 더 연기했고, 2018년에도 2020년으로 다시 그 시행을 연기했다.

국제교역에 심각한 피해를 초래할 100% 사전 검색 법안은 그 시행시기만 유예되었을 뿐, 계획 자체가 취소된 것은 아니다. 세계 항만물류업계가 100% 사전검색 조치를 감당하기에 벅찬 현실임에도 불구하고 미국 의회는 이 제도를 폐기하지 않고 있다. 준비를 제대로 못할 경우 최악의 경우 우리상품을 적재한 미국행 컨테이너가 전수검사를 받지 못해 미국 내 반입이 거부되거나 몇 달씩 통관이 지연되는 사태가 올 수도 있다.

 ## 4 AEO

항만보안에 대한 각국 정부의 규제정책에도 불구하고, 정부와 민간의 협력에 의해 항만보안대책이 더 실효성 있게 진행되고 있다. 9·11 테러 이후 등장한 항만보안 논의가 정부 중심의 보안제도 형성을 위한 것이었다면, 최근에는 민간과 정부의 협력을 바탕으로 하는 항만보안 제도가 더 중요한 대책으로 정착되어가고 있다고 볼 수 있다. 미국의 C-TPAT와 세계관세기구의 수출입 안전관리 우수 공인업체(AEO) 제도가 대표적이다.

이는 항만보안에 대한 관심이 정부 주도에서 민-관 협력을 토대로 한 민간의 자발적 참여로 이전되고 있는 한편, 해상 및 항만보안이 막힘 없는 화물의 안전을 보장하기 위해 필요하다는 인식이 기존의 부정적인 인식을 점차 상쇄하고 있기 때문이다.

화물 매도인, 혹은 송하인은 공급사슬 보안에서 중요한 역할을 담당하고 있다. 메도인은 컨테이너에 선적될 화물에 대한 정보뿐만 아니라 화물의 운송경로에 대한 정확한 정보를 가지고 있기 때문이다. 컨테이너화물 안전 및 보안은 바로 매도인의 작업장에서 화물을 컨테이너에 선적하고 봉인하는 시점부터 시작된다. 그리고 봉인된 컨테이너는 매수인의 창고에서 소비되는 시점까지 유지되어야 한다.

수출입 안전관리 우수 공인업체(Authorized Economic Operator: AEO)는 세관에서 수출기업이 일정 수준 이상 보안기준을 충족하면 통관 절차 등을 간소화시켜 주는 제도이다. 화주입장에서 모든 수출입 공급사슬을 AEO 인증업체로 구성할 경우 안전공급사슬(Authorized Supply Chain: ASC)을 인증받아 통관 시 혜택을 누릴 수 있다.

세계관세기구(World Customs Organization: WCO)가 도입한 AEO는 회원국 170여 개 국가가 제도 이행 의향서를 제출하였다. AEO는 상대국가에서 실시한 제품, 공정, 서비스의 적합성 평가결과와 절차를 자국에서 실시한 것과 동등하게 받아들이는 상호인정협정(Mutual Recognition Arrangement)이다.

우리나라도 제도연구, 법령제정, 시범사업 등 준비과정을 거쳐 2009년 4월 정식으로 AEO제도가 시작되었다. 관세청에서 법규준수, 내부통제시스템, 재무건전성, 안전관리 공인기준 적정성 여부를 심사하여 공인하고 있다. 수출업체, 수입업체, 관세사, 보세구역운영인, 보세운송업자, 화물운송주선업자, 선사, 항공사, 하역업자 총 9개의 당사자가 있다. 2010년 2월 18개 업체에 불과했던 국제물류와 관련 AEO 공인업체가 2018년에는 829개 업체에 이르고 있다.

03

탐지 및 대응 복구전략

1 탐지

초기 계획 단계의 항만 보안사고를 탐지하는 데 사용할 수 있는 절차가 검사와 추적이다. 세계적으로 항만 보안사고를 탐지할 수 있는 기술개발이 계속되고 있다. 전 세계 99% 이상의 화물운송이 해상과 항만을 통해 이뤄지고 있으며, 컨테이너 내부에 밀수품·마약·폭탄물 등을 숨겨 들어오는 경우가 있어 컨테이너 화물 탐지는 안전한 해상물류를 위한 핵심 보안기술이기 때문이다.

대부분의 미국 항만은 방사선 검출기(radiation detector)를 사용하여 컨테이너를 검사한다. 이 탐지기는 핵 장치, 폭탄, 특수 핵물질 및 의약 및 산업에서 일반적으로 사용되는 동위원소 등을 검사할 수 있다. 로스앤젤레스/롱비치 항에는 모든 컨테이너 화물과 차량을 검색할 수 있는 방사선 포털 모니터(radiation portal monitors)가 설치되어 있다.

컨테이너화물에 포함되어 있는 승인받지 않은 핵물질의 반입을 탐지할 수 있는 탐지기 개발을 위해 미 국토안보부(DHS)가 이스라엘의 SDS(Security & Detection Systems)사와 2018년에 계약을 체결한 바도 있다. 우리나라도 선박해양플랜트연구소가 세계 최초로 3차원 검색 기능과 기존 검색장비보다 5배 이상 처리속도가 빠른 초고속 컨테이너 검색기 개발을 완료해 항만 컨테이너 위험물 탐지기능이 향상될 것으로 기대된다.

또한 항만 내의 수중 감시시스템도 도입되고 있다. 2007년 5월 롱비치 항만은 고주파 소나 이미징 기능을 갖춘 수중 로봇인 새로운 수중 보안 감시 시스템을 장치했다. 그리고 선박이 미국 항만에 도착하기 전에 선박을 추적하고 선박 화물 및 선원 정보를 얻기 위해 미 해안경비대는 미국 해양대기청(NOAA)의 부표에 송신기를 부착하고 있다.

우리나라에서도 2020년에 항만으로 접근하는 수중물체에 대해 선체의 자기(磁氣) 성질과 소음을 탐지할 수 있는 성능이 향상된 항만감시체계를 국내 기술로 개발했다.[21] 항만으로 접근하는 수중물체의 감시 정보를 실시간 공유할 수 있어 수중물체의 탐지·경보 전력으로써 주요한 역할을 담당하게 된다.

최근 들어서는 인공지능(AI), 블록체인, 드론 같은 신기술을 적용한 탐지기술 개발이 이루어지고 있다. 이러한 탐지 대책으로 인해 항만서비스 품질 향상이 이루어질 수도 있다. 예를 들어 항만정보시스템과 정보통신시스템, 화물추적시스템 등에 대한 사이버 보안 투자와 개선으로 항만서비스의 신뢰성을 향상시킬 수 있기 때문이다.

② 대응 및 복구

미 국토안보부 대통령령 13(HSPD – 13[22])에 포함되어 있는 "해상 영역 내 공격으로부터의 신속한 복구 및 대응"은 항만보안 강화를 위한 정책이다. 이에 따르면 항만에서 중대한 보안사고가 발생하면 초기 대응은 항만을 폐쇄하는 것이다. 이 경우 항만과 항만 이용자, 그리고 지역 사회의 경제적 손실이 클 수 있다.

이에 따라 미국은 항만에 보안계획을 수립토록 요구하는 ISPS 코드와 달리 항만보안법(SAFE Port Act)은 국토안보부가 테러 사건 후 무역을 재개하기 위한 규칙을 수립하고 있다.

항만에서 커다란 보안사고가 발생하지 않았기 때문에 항만 보안사고 대응 및 복구를 원활히 수행하기 위해서는 관련기관 간의 협력이 중요하기 때문에 가상의 항만 보안사고 시나리오 분석이나 훈련이 효과적일 수 있다.

---

21) 방위사업청(2020)

22) HSPD(Homeland Security Presidential Diretive), HSPD – 13은 연방정부에 걸쳐있는 해사안전정책을 종합 관장하는 '해사안전정책 조정위원회' 설립에 대한 것이다.

〈사례 13-1〉 항만 보안사고 대응 및 복구 시나리오

미국 버지니아 주 노퍽의 노퍽 국제 터미널(Norfolk International Terminals)이 만든 가상의 항만 보안사고이다.

항만에서 천천히 움직이는 액화석유가스(LPG) 유조선에 테러리스트가 탄 작은 보트가 접근한다. 테러리스트들은 유조선에 폭탄을 부착했다. 이 폭탄이 폭발하며 선박 측면에 약 10m 정도의 구멍을 내고 선박의 추진력이 손상되었다. 선원들 일부가 사망하고 부상당했다. LPG 선박은 노폭 국제터미널(NIT)쪽으로 이동하다가 두 번째 폭발을 일으킨다. NIT에 정박해 있던 컨테이너선도 손상되었다. 일부 컨테이너는 물에 빠진다. 두 번째 폭발 당시 컨테이너선에서 작업하던 몇몇 부두 노동자들이 부상당했다. 이어서 LPG 선박이 바다에 가라 앉아 항만 통항이 봉쇄된다. 이 통항수로는 상업용 및 미 해군 선박이 사용하던 곳이다. 해군의 터미널이 NIT와 인접해 있기 때문이다.

이 보안사고에 대한 일차적 대응자는 미 해안경비대이다. 항만보안책임자인 항장(port master)은 해안경비대 소속으로 항장은 항만보안 사건 세부정보를 해안경비대에 보고하고 미 연방수사국(FBI)에 통보한다. 해안경비대는 항만보안 MARSEC 3등급을 발령한다. 해안경비대는 사고의 심각성과 폭발과 같은 2차 사고와 추가 공격이 예상되는지 여부를 확인한다. 버지니아 해양경찰에게 추가 공격에 대비하기 위해 경찰 수상 저지선을 설정하도록 요청한다. 해안경비대는 또한 버지니아 항만당국의 해양사고 대응팀에 도움을 요청하여 항만 화재를 진압하고 부상당한 사람들을 구조, 지원토록 한다. 해양사고 대응팀은 현지 소방국의 지원을 요청한다.

NIT는 화물의 반입, 반출을 차단하고 직원을 대피시킨다. 해당 지역의 다른 컨테이너터미널도 동일한 조치를 취한다. 컨테이너터미널의 갑작스런 폐쇄로 게이트 및 게이트에 인접한 도로는 심각한 정체 유발되어 긴급 차량의 도착이 어려워질 수 있다. 지역 경찰에게 도로 혼잡문제를 해결토록 도움을 요청한다.

FBI는 사건의 심각성, 추가 공격 가능성 및 추가 공격 완화에 관한 정보를 수집하여 해안경비대에 제공한다. 미 해군은 해군 구조구난선과 관련 장비 등을 대기시킨다. 미 세관국경보호국(CBP)은 의심스러운 화물 확인에 나선다. 버지니아 교통국의 보안관리 책임자는 버지니아 주 관련기관과 주지사 사무실에 보안사고 발생을 알린다. 주지사는 추가적인 경찰병력 혹은 필요시 주 방위군의 군대를 해당 지역으로 파견할 수 있도록 승인을 요청한다.

항장이 테러 공격 및 2차 보안사고 영향으로부터 항만이 안전하다고 발표하면 보안사고의 복구 단계가 시작된다. 테러에 의해 폐쇄되었던 해상터미널이 정상운영을 재개하면 복구 단계가 종료된다.

보안사고 복구 단계에서 주요 의사결정자는 FBI다. 범죄 현장을 방해하거나 통항수로를 열지 않도록 요청한다. 사건 현장의 목격자를 탐문하고 범죄 현장을 조사한다. 침몰한 LPG 선박 및 침몰 및 부유 컨테이너에서 증거를 수집한다. 그러나 FBI는 경제적 손실로 인해 해상 터미널과 정기선사나 트럭운송사 등 이용자들로부터 조속한 항만재개를 위해 조사 조기 종료 요청을 받을 것이며, 지역에 대한 경제적 손실로 인해 주지사 사무실로부터 항만재

개 요청을 받게 된다.

FBI가 조사를 끝내고 침몰한 선박 및 기타 잔해물을 통항수로에서 제거할 수 있도록 결정하면 미 대기환경청(NOAA)은 항만 수역에서 잔해물에 대해 조사하게 된다. 침몰한 선박 소유자와 침몰하거나 부유 중인 컨테이너의 소유자는 통항수로에서 이를 제거할 책임이 있다. 만약 수로의 깊이와 선회장이 변경된 경우, 미 육군공병대는 보안사건 이전에 존재했던 사양에 따라 수로를 준설하도록 요청받게 된다. 해안경비대는 MARSEC 발령 단계를 어느 정도 하향 조정해야 하는지를 결정하게 된다. 항만은 해안경비대의 항장에 의해 공식적으로 재개된다.

자료: Pinto, Talley(2006), pp.267-286

04

사이버 보안

① 항만 사이버 보안

사이버 보안은 사이버 환경에서 네트워크에 연결된 컴퓨터와 서버, 모바일 장치, 전자 시스템, 그리고 데이터를 방어하는 업무이다. 해커들은 각종 범죄 목적으로 네트워크에 불법으로 침투한다. 해커들이 사용하는 대표적인 수법은 DDoS(분산서비스거부공격)와 악성코드이다. DDoS 공격은 서버가 처리할 수 있는 용량을 초과하는 정보를 한꺼번에 보내 과부하로 서버를 다운시키는 공격이다. 악성코드는 PC를 감염시키는 바이러스 같은 것이다. 악성코드는 대상 장비를 감염시키고, 감염된 장비를 이용하여 공격자의 의도대로 다른 시스템을 공격하거나 자신의 정보를 탈취하게 된다.

전 세계적으로 4,000개 이상의 항만들이 사이버 공격의 목표물이 될 수 있다. 항만은 지난 10여 년 전부터 항만작업을 최적화하고, 항만운영 자동화 및 실시간 모니터링과 같은 새로운 기능을 도입하기 위해 디지털 전환(digital transformation)을 추진했다. 항만의 디지털화는 정보기술(IT)과 운영작업 간의 상호 연결성에 중점을 두었고, 클라우드 컴퓨팅, 빅 데이터 및 사물 인터넷과 같은 새로운 기술의 도입에 중점을 두었다.

앤트워프 항만에서의 사이버 공격, Maersk 터미널에 미친 영향, 그리고 바르셀로나와 샌디에고항에 대한 랜섬웨어 공격 같은 항만의 사이버 보안사고에서 볼 수 있듯이 항만의 디지털 전환이 항만의 사이버 보안사고를 증대시키는 요인이 되었음을 알 수 있다.

항만 사이버 보안과 관련된 국제적 조치는 2002년 국제 선박 및 항만시설 보안규칙(ISPS Code)을 들 수 있다. ISPS 코드는 선박 및 항만시설에 대한 보안을 강화하기 위한 규칙으로 항만보안을 위한 요구사항이 있다. 선박보안계획서(SSP)에 정보통신시스템의 사이버 위험분석과 사이버 보안수단에 대한 계획을 수립해야 한다.[23] 또한 IMO의 국제해상교통간소화협약(Facilitation of International Maritime Traffic, FAL)과 해사안전위원회(MSC)는 해사 사이버 위험 관리에 대한 IMO 지침을 제정했다.[24] 사이버 위험 위협 및 취약성에 대한 인식을 높이고 효과적인 해사 사이버 위험 관리(식별, 보호, 탐지, 대응 및 복구)를 지원하는 내용을 포함하고 있다.

 ## 항만 사이버 보안사고의 유형

항만은 여러 형태의 사이버 공격을 받을 수 있다. 사이버 공격에 의해 항만 운영중단 등 항만마비가 발생할 경우 상업적 운영을 크게 방해할 수 있다. 국가에 필요한 필수 화물수송 중단은 물론 선박안전 및 보안문제가 발생할 수 있다.

또한 사이버 공격에 의해 항만정보시스템에 대한 위변조 행위를 통해 항만의 민감하고 중요한 정보가 유출될 수 있다. 항만 시스템은 승무원 또는 승객에 대한 개인정보나, 컨테이너의 위치나 화물 내용 등 중요한 상업적 정보가 유출될 수 있다. 그리고 항만이 국가보안시설이므로 관련 국가보안정보 같은 정보의 도용은 재앙적인 결과를 초래할 수 있다.

화물이 도난당할 수도 있다. 항만에서 컨테이너 이동은 항만 컴퓨터에 의해 추적되기 때문에 항만 컴퓨터에 대한 해킹은 이론적으로 항만 컨테이너를 최종 목적지가 아닌 다른 의도된 목적지로 이송시킬 수 있다. 화물 및 컨테이너 목록을 검색하여 가치 있는 상품을 식별해 항만에서 절도하거나, 혹은 이 정보를 이용해 선박 항해시 해적들이 표적을 삼을 수도 있다.

자금 절도를 위해 항만 재무시스템이 대상이 될 수 있다. 특히 규모가 큰 항

23) Bermejo(2015), p.5
24) MSC-FAL.1/Circ.3

만의 경우 항만 수입의 규모 또한 매우 커서 공격의 대상이 될 수 있다. 또한 항만은 국가 간 경계에 있기 때문에 세관신고서 등을 위조해 관세환급이나 부과세금을 조작할 수도 있다.

또한 해상수송과 항만은 조직범죄의 대상 중에 하나이다. 항만이 마약이나 무기, 반입금지 품목, 국제 수배자 등의 범죄와 관련되거나 아니면 불법적인 이동에 활용될 수 있다.

항만 시스템과 인프라는 매우 복잡해서 시스템이나 인프라가 손상되거나 파괴될 경우 항만 운영, 인명 안전과 보안에 치명적인 결과를 초래할 수 있다. 유조선(특히 정제 제품 및 가스)은 화재 및 폭발에 매우 취약하다. 가연성 물질과 화학 물질의 국지적 저장도 방대하게 이루어지고 있다.

사이버 공격에 따라 운영이 중단되면 많은 손해가 발생한다. 그리고 시스템이나 인프라가 훼손될 경우 이를 복구하는 데 많은 비용이 발생한다. 특히 항만 시스템의 손상 또는 파괴는 경쟁환경에 놓여 있는 항만에게는 평판을 훼손시키고, 인근 항만으로 고객을 잃을 수도 있다.

③ 항만 사이버 보안사고 예방

항만에서 사이버 보안사고가 국제적으로 발생하고 있으나, 여전히 대부분의 항만은 사이버 보안사고에 대해 큰 대비를 하지 않고 있다. 사이버 보안사고를 예방하려면 충분한 대비를 해야 한다.[25] 우선 사이버 보안에 대한 인식과 교육 부족을 해결해야 한다. 항만 이해관계자들은 대부분 항만의 물리적 보안에는 관심을 두지만, 정보통신기술에 의한 보안사고는 그 내용을 숙달하거나 사고를 예상하지 못하는 문제를 가지고 있다. 항만커뮤니티는 디지털화, 정보화, 자동화, IoT 같은 첨단기술과의 접목 등 디지털 문화를 이해하고 익숙해지는 것이 우선 필요한 과제일 것이다.

두 번째는 사이버 보안에 대한 인력과 예산의 투입을 늘려야 한다. 사이버 보안 문제에 대한 최고 경영진의 인식 부족이 원인일 수 있다. 이렇게 되면 사

---

25) ENISA(2019), pp.30-31

이버 보안 문제에 대한 인적자원 및 자격 있는 인력이 부족한 상황에 놓일 수 있다. 항만사이버 보안기술은 매우 전문적이고 구체적인 것이어서 적절한 자격을 갖춘 인력을 고용해야 한다.

세 번째는 항만은 사이버 공격을 탐지하기 위해 첨단기술을 갖추어야 한다. 인공지능(AI)을 통해 항만정보시스템 위변조 및 공격행위를 탐지하고, 블록체인 기술로 사이버보안을 강화하는 등의 조치가 이루어져야 한다. 2011년에 해커가 앤트워프 항만의 컴퓨터에 침투했지만, 앤트워프 항을 범죄집단이 마약 밀수를 위한 항만으로 이용한 항만 보안사고는 2013년 들어서야 밝혀졌다.[26] 그동안 밀수업자들은 마약화물을 항만으로 옮기고 마약화물이 거기에 있었다는 증거를 삭제할 수 있었다. 항만시스템에 침투하기 위해 해커를 고용하고, 마약 은폐 컨테이너의 위치를 식별하였다. 이를 위해 표적이 된 직원에게 악성 소프트웨어(malware)를 침투시켜 데이터베이스에 접근한 것이다.

마지막으로 항만정보나 시스템에 대한 접근을 엄격히 관리해야 한다. 사이버 범죄자들은 항만의 IT나 보안 팀보다 비즈니스를 더 잘 이해한다고 보아야 한다. 항만에서 누가 송장을 처리하는지, 직원들의 이력사항을 파악하여, 어떤 클라우드 서비스를 활용하고 있는지를 파악해낼 것이다.

특히 최근 항만을 자동화 항만, 스마트항만으로 개발하고 있다. 자동화나 스마트항만은 항만의 많은 정보를 디지털화하고 있다. 항만에 장치되어 있는 컨테이너들은 보안관리 입장에서 보면 하나하나가 국가나 지역의 전략적 비축물일 수 있기 때문에 엄격한 보안시스템이 유지되어야 한다. 항만이 디지털화된다는 뜻은 그만큼 디지털 정보의 유출을 방지할 수 있는 디지털 보안이 요구된다는 뜻이다. 따라서 스마트항만개발 시 사이버 보안항만시스템 기술이 함께 개발되어야 한다.

---

26) Hutchines(2015)

항만안전

1 항만 안전사고

9.11 사태 이후 해상 및 항만보안의 중요성이 크게 부각되었지만 항만 보안 사고보다 항만 안전사고가 더 일상적으로 그리고 더 빈번하게 발생하고 있다. 항만 안전사고 중 가장 빈번하게 발생하는 것이 항만 선박사고와 항만 육측사고, 그리고 작업자 사고이다. 이러한 사고는 고의적인 것은 아니지만 재산 및 인명의 손상을 초래할 수 있다.

항만에서의 선박사고는 선박충돌사고가 대부분을 차지한다. 1992~2004년 동안 홍콩항에서 발생한 선박사고를 보면[27] 선박 사고의 54%가 충돌 사고였다. 사고의 12%가 선박이 정박했을 때 발생했다. 홍콩항에서 선박 사고로 인한 부상자 수를 분석한 결과 화물선과 여객선의 경우가 제일 많았다.

선박이 항만에 접안할 때 많은 사고가 발생한다. 접안작업이 사람의 숙련도에 의해 이루어지기 때문이다. 접안사고는 선박 자체의 손상은 물론 안벽과 안벽 크레인까지 손상을 입히는 사고인 경우가 많다. 초대형선이 출현하면서 접안사고가 많이 발생하는데, 초대형선 자체의 사고는 물론 기존의 대형선이 타 항로로 전배되어(cascading) 중소형항만에 대형선이 입항하면서 접안사고도 많이 발생한다.[28] 2020년 4월에 부산신항 PNC터미널에 입항하던 일본선사 ONE의 1만 4천TEU급 컨테이너선이 육상크레인과 충돌하면서 선박이 크게 손상되

---

27) Yip(2008)
28) Splash(2019)

고 크레인이 붕괴되고 작업자가 부상당하는 접안사고가 발생하였다.

또한 항만에서 선박화재는 적재화물에 따라 항만 인근지역까지 영향을 미칠 수 있는 위험한 사고다. 2018년 5월 인천내항 1부두에서 5만톤급 대형 자동차 운반선에서 화재가 발생했다. 중고차 2,474대가 실려 있던 배가 화재가 나면서 인천항과 인근 지역 일대까지 연기가 퍼졌다. 다행히 선원 30여 명은 모두 무사히 구조되었지만, 소방당국이 화재대응 2단계를 발령하고 소방장비와 인력을 투입하였고, 해군·해경까지 화재 진압에 나서 화재발생 4일이 지나서야 선박화재를 진압할 수 있었다.

그리고 외국에서 항만 육측에 위치한 창고에서 폭발사고가 자주 발생하고 있다. 중국 천진항과 레바논 베이루트항의 폭발사고가 대표적 예이다. 2015년 8월 중국 천진항에서 대형 폭발사고가 발생했다. 중국 경찰에 따르면 항만 인근 한 창고에서 이 폭발이 발생되었다고 한다. 이 창고에는 유독성 화학물질인 시안화나트륨 700톤과 폭발성 물질이 다수 보관되어 있었다. 이 사고로 85명의 사망자와 700여 명의 부상자가 발생했다.

2020년 8월 4일 레바논의 수도 베이루트의 시내 인근 항만인 베이루트 항에서도 폭발 사고가 발생했다. 항만 창고에는 2,700톤 이상의 질산암모늄이 보관되어 있었는데 몇 년 동안 저장돼 있던 이 질산암모늄이 폭발을 일으켰다고 레바논 정부는 발표했다. 이번 폭발로 사망자가 약 220명, 부상자가 6천여 명에 이르며, 레바논 대통령은 이 항만사고로 인한 피해액이 150억 달러를 넘을 것이라고 했다.

미국 노동통계국에 의한 1985~1986년간 부두노동자 사고를 살펴보면 사고의 지게차와 트랙터 관련된 사고가 15%, 그리고 검수원 사고가 9%를 차지했다. 사고의 61%는 타박상이었다.

항만노동자의 재해율(종사자 천명당 재해발생자 수)은 2017년 기준으로 9.46으로 우리나라 전체산업 평균 4.84의 2배에 이른다. 이러한 항만노동자 재해율은 철도분야의 1.94보다 4.9배, 항공운수업의 재해율보다 5.6배, 자동차운수업보다 1.5배 높다.[29] 항만에서 부두노동자들의 안전사고가 많이 발생한다는 통계이다. 사망사고의 유형을 보면 장비 취급과 관련한 사고가 많다.[30]

---

29) 이종필 외(2018)
30) 2018년 3월 부산의 한 컨테이너터미널에서 야드트랙터 운행 중 이동 중인 수레와 추돌해 수

2015년 이후 2020년까지 부산, 인천, 여수광양, 울산 등 4개 항만공사 관할 부두에서 발생한 항만 안전사고는 223건이었다. 안전사고에 따른 인명피해는 사망 11명, 중상 46명, 경상 166명이었다. 2015년 이후 매년 40건 정도의 안전사고가 발생하고 있다. 지난 5년간 부산항만공사 관할 부두 안전사고는 92건으로 가장 많았다. 2018년 1월 31일 부산 신감만부두에서 냉동 컨테이너 작업 중 트랜스퍼 크레인이 옮기던 컨테이너와 충돌한 사고를 포함해 사망사고가 7건이었다.[31)]

항만에서 사망사고가 발생하면 당해 부두는 1주일 이상 작업이 정지된다. 결국 항만 사고가 감소하면 작업장 중단이 줄어들고 궁극적으로 항만의 생산 효율성이 향상될 수 있는 것이다.

유엔의 국제노동기구(ILO)는 전 세계 노동자들에게 적절한 근로 조건을 지원한다. ILO의 산업안전보건협약(Occupational Safety and Health Convention)에는 다양한 유형의 화물을 적재하거나 보관하는 작업시 지켜야 하는 항만 안전 운영 절차와 부두 및 해상 터미널 전반에 걸친 운영에 대해 자세히 설명하고 있다. 국제부두노동자협의회(International Dockworkers Council)는 항만 사고와 노동자 안전문제를 선제적으로 예방하기 위해 부두 노동자들을 위한 항만 안전 작업조건을 제안하고 있다.

② 항만국 통제

각국은 자국선박에 대해 선박 안전규칙[32)]을 시행하여 안전하게 건조되고 안전하게 운항되도록 운영해왔다. 그러나 선박을 자국이 아닌 편의치적국에 등록하는 편의치적(flags of convenience: FOC) 제도가 도입되면서 다른 나라에 등록

레를 끌던 작업자가 사망했다. 같은 해 5월에는 안벽크레인으로 컨테이너를 야드트랙터에 하역하는 작업 도중 크레인의 브레이크 미 작동으로 지상의 작업자를 사망케 하는 사고가 발생했다. 2019년 2월에는 부산항 신항에서 컨테이너 봉인을 검사하는 검수사가 하역차량이 실수로 컨테이너를 미는 바람에 컨테이너 사이에 끼어 사망하는 사고도 발생했다.

31) 부산·인천·여수광양·울산항만공사(국회, 김선교 의원), 2020.10.
32) 우리나라는 선박안전법이 있다.

한 선박에 대해 자국의 선박 안전규칙을 적용시키기가 어려워졌다. 즉 선적이 선주 국적에 따라 등록되면 해당 국가의 선박 안전규칙에 따라 안전, 보안 등 관리가 가능하지만 편의치적선은 자국의 관리도 받지 않고 편의치적 국가의 관리에서도 벗어나는 문제점이 나타나게 되었다.

2020년 1월 기준 세계 30대 해운국 선박 보유량 3만 9,984척(184만 7천DWT) 중 편의치적선은 2만 3,886척(138만 5천DWT)으로 전체의 약 60%에 달한다.

기준 미달선이라도 편의치적선에 대해 선박 안전규칙에 따른 관리가 어려워짐에 따라 일부 국가에서 항만국 통제(port state control: PSC) 시스템을 활용하여 해결하려고 했다. 항만국 통제는 항만이 기항하는 모든 외국선박에 대해 안전성 및 관련 증명서를 검사하고, 필요시 결함 시정조치를 명령할 수 있는 권한을 의미한다.

1982년 유럽 12개국이 '파리 PSC 양해각서[33]'에 서명하면서 그 권한을 부여하기 시작했다. 아시아 태평양 국가들도 1993년 12월 항만국 통제에 관한 양해각서[34]를 채택하여 1994년 4월부터 우리나라를 비롯해 호주, 캐나다, 중국, 일본 등 20개국이 회원국으로 항만국 통제를 공동으로 시행해 오고 있다. 이 밖에도 중남미, 서아프리카, 페르시아만 등 지역에서도 항만국 통제를 위한 지역 양해각서를 체결하여 시행하고 있다.

1996년 1월부터 2001년 12월까지 스웨덴 해양관리국이 실시한 선박 PSC 검사결과 검사 선박의 58.6%는 일정 기간 동안 일부 간헐적으로 결함을 보였으며, 14.3%는 일정 기간 동안 지속적으로 하나 이상의 결함을 보였다. 선박의 63% 이상이 검사 후 결함을 줄임으로써 PSC 선박검사가 긍정적 효과를 가져 온 것으로 나타났다.

우리나라의 경우 연간 항만국통제에 의해 점검한 선박은 2018년 기준으로 총 2,922척이며, 이중 결함지적 선박은 2,294척으로 78.5%에 달한다. 그리고 출항정지에 이른 선박은 67척으로 2.3%이었다. 출항정지 선박 67척 중 45척이 일반화물선이었고, 39척이 선령 20년 이상 노후선이었다.[35]

---

33) Paris PSC Memorandum of Understanding

34) Memorandum of Understanding on Port State Control in the Asia－pacific region: Tokyo MOU

35) 해양수산부(2019), pp.419－420

3 감염병 예방

코로나-19(COVID-19)로 인하여 항만은 선박 및 화물 수용 거부, 특정지역 기항 선박의 입항거부 및 선원 승하선 제한 등 여러 가지 영향을 받고 있다.

항만을 통해 식품, 에너지, 원료, 제조 물품 및 부품뿐만 아니라 필수 의약품 및 장비 등이 반입된다. 이런 관점에서 항만은 해상운송 공급사슬이 작동하도록 계속 개방하는 것이 중요하고, 선원들의 교대 승선할 수 있도록 허용되어야 한다. 항만은 국경 개방의 창구이기 때문에 선박에 대한 불필요한 제한이나 항만 입항 지연을 방지하는 원칙도 견지해야 한다.

그러나 한편으로는 입항선박과 선원을 통해 부두노동자들이 대량으로 감염병에 감염되거나, 항만도시 시민들이 감염되는 사태가 발생할 경우 항만이 폐쇄되고 수출입이 중단되는 큰 사태를 초래할 수도 있다.

2020년 6월 러시아 냉동운반선 아이스스트림(Ice Stream)호 선원 21명 중 16명이 코로나-19로 확진되었는데, 이로 인해 하역작업 승선 항운노조원 160명이 격리된 바 있다.

코로나-19 등 감염병이 창궐할 때 선원교대는 매우 어려워진다. 감염병 확산을 우려해 각국이 항만을 폐쇄조치하거나, 선원 교대시 까다로운 조건을 내세움으로써 선원교대가 어렵게 된다. 그러나 우리나라의 경우 국적 상선에 승선하는 외국인 선원들의 약 1만 3천명은 연간 10회로 승선교대가 이루어질 경우 매월 약 1,100명이 입국과 출국해야 한다.

코로나-19 감염병 유행으로 항만 안전과 보안의 범위를 항만에서의 감염병 예방까지 넓히도록 하고 있다. 감염병이 창궐하는 시기에는 외국인 밀입국자에 의해 지역사회에 감염병이 전파되는 것을 우려하는 항만보안 사고가 된다. 감염병 예방이라는 항만안전 및 보안 조치가 충분치 않으면 선박입항, 선원교대 등 해상운송의 원활한 운영이 어려워질 뿐만 아니라 항만폐쇄에 이르는 사태까지 발생할 수 있기 때문이다.

항만오염

01

항만 대기오염

무역 물동량이 늘어나고 선박기항이 증가하면서 전 세계 항만은 여러 가지 환경 문제에 직면하고 있다. 특히 인구가 많은 도시를 끼고 있는 대도시 항만의 경우 시민들에게 미치는 부정적 환경영향을 줄여나가야 하는 과제를 안게 되었다. 대기오염과 해양오염이 항만의 주요 환경 영향이다. 항만 대기오염은 재항 선박, 트럭, 화물 취급 장비 및 철도 기관차의 배출가스로 인해 발생한다. 항만 해양오염은 선박 평형수 및 폐기물의 투기, 기름 유출, 그리고 초대형선 입항을 위한 수로의 수심 준설 등이 원인이다.[1]

1 대기오염 물질

항만 대기오염의 주요 원인은 선박, 터미널 장비, 트럭, 피더선, 기차 등의 디젤엔진에서 비롯된다. 항만에 정박해 있는 선박은 각종펌프와 조명 등의 전력을 생산하기 위해 디젤엔진을 가동하면서 대기오염물질을 배출하게 된다. 외부트럭이나 야드 트럭, 그리고 항만 내 화물 처리를 위한 크레인 등 각종 장비를 가동하면서 항만을 오염시키는 배출가스를 발생시킨다.

디젤엔진의 주요 대기오염 물질은 황 산화물(SOx), 질소 산화물(NOx), 휘발성 유기화합물(VOC), 오존, 탄소 산화물(COx), 입자상 물질(PM) 등이다.

---

1) 본 장의 내용은 다음 자료들을 주로 참조하여 기술함. Stenvert, Penfold(2007), pp.113-121, Talley(2008), pp.159-170, 이기열 외(2017)

황 산화물(SOx)은 선박용 디젤 연료와 같이 유황이 포함된 연료를 연소할 때 배출된다. 질소 산화물은 연료가 고온에서 연소될 때 생성된다. 주요 배출원은 선박이나 트럭 같은 운송수단이다.

휘발성 유기화합물 (VOC)은 운송차량에서 배출되며 오존(O_3) 형성에 관여하는 화학물질이다. 오존(O_3)은 스모그의 주요 원인물질로 휘발성 유기화합물과 질소 산화물이 햇빛에서 상호작용할 때 생성된다. 그리고 일산화탄소(CO)는 연료의 탄소가 불완전 연소하면서 발생된다. 운송수단이 CO생성의 주요 원천이다.

입자상 물질(PM)은 가솔린 또는 디젤을 연소할 때 나오는 그을음, 먼지, 연기, 디젤 분진 같은 미세 고체 또는 액체 입자로 미세먼지의 원인이 된다. 항만, 선박, 터미널에서 발생되는 PM은 대부분 디젤 엔진 배기가스에서 디젤 분진으로 생성되며, PM_{10}과 $PM_{2.5}$ 두 가지가 배출된다. PM_{10}은 직경이 10미크론 미만인 미세먼지이고, $PM_{2.5}$는 직경이 2.5미크론 미만인 초미세먼지이다.

 대기오염의 영향

디젤 배기가스는 천식, 기관지염, 심부전 및 암과 같은 다양한 질병과 관련이 있다. 항만은 보통 대도시 근처에 위치해 있기 때문에 주민들의 건강 위험이 증가할 수 있다. 항만 대기오염은 호흡기 및 심혈관 질환으로 인한 인근 주민들의 사망률 증가의 원인이 될 수 있다. 한 연구에서는 동아시아지역에서 선박 배기가스에 의해 한해 14,500명에서 37,500명까지 사망에 이른다고 분석하기도 했다.[2]

고농도의 이산화황(SO_2)은 호흡기에 영향을 미치고 기존 호흡기 및 심혈관 질환을 악화시킬 수 있다. 질소 산화물(NOx)은 기관지염과 폐렴, 천식 반응을 일으키고 호흡기 감염을 유발할 수 있다.

일산화탄소(CO)는 신체의 장기와 조직으로의 산소 전달을 감소시킬 수 있다. 증가된 CO 수준에 노출되면 시각적 인식, 학습 능력 및 복잡한 작업수행 능력이 저하될 수 있다.

---

2) Liu(2016)

휘발성 유기화합물은 오존형성의 원인 물질이지만 자체로 건강에 악영향을 미칠 수 있는 많은 특정 화학물질을 포함하고 있어, 암, 선천적 결함, 기도 및 신경 장애와 관련이 있다. 지상의 오존(O_3)은 폐 조직 손상, 폐 기능 저하, 호흡기 염증 유발과 관련이 있다. 장기간 고농도에 노출되면 천식, 기관지염을 유발할 수 있다.

일반적으로 미세먼지 중에서도 초미세먼지가 인체 건강에 더 위험하다. 미세먼지 노출은 호흡에 영향을 미치고 기존 호흡기 및 심장 질환을 악화시키고 폐 조직을 손상시켜 암과 조기 사망의 원인이 될 수 있다.

3 선박과 하역장비의 대기오염

선박은 정유 공장, 발전소 또는 수십만 대의 자동차보다 훨씬 더 높은 오염 발생원이다. 선박은 전 세계 질소 배출량의 14%와 모든 화석연료에서 발생하는 황 배출량의 16%를 발생시킨다.[3] 문제는 선박에서 발생되는 대기오염물질 대부분이 연안 및 항만도시에 배출된다는 점이다. 연구에 의하면 선박은 연안지역의 이산화황 오염의 5~30%를 유발하면서[4] 연안지역 주민의 건강에 나쁜 영향을 미칠 수 있다.

국내에서도 전체 대기오염물질 중 선박에서 배출되는 양이 높은 것으로 나타났다. 2014년 기준으로 질소 산화물의 경우 대기오염물질의 국내 발생량 중 12.7%가 선박에서 배출되는 것으로 나타났으며, 황 산화물의 11.4%, 미세먼지의 7.1%, 초미세먼지의 10.1%가 선박에서 배출되는 것으로 분석되었다.[5]

부산항의 경우도 선박의 황 산화물(SOx) 배출량이 부산시 전체 배출량의 74%를 차지하고 있고, 초미세먼지($PM_{2.5}$) 배출량도 65% 이상이 선박에서 배출되는 것으로 나타났다.[6]

---

3) Spice(2004)
4) Capaldo et al.(1999)
5) 이기열 외(2017), p.13
6) 이기열 외(2017), p.11

◈ 대기오염 물질 중 선박의 비중

	국내전체	선박	비율
NOx	1,135,743	144,030	12.7%
SOx	343,161	39,074	11.4%
PM$_{10}$	97,918	6,983	7.1%
PM$_{2.5}$	63,286	6,423	10.1%

자료: 이기열 외(2017), p.13

터미널의 하역장비에 의해서도 많은 대기오염물질이 발생된다. 특히 디젤을 연료로 사용하는 야드크레인이 오염물질 배출에 주된 원인으로 분석되고 있다.[7] 디젤 바퀴식 야드크레인(RTG) 18대와 야드트럭 30대로 운영되는 터미널과 전기식 야드크레인(RTG) 18대와 야드트럭 30대로 운영되는 터미널을 비교해 본 결과[8] 질소 산화물과 유기화합물이 디젤식 RTG에 의해 연간 4만 킬로그램이 배출되고 YT에 의해 1만 5천 킬로그램이 배출된다. PM은 RTG가 연간 1,740킬로그램, YT가 연간 480킬로그램을 배출한다.

컨테이너 터미널 야드 장비에 의해 배출되는 배출가스를 보면 야드크레인에 의해 질소 산화물과 미세먼지가 각각 73%, 78%가 발생함을 알 수 있다. 따라서 RTG를 전기식으로 바꾸면 이만큼의 배출가스를 감소시킬 수 있다.

---

[7] Pirhonen(2010), pp.54−57

[8] RTG의 시간당 사용 전력은 70킬로와트, 연간 사용시간은 5,000시간, 킬로와트 사용당 질소산화물은 4그램, PM은 0.2그램 발생을 기준. YT의 시간당 사용 전력은 40킬로와트, 연간 사용시간은 4,000시간, 킬로와트 사용당 질소산화물은 3.16그램, PM은 0.1그램 발생을 기준(Pirhonen(2010))

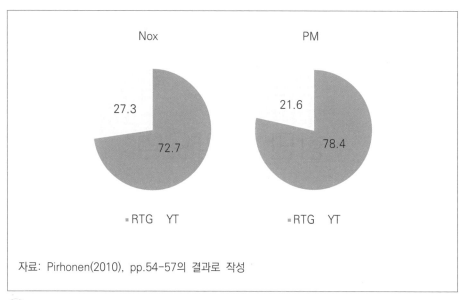

자료: Pirhonen(2010), pp.54-57의 결과로 작성

✎ 터미널의 야드 크레인과 YT의 배기가스 배출 비중

$$02$$

|

항만 해양오염

항만 내 해양오염의 원인은 여러 가지가 있다. 해양오염은 선박 평형수 및 폐기물의 투기, 기름 유출, 그리고 초대형선 입항을 위한 수로의 수심 준설 등이 원인이다.

 선박 평형수

선박이 선체의 균형을 잡기 위한 선박평형수(ballast water)를 항만에서 취수하거나 배출하는 것은 일반적 관습이다. 선박에서 화물을 내리면 평형수를 선박 내 탱크에 취수해서 화물 대신 선박의 무게 중심을 잡는 역할을 하도록 한다. 반대로 화물이 적재되면 평형수를 배출한다.

선박이 평형수를 취수하면 그 지역의 많은 미생물, 병원균, 유충 등 해양생물이 함께 평형수 탱크에 유입된다. 이 해양생물들은 선박으로 원 서식지에서 다른 지역으로 운반되며, 평형수의 배출과 함께 방출된다. 타 지역으로 배출된 해양생물은 지역 해양생태계에 영향을 미치게 된다. 만약 새로 유입된 종에 대한 자연 포식자가 없는 경우 이 해양생물로 인해 지역 해양생태계가 변경되거나 파괴될 수 있다.[9]

---

9) 홍합(black stripped mussel)이 평형수와 함께 남미에서 호주로 유입되었는데, 이 홍합은 호주 진주 산업에 위협이 될 수 있는 종이었다. 호주정부가 이를 초기에 발견해서 최소 비용으로 차단조치를 할 수 있었다. 유럽 홍합(zebra mussel)이 1980년대 중반 선박평형수를 통해 미 5대호에 유입되어 취수관, 보트 선체 및 기타 표면에 달라붙어 약 50억 달러의 피해를 입

미국 항만에 기항하는 모든 선박은 평형수 관리 실태를 미 해안경비대에 보고해야 한다. 그렇지 않으면 벌금이 부과된다. 2001년부터 해운선사는 미국 항만에 선박이 도착하기 최소 24시간 전에 평형수 관리 보고서를 제출토록 하고 있다.

우리나라도 선박평형수 관리법에 의해 해외 수역에서 선박평형수를 주입한 후 국내 관할수역에 들어온 선박은 입항보고를 해야 하며, 국내수역에서 선박평형수나 침전물 배출을 원칙적으로 금지하고 있다. 허용이 된 경우에도 승인 받은 선박평형수관리계획서에 따라 선박평형수와 침전물을 배출 또는 제거하도록 하고 있다.

② 항만준설

준설은 수중 퇴적물을 제거하는 과정이다. 특수 유형의 장비인 준설선이 퇴적물을 준설하는 데 사용된다. 준설선은 일반적으로 기계 및 유압의 두 종류가 있다. 기계식 준설선은 버킷을 사용하여 수중 퇴적물을 올려 바지선 등을 이용해 육상으로 운반한다. 유압 준설선은 퇴적물을 준설하기 위해 물을 사용하여 흡입 펌프로 바닥을 퍼올린다.

항만 내 선박 항해 수로, 선회장, 안벽 전면 등을 준설하는 것은 선박 흘수가 깊어 깊은 수심이 요청되는 초대형선의 항내 진입 및 접안을 위한 것이다.

이러한 경제적 필요에 의해 항만 내 준설이 이루어지지만 준설에 따른 해양 생태계 파괴 등 환경문제가 함께 발생한다. 준설은 해양생태계의 생물학적, 화학적, 물리적 구조를 변화시키기 때문이다. 바닥 퇴적물의 제거는 해저에 서식하는 저서생물의 먹이 서식지를 파괴한다. 경우에 따라서는 생태계 복원에 몇 년이 걸리기도 한다.

또한 준설토는 인근의 매립지 조성에 사용될 수 있는데, 준설토 투기에 따른 환경비용이 발생할 수 있다. 준설토가 항만 근처 산업단지 및 도시에서 발생한 퇴적물로 중금속, 유기 염소화합물 등 오염 물질로 오염되었을 수 있기 때문이

했다(Tally(2018), p.217).

다. 준설토를 투기하기 전에 오염을 제거해야 하는 경우가 생길 수도 있다.

③ 기름 유출

선박에서 항만에 기름이 유출되는 경우가 있는데, 보통은 사고로 유출된다. 우발적 유출은 원유나 석유제품의 하역 도중 혹은 선박연료 주입 중 사고나 실수로 기름이 유출되는 경우이다.

그러나 의도적으로 유출하는 경우도 있다. 의도적 유출은 일반적으로 유류탱크에 주입한 평형수를 배출(dumping)하면서 유출되는 기름이다. 유조선이 선박 안정성을 유지하려고 평형수를 화물탱크에 주입시킨 후 화물 적재항에 도착해서 화물탱크에 있는 평형수를 배출시키는 경우이다.

선박에서 기름이 유출되면 이로 인한 환경피해의 영향을 추정하는 것은 매우 어렵다. 많은 요인이 상호작용하기 때문이다. 어류와 조개류가 산란하고 조류와 포유류가 모이는 계절에 기름 유출이 발생하면 기름 유출로 인해 이러한 생물에 대해 큰 피해가 예상된다. 고온과 풍속은 기름의 증발을 증가시켜 물에 남아있는 기름의 독성을 줄일 수 있다. 기름 유출에 의한 환경 영향은 회수 속도와 유출된 기름의 양에 따라 달라진다.

⓪③

국제적 규제

　항만 오염에 관한 국제규제는 온실가스 배출과 황 등 대기오염물질 배출 규제, 그리고 선박평형수 관리 규제에 대한 것 등이 있다.

　2015년 세계 기후변화의 조짐이 커지면서 파리협정이 채택됐을 때 해운산업과 항공산업은 포함되지 않았다. 대신 국제해사기구(IMO)와 국제민간항공기구(ICAO)는 자체적으로 온실가스(GHG) 배출 감축 방안을 마련하도록 했다. IMO는 2018년 제72차 해양환경보호위원회(MPEC 72)에서 해운에 의한 이산화탄소 배출량을 줄이기 위한 전략을 채택했다. 2030년까지 선박운항으로 인한 이산화탄소 배출량을 2008년 대비 40% 이상 줄이는 것을 목표로, 그리고 2050년까지 최소 50% 저감시키도록 목표를 세웠다.

　2050년까지 전 세계 선박운항이 계속 증가할 것으로 예상되기 때문에 50%의 이산화탄소 감축 목표를 달성하려면 이산화탄소 배출을 거의 zero로 목표하고 이루어져야 가능한 수준이다. 2030년까지 이산화탄소를 40%를 감축하려는 목표도 해운업계에서는 LNG를 포함한 기존 화석연료로는 거의 이 기준을 맞출 수 없을 것으로 보고 있어 연료전지 등을 이용한 선박이 유일한 대안이라고 보고 있다.[10]

　EU에서는 IMO의 이러한 계획을 뒷받침하기 위해 2018년부터 CO_2 배출량의 감시, 보고, 검증 규정을 발효시켰다. 유럽 항만으로 출항하거나 출항하는 5,000톤(GT) 이상의 선박은 모두 CO_2 배출량, 화물 데이터, 평균 에너지 효율을 보고해야 한다. 현재 EU에서 매년 이 데이터를 발행하고 있다.

　대기오염물질 국제규제는 황산화물질 배출 규제가 대표적이다. IMO는 2020년 1월 1일부터 황 함유량 0.5% 규제를 시행하고 있다. 스크러버(scrubber)[11] 장

---

10) 현대글로벌서비스 관계자 면담
11) 탈황장치

착, LNG 추진선 모두 현실적인 선택사항이다. 그러나 세계 상선 96,295척 중에 스크러버 장착 선박이 1,500척 내외 밖에 되지 않고 LNG 추진선도 250여 척에 불과하다. 대부분의 선박이 현재까지는 저유황유를 사용하고 있다. 다만 저유황유 가격의 변동성 문제가 되고 있다. 저유황유가 고유황유의 2배까지 가격이 폭등했지만 2020년 하반기에는 50~60달러차이 밖에 나지 않고 있다.[12] OECD는 IMO의 선박연료 황 함유량 규제로 인해 연간 50~300억 달러의 추가 비용을 부담해야 할 것으로 추정했다.[13]

주요국 항만에 따라 시행되는 배출가스 통제지역(ECA)은 IMO의 규제보다 엄격한 황함유량 0.1% 이내로 규제되고 있다. 그러나 공해상에서 배기가스 배출은 여전히 IMO의 규제로만 관리되고 있다. 공해상에서의 배출가스 규제 등 운항 감시는 선박의 선적국가 책임인데, 많은 선박이 편의치적국에 선적되어 있어 공해상의 배출가스 규제를 더 강화하기는 어려운 실정이다.

항만해양오염 관련 국제적 규제는 선박평형수 규제가 대표적이다. 국제해사기구(IMO)는 해양 생태계 교란 방지를 목적으로 2004년 2월에 선박에 평형수 처리설비 설치를 강제화하는 '선박평형수 관리협약[14]'을 채택했다. 이 협약은 협상 개시 27년 만에, 그리고 2004년 채택 13년 만인 발효조건이[15] 충족되어 2017년 9월에 발효되었다.

협약에 의해 발효일 이전에 건조된 선박은 5년 주기의 정기검사 때까지 평형수처리장치(BWMS[16])를 설치해야 하며, 2022년이면 세계 모든 선박이 이 BWMS를 탑재해야 한다.[17] 다만 수리조선소의 한계, 처리장치 기술의 승인 지연 등을 고려해 비준된 협약을 개정해 일부선박[18]에 대해서는 BWMS 설치를 2년 유예하도록 했다.

---

12) 고 유황유가격은 톤당 350달러대 0.5% 함유 저유황유는 290달러

13) OECD(2016a)

14) International convention for the Control and Management of Ship's Ballast Water and Sediments, 2004

15) 발효조건이 30개국 이상 비준하고 비준국가의 선박량 합계가 총 상선대 선박량의 35% 이상이 되는 날로부터 12개월 후로 지정

16) Ballast Water Management System

17) 박한선 외(2017), p.31

18) 2012년 9월부터 2014년 사이에 정기검사를 받은 선박에 대해서는 2024년 9월까지 설치토록 수정

$$\underset{04}{\bigcirc}$$

|

항만오염 저감

    항만당국이나 항만공사는 항만오염을 저감시킬 수 있는 여러 조치를 해야 할 의무를 가지고 있다. 이를 위해 해운회사, 컨테이너터미널, 내륙운송 회사 등 항만 이용자에게 특별한 조치를 장려하거나, 혹은 사용료 및 벌금 등을 부과할 수도 있다.

① 선사의 역할

    선박이 항만오염에 상당히 원인을 제공하기 때문에 해운회사가 취하는 조치는 항만오염 감소에 상당한 영향을 미칠 수 있다. 선사가 취할 수 있는 조치는 항만에 접근하는 선박의 속도를 줄이는 일, 항계 내에서 선박연료를 저유황유로 교체하는 일, 그리고 선박이 안벽에 접안했을 때 선박동력을 부두 전력을 이용하는 방법, 그리고 선박 입항일정의 정시성을 유지하여 추가적 대기오염을 줄이는 방법 등 크게 네 가지로 나누어 볼 수 있다.

    첫 번째는 연안 해역에서 항만으로 접근할 때 저속으로 운항하여 배기가스를 줄이는 일이다. 항만당국은 선박이 항만에 접근하는 동안 속도를 줄이도록 선사에게 요청하거나 인센티브를 제공할 수 있다. 미국 LA항은 2006년 '청정대기행동계획(Clean Air Action Plan)'을 수립해서 대기오염물질 배출량 저감을 추진해오고 있는데, 여기에 선박 저속운항 프로그램이 포함되어 있으며, 이는 인센티브를 매개로 한 자발적 프로그램이다. 2015년 기준 미 LA항에 입항하는 3,542척의 선박 중 93%는 항만에서 20해리(약 37㎞) 이내에서 12노트(시속 약 22㎞) 이하로 운항하였고, 83%는 40해리(약 74㎞) 이내에서도 저속운항을 유지하였다.

두 번째는 선박이 연안이나 항만에 접근할 때 저유황 연료를 사용하도록 하는 일이다. 항만당국이 규제를 통해 강제하든지 아니면 입항료에 차별을 두는 방식으로 인센티브를 제공할 수 있다. 이 인센티브 시스템은 LNG 추진선 같은 친환경선박에도 적용할 수 있다.

세 번째는 선박에 대해 부두에 접안해 있는 동안 디젤엔진 가동시간을 제한하는(예: 최대 30분) 조치가 가능하다. 선박에 대한 더욱 강력한 조치는 엔진을 완전히 차단하고 부두에 설치된 전력선을 통해 전력을 받도록 하는 것이다. 그러나 이 조치는 선사, 항만 당국 및 컨테이너터미널운영자의 상당한 투자가 필요하다. 터미널 변압기에 선박에 상당한 양의 전력을 공급하기 위해 전력선과 전기 케이블을 설치하는 육상전원공급장치(alternative maritime power: AMP)를 설치해야 한다. 선박에도 육상전력을 받을 수 있는 수전시설과 접촉장치를 설치해야 한다.

마지막으로 선사들의 항만입항은 보통 사전에 계획되어 있지만 악천후 및 이전 항만 작업의 지연 등으로 인해 정시 입항이 이루어지지 않는 경우가 많다. 선박이 예정보다 늦게 도착하면 추가 장비투입 등 터미널 계획이 최적화되지 못하고 대기시간이 길어져 대기오염이 추가로 발생할 수 있다. 따라서 선박입항 일정 정시성을 유지하는 것은 대기오염을 줄이는 방법이다.

 ## 컨테이너터미널 운영자의 역할

항만의 터미널 하역시스템과 항만장비도 항만의 대기오염 수준을 결정한다. 샤시 위에 컨테이너를 올려놓은 상태로 야드에 장치하는 온휠(on-wheel)시스템 항만은 첨단 자동화 터미널이나 고단적 터미널에 비해 더 많은 오염 물질을 발생시킨다. 이는 온휠 시스템이 선박과 야드 간 운송 및 야드 이동을 위해 더 많은 장비를 사용하기 때문이다. 그리고 고 단적 터미널이나 첨단 자동화 터미널의 장비가 전기나 배터리를 사용하는 반면 온휠 시스템 장비는 모두 디젤 동력이기 때문이다.

기존 터미널의 장비도 친환경이나 전기방식으로 전환되고 있다. 야드 트럭이 친환경연료로 대체되거나 아니면 전지형으로 바뀌고 있다.[19) 야드 크레인도 전기 또는 전기충전배터리와 디젤엔진을 함께 사용하는 하이브리드 방식[20)으로 바뀌고 있다.

컨테이너터미널에 도착하는 외부트럭에 대한 예약시스템을 이용하면 도착분포를 최적화하여 피크 시간 동안 교통량을 줄이고 대기시간을 줄여 유휴 시간과 오염을 줄일 수 있다. 자동 게이트 시스템은 빠른 트럭 처리시간으로 트럭의 반출입 흐름을 원활히 해줄 수 있다.

선사 운영터미널에 대해 대기오염 감소라는 항만정책을 구현하는 데는 한계가 있다. 이는 선사 운영터미널이 자사 선박이나 선사가 속한 얼라이언스의 선박만 접안시키기 때문이다. 이 결과 항만 내 어떤 터미널에는 선사가 선석이 없어 대기 중이지만 어떤 터미널은 선석이 비어 있는 경우가 종종 발생하게 된다. 항만전체로 보면 비효율적으로 터미널이 운영되면서 항만대기가 발생하고 항만오염도 증가하게 된다.

3 항만당국의 역할

항만당국은 항만오염의 실태를 파악하는 노력을 해야 한다. 항만에서 발생하는 대기오염물질 배출량과 오염도에 대한 기초정보를 확보해야 한다. 이를 위해 항만구역 내 주요 지점별로 상시 대기오염 관측망을 설치하고, 측정결과를 DB화하고, 오염 발생 원인을 체계적으로 분석해야 한다.

궁극적으로는 대기오염물질 배출원에 근접한 지역주민, 선원, 항만근무 인력에 미치는 보건환경상 영향에 대한 정량적 평가작업이 필요하다. 보건환경에 미치는 영향과 이에 따른 경제적 영향 분석, 그리고 항만 대기오염 개선에 따른 비용 등을 함께 평가해야 한다.

---

19) 미국 롱비치항에서 시범도입, Hellenic Shipping News(2019)
20) 미 오클랜드 항 도입, Logistics Management(2019)

항만에 입출항하는 선박의 연료 사용 최소화를 위해 항만에 육상전원공급장치(AMP)를 도입하고, AMP를 이용하는 선박에 대해서는 입항료, 접안료 감면 등 인센티브 제공을 통해 입출항 선박의 AMP 이용을 유도할 수 있다.

항만당국은 컨테이너터미널의 운영권 입찰 과정을 통해 항만오염에 영향을 미칠 수 있는 조건과 요구사항을 관철시킬 수 있다. 또한 항만당국은 터미널 운영시스템이나 사용 장비 등을 제한시킬 수 있다. 로스엔젤레스 항만이 좋은 사례이다. LA항은 2006년부터 야드트럭의 연료를 디젤에서 LNG로 교체하는 작업을 했고 육상전원공급장치를 설치하고 이 설비를 갖춘 선박만 입항토록 하는 등 항만 대기질 개선을 최우선 과제로 추진해 오고 있다. 이를 위해 항만당국은 신규개발 터미널에 대해 요구 사항을 설정하는 것 외에도, 입찰 절차에서 환경 보호조치를 선정기준에 포함시키고 상대적으로 높은 가중치를 부여했다. 결국 충분한 대기오염 감소 조치를 제안하는 입찰자가 선정되도록 유도했다.

또한 관공선, 도선, 항내 이동이 많은 예선에 대해 친환경 선박연료를 사용하게 하고 중기적으로 LNG 추진선으로 개조 또는 교체를 추진하거나, 교체에 대한 지원을 해야 한다. 그리고 안벽크레인, 야드트럭, 야드 크레인 등 터미널 내 하역장비를 LNG, 전기 등 연료로 사용하는 친환경 하역장비로 전환하는 사업을 지원해야 할 것이다.

또한 입항선박의 평형수 관리, 항만 내 유류오염 방지, 선박 방오 도료에 의한 오염, 항만준설에 의한 오염, 소음방지 등 항만 해양오염 방지와 항만 환경에 대한 대책을 함께 세워나가야 한다.

미국 LA/LB항은 2006년 '청정대기행동계획'을 수립하고 항만의 대기오염물질 배출을 지속 관리하여 대기 환경을 개선하고 있다. 항만배출 구제해역(ECA)을 지정하고, AMP를 설치하며 의무 사용비율을 높여왔다. 저속운항에 대한 지원 프로그램을 도입하고, 하역 장비 및 운송장비 동력원 전환에 대한 지원 정책을 추진하고 있다. 2015년에 정책 시행 전인 2005년 대비 디젤 미세먼지가 82%, 황 산화물이 97%, 초미세먼지가 83%, 질소 산화물이 51% 저감되는 효과를 나타냈다.[21]

---

21) LA/LB Port authority

4 연계운송에 대한 조치

항만 대기오염을 줄이기 위한 또 하나의 중요한 전략은 컨테이너터미널의 육상 연계운송을 연안선박이나 철도로 이전시키는 전환교통(modal shift)을 장려하는 일이다. 이러한 운송수단의 전환으로 상당한 양의 트럭이동을 보다 환경 친화적인 운송수단으로 대체할 수 있다.

우리나라처럼 항만에서 주 소비지인 수도권까지 거리가 상대적으로 짧은 상황에서 현재 소요되는 시간과 비용으로 따지면 연안운송이나 철도로 운송한 후 다시 트럭운송을 하는 것이 전 구간을 트럭 운송하는 것보다 더 비용 효율적인 경우가 있을 수 있다.

그러나 이는 연안운송과 철도화물운송에 대한 인프라 투자를 적게 한 영향일 수 있다. 철도와 연안운송은 운송의 규모효과로 인해 도로운송에 비해 톤-킬로미터당 연료 소비량이 상당히 적다. 철도의 경우 화물전용철도가 건설된다면 항만에서 수도권으로 향하는 트럭운송을 상당부분 철도운송으로 이전시킬 수 있을 것이다.[22]

트럭운송의 경우 고속도로의 화물트럭 전용차선이 오염을 줄이는 방안이 될 수 있다. 트럭 차량의 정체나 대기로 인한 오염저감 효과와 동시에 컨테이너 외부트럭이 과속하지 않고 일정한 속도로 운행할 수 있기 때문이다. 항만과 컨테이너터미널은 터미널 연계운송 시 연안운송이나 철도운송을 촉진하기 위해 요금 인센티브를 줄 수 있다.

---

22) 양창호(2011)

항만 배출규제해역

항만도시의 대기환경을 개선하기 위해서는 선박의 배출량 감축이 매우 중요하며, 이에 대한 주요 대책은 항만을 배출규제해역(emission control area: ECA)으로 지정하거나, 육상전원공급시설(AMP)을 확충하는 일, 그리고 저속운항프로그램 등이 있다. 이중에서 외국의 사례를 보면 ECA 지정은 항만도시의 대기환경 개선 효과와 경제적 편익이 매우 높게 나타나 유효한 대책이라 할 수 있다.

1 배출규제해역 지정 현황

배출규제해역(ECA) 지정 방식은 국제해사기구(IMO) 승인을 통한 지정과 자국의 필요에 의해 자발적으로 지정하는 두 가지 방식으로 구분할 수 있다. IMO에서는 선박에서 배출되는 황 산화물(SOx), 질소 산화물(NOx), 미세먼지(PM) 등의 대기오염물질을 강력하게 규제하기 위해서 배출규제해역 제도를 마련하여 시행하고 있다.

ECA는 선박의 황 배출량을 제한하기 위해 1997년 채택된 해양방지오염협약(International Convention for the Prevention of Pollution from Ships, MARPOL) 부속서 VI에서 처음 제시되었으며, ECA 지역을 통항하는 선박은 황 함유량이 1.5% 이하의 연료를 사용하거나 배출가스 정화시스템을 의무적으로 설치하도록 하였다. 이후 선박연료유의 황 함유량 제한이 2010년에 1.0%로, 다시 2015년에는 0.1%로 점차 강화되어 왔으며, 질소 산화물(NOx) 및 PM의 배출규제를 추가하고 있다.

MARPOL 부속서 VI에 명시된 신청절차와 기준 등에 따라 희망하는 국가들은 ECA 지정을 신청할 수 있으며, IMO는 신청서를 평가하여 최종적으로 ECA를 지정하게 된다.

2017년 10월 기준 전 세계에서 IMO가 공식적으로 승인한 ECA는 총 4개 해역이다. 2006년 발트해를 최초 ECA로 지정하였으며, 이후 북해(2007), 북미(2012), 카리브해(2014) 지역이 ECA로 지정되었다.

자국의 필요에 의해 자발적으로 지정하는 ECA도 있는데, 중국, 홍콩 등이 이에 해당한다. 중국은 2016년 4월 장강삼각주를 시작으로 현재 주강삼각주(2106.10), 보하이만(2017.1)을 ECA로 지정하여, 황 함유량 0.5% 이하의 연료유 사용을 강제하고 있다. 광저우, 상하이 해역에도 ECA를 확대할 계획을 세웠다. 홍콩도 대기환경 개선을 목적으로 2015년 7월 홍콩항 전 수역에 대해 황 함유량 0.5% 이하의 선박연료유 사용을 규정하고 있다. 중국은 단계별 접근법을 취하고 있는데, 황 함량은 이르면 2020년에 0.1%로 강화될 것이고, 공식적인 ECA 신청으로 이어질 가능성이 크다.[23]

2 ECA 지정 효과

ECA 지정에 대한 효과는 주로 대기오염물질 배출 감축량에 대한 분석과 그 감축으로 인해 조기사망 및 심폐질환 발병률 감소에 따른 사회적 비용 절감 효과 분석이 주를 이루고 있다.

미국의 경우, ECA로 지정된 LA/LB항은 2005년 대비 2016년 SO_x 배출량이 98%, PM_{10}이 89%, NO_x가 40~41% 감소된 것으로 조사되었다. 이는 ECA 지정으로 인한 선박연료유 전환 효과가 주요 감축 요인 중 하나로 분석되었다. 또한 중국 ECA 지역인 장강삼각주의 상하이, 주강삼각주의 선전 및 보하이만의 탕산에서는 SO_x가 각각 52%, 38%, 56% 감축되는 효과를 보였다.[24]

---

23) Nyhus(2018)
24) 이기열 외(2017), p.44

ECA 지정은 해당 항만을 이용하는 선박의 규정에 적합한 연료유 사용이 수반되어야 하며, 그에 대한 검사와 측정 역시 필요하다. 중국의 경우 2017년 6월 기준으로 그 위반율이 약 3.6% 정도 발생하였으며, 대부분 중국 국적선의 저 품질의 연료유 사용으로 인한 것이다. 또한 검사 및 선박 제재를 위한 인력배치와 그 시스템 마련이 함께 이루어져야 하며, 이로써 도입 효과를 향상시킬 수 있다.

또한 ECA 도입은 선사의 연료비용 증가 또는 시설교체 비용이 필수적으로 동반되기 때문에 일부 중소형 선사의 경우 경쟁력이 저하되는 결과 초래가 예상될 수 있다. ECA는 모든 선박에 동일하게 적용되는 국제적 성격을 가지는 제도이기 때문에 도입 초기 국가, 지자체, 혹은 항만당국의 보조금 지급 등 인센티브 제공이 필요하다.

06

우리나라 항만배출 저감조치

2019년 3월 '항만지역 등 대기질 개선에 관한 특별법안'이 국회 본회의를 통과해 2020년 1월부터 시행되었다. 이에 따라 선박, 하역장비, 항만 출입 화물차 등 항만 미세먼지 배출원 통합관리가 가능해졌다.

주요 내용은 대기질 개선을 위한 종합계획을 5년마다 수립하여 시행하도록 하였고, 황 산화물 배출규제해역과 저속운항해역을 지정하고 항만하역장비의 배출가스 허용기준을 신설하며, 노후 외부트럭의 항만출입을 제한할 수 있도록 했다. 아울러, 국가, 지자체 및 공공기관 등을 대상으로 LNG 추진선박 등 친환경 선박의 구입을 의무화하는 한편, LNG 야드트랙터 등 친환경 하역장비 보급을 지원할 수 있게 되었고, 육상전원공급설비(AMP) 설치 등 친환경 항만 인프라를 구축하기 위한 내용도 포함되어 있다.

이 법에 의거해 2019년 말부터 항만에서 선박의 배기가스를 줄이기 위해 황산화물 배출규제해역을 고시했고, 선박 저속운항 프로그램을 시행하고 있다. 우리나라도 실질적인 ECA를 지정한 것이다.

해양수산부는 2019년 12월부터 '황산화물 배출규제해역 지정 고시'를 발령했다. 황산화물(SOx) 배출규제해역은 선박에서 배출되는 미세먼지 등을 줄이기 위해 2020년부터 시행되는 선박 연료유의 황 함유량 기준인 0.5%보다 더 강화된 0.1%를 적용하는 해역이다. 우리나라의 주요 5대 항만인 부산항, 인천항, 평택·당진항, 여수·광양항, 울산항이 황 산화물 배출규제해역(ECA)으로 지정되었다. 이번 고시는 해운선사의 준비기간 등을 고려하여 2020년 9월 1일부터 배출규제해역 내에 정박·계류선박에 적용하여 시행한 후, 2022년 1월 1일부터는 항해 중인 선박까지 확대하여 시행한다.

또한 2019년 12월부터 '선박 저속운항 프로그램'이 시행되었다. 선박 저속운항 프로그램은 선박이 일정 속도 이하로 입항 시 항만시설 사용료 등을 감면해주는 제도로, 미국의 로스앤젤레스항과 롱비치항 등에서 해양환경 개선을 위해 2001년부터 시행하고 있는 제도[25]이다.

국내 선박 저속운항 프로그램은 항만 지역 미세먼지의 심각성 등을 고려하여 선박의 적극적인 참여를 유도하기 위해 더욱 높은 수준의 혜택을 제공할 예정이다. 먼저, 입항 선박이 가장 많은[26] 부산항, 울산항, 여수항, 광양항, 인천항 등 주요 5개 항만을 선박저속운항해역으로 지정했다. 저속운항해역의 범위는 항만 내 특정 등대 등을 기점으로 반경 20해리이며, 저속운항에 참여할 선박은 선박저속운항해역 시작지점부터 해당 항만의 도착지점 도달 시까지 권고 속도 이하로 운항해야 한다. 컨테이너선은 12노트로 권고 속도를 설정하였다.

선박 저속운항 프로그램에 참여하는 선박에는 선박 입출항료 감면 혜택을 부여한다. 입항속도가 빠르고 미세먼지 저감 효과가 큰 컨테이너선은 최대 30%의 감면율을 적용한다. 선박의 지속적인 참여를 유도하기 위해 연간 해당 항만 총 입항횟수의 60% 이상 저속운항에 참여하는 선박에만 감면 혜택을 부여한다.

---

25) 로스앤젤레스항과 롱비치항은 저속운항해역의 범위를 항만으로부터 각각 20해리, 40해리 반경으로 지정하고 12노트 이하의 속도로 입항하는 선박에 대해 각각 접안료 15%와 30%를 감면해주고 있다(1년간 90% 이상 저속운항에 참여한 선사에 한함).

26) 2018년 입항 실적: 부산 60,240척, 울산 23,379척, 여수·광양 20,578척, 인천 17,543척

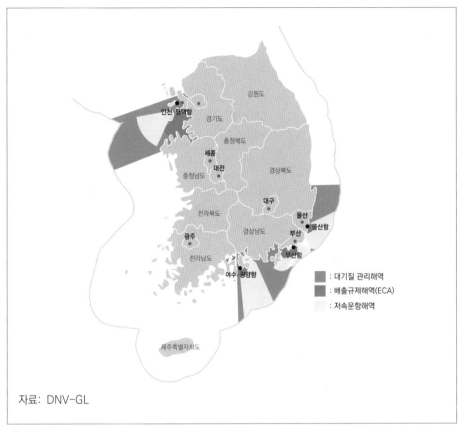

자료: DNV-GL

✎ 우리나라 황 산화물 배출규제해역(ECA)과 저속운항해역

CHAPTER

17

항만과 도시

항만과 도시의 발전

글로벌 무역환경에서 항만과 도시 간의 상호작용, 글로벌 공급사슬에 대한 항만도시의 공간적, 경제적, 기능적 역할에 대한 연구가 많이 이루어졌다. 초기 항만과 도시 간의 관계에 관한 연구가 주로 항만의 공간 개발과 확장, 재개발 같은 항만의 지역적 개발에 초점을 맞추고 있었지만, 최근에는 공급사슬관리를 매개로 한 항만과 도시의 상호발전에 대한 연구가 많이 이루어지고 있다.

다양한 고객과 제품, 서비스수준 요구에 대응하기 위해 공급사슬이 재설계되고 있고, 이 과정에서 항만도시의 역할이 중요해지고 있다. 항만과 도시의 관계도 글로벌 공급사슬에서 요구되는 가치창출과 부가가치활동이 강조되고 있다.

1 항만과 도시개발

(1) 항만과 도시의 상호관계

항만과 도시 간의 관계를 가장 먼저 개념화하고 모델을 제시한 것은 1963년 Bird의 Anyport 모델 연구였다.[1] Anyport 모델에서 항만공간은 시대에 따라 개발이 연속적으로 일어나는 단계로 설명하고 있다. 이 모델은 6단계(eras)로 구성되며, 각 단계별로 항만의 물리적 레이아웃이 추가되거나 변경되면서 복잡한 현대적인 항만의 형태로 발전하는 현상을 설명하였다.

---

1) Bird(1971), Wiegmans, Louw(2010)에서 재인용

Bird는 각 시대별로 해상운송 또는 항만에서 화물 취급량이 증가하고 기술적 진보가 이루어지는 특징을 갖고 있다고 설명한다. 각 시대의 새로운 항만시설은 이전 시대의 시설보다 강 하류에 건설되어 항만과 도시가 지리적으로 분리되고 있음을 설명했다. 항만이 취급하는 화물이 늘어나면서 이를 수용하기 위해 계속 확장되고, 자연히 항만은 형태론적으로 도시중심에서 멀어지게 된다.

　　그러나 Bird의 모델은 항만과 도시 간의 기능적 관계를 다루지 않았다. Bird의 모델은 항만과 도시가 공간적으로 분리되고 있음을 보여 주지만, 이 모델은 무역과 물류, 그리고 기술발전에 의해 기존 항만의 기능이 변하고 도시로 다시 편입되는 항만과 도시 간의 상호관계는 예상하지 못했다.

　　이후 연구에서 항만과 도시 간의 상호관계가 진화과정 모델로 제시되었다.[2][3] 이 진화의 초기 단계는 항만과 도시가 한 공간에 공생(t1)하다가, 항만이 확대되고, 도시도 비항만지역이 늘어나면서 도시와 항만이 지리적으로 분리되는 상황(t2)으로 발전한다. 이후 도시에 있는 노후항만을 친수구역으로 재개발하는 도시(t3)로 이행하는 모델이다.

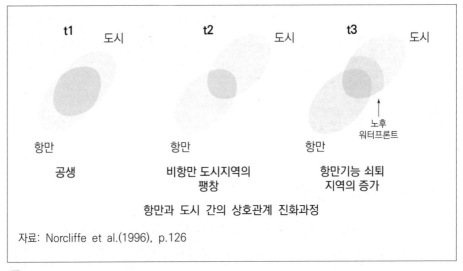

항만과 도시 간의 상호관계 진화과정

자료: Norcliffe et al.(1996), p.126

✎ 항만과 도시 간 인터페이스 진화과정

---

2) Norcliffe et al.(1996)

3) Hoyle(2000)

항만과 도시는 국가발전에 따라 경제적 부를 축적하면서 상호발전을 이루면서 공생관계를 형성한다. 항만이 활성화되어 제조 및 무역 관련 서비스와 같은 지역 경제 발전을 주도하여 지역의 부와 지역의 경제적 매력을 증가시킨다. 이에 따라 도시의 토지가격이 상승한다.

항만은 항만대로 팽창하고 확장을 계속한다. 그러나 항만 물동량이 증가하고 입항하는 선박이 대형화되면서 기존 항만에 대한 확장수요가 증가하지만, 주민들의 환경 영향에 대한 저항으로 확장이 어려워진다. 특히 초대형 컨테이너선 입항에 필요한 해상 접근성과 부지확장 수요를 대부분의 기존 도심 항만이 부지 제약 등으로 수용하기 어렵게 된다. 결국 많은 항만들이 도시와 떨어진 곳에 신항만을 건설하는 대안을 찾게 된다.

(2) 신항만개발과 항만재개발

항만이전은 여러 가지 조건이 구비되어야 가능하다. 항만 기반시설이 수명을 다 했을 때, 항만토지의 기회비용이 매우 높을 때, 그리고 신항만이라는 대안이 있을 때 가능할 것이다. 신항만이 건설되면 도시와 항만은 공간적으로 그리고 기능적으로 분리된다.

이렇게 되면 수명을 거의 다한 도심 근처의 기존 항만은 항만기능이 현저히 떨어지게 된다. 도시도 발전하면서 도시의 지리적 영역이 항만구역까지 확대된다. 도시에 가까운 항만구역 토지의 기회비용이 높아진다. 주거 및 사업개발을 통해 단위면적당 더 많은 수익을 창출할 수 있기 때문이다. 도시 해안가의 경관에 대한 시민들의 수요가 증대하면서 여전히 항만활동을 위해 사용하고 있는 도시 근처 항만 일부를 재개발할 것을 제안하는 등 도시와 항만 간의 갈등이 나타나게 된다.

실제로 항만과 도시의 관계가 변화하면서 도시에서 항만의 기능이나 물류 공간 기능이 더 이상 중요하지 않게 된다.[4] 이 시기에 이르러 항만재개발이나 도시재개발 등의 수요가 발생하고 항만과 도시가 공존할 수 있는 새로운 개발방향의 설정이 필요하게 된다.[5]

---

4) Cuyala, Hosni(2016)

5) OECD(2013)

신항만 개발이나 도심 항만에 대한 항만재개발이 훌륭하게 계획될 경우 항만
과 도시 모두에게 윈-윈(win-win)이 될 수 있다. 항만은 신항만 부지에 충분
한 수심과 긴 안벽부두와 넓은 컨테이너 야드를 갖추고 배후지까지 연계수송망
이 잘 연결된 초대형선 입항에 필요한 컨테이너터미널을 건설할 수 있다. 그리
고 도시는 항만이 있던 자리를 시민 친수공간과 수변 개발을 위해 사용할 수 있
으며 이러한 재개발을 통해 도시 활성화를 기대할 수 있게 된다.

노후 항만시설의 재개발은 도시 기능회복에 초점을 두고 항만시설의 보수 및
복원, 변형 및 개조의 형태로 수행되는 것을 말한다. 호주 시드니, 독일 함부르크
하펜시티, 미국 볼티모어, 캐나다 밴쿠버 등 대부분의 유럽 및 북미 국가에서 나
타난 양상이다. 유럽과 북미의 경우 새로운 물류기술과 산업 패러다임 변화로 인
하여 항만기능이 약화되거나 후퇴하는 현상이 나타났다. 항만 수변공간 재개발을
통하여 항만기능 재생과 지역경제 활성화 및 환경문제를 해결하려고 하였다.

부산항의 경우도 항만의 수요가 커지면서 이를 수용할 더 이상의 부지 확보
가 어려워지자 도심과 멀리 떨어진 가덕도 인근에 부산신항만을 건설하였다. 그
리고 북항 지역은 낙후된 시설, 얕은 수심, 부산역과 인접한 교통체증 등을 해소
하고, 시민들의 친수공간 수요에 부응하기 위해 북항재개발을 하고 있다.

 2 항만발전 단계[6]

(1) 개발, 도입단계

항만개발로 인접하지 않은 원거리 지역과의 무역거래가 가능해졌다. 기본적
인 항만서비스가 시작되면서 화물에 따른 서비스가 이루어졌지만 컨테이너화
같은 표준화는 이루어지지 않았다. 개발, 도입단계 동안 제공되는 항만서비스는
일반적으로 독점적 공급자에 의해 제공되며, 서비스의 핵심 요소는 인적자본이
다. 또한 개발단계 동안 항만 배후지의 지리적 도달 범위는 일반적으로 인접 도
시정도이다.

홍콩항을 예로 들면 항만이 컨테이너 항만으로 개발된 것은 1960년대 후반

---

6) Cullinane, Wilmsmeier(2010), pp.364-369 내용을 참고하여 집필

이었다. 처음에는 일반 화물선에 의해 임시로 컨테이너를 운송했다. 홍콩의 컨테이너 터미널은 민간에 의해 운영되면서 독점적 항만서비스를 제공하였다.

(2) 성장단계

국제무역이 장기적으로 성장하자, 신규로 건설된 항만들이 빠르게 성장을 했다. 빠른 성장 덕분에 항만이 규모의 경제를 실현할 수 있게 된다. 컨테이너화와 작업 혁신이 일어나고 장비 시설 등의 자본 투자 수익이 인적 자본보다 중요해진다. 배후지역의 지리적 범위는 교통 인프라 개발에 의해 확장되고 보관 등 항만 관련 활동에 필요한 항만 면적이 확대된다.

홍콩항의 예를 들면 1970년대와 1980년대에 걸쳐 빠르게 증가하는 컨테이너 화물 취급을 위해 처리능력을 크게 증가시켰다. 일반 화물선의 컨테이너 운송을 대체하는 컨테이너 전용선의 확산으로 1972년에 홍콩항은 컨테이너 전용터미널을 처음 건설했다. 1974년까지 홍콩은 4개의 컨테이너 전용 터미널을 보유했다. 홍콩항의 성장의 주요 원천은 홍콩을 기종점으로 하는 수출입 컨테이너 화물이었다. 1989년 중국경제가 개방되면서 홍콩의 제조업은 거의 사라졌지만, 중국 남부의 주강삼각주 지역의 '외국인직접투자(FDI)'지역에 새로운 산업단지가 들어섰다. 이에 힘입어 1990년대 초반 홍콩항의 컨테이너 처리 수요가 크게 급증했다. 이러한 성장기를 거치면서 홍콩은 현대적인 화물 처리 장비에 대한 투자를 선도했다. 특히 공간적 제약 때문에 컨테이너 고단적 기술과 시스템에 대한 많은 투자를 하였다.

(3) 성숙단계

항만 활동은 증가속도가 둔화되고, 컨테이너화가 성숙단계에 이르렀고, 시장에서의 경쟁은 증가한다. 항만 내 민간 운영 터미널이 증가함에 따라 항만당국은 내부경쟁을 촉진하는 방향으로 정책을 세운다. 그리고 항만의 성숙도가 높아지면서, 항만의 배후지에 대한 지리적 도달 범위가 더욱 확장되고 잠재적으로 다른 항만의 배후지와 겹치기 시작하고 항만 간 경쟁은 더욱 심화된다.

또한 이 단계 동안 컨테이너 보관 및 기타 항만 관련 활동에 필요한 항만 면적은 여전히 더 확대되지만, 확장에 대한 물리적 제약, 또는 항만 인접지역의 토지이용에 대한 경쟁이 발생된다. 결과적으로 항만 토지가 희소하게 된다. 따라서 항만의 혁신은 처리능력의 확대에 초점을 맞추게 된다.

홍콩의 화물기지인 주강삼각주(PRD) 지역의 컨테이너화물 물동량 증가세가 높게 이어지고 있었다. 1997년 국경통제가 완화되고 연계 인프라가 개선되면서 홍콩과 PRD의 접근성이 향상되었다. 이에 민간이 주도하는 홍콩항 개발과 내부 경쟁은 매우 치열해졌다. 90년대 중반까지 경쟁은 치열했고 효율성은 높아졌지만, 처리능력 확장에 한계가 있고 터미널 화물처리비는 매우 높았다.

그러나 1995년 중국과의 국경 인근 얀티안에 컨테이너항만이 개장하면서, PRD 지역 화물이 홍콩보다 더 가까운 그리고 덜 혼잡한 수송으로 중국의 얀티안 항을 이용할 수 있게 되었다. 홍콩 터미널 운영자들은 물동량이 다른 항만으로 이전되는 것을 막기 위해 홍콩과 PRD 간의 접근성을 더욱 향상시키고 컨테이너 화물 처리비를 낮추고, 강을 이용한 바지선을 통한 화물운송으로 PRD 지역의 컨테이너 화물을 유지시키기 위해 노력했다. 특히 내륙항(dry port)을 설치하여 비용과 시간 단축을 위해 노력했다.

(4) 쇠퇴단계

쇠퇴단계는 일반적으로 실현가능한 합리화 또는 작업 및 공정혁신과 투자가 한계에 도달했을 때 발생한다. 항만활동의 절대 규모가 감소한다. 항만의 추가 확장이 불가능하거나 다른 효율적 개선의 여지가 없다. 항만의 경쟁력이 하락하면서 배후지가 중첩되는 지역의 화물이 경쟁 항만으로 이전된다. 시장점유율이 하락하고 항만물동량과 매출 감소로 나타난다.

얀티안 등 센젠 항만의 컨테이너 물동량이 증가하면서 홍콩항의 항만처리량 증가세가 감소하였다. 기존항만의 확장이나 신항만의 건설이 부지문제로 제약이 있는 홍콩항이 주변의 중국 신규항만의 첨단 장비와 시스템에 비해 경쟁력이 떨어지게 되었다. 전략이나 상황에 의해 극적인 변화가 없는 경우, 홍콩항은 항만 개발 단계 상 쇠퇴 단계에 들어설 수도 있다.

홍콩항의 사례에서 항만이 쇠퇴기에 들어서고 있는 원인은 항만의 첨단기술에 의한 생산성 투자 정체, 그리고 항만물동량을 공급하던 항만배후지 혹은 전면지의 물동량이 다른 경쟁항만으로 이전되었기 때문이라고 볼 수 있다.

아시아와 유럽지역에 있는 주요 무역 국가들의 항만도시는 무역량의 90% 이상이 해상으로 이동되는 전략적 지점에 위치하고 있다. 그러나 이들 항만의 도시에서의 역할은 무역 및 도시 정착의 역사, 지리적 배치 및 현재의 지역관계에 따라 다르다.[7]

유럽은 역사적으로 내륙 도시를 중심으로 발전하면서 항만도시의 경제적 중요성이 상대적으로 낮았다.[8] 따라서 유럽의 주요 도시와 시장은 대륙의 중심지에 위치해 있다. 컨테이너화의 확산 이후 항만은 내륙수로, 철도, 도로 등을 통해 내륙 도시와 연결해야 했다. 그럼에도 내륙 도시가 은행, 금융 등 수도권과 같은 경제활동의 중심역할을 유지하고 있어 항만도시는 변방의 위치를 벗어나지 못했다. 결국 현대적인 항만 기능은 도심에서 멀리 떨어져 위치하게 되었다.

이에 비해 아시아에서는 식민지 시대부터 일본, 중국의 연안지역이 산업화되면서 이후 항만도시는 내륙 도시를 지탱시키는 중요한 곳으로 발전했고, 국가 경제의 새로운 핵심이 되었다. 따라서 아시아에서는 대부분의 대도시가 연안 근처에 위치해 항만도시 자체가 항만의 중요한 시장이 될 수 있었다. 동남아시아의 식민지 모델은 싱가포르와 홍콩과 같은 전략적 위치에 항만과 창고를 건설해 무역항로를 따라 도시와 항만을 결합하는 결과를 가져왔다. 동북아시아의 급속한 발전은 한국, 중국, 대만 등이 자유무역지대 같은 계획을 통해 항만－도시 간의 상호발전 모델을 탄생시켰다.

---

7) 본 내용은 다음 논문의 내용을 주로 참고하여 기술. Lee et al.(2010)

8) IRSIT, 2004, Lee et al.(2010)에서 재인용

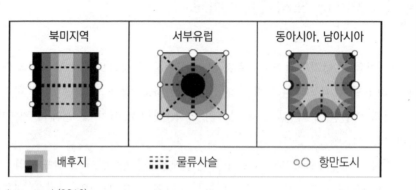

| 북미지역 | 서부유럽 | 동아시아, 남아시아 |

| 배후지 | ⠿ 물류사슬 | ○○ 항만도시 |

자료: Lee et al.(2010)

✎ 세계 주요 항만의 지역별 배후 모델

위의 그림에서 볼 수 있듯이 연안도시 경제는 유럽의 경우 변방시장이지만, 아시아에서는 핵심시장이다. 이에 따라 지역통합의 수준도 차이가 난다. 유럽 항만은 단일 시장을 놓고 경쟁하는 반면, 아시아 항만은 국가 경제에 초점을 맞추고 있어 높은 수준의 항만과 지역통합을 추구하고 있다. 미국 항만의 경우는 초기 대서양 연안이 미 동부연안지역의 항만도시부터 발전한 이후 아시아와의 무역이 본격화 되면서 미 서안 항만도시가 중심지로 발전했다.

도시는 새로운 문물이 유입되고 그로 인해 혁신의 대체가 일어나면서 경쟁력이 생기고 도시가 발전한다고 한다.[9] 무역과 상업활동이 도시발전에 영향을 준다는 것이다. 이는 이상의 검토와 같이 항만이 아시아와 미국 유럽의 여러 도시발전을 이끌어 온 것에서도 알 수 있다. 항만과 도시가 별개의 개념으로 갈등을 일으키는 것을 강조하는 여러 논문이 있지만 도시의 경제활동의 총합이 국가의 번영이라고 볼 때,[10] 항만도시의 통합적 가치에 대해 연구도 필요하다.

---

9) Jacobs, J.(1969), The Economy of Cities, New York, Vintage Book, 국토연구원(2005), 현대공간 이론의 사상가들, p.479에서 재인용
10) 국토연구원(2005), p.480

02

—

항만과 도시정책

　항만은 지역경제에 큰 영향을 미치는 산업이며, 항만의 성장이 항만도시의 발전에 이익이라는 것이 도시정책 당국과 항만당국의 일반적인 생각이다. 그러나 항만이 지속적으로 성장해서 항만도시 발전에 기여하기 위해서는 증가하는 항만물동량을 처리하고 대형화하는 선박이 기항할 수 있도록 항만을 확장하거나, 신규 개발해야 한다.

　이에 대해 도시정책 당국은 다른 생각을 가질 수 있다. 해운 및 항만물동량이 한계에 달해 향후 더 이상 커다란 증가추세가 없을 것이며, 오히려 도시 관광 등을 위해 기존의 친수공간을 보존하는 것이 도시의 지속가능한 발전을 위한 것이라 생각할 수 있다. 해상화물처리 기능 확장보다는 해양경관, 해양관광 기능으로 보전, 혹은 개발하는 것이 도시의 지속 가능한 성장을 위해 필요하다는 생각이다.

　항만과 도시의 발전은 초기 발전 단계에서는 상호 연관성이 매우 높았다. 그러나 항만을 이용하는 배후지가 도시영역을 넘어서는 배후 권역이 확대되면서 도시 발전에 항만의 직접적인 상관성이 약화되었다. 항만을 이용하는 경제적 효과가 항만도시보다는 내륙의 다른 지역에서 발생하는 경우가 많아졌다. 여기에 항만 때문에 발생하는 부정적 효과도 항만도시에 많이 발생하게 되었다.

1 항만도시에 미치는 경제적 효과

항만은 단순히 수출입 화물을 양하하고 선적하는 곳이 아니다. 항만은 글로벌 기업들의 제조, 가공, 보관, 물류, 유통 등 부가가치활동이 일어나는 곳이고, 기업의 글로벌 공급사슬의 연결고리 역할을 하고 있다. 한 방향의 수직적 분업이 양방향의 수평적 분업으로 변화되는 상황에서 대부분의 화물을 항만을 통한 해상운송에 의존해야 하는 글로벌 기업은 내륙운송시간과 비용을 줄이기 위해 항만배후단지에서 다국적 기업 활동을 할 수밖에 없다.

항만과 항만배후단지의 경쟁력을 높이는 투자는 다국적 기업들을 유치하는 일이며, 이는 곧 항만도시의 경제적 성장과 시민들의 일자리 창출과 연결된다. 항만이 경쟁력이 있어야 항만도시가 항만 관련 부가가치 및 고용 같은 경제적인 혜택을 받을 수가 있다. 이것이 각국 정부나 지자체가 나서서 항만의 경쟁력 향상을 위한 투자를 늘리는 이유이다.

항만의 경쟁력 강화 투자는 첫째, 해상운송 항로의 증대, 허브항만 투자, 항만 배후지 연결을 확대하여 초대형선이 입항할 수 있도록 만드는 일, 그리고 둘째, 항만배후단지에서 여러 부가가치활동을 할 수 있도록 하는 일이다. 그러나 이 두 가지 활동은 추진해야 할 주체가 다르다. 전자는 해운과 항만에 대한 것이므로 항만당국과 해운당국이 담당해야 할 일이다. 그러나 후자는 항만도시의 시민들이 수혜를 받는 일이기 때문에 항만도시가 주도해야 할 일이다.

OECD의 항만-도시 프로그램 보고서[11]에서 항만의 경제적 혜택을 분석했다. 항만은 부가가치와 고용을 창출하고, 특정 산업도 유치할 수 있다. 무역 당사국 두 나라가 동시에 항만 효율을 두 배로 증대시키면 양국 간 무역 물동량이 32% 증가하는 것으로 분석했다.

항만이 규모가 클수록 항만과 관련부문에 의한 부가가치가 더 많이 창출되고 있다. 컨테이너 항만물동량 1톤이 평균 90달러의 부가가치를 창출하였다.[12] 이 수치는 직접적인 부가가치 창출과 간접적인 부가가치 창출을 모두 포함한 것이

---

11) OECD(2013), 2010년에 착수한 '항만-도시 프로그램(OECD Port-Cities Programme)'의 일환으로 글로벌 항만-도시의 경쟁력에 대한 종합보고서(The Competitiveness of Global Port-Cities: Synthesis Report)를 2013년에 발표하였다.

12) OECD(2013), p.21

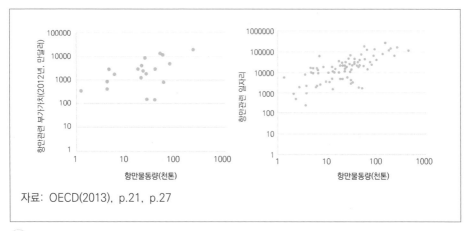

자료: OECD(2013), p.21, p.27

 항만물동량과 부가가치 및 고용 관계도

다.13) 또한 항만이 규모가 클수록 항만과 관련부문에 의한 고용도 더 많이 창출되고 있다. 항만물동량 100만톤당 800개의 일자리가 발생한다고 분석하고 있다.

이 보고서에서는 항만도시가 항만으로부터 받을 수 있는 경제적 혜택을 늘리기 위해 해상운송 서비스 클러스터, 항만 관련 산업개발, 그리고 항만 친수공간 개발 등의 세 가지 모델을 제시하고 있다. 해상운송 서비스 클러스터는 선박금융, 컨설팅, 법률 및 엔지니어링 서비스 등 해운산업 관련 고 부가가치 서비스들의 집합체를 구성하는 일이다. 항만 관련 산업개발은 전통적으로 항만도시의 소비시장과 가깝기 때문에 발전해 왔는데, 최근 들어서는 항만이 기업의 공습사슬관리(SCM) 거점이 되면서 항만주변에 관련 산업 개발이 촉진되고 있다. 친수공간 개발은 항만과 해운의 유산을 활용해 도시 성장의 한 원천으로 전환시켜 관리하는 일이다.

② 항만-도시 시너지 정책

항만 당국과 항만 도시의 정책목표가 동일하지 않기 때문에 항만정책과 도시

---

13) 간접적인 부가가치 창출 승수가 항만별로 다른데, 로테르담 1.13에서 르하브르 2.47까지 분포한다. 2.47이란 1유로의 직접적인 부가가치 창출이 간접적인 부가가치 창출 1.47유로를 창출한다는 의미이다(OCED(2013), p.21).

	항만정책	도시정책	항만-도시 시너지 정책
경제	항만물동량	부가가치, 다양화	스마트항만, 해사클러스터
수송	운임	여객	여객, 화물수송의 조화
노동	효율성	고용	부가가치활동으로 고용창출
환경	영향 최소화	삶의 질	녹색성장
토지	화물취급, 산업	친수공간	항만기능, 친수공간 혼합개발
구조	폐쇄적	개방적	조화

자료: OECD(2013), p.151을 이용 저자 작성

정책의 지향점이 다를 수밖에 없다. 항만 당국의 전형적인 정책 목표는 화물 처리를 늘리기 위한 것이다. 투자의 우선순위는 화물 운송 네트워크, 항만 노동력의 효율성, 화물 처리 및 항만 관련 산업을 위한 토지이용에 둘 것이다. 항만 당국의 환경정책의 초점은 부정적 영향을 줄여 나가는 데 있다.

이에 비해 도시 정책의 목표는 항만물동량, 항만 처리능력이나 항만노동의 효율성에 있는 것이 아니라 창출하는 일자리의 수, 고부가가치 일자리에 더 많은 관심이 있다. 도시정책은 주택과 도시 교통을 포함하여 해결해야 할 많은 문제를 가지고 있다. 도시 여객수송이 우선적인 관심사이고, 항만수변 공간을 주택 및 상업구역으로 재개발하는 것에 관심을 가지게 될 것이다. 도시의 환경 정책은 도시 경쟁력의 하나인 시민의 삶의 질이 향상될 수 있도록 적극적인 정책이 될 것이다.

항만-도시의 시너지효과를 낼 수 있는 정책 과제는 도시와 항만이 함께 발전하는 스마트항만으로 성장하는 전략을 세울 수 있다. 항만에서 부가가치활동을 통해 많은 고용을 창출하며, 항만을 녹색기업 부지로 활용하고, 항만기능을 유지하면서도 복합 도시형 워터프론트를 개발하는 방안을 검토할 수 있을 것이다.

우리나라의 경우 항만정책은 중앙정부인 해양수산부의 소관정책이다. 도시정책은 지방자치단체의 정책이다. 항만에 대한 소관부처가 중앙부처이기 때문에 지방자치단체에서는 항만정책을 적극적으로 수립하거나 예산을 크게 책정하지 않는다.

중앙부처와 지방자치단체가 항만과 도시의 시너지효과를 낼 수 있는 선박금

융, 컨설팅, 법률 및 엔지니어링 서비스 등 고부가가치 일자리 창출정책, 부가가치활동 확대정책, 항만부지 공동활용 정책 등을 만들어 나가야 한다. 중앙정부는 폐쇄적 항만구역을 항만도시까지 확대하고, 지방자치단체는 항만을 이용한 항만배후지 부가가치활동 산업조성 같은 항만정책을 수립하고 예산을 투입해야 할 것이다.

항만 배후지 부가가치 서비스

1 다국적기업과 항만배후단지

글로벌 생산이 중국과 같은 저비용국가에서 이루어지면서 저비용 클러스터가 형성되고 있다. 동시에 다국적 기업의 물류 기종점이 항만배후단지로 이동하여 항만지역을 중심으로 하여 물류거점, R&D, 제조거점이 형성되고 있다.

글로벌 경제하에서 물류기업들은 생산과 판매의 국제화, 클러스터 효과, 비용절감, 서비스 증진 등을 위해 기존 내륙지역 대신 항만을 중심으로 기업의 공급사슬망과 물류시설을 통합시키고 있다. 이로 인해 내륙지역에 소재하고 있던 화주들의 물류창고들이 항만 혹은 항만배후단지로 이동하고 또한 내륙물류단지들이 항만과 직접 연계되고 있다.

공급자 입장에서 항만당국은 글로벌 물류사슬의 적극적인 참여자로 수송시스템의 모든 요소를 통합하여 제공하게 된다. 또한 항만당국은 항만 배후지에 물류단지, 보세구역, 자유무역지역 등을 제공하면서 항만을 단순 하역기능에서 부가가치 물류서비스 창출공간으로 변모시키고 있다.[14]

특히 항만과 배후지역의 기능이 항만배후단지로 통합·집중되면서 물동량을 창출하고 항만의 경쟁력을 강화시키는 기반으로 자유무역지역화된 항만배후단지의 충분한 확보가 필요하게 되었다. 최근 세계 각국의 선진항만들이 충분한 항만배후단지 확보와 함께 대상지역을 자유무역지대로 개발할 뿐만 아니라 관

---

14) Notteboom, Rodrigue(2005)

리운영에 있어서도 항만과 배후단지를 통합운영하는 추세를 보이고 있다.

싱가포르항, 로테르담항 등은 자유무역지역으로 지정된 충분한 항만배후단지를 확보함으로써 세계적인 항만으로 성장할 수 있었고, 두바이항은 제벨알리 자유무역지역 개발을 통해 세계적인 항만으로 부상하였다. 자유무역지역으로 지정된 항만배후단지는 물류, 상업, 산업, 유통, 생산활동을 통합하여 기항지와 배후지를 연결해서 물류서비스를 제고하고 부가가치를 창출하게 된다.

② 부가가치 서비스

항만 배후의 물류센터에 입주한 물류회사는 일반 물류서비스와 물류사슬 통합 서비스의 두 가지 형태의 부가가치 물류활동을 수행하고 있다. 일반 물류서비스는 제품의 특성에 직접적인 영향을 주지 않는 활동으로, 화물의 이동 및 보관 과정을 통해 가치를 부가한다. 항만의 일반 물류서비스에는 화물에 대한 창고 및 저장 시설 제공이 포함되며, 컨테이너항만의 경우 일반 물류서비스는 컨테이너 적입 및 배분 같은 컨테이너화물조작(CFS), 유통 등이 포함된다.

이에 비해 물류사슬 통합 서비스는 생산자나 공급업체로부터 최종고객까지 운송 중에 고객의 요구를 따라 제품 특성을 변화시키는 서비스이다. 이를 운송 중 부가가치 창출 서비스라 하며, 그 활동 영역이 점점 커지며 화주에게 더욱 중요한 활동이 되어가고 있다.

항만 배후단지에 물류센터를 그룹화하여 공동물류센터(distripark)를 형성하기도 한다. 최신 정보통신 기술을 적용하여 컨테이너터미널과 복합운송 시설과 직접 연결되어 컨테이너터미널 및 복합운송 시설과 직접 연결되는 단일 위치에 물류 운영을 위한 종합시설을 갖춘 대규모 첨단 부가가치 물류단지이다. 네덜란드의 로테르담, 독일의 브레멘, 싱가포르에 이러한 종류의 공동물류단지가 설치되어 있다.

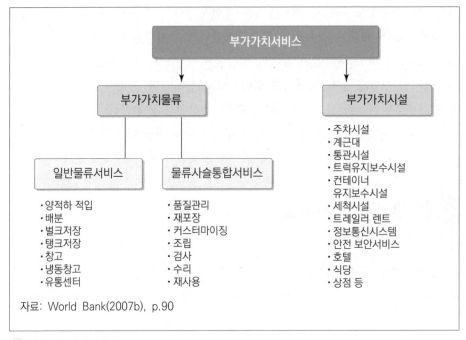

```
                          부가가치서비스

              부가가치물류                    부가가치시설

                                           ·주차시설
                                           ·계근대
                                           ·통관시설
                                           ·트럭유지보수시설
       일반물류서비스        물류사슬통합서비스      ·컨테이너
                                            유지보수시설
       ·양적하 적입       ·품질관리           ·세척시설
       ·배분            ·재포장            ·트레일러 렌트
       ·벌크저장         ·커스터마이징        ·정보통신시스템
       ·탱크저장         ·조립             ·안전 보안서비스
       ·창고            ·검사             ·호텔
       ·냉동창고         ·수리             ·식당
       ·유통센터         ·재사용            ·상점 등

  자료: World Bank(2007b), p.90
```

✎ 항만의 부가가치서비스

항만에서의 부가가치서비스는 상품의 수령, 검사, 재고관리, 라벨링, 포장, 바코드, 배송 준비, 유통과 주문에 대한 피킹 작업, 그리고 목적지 국가별, 지역별로 분류하고 사용자 설명서, 여분 부품 등의 추가 작업, 그리고 상품반환과 보관같은 역물류가 포함되고, 품질 관리, 제품 테스트, 그리고 설치 교육이나, 고객에 대한 제품사용 교육도 포함된다.

전 세계를 대상으로 판매하는 다국적 기업들은 공장과 창고 간의 이동 빈도가 감소함에 따라 조립 활동에 대한 관심이 상당히 증가하고 있다. 이러한 추세를 뒷받침하도록 물류센터의 일부 공간을 독립적으로 '제조형 창고'같은 조립, 가공 시설을 설치해서 화주에게 제공하고 있다. 특히 고객의 요구와 국가의 요구사항에 신속한 대응을 할 수 있어야 한다. 화주가 그 지역 기준에 맞추기 위해 미세한 제품 변경을 하는 로컬라이제이션이나 고객의 요구에 맞게 커스터마이징을 할 수 있도록 지원해야 한다.

일부 물류 센터는 최종 사용자를 위한 고객 서비스 센터로 사용될 수도 있다. 물류센터에 제품 품질관리 및 제품 테스트 서비스를 제공하고 있다. 많은 고객이 물류센터가 자신의 지역에서 제품 교육 서비스를 제공하도록 요청하고 있어 화주는 물류센터를 사용하여 보다 유연한 서비스를 제공할 수 있다. 또한 보세 제품의 유통 기능을 높이기 위해 전시 시설을 제공할 수 있다.

싱가포르항은 ESCAP 지역 내 대규모 물류센터의 모델로 자주 인용된다. 무역량이 증가하고 환적화물이 계속 증가함에 따라 물류센터의 역할과 기능은 보관, 조립, 라벨링, 전시 등은 물론 제한된 제조기능을 허용하는 부가가치 서비스가 강조되고 있다. 중국의 여러 항만과 대만의 가오슝 항만은 항만 근처의 자유무역지역(FTZ)에서 생산 및 제조 기능을 허용했다. 무역 확장을 위한 일부 항만의 자유무역지대는 제조, 무역, 물류 및 유통을 제공함으로써 첨단 기술과 외국인 투자를 유치하려고 시도하고 있다.

사 례 ＋ 로테르담 항만의 Distriparks

Distriparks는 저렴한 비용으로 적시 운송을 원하는 화주와 운송회사에 대한 로테르담항의 대응이다. 화물 터미널과 가까운 위치에서 물류 운영을 위한 종합 시설을 갖춘 첨단 물류단지와 복합운송 시설, 최신 정보 및 통신 기술을 사용한다.

Distripark는 보관 및 취급을 포함한 창고 및 운송 시설을 위한 공간을 제공한다. 컨테이너 화물 조작과 포괄적인 부가가치 서비스를 제공한다. Distriparks에서 회사는 자체적으로 또는 현지 전문회사와 협력하여 특정 고객 및 목적지 국가의 요구사항에 따라 상품에 대한 맞춤처리를 할 수 있다. 이러한 부가가치 서비스에는 포장 및 재포장, 라벨링 및 조립, 분류 및 송장 발행이 포함된다. Distripark의 현장 세관 서비스는 수입 및 수출 문서를 신속하게 처리한다. 현재까지 로테르담 항만 지역 내에 3개의 Distriparks가 설립되어 있다.

사 례 ＋ Kuehne Nagel의 창고 부가가치 서비스

세계 최대 물류회사 중 하나인 Kuehne Nagel사의 창고에는 항상 화물이 움직인다. 보관보다 간단한 조립작업 등이 더 많이 수행된다. 창고는 보관공간이 아니다. 대신 창고는 다음과 같은 활동을 하는 통합 물류 서비스 공간이다. 피킹 및 포장, 반품 처리, 수출 포장, 바코드 처리, 라벨링, 크로스 도킹, 키트 조립, 주문 작업, 리콜 서비스, 신용 처리, 재고 관리 및 운송 관리 또한 공간과 상관없는 네트워크 설계 및 물류 요구분석과 같은 지식과 경험을 포함하는 부가가치 서비스가 제공된다.

(04)

|

우리나라 항만과 고용

　항만의 지속적인 발전과 기능 확대를 위해 항만 인근 배후지에 종합적인 물류단지를 개발하는 항만배후단지 개발 제도를 2006년에 도입하고 이를 적극 지원하고 있다.

　2008~2014년 기간 동안 부산항 수출입화물의 항만배후단지 경유비율은 2.8%에서 28.4%로 크게 증가하였다. 그러나 이 물동량의 대부분이 항만 배후단지를 수출입화물의 일시적인 보관 장소로 활용하는 데 그치고 있어 실질적인 부가가치 창출 효과는 크지 않다. 항만배후단지에 입주한 기업의 사업활동에 있어서는 입주기업의 70% 이상이 수출입화물의 단순보관·재고관리 같은 물류활동에 집중되어 있다. 또한 향후 사업확대 계획에 있어서도 신규 물동량 창출이나 부가가치활동 확대보다는 창고기능활동에 주안점을 두고 있다.[15] 또한 항만배후단지를 경유하는 환적화물은 약 5% 수준에 불과하고, 부가가치 활동도 일부 기업에 의해 매우 제한적으로 이루어지고 있다.

　반면, 싱가포르항, 로테르담항, 상하이항 등 세계 주요 항만은 해운관련 서비스, 항만 관련 산업 및 지원서비스를 통해 많은 부가가치를 창출하고 있다. 네덜란드의 로테르담항과 싱가포르항의 경우 만 톤당 직접 고용인력은 각각 3.0명과 2.7명인 데 비해 부산항의 만 톤당 직접 고용인력은 0.6명에 그쳐 약 5배의 차이를 보이고 있다.[16]

　또한 우리나라 항만 배후단지 물류산업의 고용수준이 낮다. 인천항 아암물류단지는 100만 평방미터 규모에 1,014명을 고용하고 있지만, 영국항만 배후단지

---

15) 하태영 외(2018b)
16) 위의 자료

에서는 40만 평방미터 물류단지에 1,700명을 고용해, 같은 규모에서 고용하는 인력이 우리의 4배에 이르고 있다.

특히 환적화물의 부가가치활동 제고는 향후 부산항 배후단지 일자리 창출의 핵심 과제가 될 수 있다. 환적화물의 부가가치활동(value added activities: VAA)은 항만배후단지에서 조립, 라벨링, 포장, 분류 등의 과정을 거치므로 항만에서 이루어지는 단순 환적보다 TEU당 약 11배의 경제적 효과가 발생된다.[17]

국내에서 취급되고 있는 환적화물에는 가공, 조립, 검사 등 부가가치활동을 필요로 하는 원자재와 중간재 성격의 제품들이 금액기준으로 전체 환적물량의 약 3.3% 수준인 연간 약 78억 달러 규모가 있는 것으로 분석되었으며[18] 최대 1만 명의 일자리 창출을 기대할 수 있을 것으로 추정되었다. 이러한 원자재와 중간재 성격의 제품들에 대해 국내시장에서도 상당한 규모의 가공 실적을 가지고 있다는 점에서 환적화물에 대한 부가가치활동 확대가 가능하다.

우리의 항만이 단순한 물류창고 활동에 그치고 있는 원인은 항만개발과 운영에 소외되어 있는 지방자치단체가 항만과 연계된 배후물류단지 활성화 추진에 한계를 갖고 있기 때문이다. 고부가가치 창출기업을 유치하는 일이나 공동물류센터 설립지원 등 배후물류단지 활성화는 곧 항만도시의 고용을 창출하는 것이기 때문에, 지자체는 주도적으로 배후 물류단지 활성화 정책을 펴야 한다.

항만공사는 항만구역 밖에 있는 배후물류단지의 고용창출에 관심을 두어야 한다. 배후물류단지를 활성화를 위해 정책적 참여는 물론, 직접 투자까지 해야 하는 환경적 변화에 직면해 있다.

사 례 +   부산항의 부가가치 서비스 활동

국내 최대항만인 부산항은 연간 1,000만TEU(약 1.1억 톤)가량의 환적화물이 처리되는 세계 주요 환적항만으로 환적화물에 대한 추가적인 서비스나 재화의 부가가치 활동을 높일 수 있는 여건이 조성되어 있다. 그러나 이러한 풍부한 환적화물 처리실적을 보유하고 있음에도 불구하고 부산항을 경유하는 환적화물의 대부분은 부산항에 일시 하역·보관된 이후 제3국으로 재 운송되고 있어 부가가치활동 창출은 거의 이루어지고 있지 않다.

이러한 상황을 고려하면 현시점에서 항만배후단지를 활성화하기 위해서는 항만의 비고유사

---

17) 해양수산부(2016a)
18) 하태영 외(2018b), p.105

업인 새로운 사업모델을 적극 발굴하는 노력이 시급하다. 특히 수출입화물보다는 환적화물에 대한 부가가치활동 확대에 더 관심을 가질 필요가 있다. 환적화물은 그간 수출입화물에 비해 부가가치 활동의 대상으로 보지 않았던 측면이 많았다. 따라서 이들 환적화물을 대상으로 한 부가가치 활동 확대 방안을 구상하는 것은 향후 항만산업 및 항만배후단지 활성화에 크게 기여할 수 있을 것으로 보이며 또한 일자리 창출 및 지역경제발전에 큰 성과를 거둘 수 있을 것이다.

항만 배후단지에서 부가가치 활동을 활성화하기 위해서는 부산시 등 항만도시가 해양수산부와 항만정책 공조를 이끌어 내야 한다. 환적화물을 부산항 등 항만으로 오게 만드는 일은 항만당국이 해야 할 일이지만, 그 화물에 대해 부가가치 활동을 수행하도록 하는 정책은 부산시 등 항만도시가 해야 하기 때문이다. 항만도시의 일자리창출 정책이기 때문이다.

부산의 예를 들어보면 부산항만공사는 항만배후단지에서 수행할 부가가치활동 화물을 유치할 경우 터미널운영자나 선사에게 터미널 임대료나 시설 이용료 감면 등의 인센티브 제공을 검토할 수 있다. 동시에 부산시는 항만배후단지에 주요 품목별 조립, 가공, 디자인, 검사 등의 부가가치 솔루션 업체를 유치하기 위해 임대료 감면 등의 인센티브 정책을 수행해야 할 것이다. 항만도시는 시민의 일자리 창출을 위한 항만정책을 수립해야 하며, 관련 항만예산을 확대해야 한다.

함께 항만도시는 항만 배후지역을 광역 자유무역지대로 확대 지정하는 것을 정부에 요구해야 한다. 기존 항만구역 내 지역과 항만도시 인근 국가산업단지, 일반산업단지 등까지 포함한 광역 자유무역지대를 만들어, 화물들이 자유롭게 가공, 조립, 검사, 디자인 포장 등의 활동을 할 수 있도록 만들어 주어야 한다.

부산시 등 항만도시는 해수부와의 항만정책 연계, 광역 자유무역지대 설치와 관련 각종 법제 개정 요구, 항만배후지 부가가치 솔루션 업체 유치, 인력양성 등의 정책을 주도적으로 수립하고 추진해야 할 것이다.

향후 환적화물에 대한 가공산업(가공/조립/검사 등)의 부가가치활동이 활성화된다면 신규 항만물동량 창출과 그에 따른 고용확대, 기업투자유치로 항만배후지 활성화에 크게 기여할 수 있을 것으로 생각된다. 이를 위해 환적화물에 대한 자유로운 사업활동이 가능하도록 관련 제약요인(자유무역지대 확대, 「조세특례제한법」, 「관세법」, 「식품위생법」 등)들을 개정해야 한다.

자료: 양창호(2019a)

전용터미널의
재혁신

01

전용터미널 비효율성

세계적으로 컨테이너 물동량이 증가하고 초대형 컨테이너선의 취항이 늘면서 컨테이너터미널의 선석 부족 현상이 나타나고 있다. 항만을 관리하는 항만공사나 항만당국입장에서 보면 물동량 유치를 위해 정기선사나 얼라이언스, 혹은 글로벌 터미널 오퍼레이터에게 전용터미널 운영권을 부여하고 있지만 항만전체적인 물동량처리의 극대화나 항만전체의 생산성 측면에서 보면 이와 같은 전용터미널 운영은 효율적인 터미널 운영방식이라 할 수 없다. 따라서 전용터미널의 효과를 가지면서도 항만전체의 처리량과 생산성도 높일 수 있는 전용터미널 재혁신 방안이 요구되고 있다.[1] 특히 정기선사별로 세분화해서 운영권을 나누어 주고 있는 부산항의 경우 전용터미널의 재혁신이 시급한 실정이다.

1 항만체선

컨테이너 항만에 도착한 선박이 선석에 접안하지 못하고 대기하고 있는 상황이 체선(congestion)이다. 항만 체선의 원인은 부두노동자 파업, 태풍 등 기상 요인, 선박기항 증가, 초대형선 증가 등의 이유로 발생된다. 기본적으로 항만 체선은 선박 기항과 양적하 작업이 증가할 때 이를 처리할 항만의 처리능력이 부족하면 발생된다. 컨테이너 터미널의 경우 북미서안 항만들과 북유럽, 중국, 동남아 등 세계 주요 항만들이 자주 체선상황을 겪고 있다.

---

1) 본장의 내용은 다음 자료들을 참조하여 기술함. Stenvert, Penfold(2007), pp.113−121, 김근섭 외(2017)

2004년 북미남서부(pacific south west, PSW) 항만의 심각한 체선을 겪은 이후 미국 터미널 운영사, 항만 당국, 선사와 철도 회사들은 이러한 현상을 발생시키지 않기 위해 노력했지만 선박대형화 및 거대 얼라이언스 세력 확대로 물동량이 늘어나면서 북미서안 항만들이 2013년 이후 다시 항만체선을 겪었다. 2019년에는 미중 무역갈등이 심화되면서 향후 관세 인상이 우려되는 시점에서 미 서안의 대표적 항만인 LA/LB항은 체선과 화물처리 지연이 발생하였다. 장비 부족, 트럭 및 철도 혼잡, 장치장 공간 부족 등으로 상당한 비효율이 발생하였다.

로테르담항 등 북 유럽 항만들도 물동량 증가로 2014년 이후, 그리고 2017년에도 체선을 겪었다. 아시아-유럽항로에 초대형 신규 컨테이너선의 투입이 지속적으로 이루어지면서 북유럽 컨테이너 항만들에게 예측할 수 없는 도전이 계속되고 있다. 18,000TEU 선박이 입항하면 평균 양적하물동량이 7,000TEU까지 증가하는데, 이는 8,000~10,000TEU 선박의 거의 두 배되는 물량이다. 2014년, 2017년 체선 때 2~6일까지의 선박대기가 발생하였다.

2017년에는 중국에서도 체선현상이 나타나고 있다. 세계 최대 컨테이너 거점 항만인 상하이항뿐만 아니라 칭다오와 닝보의 컨테이너 터미널 역시 높은 체선율과 야드의 높은 혼잡도에 직면하고 있다.[2] 특히 2017년 4월 신규 얼라이언스 체제 개편 이후 초대형 선박들이 상해 양산항에 집중 기항하고 있는 점도 항만 체선 현상을 심화시키고 있다. 중국항만의 체선은 이후 기항지인 부산, 싱가포르 기항스케줄에도 영향을 미치고 북미항로, 유럽항로 전반에 걸쳐 입항지연을 가져오고, 예정과 다른 시간대에 입항하면서 선석포화 상태에서 입항을 한 경우 대기해야 하며 체선을 유발시키는 원인이 되고 있다.

부산항의 경우도 부산신항을 살펴보면 2012년에는 체선 및 대기가 21척에 불과했으나, 2016년에는 257척에 이르고 있다. 특히 대형 얼라이언스와 개별 운영사 간 전용터미널 계약에 의해 얼라이언스 기항시 기항 선석에 체선이 발생하고 있다. 또한 대형 선사 중심의 터미널 운영으로 연근해를 운항하는 중소형 선박의 대기 및 체선도 증가하고 있다. 그리고 부산항의 경우 여름철에는 태풍의 경로상에 위치하는 경우가 발생하면 항만폐쇄조치가 이루어지기도 한다.[3] 이

---

2) https://www.lloydslist.com/ll/sector/containers/article554623.ece

3) 2020년 8월, 9월에 3차례에 걸친 태풍이 부산항 인근으로 지나가면서 8월 9일에 이어 9월 6일에도 1.5일 항만운영 중단(port close)이 발생하였다. 이 여파로 부산항의 체선이 발생되어 9월 중순에 4~5일씩 항만 기항 지연이 발생. 중화권 선사와 일부 유럽선사들은 부산항

경우 일시적으로 체선이 발생한다.

일반적으로 체선이 발생하는 원인은 항만 물동량이 늘어나는 수요 증가에 기인된다. 수요 증가는 무역량의 증가에 의한 수요 증가일 수도 있지만, 컨테이너 터미널이 신규고객을 과다하게 유치하면서 터미널 시설 사용률이 높아지는 것도 원인이다.

분석에 의하면 컨테이너 터미널 시설의 평균 이용률이 70%를 넘으면 항만에서 체선현상이 나타난다.[4] Drewry 자료에 의하면 전 세계적으로 체선이 심했던 2004년에 시설이용률이 86.6%에 달했고, 2010년 중반 이후 2019년까지도 컨테이너 항만 시설 이용률은 80% 이상을 기록했으며, 대부분 75%를 넘어서고 있다. 북유럽과 중국 등 아시아 일부 항만의 시설이용률은 처리능력에 가까운 95%까지 도달하기도 했다.

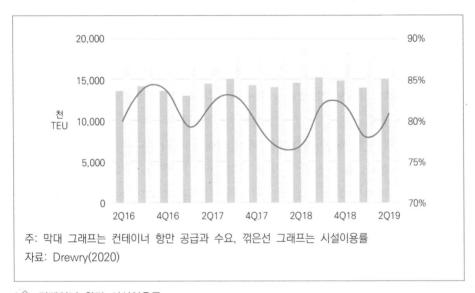

주: 막대 그래프는 컨테이너 항만 공급과 수요, 꺾은선 그래프는 시설이용률
자료: Drewry(2020)

✎ 컨테이너 항만 시설이용률

기항을 하지 않고(skip) 항로를 운영하여, 우리나라 화주들이 중국에서 화물을 찾아와야 하는 일까지 발생했다.

4) OECD(2014a), p.9

선박 체선은 터미널 작업에 단위시간당 처리물동량이 늘어나는 피크 현상을 초래한다. 항만이 체선 상태에 놓여 있으면 선박은 공해상에서 속도를 조절하기도 하지만 항계 내 선박 계류장소에서 대기하기도 한다. 다른 선박이 아직 출발할 준비가 되지 않았기 때문에 특정 선석을 점유할 수 없기 때문이다. 이런 상태는 도선, 예선 서비스도 대기행렬(queing)상태에 놓이게 되어 항만 내 총체적인 병목현상이 발생하게 된다.

터미널의 모든 선석이 점유되면 안벽크레인 같은 장비 부족이 발생할 수 있다. 실제로 체선이 발생하면 정상보다 장비를 적게 사용할 수밖에 없다. 장치장에서도 물동량이 증가하면서 장치 단적수가 높아지고 야드 내 이적이 증가하여 선박과 외부트럭에 대한 컨테이너 반출입 시간이 길어질 수 있다. 이는 게이트 반출은 물론 반입까지 지연시켜 반입이 늦어진 화물 때문에 다시 해측 작업에도 영향을 미치는 도미노 효과(kockon effect)를 가져오게 된다.

이러한 복잡한 체선의 원인은 컨테이너 해운과 항만의 특성에서 찾을 수 있다. 일반적으로 항만에 체선이 발생하면 터미널 간 대체작업이 가능하다. 그러나 선사전용 터미널인 경우는 계약된 선사의 선박 이외는 작업할 수가 없다. 항만 내 컨테이너 터미널 간 호환성이 떨어진다. 항만 내 컨테이너 터미널의 이질성은 화물취급에 효율성을 떨어트리는 원인이 된다.

대형항만의 경우 항만 내 터미널에서 선박 대기와 유휴 선석이 동시에 발생하는 경우가 있다. 특정 선박이 특정 터미널에 접안하기 위해 대기하고 있는 시간대에 다른 터미널에는 선박 접안이 가능한 여유 선석이 존재한다. 이는 개별 터미널 관점이 아닌 항만 전체적인 관점에서 본다면 시설 활용률을 높일 수 있는 충분한 여지가 있음에도 불구하고 분리된 터미널 운영으로 그 여지를 활용하지 못하고 있는 것이다.

부산항의 경우 2016년 기준으로 부산신항 5개 부두에서 연간 12시간 이상 대기한 체선 척수가 101척인 데 비해 체선 발생 당시 유휴선석이 있었던 경우가 85번이나 되었다.[5]

---

5) 김근섭 외(2017), p.19

부산항 신항 체선 및 유휴선석 동시발생 현황(2016)

	체선 척 수	유휴선석 수
신항 1부두	6	5
신항 2부두	57	46
신항 3부두	21	20
신항 4부두	16	14
신항 5부두	1	0
합계	101	85

주: 1) 12시간 이상 대기하는 체선인 경우
  2) 유휴선석 수는 각 선석의 체선 발생 당시 타부두에 유휴선석이 있었음을 의미
자료: 김근섭 외(2017), p.19

일부 선박의 경우에는 대기 발생 시 타 터미널로 전배하고 있으나, 이는 수입화물을 주로 처리하는 중소형 선박에 활용하고 있으며, 환적화물이 많은 대형 선박은 터미널 간 화물 이송, 장치장 문제 등으로 타 터미널로의 전배도 쉽지 않은 상황이다.

항만 당국과 항만 운영자들은 선사들에게 가능한 한 많은 가용 처리능력을 제공하여 체선을 피하기 위해 노력할 것이다. 야드 확장 및 공간 활용을 허용함으로써 추가 처리능력을 제공하기도 한다. 그러나 대부분의 터미널운영자는 항만전체의 처리능력 증대를 위한 조정과 협력 노력은 이루어지고 있지 못한 상황이다.

2 전용터미널과 항만처리능력

컨테이너항만의 확장 필요성은 증가하는 데 비해 많은 항만의 경우 공간 제한이 존재하거나 환경제약으로 인해 확장 계획이 제대로 이루어지지 못하고 있다. 이를 해결할 수 있는 방안은 터미널 면적당 처리량을 증가시켜야 한다. 그러나 선사 전용 터미널(liner terminal)로 운영되는 항만의 경우 처리량을 극대화하기가 어렵다. 선사 전용터미널들은 선석을 나누어 안벽과 야드가 펜스로 나누어져 통합 운영되지 못할 뿐 아니라 각각 게이트를 운영하기 때문에 항만 전체의

공간 활용도가 낮다.

선사 전용 터미널 운영방식의 효율성과 생산성은 다음과 같은 이유로 낮을 수밖에 없다. 첫째, 정기선사 전용 터미널 운영방식은 항만처리능력을 향상시키기에 적절하지 못하다는 한계점이 있다. 항만의 처리능력 향상을 위한 물리적인 항만 확장은 공간 및 환경정책 등으로 인해 제약이 있어 면적당 처리능력을 제고함으로써 해결할 수 있다. 그러나 정기선사 전용 터미널은 정기선사가 철송장, 배후부지 등을 직영하고자 하는 요구가 강하기 때문에 오히려 항만의 공간 활용도를 저하시키는 원인이 되고 있다.

둘째, 정기선사 전용 터미널은 체선과 여유선석이 동시에 발생하는 문제를 야기한다. 즉, 특정터미널에는 선박들의 체선이 일어나고 있는 반면, 인접한 타 터미널은 여유가 있는 현상이 동시에 발생할 수 있다.

셋째, 화주의 영향력이 증가함에 따라, 배후서비스 수준 개선에 대한 요구가 지속적으로 증가하고 있지만, 정기선사 전용 터미널 운영방식으로는 이에 효과적인 대응이 어렵다. 기본적으로 정기선사 전용 터미널의 운영방식은 화주의 서비스 수준 제고 요구를 수용하는 방식이 아니기 때문이다. 따라서 정기선사 전용 터미널이 화주를 위한 서비스 수준 제고를 위해서는 기존과 다른 새로운 시스템의 도입이 필요하다.

넷째, 정기선사의 인수·합병, 얼라이언스 재편 등으로 인한 물동량 변동성이 커지면서 수요의 불확실성이 증가하고 있다. 그러나 선사 전용 터미널 운영방식은 이러한 대외 여건의 불확실성에 유연하게 대응하는 것에 한계가 있다. 물리적인 확장 대신, 전체 수요에 대해 탄력적으로 대응할 수 있는 새로운 운영시스템의 개발이 필요하다.

일본의 도쿄, 오사카, 고베항 3개 항만에 29개의 터미널이 있다. 미국의 로스앤젤레스, 롱비치, 뉴욕항은 각 항만에 평균 6개의 터미널이 있다. 부산, 닝보항 같은 대형 항만도 각각 8개, 9개 터미널이 넘는 터미널로 분할되어 있다. 이는 항만 내 터미널 간 내부 경쟁을 고려하지 않고, 또한 항만 전체의 운영효율을 고려하지 않은 채, 초대형선사와 얼라이언스를 유치하기 위한 결과로 나타난 현상이다.

항만의 처리능력이 이같이 분할되어 비효율적으로 운영되는 것에 대한 대안은 터미널 간의 협력뿐이다. 장기적으로는 가장 효과적인 방법은 터미널 사업자가 M&A를 통해 물리적으로나 소유권 면에서 통합하는 것이다. 그러나 통합 이전이라도 인접한 터미널 간에 선석과 장비, 야드 장치장을 공유하는 협력이 필요하다[6].

인천 신항 1단계 항만에는 선광터미널과 한진인천터미널 2개의 터미널이 각각 3선석씩 운영하고 있다. 그러나 중국에서 출발한 인천행 컨테이너선이 기상 악화나 작업 지연 등으로 예정 시간보다 인천항에 늦게 도착했을 경우, 선석 포화로 장시간 대기하는 경우가 자주 발생하고 있다. 인천항만공사(IPA)는 이 같은 선박의 장시간 체선 현상을 해소하기 위해 '선석공유제'를 도입하여, 한 터미널의 선석이 포화 상태에 이를 때 컨테이너선이 대기 없이 다른 터미널의 선석을 이용할 수 있도록 하였다.

항만 당국은 선사 전용 터미널 운영방식의 효율성과 생산성 저하를 해결하고, 항만전체의 처리능력 증대를 위한 노력을 하고 있지만 선사전용 터미널의 조정과 협력은 쉽게 이루어지고 있지 못한 상황이다. 여러 개로 터미널이 분리된 항만의 경우 물리적 통합이 가장 최선의 방안이지만 현실적인 어려움을 고려하여 가상의 통합이 기존 터미널의 처리능력을 극대화하는데 더욱 바람직한 대안이 될 수 있다.[7]

---

6) Davidson, Neil(2017)

7) Davidson(2015)

전용처리용량 부여 방식

1 전용처리용량 부여 방식 비교

부산항 신항을 이용하는 선사를 대상으로 터미널 운영의 문제점을 조사한 결과 선박의 체선과 대기 심화, 상대적으로 낮은 하역생산성, 타부두 환적 증가, 터미널 간 운영시스템 상이, 배후 지원 서비스의 복잡성, 게이트 운영 효율성 저하, 터미널 간 연계성 부족, 정박시설 위치 등의 문제점이 지적되었다.[8] 부산항 신항 컨테이너터미널을 운영하는 운영사 관점에서 문제점을 조사한 결과 신항은 주말 선박 기항 집중에 따른 선석 부족, 부족한 장치장으로 인한 터미널 간 버퍼공간 설치 한계, 장치장 협소로 인한 점유율 증가 등이 주요 문제점으로 파악되었다.

이러한 문제의 대부분은 항만 내 터미널의 분리 운영으로 발생하는 문제와 관련이 되어 있다. 신항 터미널이 충분한 선석길이와 장치장 공간을 갖춘 항만이지만 여러 터미널로 분리 운영되면서 나타나는 문제점인 것이다.

정기선사 전용 터미널의 운영방식의 효율성과 생산성 저하를 해결하기 위해 공용터미널(multi-user terminal)로 운영하는 방식과 전용처리용량(dedicated capacity)을 부여하는 방식 등을 고려해 볼 수 있다.

공용터미널은 여러 정기선사가 터미널을 공동으로 사용하는 것으로서, 특정

---

8) 김근섭 외(2017), p.22

정기선사에게 접안에 대한 우선권이 부여되지 않는다. 이는 터미널에 대한 정기선사의 영향력이 약하기 때문에 터미널 운용의 효율성을 극대화시킬 수 있는 장점이 있다. 특히 공용터미널은 체선과 여유 선석이 동시에 발생하는 문제를 해결하고, 불확실한 수요의 변동에도 탄력적으로 대응할 수 있다. 또한 공동운영을 통해 항만 내외 트럭운송, 트럭 대기시간, 비용 등을 절감시킴으로써, 기존 선사운영 터미널에 비해 화주에 대한 서비스 수준도 높일 수 있다.

그러나 공용터미널은 선사들에게 전용공간(home berth)을 보장해 주지 않기 때문에 정기선사의 입장에서는 최적의 기항 서비스를 제공받을 수 없으며 체계화되지 않은 운영 시스템으로 인해 높은 하역생산성도 기대하기 어려운 문제점이 있다. 따라서 공용터미널 방식은 정기선사의 입장에서 선호하기 어려운 구조를 가지고 있다.

전용처리용량 부여 방식은 물리적인 터미널 공간의 개념이 아닌 처리용량에 대한 개념이다.9) 즉 전용처리용량 개념은 정기선사에 대해 합의된 처리용량을 독점적으로 사용할 수 있도록 예약해 주는 것이다. 전용처리용량 부여 방식도 정기선사와의 계약을 기본으로 한다. 즉, 정기선사는 연간 계약된 물동량을 보장하고 터미널운영자는 계약된 물동량을 처리할 수 있는 만큼의 시설용량을 제공하는 것이다. 이를 통해 터미널운영자는 시설용량을 최적화시킬 수 있고 공간 활용도도 극대화할 수 있다. 아울러 공간 활용도 제고를 통한 여유 시설용량 확보로 추가적으로 선사를 유치할 수 있는 장점이 있다.

선사에게 전용 처리능력을 부여한 터미널운영자는 기본적으로 터미널 처리능력의 일부를 특정 정기선사가 사용할 수 있도록 유보한다. 결과적으로 달리 합의하지 않는 한 이 터미널 처리능력은 다른 정기선사가 사용할 수 없다. 논리적으로 보면 활용도가 낮아 발생할 수 있는 손실을 방지하기 위한 대책으로 터미널운영자는 선사에게 전용으로 사용할 수 있는 용량을 판매한 것이다. 반대로 정기선사는 평균 이상으로 처리능력을 이용하거나, 또는 목표 이상의 활용률을 통해 추가 발생한 이익을 공유할 수 있다.

---

9) 예를 들어 크레인 번호 21~24를 전용 사용하는 것이 아니라 4대의 크레인의 용량을 전용 사용하는 것을 의미함

전용처리용량 부여 방식 비교

	공용터미널	전용처리용량 부여	선사전용터미널
정기선사 통제력	낮음	중간	높음
선석 활용도 리스크	낮음	중간	높음
협력 수준	낮음-중간	중간	-
우선순위	도착순	처리용량 예약순	전용
처리 용량	순서 배정	고정+배정	고정
육측 활용도	높음	높음	낮음-중간
화주에 대한 서비스	높음	높음	낮음

자료: Stenvert, Penfold(2007), p.126

② 터미널 전용사용 방식 비교

터미널을 우선적으로 사용할 수 있는 권한을 부여하는 방식을 중심으로 장점과 단점을 비교해 볼 수 있다. 전용처리용량 부여방식(dedicated capacity)을 선석우선배정(prioritised berth reservation) 방식과 정기선사전용터미널(full-dedicated physical terminal)방식과 비교해 볼 수 있다.

정기선사 전용 터미널은 정기선사와의 배타적인 계약에 의해 운영되는 것으로서 기본적으로 계약되지 않은 정기선사들은 해당 터미널을 이용할 수 없다. 이는 전통적인 터미널 운영방식보다 오히려 낮은 시설 활용률을 야기하고, 정기선사가 안정적이고 지속적으로 물량을 제공할 수 있는 경우에만 적용할 수 있다는 한계점이 있다.

반면 선석우선배정 방식은 전용사용권을 최소화한 운영방식으로서, 안벽에서만 정기선사들에게 우선 접안권을 제공하고 야드는 공용방식으로 사용하는 것이다. 이는 오히려 터미널 시설 활용에 있어 혼란을 야기시켜 공간 활용도를 저하시키는 문제점이 있다.

전용처리용량 부여 방식은 기존 정기선사 전용 터미널 개념을 어느 정도 수용함과 동시에 터미널 처리용량을 유연하게 활용할 수 있다는 측면에서, 전용방식 중 가장 이상적인 방식이라 할 수 있다. 그러나 선사와의 계약 물동량을 기본으로 하는 방식이기 때문에 물동량 수준을 보장할 수 없는 연근해 정기선사 또는 예상하지 못한 물동량을 처리하기에는 어려움이 있다.

✎ 터미널 전용사용 방식 비교

	선석우선배정	전용처리능력 부여	정기선사전용터미널
전용사용권	안벽	처리용량	터미널
– 안벽	우선사용	전용(처리용량)	전용
– 야드	다중 이용	전용(다중이용)	전용(다중이용)
보장	낮음	높음	중간
우선순위	도착순	처리용량 예약순	전용

자료: Stenvert, Penfold(2007), p.127

혼합형 전용터미널

기존 운영방식의 한계점에 대응하는 최적의 운영방식으로 공용터미널의 개념에 선사에 대해 전용처리용량을 부여하는 방식을 혼합한 혼합형 전용터미널 (hybrid liner terminal) 방식을 검토할 수 있다.

혼합형 전용터미널 방식은 터미널을 전용으로 사용하고 싶은 통제에 관심이 있는 정기선사들의 요구뿐 아니라, 터미널을 이용하는 시간과 비용을 줄이려 하는 화주의 배후서비스 개선에 대한 요구, 처리물동량을 극대화하려는 터미널의 목표, 그리고 항만의 공간 활용률을 극대화하려는 항만의 정책 등 모든 항만 이해관계자들의 요구를 충족시키면서도 항만 전체의 효율성을 높일 수 있는 운영방식이다.

이 새로운 모델에서 정기선사의 요구사항인 터미널 안벽은 완전히 전용으로 사용할 수 있다. 또한 터미널의 육측은 화주와 복합운송업자에게 서비스를 제공하기 위해 여러 터미널이 공용으로 사용할 수 있도록 한다. 특히 핵심적인 것은 터미널 특정위치의 물리적 터미널 용량이 아니라 동일한 가상 용량을 부여하는 것이다. 이들은 수요 변화에 따라 쉽게 이동할 수 있는 가상 용량을 소유하는 것이다.

따라서 이 모델을 채택하면 첫째, 면적당 처리능력 향상으로 항만의 생산성을 제고하고, 이를 통한 환경비용 절감이 가능하다. 둘째, 정기선사들은 터미널에 대한 영향력을 확보함과 동시에 수요의 불확실성에 탄력적으로 대응할 수 있는 공간 활용이 가능하다. 셋째, 배후 서비스 공간의 공용화는 항만 내외 트럭운송, 트럭 대기시간, 비용 등을 절감시켜 준다.

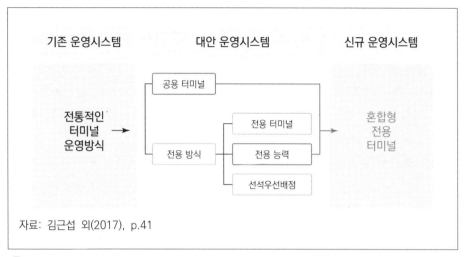

자료: 김근섭 외(2017), p.41

✎ 혼합형 전용터미널 운영시스템

　이러한 혼합형 전용터미널의 구조를 도식화하면 다음 그림과 같다. 터미널의 선석과 장치장은 공용터미널 및 전용능력으로 구성되고, 배후서비스 부분은 공용 방식으로만 운영된다. 정기선사들은 서비스 수준, 비용 등을 종합적으로 고려하여 두 가지 형태의 터미널 중 하나를 선택할 수 있다. 공용터미널 공간은 시장의 변화, 인수·합병, 얼라이언스 재편, 시장점유율의 변화 등에 따른 수요 변동에 적절히 대응하기 위해 유연하게 확장 또는 축소될 수 있다.

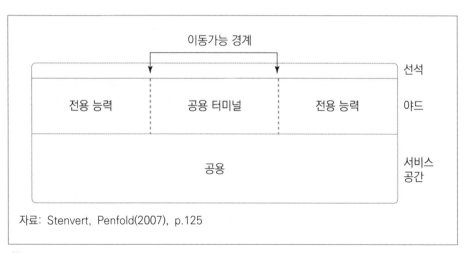

자료: Stenvert, Penfold(2007), p.125

✎ 혼합형 전용터미널 개념도

전용능력 터미널은 정기선사와의 계약된 물동량에 상당하는 시설 능력을 제공하고 터미널 시설을 최적으로 사용하게 된다. 공용터미널 부분은 운영사와 사전에 물동량 확정이 어려운 터미널 이용가능 잠재 선사의 물동량을 처리하기 위한 공간으로 활용한다. 이를 통해 다양한 변동성에 충분히 대응할 수 있도록 하는 것이다. 다만 배후서비스는 전체를 공용으로 하여 충분한 서비스가 제공될 수 있도록 하고 원스톱 서비스가 가능하도록 하는 것이다.

싱가포르항은 혼합형 전용터미널과 유사한 방식을 사용하여 터미널을 운영하고 있다. 싱가포르항에서는 PSA가 정기선사물량 영업, 요율결정, 선박별 처리선석 배정 등 모든 업무를 총괄 및 선석공유·타부두 환적을 주도적으로 처리하는 역할을 담당하고, PSA 내 각 터미널 운영부서는 현장운영만을 전담하고 있다.

가상의 통합주체가 개별 터미널로부터 정기선사와의 요율 협상권, 선석배정권 등 전반적인 권한을 위임받아 운영한다는 점에서 싱가포르항의 운영방식은 혼합형 전용터미널 방식과 유사하다고 볼 수 있다. 하지만, 싱가포르항의 운영방식은 터미널 단위의 시설 효율성을 최적화하는 반면, 혼합형 전용터미널은 항만 단위의 시설 효율성 극대화를 목표로 한다는 점에서 차이가 있다.

혼합형 전용터미널 운영방안

전용 처리용량 개념은 용량 계약을 의미할 뿐만 아니라 기본 개념은 활용도를 높여 이익을 실현하기 위해 정기선사와 터미널이 공동으로 최적화한다는 것이다. 이 개념을 통해 개별로는 달성할 수 없는 가능한 이익까지 창출할 수 있다. 상호협력은 장기적이어야 하고 이익과 위험에 대한 공유가 포함되어야 한다. 이렇게 하면 정기선사가 터미널 용량을 최적으로 사용할 수 있기 때문에 항만을 허브항만으로 사용할 때 매우 유용할 수 있다.

1 합작운영사 설립

혼합형 전용터미널은 정기선사와 터미널운영자 또는 정기선사와 컨테이너터미널을 운영하는 항만 당국 간에 협업 모델로 항만당국은 항만전체의 이용률과 효율성을 높이고자 하는 목적이지만, 참여하는 터미널과 선사들은 이를 통해 이익이 발생해야 한다. 특히 선사 전용터미널운영자 입장에서는 기존의 보유하고 있는 운영권, 전용사용권을 다른 선사도 사용할 수 있는 공동 사용으로 바꾸는 것이기 때문에 이런 대가가 이익으로 보상되어야 한다.

터미널 통합운영을 위한 합작회사를 통해 위험과 수익을 공유하는 방안이 가장 일반적인 방법이다. 혼합형 전용터미널은 기존 터미널운영자들의 협력을 기반으로 추진하는 사업이므로 가장 중요한 것은 이러한 새로운 개념의 터미널을 유연하게 통제하고 활용할 수 있는 통합주체가 설립되어야 하는 점이다. 통합주체의 가장 일반적인 방법이 터미널을 통합 운영하는 합작운영사를 설립하는 것이다.

통합 합작법인은 개별 터미널로부터 정기선사와의 요율 협상권, 선석 배정권, 관련 배후서비스의 통합 및 원스톱 서비스 제공, 터미널 운영시스템(TOS) 통합, 화물차량 통제 등 전체적인 권한을 위임받아 터미널 단위가 아닌 항만단위의 시설을 최적으로 활용하는 것이다. 이 방법은 터미널의 통합운영을 장기간 지속시킬 경우 필요한 방안이다.

2016년 12월 홍콩항 콰이충 3개 터미널운영자는 16개 선석에 대한 통합운영을 발표하였는데, 1개의 통합 관리주체가 전체 통합 터미널을 관리·운영하고, 공동운영으로 발생하는 수익 및 비용은 각 운영사가 보유한 시설능력을 고려하여 배분하는 것으로 하고 있어 혼합형 전용터미널 방식을 적용한 대표적인 사례이다.[10]

❷ 이익공유 방식

터미널 통합운영을 위한 합작회사를 통해 위험과 수익을 공유하는 방안 이외에도 선사와 터미널 운영자는 추가로 이익을 공유할 수 있는 방안이 가능하다. 선사와 터미널운영자 간 프로젝트별로 이익을 공유하는 방법이다.

선사와 터미널운영자가 협력해서 개선할 수 있는 프로젝트별로 이익도 공유할 수 있다. 즉 접안일정에 대한 신뢰도 개선, 안벽 생산성을 향상시킬 수 있도록 선박의 적재화물 분포 개선, 추가 장비 배치로 하역 유연성 개선, 평균장치기간 단축시행 등이다.

---

10) 김근섭 외(2017)

③ 고정비 부담 방식

　선사가 전용 처리용량에 대한 투자를 원치 않지만, 선석 이용률을 높여 이익을 추구하고 싶을 경우, 정기선사는 실제로 터미널의 일부를 소유한 것처럼 운영되는 요금 구조를 설계할 수도 있다. 연간 고정 금액 또는 리스 지불료를 부담하는 대신 평균보다 낮은 취급 요금으로 설계하는 것이다.

　터미널운영자는 고정 금액을 전용 처리용량에 대한 투자비로 간주하면 된다. 고정금액 합계는 총 수익의 10~15% 사이에서 결정되며 크레인 등 장비와 토지 사용을 포함한 운영비에 따라 결정될 수 있다. 고정금액 합계는 지정된 전용 용량에 따라 결정된다. 전용 처리용량이 늘어나면 고정금액도 상향조정되는 구조이다.

　고정비 부담방식의 변형으로 추가 전용 처리용량에 대한 특별요율이 운영될 수도 있다. 이 특별 요율은 선사가 전용 처리용량을 추가할 경우 적용되는 요율로 크레인 추가대수, 장치장 추가면적 등을 정하고 이에 따른 요율을 제시하는 것이다. 이렇게 선사가 임시로 추가 요구하는 전용 처리용량에 대해서는 별도의 고정금액이 없이 TEU당, 혹은 하루당 특별요율로만 지불하는 구조이다.

사 례 +　　부산신항 혼합형 전용터미널 도입 방안 및 기대효과

현황

부산항 신항은 5개의 터미널로 분리, 운영됨에 따라 시설능력을 충분히 활용하지 못하고, 체선 증가, 타부두 환적 증가, 선박대기 급증, 선박 교체(Phase in & out)[11] 물동량 유치 어려움 등 운영상의 비효율도 가중되고 있다. 특히 2016년에는 257척의 선박 체선이 발생하였고, 2012년 이후 체선 선박 척수가 계속 크게 증가하고 있다.

더욱 큰 문제점은 부산항 신항의 경우 선박대기와 시설 유휴가 동시에 발생하고 있다는 것이다. 신항 전체를 효율적으로 활용한다면 체선 선박의 80% 이상을 줄일 수 있었던 것으로 분석되었다.

또한 전용터미널로 구분된 신항 터미널 간 컨테이너 이동, 즉 타 부두 운송(inter－terminal

---

11) 선박을 빌린 기간이 만료되거나 혹은 기항지 조정, 수리 등을 위해 싣고 있던 짐을 모두 내리는 것

transportation, ITT)이 2016년에 153만TEU나 발생되었다. 부산항의 경쟁력을 저하시키는 큰 요인이다.

부산항 신항의 비효율 문제를 해결하기 위해 선석공동운영, 부산항만공사의 터미널 지분 참여 등 여러 대안들이 제시되었으나, 현실적인 실행에 큰 어려움을 겪고 있고 그 효과 측면에서도 근본적인 해결책이 되고 있지 못한 실정이다. 운영사의 물리적인 통합이 이러한 문제를 해결하는 최적의 방안일 수 있으나 이는 현실적으로 더욱 힘들다. 결국 신항의 현행 터미널 운영 방식을 유지한 상태에서 근본적인 문제 해결이 어려운 상황이다.

부산항 신항의 문제 대부분이 5개로 분리된 터미널 운영에서 발생하고 있다는 점에서, 기존의 물리적인 통합이 아닌 새로운 형태의 혁신적인 운영시스템인 가상의 터미널 통합 방식인 혼합형 전용터미널(hybrid liner terminal) 방식이 적용 가능하다. 혼합형 전용터미널 방식은 부산항 신항과 같이 여러 터미널로 분리되어 선박대기와 선석유휴가 동시에 발생하는 항만에 적용하여 항만 전체를 유연하게 활용하는 방식이다.

부산항 신항 적용 방안

부산항 신항 1부두와 4부두의 통합운영을 시범사업으로 추진할 수 있을 것이다. 1부두와 4부두는 현재 PSA가 터미널 운영권과 지분을 동시에 가지고 운영을 하고 있다. 2016년 PSA는 4부두(당시 현대부산신항만, HPNT)의 현대상선 지분 50% 중 40%를 인수하며 운영권을 확보했다. 1부두와 4부두의 법인 운영주체는 PNIT(1부두)와 PHPNT(4부두)로 구분되지만 실질적인 부두의 운영주체는 동일하다. 따라서 터미널 운영사 간 통합운영에 대한 협의가 용이할 수 있다.

그리고 위치적으로 보아도 1부두는 북측컨테이너터미널의 동쪽 끝에 위치하고 4부두는 남측컨테이너부두의 동쪽 끝에 위치해 서로 연결성을 가지고 있다. 1부두와 4부두 사이에 다목적 부두가 위치하고 있지만, 2017년 7월부터 부산항만공사는 다목적 부두의 작업에 지장을 주지 않는 전제로 다목적 부두를 통해 1, 4부두를 자부두처럼 연결 가능하도록 통행을 허가했다.

상대적으로 적용이 용이한 1부두~다목적부두~4부두를 대상으로 시범 적용하여 그 효과를 분석하고, 분석결과를 기반으로 전체 터미널로 확대하는 것이 필요하다.

도입시 기대효과

혼합형 전용터미널 방식은 부산항 신항을 이용하는 모든 주체에게 다양한 이득을 창출시켜 줄 수 있다. 정기선사는 선박 대기 최소화를 통한 상시 접안, 선박 대기 감소에 따른 운항비용 절감, 타부두 환적 물동량 감소로 인한 비용 절감 등의 이익을 확보할 수 있다. 2016년 기준으로 22억원의 체선 운항비를 절감할 수 있을 것으로 분석했다. 특히 현재 선박대기가 발생하는 중소형선박은 모두 국적정기선사의 선박이라는 점에서 국적정기선사의 경쟁력 강화에 큰 효과가 예상된다. 혼합형 전용터미널을 도입하면 타부두 환적물동량의 약 20%인 30만TEU가 감소하고, 약 37억원의 선사부담 비용이 절감될 수 있다.

터미널운영자는 여유 시설 활용을 통해 추가적인 물동량 확보, 물동량 변동에 따른 시설 및 인력추가 불필요, 대 선사협상력 강화, 정기선사 및 정기항로 추가 유치 및 매출액 증가 등의 이점이 있다.

부산항만공사의 입장에서는 가상의 통합주체에 대한 지분참여를 통해 개별 터미널에 지분참여없이도 신항 전체 터미널에 대한 공공성 확보가 가능한 장점이 있다.

자료: 김근섭 외(2017), pp.43-55

컨테이너항만의 미래

경제와 무역의 구조변화

1 무역성장 둔화

글로벌 금융 위기 이후로 무역 성장이 완만해졌다. 항만개발의 기반이 되는 해상 물동량 전망치가 하향 수정되었다. 세계 무역량은 이후 꾸준히 증가했지만 항만개발을 확대하기에는 무역규모 성장이 크지 않은 상태이다. 오히려 현재 무역량보다 컨테이너항만 처리능력이 과잉인 상태에 있다.[1]

이러한 성장 지연의 배경에는 세계 경제의 구조적 변화로 세계 경제성장에 비해 무역성장이 과거만큼 성장하지 못하고 있기 때문이다. 1980~2011년 세계 무역증가율은 연간 평균 7%로 세계 경제성장률은 3.4%의 두 배 수준을 유지했다. 그러나 2010~2019년간 세계 무역증가율은 2.7%로 세계 경제성장률 2.7% 와 동일한 수준만큼 성장하는 데 그쳤다.[2]

또한 세계 GDP증가율에 대비한 세계 컨테이너 해상물동량 증가율, 즉 GDP 대비 컨테이너 물동량 승수(container trade-GDP multiplier)가 20년 전에는 2~3 배 이상 되었지만 최근 5~6년 전부터는 평균 1.4배 정도에 그치고 있다.

세계 경제성장률과 물동량 증가율이 동시에 마이너스를 기록한 2009년과 이에 대한 반등효과가 있었던 2010년의 이상적인 수치를 제외하면 일관되게 하락하고 있음을 알 수 있다. 즉 2002~2004년까지 승수 3.x를 기록했으나, 2005~2011년까지 승수가 2.x대로 떨어지고, 다시 2012년 이후 2019년까지 1.x

---

1) OECD(2016b)

2) WTO(2020), Table A1

대 혹은 그 이하로 떨어지고 있다.

DNV에서 2050년까지 컨테이너 물동량을 장기전망[3]했는데 여기서는 동 승수가 평균 1.1이 될 것으로 전망해 향후 경제성장 의해 컨테이너 화물이 크게 늘어나는 일은 없을 것으로 보고 있다.

2012년 이후부터는 세계무역 증가율이 세계경제 성장률에도 미치지 못하는 경우가 여러 번 나타나고 있다. 지난 10년간 세계 GDP 성장이 과거처럼 해상물동량 수요를 창출하지 못하는 경제와 무역의 구조적인 변화가 진행되고 있음을 알 수 있다. 이러한 경제발전과 무역과의 관계에서 나타나고 있는 새로운 현상에서, 아웃소싱과 글로벌 생산 소비의 한계로 설명될 수 있다.

중국의 인건비가 높아지면서 공급사슬이 세계 각 지역으로 회귀하면서 글로벌 아웃소싱이 한계에 도달했을 수 있다. 또한 컨테이너화는 컨테이너화된 운송이 제공할 수 있는 효율성과 규모의 경제에 의해 주도되었지만 컨테이너화할 수 있는 화물도 한계에 도달했을 수도 있다.

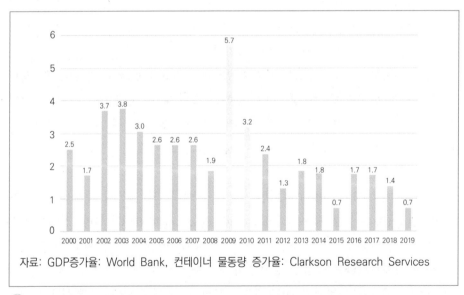

자료: GDP증가율: World Bank, 컨테이너 물동량 증가율: Clarkson Research Services

✎ GDP 대비 컨테이너 물동량 승수(container trade-GDP multiplier)

---

3) DNV(2017)

2 해상물동량 변동 요인

이러한 무역과 경제의 관계가 일시적인 것인지, 아니면 꽤 오래 직면해야 할 뉴 노멀(new normal)인지 학자들 간에도 이견이 있다. 지난 30년간 세계화를 이끈 많은 요인처럼 경제 성장률과 무역 증가율의 관계도 바뀌고 있고, 일시적인 현상으로 분석하기도 한다.[4] 다른 쪽에서는 최근 수십 년간 세계 경제성장의 주요 원동력이었던 세계 무역 증가세가 힘을 잃은 것 같다고 평가하면서 구조적인 변화가 아닌가 지적하기도 한다.[5]

전자는 다국적 기업들이 국제적 공급사슬에 의존할 수밖에 없으므로 결국 무역은 증가할 것이라는 해석과 관련이 있다. 인도 등 개발도상국가들이 다시 세계 생산의 허브로 등장하거나 해상운송 수요가 증가한다면 무역 GDP대비 무역 성장 승수가 다시 증가할 가능성이 있다.

후자는 보호무역주의의 대두로 세계 무역이 이전의 글로벌리제이션 시대와는 다른 영역에 접어들고 있다는 해석이다. 여러 이유가 있는데 수출주도 성장 모형의 한계, 세계 해상물동량은 외부효과 등에 의해 해상운송비 증가, 기술발전의 영향으로 향후 항만인프라가 부족해질 만큼 크게 증가할 것으로 예측되지 않는다는 것이다.

향후 해상물동량에 영향을 미치는 요인을 몇 가지로 살펴보면 다음과 같다. 첫째, 선진국들의 보호무역주의 강화로 신흥국들의 수출주도 성장모형이 한계에 봉착할 수 있다. 중국을 포함한 수출주도 성장전략을 추진하고 있는 개도국들의 경제성장 모델 수정을 하고 있다. 선진국 경제의 수입수요 회복이 더딘 가운데 중국 등 신흥국들은 수출보다는 자국 내 수요 진작으로 경제정책을 수정했다. 선진국의 수요 감퇴와 이에 따른 개도국 교역 감퇴, 그리고 교역규모 감소가 다시 세계 경제 성장을 하락시키는 악순환이 이어질 수도 있다.

증가하는 무역 불균형과 자국 우선주의 정책에 의해 추진되는 보호주의는 생산기능을 자국 내로 이전을 초래하여 무역에 부정적인 영향을 미칠 수 있다. 만약 보호주의가 지속된다면, 각 국들은 자국 내 혹은 자국 소비시장 근처로 공급

---

4) Krugman(1995)
5) Davies, Gavyn(2013)

을 이전하려 할 것이다. 보호무역주의와 공급사슬 리스크 관리를 위해 선진국 자국 내 생산(reshoring) 혹은 인근 국가 생산(nearshoring)의 현상이 나타나고 있다.

두 번째는 무역항로의 변화가 예상된다. 세계적인 기온 상승으로 인해 북극항로 및 대륙횡단 항로가 해상운송의 실질적인 대안이 될 수 있을 것이다. 운송거리가 단축되고 새로운 교역이 증가 할 수 있다.

ITF는 북유럽과 아시아 간 운송시 북극항로를 이용하면 수에즈 운하를 통과하는 것에 비해 거리는 11,585마일에서 7,356마일로 37%가 단축되며, 운항시간은 32일에서 18일로 40%가 단축된다고 분석하고 있다[6]. 희망봉 노선의 통행량도 줄어들 수 있다. 운송거리 단축으로 비용이 절감되면서 새로운 수송 기회가 발생하고 교역이 늘어날 수 있다.

또한 중국은 미래 세계 무역 네트워크에서 그들의 위치를 확보하기 위해 일대일로 정책을 국가주요 정책으로 추진하면서 현재의 무역 패턴에 영향을 미치고 있다. 일대일로 정책은 중국을 세계와의 연결성을 향상시키는 것을 목표로 한다. 이는 아시아, 아프리카, 유럽에 철도, 도로, 공항 및 항만의 네트워크의 구축을 목표로 한다. 이를 통해 중국을 무역 플랫폼의 중심지로 만들려고 한다. 일대일로 정책은 세계 인구의 약 65%와 세계 총생산(GDP)의 약 3분의 1을 차지하는 70여 개국을 대상으로 한다.

일대일로 정책은 대륙횡단 협력 증진을 목표로 하고 있어, 무역의 증가로 이어질 수 있다. 특히 해상무역을 육로를 통한 화물운송으로 전환될 수 있다. 다만 이는 신 실크로드에 연결된 모든 국가를 대상으로 하기 때문에 이들 국가의 위험, 지역 분쟁 또는 기반시설 투자의 부족 등이 이러한 육상운송으로의 전환에 걸림돌이 될 수 있다. 해상 무역은 일대일로 정책의 필수적인 부분이기 때문에 해상 무역에도 긍정적인 영향을 미칠 수도 있다.

세 번째는 해상운송비용의 증가이다. 해상운송의 가격 탄력성도 중요한 요소이다. 최근 수십 년 동안 컨테이너화와 선박의 편의치적, 그리고 한국, 중국 등 주요 조선소의 낮은 선박 건조가격에 의해 해상운송 비용이 크게 낮은 수준을 유지할 수 있었다. 무역 상품가격에서 해상운송 비용의 비중이 크게 낮아져, 해상운송 비용의 변화가 소비자 행동에 거의 영향을 미치지 않았다.

그러나 그동안 해상운송비에는 대기오염 및 기후변화를 포함한 외부효과가

---

6) Ecorys(2019), 일본 기준

고려되지 않았고, 또한 초대형선에 대한 항만 투자비가 회수되지 않기 때문에 너무 낮다고 주장할 수 있다. 일부 외부효과는 최근 국제기구의 규제에 의해 진행되고 있고, 이는 향후 해상운송 비용을 높이는 요인이 될 것이다. 컨테이너 운송의 경우 2020년에 발효된 연료 황 함유량 규제로 연간 50~300억 달러의 추가 비용이 나타날 것으로 보고 있다.[7] 또한 선박평형수 처리장치 탑재에도 많은 비용을 추가해야 할 것이다. 특히 2030년까지 이산화탄소 배출량 40% 감축을 위해 선박의 추진연료시스템의 근본적 변화도 불가피할 전망이다. 해상 운송의 낮은 가격 탄력성에도 불구하고 이러한 비용 증가는 무역 흐름에 영향을 줄 수 있다.

네 번째는 기술발전에 의한 컨테이너 물동량 감소영향을 고려해야 한다. 현재 3D 프린팅 기술은 소량, 특수제작에만 사용되며, 대량생산에는 적합하지 않은 수준이다. 그러나 3D 프린터에 대한 현재의 투자가 지속될 경우 2040~60년에는 제조 생산품의 50%가 프린터로 제작될 수 있을 것으로 예측하고 있다. 3D 프린팅이 활성화될 경우 소비지 근처에서 생산이 이뤄짐으로써 해외생산 후 다시 소비지까지 이송하지 않아도 되어, 교역이 줄어들 영향을 받게 될 수 있다. 이 경우 산업기계류, 자동차, 컴퓨터, 의료용 제품 등 세계 교역량의 40%까지 감소되는 큰 영향을 미칠 수도 있다.[8]

해운비용과 수요변화는 항만에 영향을 미친다. 해상무역의 지속적인 정체 또는 일부 지역의 감소 가능성을 배제할 수 없다. 로테르담, 밴쿠버항 등 일부 항만에서는 화물량이 감소하는 시나리오를 포함하는 장기 계획을 검토하고 있다. 항만은 항만물동량을 유발하는 화물의 출처를 이해하는 것이 필요하다. 항만을 기획하고 운영하는 책임자들이 항만을 이용하는 주요 수출업체와 수입업체, 관련 화물흐름에 대한 지식을 가져야 한다. 화주의 요구가 미래에 어떻게 발전할 것인지에 대한 이해 없이는 효과적인 항만대응이 불가능하기 때문이다.

---

7) OECD(2016b)
8) ING(2017), p.15

해운항만의 미래

1 초대형선의 비경제

컨테이너 선박의 크기는 지난 10년 동안 빠르게 성장했다. 2만 TEU 이상의 컨테이너를 운반할 수 있는 최신형 초대형 컨테이너 선박으로 인해 운송용량이 두 배로 늘어났다. 이러한 발전의 원동력은 해운회사가 규모의 경제효과를 지속적으로 추구하기 때문이다. 그러나 선형이 계속 커짐에 따라 규모의 경제효과가 감소하고 있다. 초대형선과 관련된 비용절감은 선형을 키울 때마다 적어지고 한계에 다다르고 있다.

그리고 규모의 경제효과 추구는 해운회사에 이익을 제공하지만 초대형선의 대량 주문으로 인해 정기선 산업에는 공급과잉을 초래하고 있다. 또한 컨테이너선의 대형화는 실물경제의 발전이나 무역의 발전과 관계없이 모든 무역항로에 영향을 미치고 있다. 전배효과(cascade effect)에 의해 그 영향이 확산된다. 아시아－유럽 노선에 배치된 새로운 초대형 선박은 해당 노선을 운항하던 선박을 대체하게 되고 이 선박들은 다른 노선에 전배된다. 이런 과정이 계속 이어져 모든 무역항로를 따라 대형선으로 전배와 대체가 이어진다. 예를 들어 남미 동부해안을 기항하는 컨테이너 선박의 평균 선형은 2010년대 중반 이후 5년간 약 50% 증가한 반면 무역량은 정체되었다.

컨테이너선의 선형이 계속 대형화되면서 항만에 기항하는 선박도 커지게 된다. 그리고 선박당 하역하거나 선적할 화물이 더 많아졌다. 2020년 이후 발주되는 컨테이너선이 대부분 2만TEU 이상 선형으로 대형화되면서 향후 항만에 미치는 영향은 더욱 커질 것으로 보인다.

초대형선은 기항시키기 위해 항만은 다양한 인프라와 장비에 대한 투자를 해야 한다. 수심이 깊은 접근항로와 안벽, 긴 아웃리치의 크레인이 필요하다. 또한 초대형선에 의해 발생하는 최대 피크물량을 처리하기 위해 넓은 야드 장치용량과 배후 운송수단과의 원활한 연계를 위한 운송레인과 게이트, 트럭 버퍼공간 등에 대한 투자도 이루어져야 한다. 이를 위해 터미널 운영자, 항만 당국 및 배후 운송을 담당하는 회사는 관련비용을 부담한다. 장비 등 상부시설 투자비용은 터미널 운영자가 부담하게 되고, 준설비용은 항만당국이 그리고 일반 도로나 철도 같은 배후 연계 투자비는 정부가 부담하게 된다. 그리고 초대형선 기항으로 발생하는 게이트 및 야드 혼잡으로 발생되는 비용은 트럭운송업체를 통해 화주가 부담하게 된다.

이렇게 추가되는 투자비용과 관련하여 터미널과 항만의 적절한 대응이 필요하다. 터미널의 경우는 초대형 선박은 항만 운영의 변동성을 증가시켜 초대형선의 양적하가 이루어지는 동안은 장비와 노동력에 큰 작업부담을 주지만 초대형선의 하역에 맞추어 설치한 장비들이 초대형선이 출항한 후 다른 시간대에는 높은 유휴 상태를 발생시킨다. 이에 대응하기 위해 항만 장비와 자원, 그리고 노동력의 유연성 확보 대책이 필요하다. 동일 항만에서 운영되는 터미널 사이의 시설 및 장비, 인력에 대한 처리능력(terminal capacity) 공유의 필요성을 증가시키고 있다.

2 항만투자의 당위성

항만의 대응도 필요하다. 초대형선 기항에 의해 추가로 발생되는 항만투자비용이 입항료나 터미널 사용료로 충당되지 않을 경우 이는 궁극적으로 정부와 납세자의 몫이 될 것이다. 그러나 항만은 선박이 대형화되고 있지만 선박입항료를 할증하는 대신 경쟁적으로 초대형선 유인 인센티브 수단으로 사용하고 있다.[9] 해운회사는 초대형선을 운항하며 이익을 얻지만 많은 관련 항만투자비용은 책

---

9) OECD(2015), p.65

임지지 않는다. 현실적으로 초대형선을 운영하는 거대 얼라이언스에 대해 항만은 협상력을 상실했기 때문에 이런 현상이 벌어지고 있는 것이다.

그러나 해운회사가 초대형선을 운항하며 파멸적 경쟁을 하는 이유는 세계 화주들이 해운산업의 경쟁상태를 요구했기 때문이다. 그리고 화주는 낮은 해상운송비로 이익을 얻고 있고, 궁극적으로는 세계 각국의 수입상품 가격을 낮추게 만들었다. 결국 주요 각국 정부와 납세자의 부담으로 화주들과 각국의 소비자들이 이익을 보고 있다.

국가의 납세자는 국민과 기업(화주)이다. 그리고 정부도 항만건설을 통해 소비제품 가격을 안정화시키고 수출입업체의 국제경쟁력 향상을 목표로 하고 있다. 항만이 각국의 수출입화물을 처리하는 초대형선에 대해 추가 비용을 지불하는 타당한 논리이다.

그러나 부산항의 경우를 살펴보면 이 논리는 좀 다르게 해석될 수 있다. 부산은 세계 5위의 컨테이너 항만이지만 처리물동량의 55%는 중국, 미국, 일본, 동남아 각국의 수출입화물의 환적화물이다. 환적화물에 대한 터미널 화물처리비는 수출입화물보다 낮다. 환적화물을 수송하는 초대형선 기항에 대해 추가비용을 부담하는 것은 이로 인한 이익을 얻는 각국의 화주를 위한 것이 된다. 결국 우리나라 국민들과 화주들의 납세로 항만에 투자하여 우리나라에서 주로 환적하는 중국, 미국 등 국가의 소비자와 화주들을 위한 항만서비스를 제공하는 셈이다.

물론 반론도 가능하다. 여러 국가에서 환적 허브 항만을 개발했거나 개발 중인 경우 상업적 이익보다는 전략적 목적에 의해 추진되는 경우가 많기 때문이다. 싱가포르와 로테르담과 같은 경우 환적활동 없이 해당 지역의 관문 항만으로 남아있었다면 광범위한 해상 무역로가 연결되지 못했을 것이다.

또 다른 반론은 우리나라 화주를 위해 초대형선 입항에 필요한 장비와 시설을 투자한 항만이니, 이곳에서 환적화물을 함께 처리하여 터미널의 규모의 경제이익을 얻을 수 있다는 주장이다. 그러나 이는 항만건설계획을 수출입화물에 맞추어 건설했지만 처리능력의 여유가 생겨 환적화물을 처리할 때 당위성이 있는 것이다. 우리나라 항만건설계획에는 환적물동량 장래 취급 규모 계획이 포함되어 있다. 초대형선의 환적물동량 처리를 위해 추가로 건설하고 투자하는 비용에 대해 납세자들에게 다른 이유의 당위성을 설명할 수 있어야 한다.

지역 부가가치 또는 고용에 대한 기여가 크지 않은 환적 물동량을 기여가 큰 화물로 만드는 일이 추진된다면 논란을 불식시킬 수 있을 것이다. 환적물동량은 운송 중 부가가치활동의 대상이 될 수 있기 때문이다. 중국 등에서 우리나라 항만에 환적을 하는 이유가 단순 환적이 아니라, 미국이나 유럽으로 향하는 화물을 항만배후지에서 조립, 가공, 검사, 전자상거래 등 유통, 포장 등의 부가가치 활동을 통해 상품가치가 높아지는(value creation) 환적이 될 수 있다. 이렇게 되면 항만배후지의 고용이 창출되고 지역경제를 활성화시킬 수 있다. 이는 환적화물 수송 초대형선 기항을 위한 항만 투자의 당위성에 대한 충분한 이유가 될 수 있다.

③ 초대형 컨테이너선의 한계

　여러 연구를 종합하면 향후 25,000TEU, 그리고 최대 30,000TEU급 선박의 출현이 가능할 것으로 전망하고 있다.[10] 선사입장에서 선박대형화에 따른 선박의 유용성, 운영 효율성 등을 고려할 때 25,000TEU급 선박이 향후 초대형선의 한계로 적절한 것으로 조사되었고, 터미널 운영사 입장에서는 터미널 비용 측면에서 8,000TEU급 컨테이너선이 가장 적정한 크기라고 분석했다.[11] 선박대형화 추세는 결국 터미널 비용증가를 불러오고, 이는 장기적으로 선사의 비용부담으로 작용하기 때문이다. 조선소의 기술력은 향후 선장 430미터의 25,000TEU급 선박도 건조가능하다고 한다. 그리고 설계상 30,000TEU까지 초대형선 건조는 가능하다고 한다.[12]

　그러나 이들 선박이 운항할 수 있는 항로에 충분한 물량이 확보될 때까지는 건조되기 어려울 것으로 예상된다. 8,000TEU급 컨테이너선이 초대형 컨테이너선(VLCS)으로 불리며 원양 정기선 항로의 주력으로 활동하던 10년 전까지만 해도 2만TEU급 컨테이너선은 실용성 자체가 의문시되던 선박이었다. 그 크기 때문에 기존 항만, 운하 등 인프라로는 수용이 불가능하다는 게 중론이었다. 선박

---

10) 해양수산부(2016b)

11) Haralambides(2017), p.12

12) 조선소 관계자의 의견

폭과 흘수가 커지면 파나마 운하와 수에즈 운하는 물론 말라카 해협도 통과가 불가능할 것으로 예상됐다. 수에즈 운하를 통과하지 못하면 남아프리카공화국 희망봉을 돌아 유럽으로 가야 한다. 말라카 해협의 통항 한계를 넘는다면 인도네시아 자바섬 밑으로 돌아가야 한다.

그러나 2014년 11월 현대중공업에서 제작한 1만 9,000TEU급 컨테이너선의 제원을 보면 길이 400m, 폭 59m, 만재흘수 16m다. 대우조선해양이 건조해 2013년에 머스크라인에 인도한 1만 8,000TEU급 선박도 폭과 길이, 만재흘수가 거의 동일하다. 2020년에 건조된 2만 4천 TEU급 컨테이너선도 폭이 기존 1만 TEU급에 비해 5~6m 정도만 넓어졌고, 적재열수는 24열로 대형 허브항만들이 기존 1만TEU급 컨테이너선에 대비해 설치한 24~25열급 안벽크레인으로도 작업이 가능하다. 선장 400미터도 18,000~19,000TEU와 비교해 거의 같은 수준으로 제작되었다.

또한 2000년대에는 말라카 막스(Malacamax)라고 하여 18,000TEU 선을 말라카 해협을 통과하는 최대선형으로 불렀다. 말라카 해협의 안전수심이 20미터 정도이고 18,000TEU 이상 선박의 만재흘수가 20미터를 넘을 것이라 예상했기 때문이었다.13) 그러나 24,000TEU 선박의 흘수는 16.5미터 정도로 통항에 문제가 되지 않는다.

선박이 계속 대형화되고 있지만 항만 및 운하, 해협 등의 수용능력을 고려하여 건조되고 있어 당초의 건조가능성에 갖던 의문을 해소하고 있다. 남은 것은 수에즈 운하 통과 사양이다. 초대형선이 주로 취항하는 아시아-유럽항로가 기존의 수에즈 운하를 통과하고 있는데, 이 수에즈 운하를 항해 가능한 선박은 선박길이 400미터, 선폭 60여 미터로 제한되어 있다. 25,000TEU 선박도 전장 430미터지만 선폭과 흘수는 61미터와 17미터로 24,000TEU 제원과 차이를 보이지 않고 있지만 이 한계에 거의 임박한 선박이다. 따라서 희망봉으로 돌아가지 않는다면 컨테이너선의 초대형화도 거의 한계에 달했다고 볼 수 있다.

물론 수에즈 운하 폭이 더욱 확대되거나, 희망봉을 돌아가는 대안이 추진될 수 있다 해도 그 정도의 크기(예 3만TEU)의 선박은 항만에 입항할 수 있는 흘수, 크레인의 작업열수 등의 제약으로 여러 항만에 기항할 수 없는 문제점을 갖게 되어 쉽게 상업화하기가 어려울 것으로 보인다.

---

13) Greve et al.(2007)

그러나 근본적으로 컨테이너선이 25,000TEU, 30,000TEU 이상으로 초대형선화가 지속될 수 있을 것인가를 살펴보아야 한다. 딜로이트는 2030년까지 초대형선에 의한 규모의 경제 경쟁은 일단락될 것으로 예상하고 있으면서, 선박의 초대형화가 더 이상 계속될 것 같지 않다고 예상하고 있다. 오히려 충분한 공급능력을 갖춘 시장은 초대형선 이외의 새로운 경쟁 우위 발굴에 주력해야 할 것으로 전망하고 있다.14)

 ## 4 정기선 산업의 집중

초대형 선박의 결과 중 하나는 컨테이너 해운부문의 집중도 증가이다. 초대형 신규 선박에 자금을 조달하고 선박에 화물을 채우려면 대규모 선사영업이 필요하다. 정기선사들이 합병과 얼라이언스의 전략을 취하는 이유이다. 2014년 이후 상위 20개 컨테이너 선사 중 8개가 사라졌는데, 7개는 인수 합병을 통해, 그리고 하나는 한진해운으로 파산 때문에 사라졌다.

이 결과 세계 정기선 산업의 집중도는 높아졌다. 상위 4개 컨테이너 해운회사가 2020년에 수송능력이 전 세계의 58%를 차지하고 있다. 2000년에는 약 25%였고, 2013년 말에도 45%였다. 동시에 얼라이언스의 지배력도 증가했다. 얼라이언스는 선박의 슬롯을 공유하기 위해 해운회사 간의 계약이다. 경쟁법 면제를 통해 가능해진 이러한 선박공유 계약은 중형 선사가 힘을 합쳐 초대형선박을 발주하고 운항할 수 있게 함으로써 초대형선 시대에 더욱 중요한 전략이 되고 있다.

얼라이언스가 2017년 4월부터는 3개로 집약화하면서 거의 모든 동서 컨테이너 무역로가 3개의 대규모 얼라이언스에 의해 통제되는 상황이 되었다. Ocean, 2M, THE Alliance 3개 얼라이언스가 아시아-북유럽항로(서향)의 수송능력은 98%에 달하며, 아시아-북미서안항로(동향)에서는 70%의 수송능력을 점유하고 있다.

이와 같은 컨테이너 운송산업의 집중은 항만에도 큰 영향을 미치고 있다. 얼

---

14) Deloitte(2020)

라이언스로 인해 컨테이너 항만과의 협상에서 해운회사의 협상력이 강화되었고 요금 인하, 인프라 투자 및 추가 서비스에 대한 요구를 항만이 받아들이기를 요구하고 있다. 선사와 터미널 운영자 사이에서도 같은 일이 벌어지고 있다.

선사는 합병(수평적 통합)을 통해 규모를 확대시키면서 동시에 화물 운송사슬의 다른 부문(수직적 통합), 특히 컨테이너 터미널 산업에도 참여하고 있다. 선사 소유의 터미널 운영자는 2000년에 전체 컨테이너 항만처리능력의 18%를 차지했지만 2020년에는 39%를 차지해 두 배 이상 증가했다. 이와 같은 수직적 통합은 선사에게 터미널비용을 내재화시킬 수 있다는 점과 선박운송과 터미널 운영의 조정을 통해 운항과 항만작업의 효율성을 향상시킬 수 있다.

그러나 이와 같은 선사의 수평적 통합과 수직적 통합은 화주를 위한 선택의 폭이 매우 제한되는 화물운송 시스템으로 이어질 수 있다. 화주는 공급사슬 위험을 최소화하기 위해 여러 해운회사와 협력해 왔다. 이 전략은 선사의 집중과 얼라이언스 확대로 점점 더 불가능해졌다. 해운회사가 전체 운송 공급사슬 서비스를 제공하기 시작하면서 화주가 특정 공급사슬에 고정될 위험이 있게 되었다.

컨테이너선 해운이 규모의 경제효과를 추구하면서 항만 부문에는 여러 가지 문제가 발생하고 있다. 항만경쟁력을 강화하기 위해 초대형선 기항에 필요한 인프라에 투자하거나 개조해야 한다. 얼라이언스 세력 강화와 선사의 터미널 투자는 컨테이너 터미널의 선택적 사용을 강화하면서 항만체선의 한 원인으로 작용하고 있다. 작업피크로 인해 초대형선이 병목 현상을 만들어내고 항만 운영의 유연성을 크게 떨어트리고 있다. 항만이 효과적으로 대응할 수 있는 정책대안에 대한 연구가 필요하다.

03
—

항만혁신 방향

앞서 살펴본 대로 앞으로 항만은 원양 무역의 침체 혹은 감소에 대비하는 정책을 세워야 한다. 또한 생산기지나 수출지역의 변화, 그리고 해상운송의 육상운송변화 추세에 대비해야 한다. 적극적으로 물동량을 확보하고 수익모델을 개발해야 한다.

이러한 관점에서 향후 항만의 혁신방향은 항만의 효율성 증진, 첨단터미널로 생산성 향상, 화주의 공급사슬 혁신에 기여, 항만배후물류단지의 부가가치활동 확대, 항만배후지와의 연계성 증진, 그리고 항만이 해상, 육상교통 및 항만도시와 디지털로 연결되는 디지털 플랫폼 구축으로 요약할 수 있다.

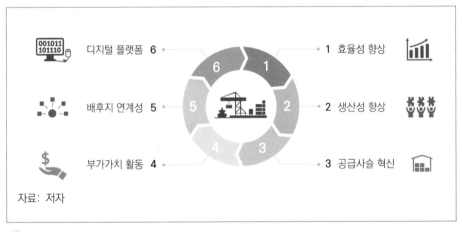

자료: 저자

✎ 항만혁신 방향

1 항만 효율성 증진

2012년 4월 말 싱가포르 해사국(MPA)과 싱가포르 해사협회(SMI)는 공동으로 향후 10년을 내다 본 차세대 컨테이너항만(Next Generation Container Port)의 아이디어 공모에 나섰다. 차세대 컨테이너항만으로 변신하기 위해 터미널의 우수성, 생산성 그리고 지속가능한 비약적 도약을 이룰 수 있는 기술개발의 방향에 대한 아이디어를 공모한 것이다.

전 세계 인구가 늘어나고, 소득과 소비가 늘어나면서 항만에서 처리해야 할 컨테이너 물동량도 크게 늘어날 것으로 전망된다. 새로운 항만건설이 불가피하게 됨을 의미한다. 매년 5%씩만 증가한다고 해도, 15년 후가 되면 항만처리 물동량은 현재의 두 배까지 늘어나게 된다.

미래 항만개발에 큰 영향을 미치는 요인은 초대형 컨테이너선이다. 이미 24,000TEU 초대형 컨테이너선이 운항을 시작했다. 초대형 컨테이너선은 앞으로도 조선소에서 2~3년이면 새롭게 건조되어 시장에 나올 수 있다. 그러나 신규 초대형선에 맞는 컨테이너항만을 설계하고 건설하는 많은 기간이 요구되기 때문에, 항만이 매번 새로운 컨테이너선에 맞추어 개발될 수는 없다. 따라서 싱가포르 항만처럼 앞으로 10~20년의 미래를 예측하고 그에 맞는 항만개발계획을 세우는 것이 매우 중요한 과제가 되고 있다.

현재는 항만이 안벽크레인을 초대형선에 맞도록 크기를 늘리고, 장비와 운영시스템을 자동화하고 인공지능화하여 생산성을 높여 대처해 가고 있다. 그러나 항만에게는 항만개발, 장비, 운영면에서 계속 새로운 모습으로 업그레이드되어야 하는 부담이 있는 것이다.

미래를 내다보는 항만개발계획은 초대형선이 요구하는 생산성을 예측하는 일부터 시작해야 한다. 그런 다음에는 요구하는 생산성을 항만개발계획에서 구현해야 한다. 또한 화주의 항만선택이 추세가 됨에 따라 해측 항만 생산성뿐만 아니라 항만 배후 최종 목적지까지 연계운송되는 내륙연계, 피더운송연계, 항만 배후지 연계와 관련된 항만통과 총 시간과 비용이 절감될 수 있는 기술개발과 인프라 투자가 이루어져야 한다.

현재 컨테이너항만에서 사용되는 장비, 운영시스템은 40년 전 개발된 기본 개념에서 크게 진보되지 못했다. 안벽 크레인의 경우 크레인의 A자형 구조나 스프레더를 사용하는 설계가 1960년대 초에 개발된 개념에서 크게 벗어나지 못하고 있다. 또한 1970년대에 확립된 컨테이너 야드장비(RMG, RTG 등)도 기본 원리에서 큰 변화가 없는 실정이다. 최근 무인자동화터미널에서 안벽크레인의 자동화 자동이송장비(AGV) 등의 운반수단의 혁신을 가져 왔지만, 기본적으로 터미널에 4단적 혹은 5단적으로 쌓는 수직, 수평이동의 기본방식은 변화가 없다. 또한 항만배후지 내륙 최종목적지까지의 연계운송역시 대부분 트럭운송에 의존하는 과거 방식을 답습하고 있으며, 내륙철도운송이나 연안운송, 그리고 피더운송 역시 기술적으로 큰 진전이 없는 분야이다.

미래 컨테이너항만을 설계할 때 항만에서 컨테이너 취급 시스템의 근본적인 기술혁신이 필요하고 상상력이 필요한 부분이다. 지금과는 다른 항만생산성이 요구되기 때문이다. 현재도 글로벌 허브 터미널에 요구되는 생산성이 매년 바뀌는 세상이다.

미래 컨테이너 해운 및 항만의 모습은 어떻게 변할 것인가? 어떤 것이 변화하지 않고 있을까? 그리고 발전 방향은 어떤 것일까? 이런 종류의 고민은 해운항만고객의 요구에 부응하기 위한 노력의 일환이겠지만, 또한 함께 미래를 준비하는 시작점인 것이다.

 ## 첨단 터미널로 생산성 향상

항만이 가지고 있던 위치상 중요성은 감소하는 반면, 기술개발에 대한 요구에 부응하는 새로운 경쟁우위를 개발할 수 있는 기회가 증가하고 있다. 세계적으로 중심항만의 선점을 위한 항만의 대형화, 첨단화, 효율화와 경제적, 친환경적 항만건설 등 항만환경의 변화가 급격하게 이루어지고 있는 상황이다. 이에 세계 각 선진항만들은 현재 등장하고 있는 초대형선에 대비하여 항만기술개발과 투자를 지속적으로 수행해 오고 있다.

GTO들은 이러한 환경변화에 따라 하역장비의 규모를 초대형선에 적합한 고생산성의 장비로 발주하고 있다. 2만TEU급 선형을 대상으로 최대 시간당 300개

처리를 목표로 하는 기술개발의 필요성이 부각되고 있다.

항만 내 소요시간 중 가장 큰 비중을 차지하는 하역시간 단축을 위해 번들(bundle)을 이용하는 하역시스템에 대하여 많은 연구가 진행되고 있다. 하역속도를 3~4배 이상 향상시키기 위하여 한 번에 컨테이너 4개를 한 묶음으로 핸들링하는 방법으로 수직으로 4개, 2단 직렬 4개, 2단 병렬 4개로 하는 번들핸들링 방식 등이 연구되고 있다. 그러나 항만들은 기존의 항만시설과 개념으로는 더이상 미래에 등장할 초대형선에 대응할 수 없다는 관점에서 터미널의 생산성을 획기적으로 높이기 위한 새로운 개념의 항만시설 구축에 대해서도 연구하고 있다. 스피드 항만, 플로팅 터미널, 오버헤드 터미널 등이 있다.

이와 함께 컨테이너터미널의 고효율 하역시스템을 원활하게 운영하기 위한 인공지능적 운영시스템도 개발되어 터미널의 모든 상황에 따른 통제와 계획이 사람에 의존하기보다는 최적 솔루션에 의해 지원되는 터미널로 운영되어야 한다. 작업현장에서 예기치 못한 상황이 발생하는 경우, 인력에 의존하는 방식을 개선하여 문제에 대한 예측을 통해 신속하게 해결하는 자동 문제해결 솔루션, 터미널 작업시 운영최적화를 위한 인공지능 실시간 장비 배정 및 제어 시스템 등이 있다.

선박대형화가 지속적으로 진행되면서 중소형 선박과의 원활한 피더(feeder) 하역시스템의 효율성도 동시에 부각되고 있다. 이에 대비한 대용량 및 초고속 피더 하역시스템의 개발의 필요성이 부각되고 있다고 할 수 있다.

네덜란드의 경우 마스블락테(Maasvlakte)반도의 항만배후단지에 대규모 복합 물류터미널을 조성하고 화물의 첨단보관시스템, 철송 및 육상운송의 첨단 환적시스템을 운영하고 있다. 동 지역에서 발생되는 화물에 대하여 최적화된 육상운송, 철도운송, 내륙해상운송을 효율적으로 수행함으로써 항만의 혼잡도 감소 및 항만/내륙연계운송의 고효율화를 추구하고 있다.

유럽의 경우 통합 이후에 지속적으로 역내 이동화물량이 증가하여 기존의 수송인프라 간의 연결 및 효율적인 환적을 위한 수송수단간의 연계장비에 초점을 맞추어서 많은 연구가 진행되었다. 고생산성 환적하역시스템으로 노엘(Noell)사의 메가허브(Megahub) 등이 개발되었다.

McKinsey[15])에 따르면 2067년까지 50,000TEU 컨테이너선박이 등장할 것으

---

15) Saxon, Stone(2017)

로 예측하면서, 이에 필요한 장비를 예측하고 있다. 향후에는 드론에 의해 비행하는 컨테이너(dronelike floating container)가 개발될 것이라고 예상했고, 2067년 컨테이너 선적량은 현재보다 2~5배 증가할 것으로 추정하며 재설계된 선석과 거대한 갠트리 크레인의 사용을 통해 초대형 컨테이너선박 서비스가 진행될 것이라고 하였다.

3 화주의 공급사슬 혁신에 기여

항만이 내륙이나 배후지와 연계되는 관문의 역할만 해서는 선사나 화주에게 선택받지 못하게 될 것이다. 항만, 컨테이너터미널, 선박회사, 그리고 복합운송업체의 최종 고객은 화주이기 때문에 화주의 물류사슬(logistic chain)상 총비용과 운송시간 요구에 부응할 수 있는 항만만이 살아남을 수 있는 것이다.

화주의 항만선택에 대한 영향이 커지면서 항만정책에도 많은 변화를 가져와야 한다. 항만이 화주의 요구에 부응하기 위해 내륙연계운송 항만 정책에 중점을 두어야 할 것이다. 그동안 항만의 서비스 수준을 평가할 때 주로 해측(sea-side)에 중점을 두었다. 선박의 기항빈도, 선박의 대기시간, 접안시간 등이 서비스 수준을 결정하는 주된 요인이었다. 그러나 화주에 대한 새로운 서비스 수준은 해측보다는 육측(land-side)에 의해 결정되며, 터미널에서의 내륙연계운송관리가 핵심이 되어야 한다.

이에 따라 앞으로 항만이나 터미널이 시장점유율을 유지하고, 추가적인 물동량을 확보하기 위해서는 정기선사의 초대형선이 요구하는 고생산성 항만으로의 기술개발은 물론, 항만과 항만 배후부지와의 연계 네트워크를 구축하는 노력도 함께 이루어져야 한다. 항만이 진정한 육측 네트워크를 구축하려면 철도나 도로, 피더운송, 내륙컨테이너터미널 등 연계운송 시설투자에 직접 참여해야 한다. 화주에게 비용과 운송시간을 절감시켜 줄 수 있도록, 배후지 공단이나, 소비지 인근에 내륙터미널(inland terminal)을 설치하고 여기서부터 항만까지 전용 화물철도를 연결시키고, 화물트럭 전용레인을 설치해야 한다. 또한 최근 항만배후지의 개념이 피더운송 대상지역까지 확대되고 있기 때문에, 효율적인 피더부두 및 피더망 구축에도 투자해 나가야 한다.

부가가치활동 확대

컨테이너 터미널의 미래는 부가가치 서비스의 시대로 묘사될 수 있다. 항만에서의 부가가치 서비스는 항만 간 경쟁에서 우위를 차지할 수 있는 경쟁요인이며, 동시에 항만의 미래 수익을 창출하는 일이다.

항만 간 경쟁이 치열해지면서 항만업계 이해관계자들은 항만 경쟁력을 높이기 위해 항만에서 수행하는 전통적인 핵심 서비스를 넘어 혁신적인 서비스 제공을 요구받고 있다. 부가가치 서비스(VAS)의 제공은 항만으로 항만 사용자를 끌어들이는 것으로 인식된다. 항만에서 부가가치 서비스의 제공은 경쟁우위를 얻기 위한 중요한 전략으로 인정되어 왔다.

항만의 부가가치서비스에 대해 연구한 여러 연구결과 미래에는 화주 등 고객의 니즈를 제대로 파악한 항만이 가장 성공할 가능성이 높다는 결론이다. 고객의 요구를 이해하고 최종 사용자/고객 지향적이 되기 위한 노력은 부가가치 서비스 제공을 촉진하게 될 것이다.

또한 항만 고유기능만 수행하던 항만이 다양한 부가가치 서비스를 수행할 경우 새로운 수익을 얻을 수 있다. 부가가치 서비스는 항만이 수익을 낼 수 있는 서비스다. 많은 항만이 이미 포장, 검사, 조립부터 자동차 관리까지 다양한 부가가치활동 서비스를 제공하고 있다. 항만에 부가가치 서비스를 제공할 수 있는 시설과 전문성, 기술이 갖춰진다면 수익 증대뿐 아니라 미래 항만의 기능을 확보하는 효과도 얻을 수 있다.

항만은 장기적으로 수익성이 있는 새로운 트랜드를 수용해야 한다. 항만 전략에서 부가가치 서비스에 대한 항만 관리자의 인식변화를 하는 것이 중요하다. 세계 여러 지역의 240개 항만이용자를 대상으로 한 설문조사 결과 부가가치 서비스가 많이 제공된다는 답변이 45%, 보통 혹은 거의 제공되지 않는다가 55%로 나타났다.[16] 아직 많은 항만이 부가가치 서비스 중심의 항만이 되어 있지 않다

---

16) Okorie et al.(2015)

는 것을 보여주고 있다.

항만에서의 부가가치 서비스는 화주기업이 항만을 이용하면서 가치를 창출할 수 있는 운송, 보관, 가공, 조립, 저온저장, 포장, 검사, 고객서비스, 전시 등이다. 이 부가가치 서비스는 항만입장에서는 항만이용자를 유지시키고 유치하는 경쟁력인 동시에, 항만의 새로운 수익원이다. 항만을 포함한 공급사슬은 점점 더 고객 중심적으로 형성되며 고객에 대한 부가가치 서비스는 항만의 경쟁력 있는 차별화 전략이 될 수 있다.

5 항만배후지 연계성 확대

항만의 경쟁력은 항만에서 처리한 화물이 배후지 도착지에 도달하는 데까지 시간과 비용에 따라 달라진다. 배후지 연결의 중요성은 전 세계 대부분의 항만에서 항만 경쟁력의 가장 중요한 문제 중 하나이다. 항만시설과 첨단 장비의 발전으로 선박재항시간은 대폭 단축되었다. 이에 비해 항만과 배후지 간 연계는 같은 속도로 발전하지 못하고 있다. 선박이 초대형선화되고 허브항만이 출현하고 있지만 항만 배후지 연결은 오히려 병목 현상을 악화시키고 있다.

전 세계 항만들은 배후지 연계와 관련하여 교통량 증가, 공공 예산 감소, 도로와 철도운송에서의 여객과 승용차 우선 정책, 그리고 인구 밀집지역인 항만도시에 대한 교통체증 유발 등의 여러 문제점을 갖고 있다. 이에 대응해 내륙항 개발과 화물전용철도 및 전용도로 등 무역회랑(trade corridors)건설 등의 정책으로 대응해왔다. 미래에는 배후지 연계운송에 첨단기술이 적용될 것이다. 하이퍼루프가 실용화되면 부산에서 서울까지 16분밖에 걸리지 않을 것이라 한다. 현재는 여객운송으로 개발되고 있지만 컨테이너 화물운송에도 하이퍼루프가 채택될 수도 있다.

미래 컨테이너항만의 경쟁력을 항만의 배후지까지의 복합운송 경쟁력으로 재정의하고 있다.[17] 항만이 공급사슬 자체라는 기능을 해야 한다. 선박, 터미널, 배후지 운송, 보관, 유통의 공급사슬관리를 원활하게 해야 한다.

---

17) Haralambides(2019)

항만 배후지는 항만 간 운송시장만 고려하는 정적이 아니라 출발지 항만배후지에서 목적지 항만배후지까지 복합운송으로 공급사슬로 보면 항만배후지는 역동적으로 확대될 수 있다. 예를 들어 상하이항이나 로테르담항의 배후지가 그 항만의 배후도시가 아니라 보다 넓은 중국의 장강내륙지방까지, 그리고 유럽대륙 전체로 확대될 수가 있다. 이와 같이 항만이 국가 또는 대륙을 향해 배후지를 확장하려고 하면 더 많은 항만과, 그리고 항만 간 수송 이외 무역 관련 여러 공급사슬업체들과도 경쟁을 해야 한다.

항만이 공급사슬의 기능을 수행하려면 항만공사의 역할이 중요하다. 항만공사는 항만 '게이트'를 가능한 한 멀리 떨어진 배후지로 확장하여 그들의 업무영역을 넓히는 역할을 해야 한다. 항만과 배후지 간 공급사슬 관리를 통해 항만배후지 시장을 개발하는 기능을 갖고 있기 때문이다. 최근 연구를 살펴보면 관리자 기능만 수행하던 항만공사가 촉진자(facilitator)로 기능이 확대되고, 일부는 기업가 기능까지 갖고 직접 투자에 참여하기도 한다.

항만배후지 정책과 관련한 또 다른 추세는 동기화 모달리티(synchromodality)이다. 화주가 물류서비스공급자(logistics service provider, LSP)와 계약 시 비용, 품질 등에 대한 부분에 대해 계약을 하고 운송수단과 운송경로에 대해서는 LSP의 판단에 맡기는 것으로, 물류비용이나 교통체증, 수송환경의 변화에 LSP가 적극적으로 대응할 수 있는 물류서비스 방식이 화주내륙수송(merchant haulage)이다. 동기화모달리티는 화주내륙수송방식으로 LSP가 상황변화에 따라 선택가능한 최적의 수단과 경로를 선택하는 유연성 있는 서비스로 화주의 요구에 적시 대응할 수 있게 하는 운송서비스이다. 화주의 동기화 모달리티 추세에 부응하기 위해 항만이 배후지 연계확대에 나서야 한다.

6 디지털 플랫폼 구축

디지털화와 미래 신기술은 매우 광범위해서 미래 무역과 운송, 그리고 항만에 얼마만큼 영향을 미칠지 불분명하다. 그러나 이들 기술로 인해 미래에 상품의 생산, 지리적 위치 및 무역 방식이 변경될 수 있을 것이다. 항만산업의 미래 예측은 디지털화와 4차 산업혁명 기술, 에너지 사용, 배출, 운송 및 기술 개발과 관련된 요인에 의해 영향을 받게 된다.

디지털화와 인공지능·블록체인·사물인터넷·자동화의 새로운 발전이 해상운송과의 관련성을 높이고 있다. 기존 프로세스를 최적화하고, 새로운 비즈니스 기회를 창출하며, 공급사슬과 무역의 지형을 변화시킨다.

항만과 해운 서비스는 디지털화의 혜택을 크게 받을 수 있다. UNCTAD의 연구에 따르면, 95,402척의 선박을 보유한 해상운송은 전 세계 무역량의 약 80%를 차지하고 있다. 사실상 모든 해상무역 거래와 운송의 모든 데이터가 디지털화될 수 있다. 사물 인터넷으로 데이터의 가용성을 증가시키고 자동화된 프로세스를 통해 기하급수적인 성장이 가능하게 될 것이다.[18]

디지털 연결성과 물리적 연계가 조합되어 해운회사와 항만 및 복합운송업자들이 화주의 글로벌 공급사슬과 통합하는 데 도움을 줄 것이다. 인공지능은 자동식별시스템, 글로벌 위치확인 시스템, 화물 및 컨테이너 추적장치 등에서 증가하는 데이터를 분석하는 데 도움을 줄 수 있다. 이러한 데이터는 블록체인에 변조를 방지하고 안전하게 저장할 수 있다.

디지털화가 항만에 미치는 영향은 세 단계로 볼 수 있는데, 기존 프로세스의 효율성과 신뢰성을 극대화하여 거래 비용을 절감하는 최적화 단계, 그리고 효율성을 넘어 새로운 서비스와 비즈니스의 기회를 창출하는 확장단계, 그리고 데이터를 기반으로 비즈니스 모델을 재창조하는 혁신단계로 나누어 볼 수 있다.[19]

최적화 단계는 선박 운항과 항만 터미널 작업을 자동화시키고 최적화시킬 수 있다. 예를 들어 선박 속도와 경로 최적화를 통해 항만에서 배출가스 배출과 대기시간을 줄일 수 있다. 항만 당국과 터미널 운영자들이 항만과 복합운송 수단의 연결을 최적화할 수 있다. 확장단계는 디지털화를 통해 새로운 사업을 창출하는 것이다. 예를 들어 항만 선박기항 시 선박속도와 항로를 최적화하는 서비스를 제공하는 비즈니스 기회도 만들 수 있고, 항만에서 블록체인 기술을 이용해 화물추적, 스마트 처리능력관리 등의 새로운 사업을 만드는 일 등이다.

혁신단계를 통해 항만의 공급사슬은 더욱 효과적으로 변화될 것이다. 디지털화는 무역의 세계 지형을 변화시킬 가능성이 크다. 노동비용 역시 관련성이 낮

---

18) UNCTAD(2019)

19) UNCTAD(2019a)

아지고, 혁신과 무역 효율성이 더욱 중요해질 것이다. 이를 통해 항만 서비스 수요도 변화될 수 있다.

항만과 해운 서비스가 디지털화되면 우선 데이터 표준이 중요해질 것이다. 대표적인 사례가 이 네비게이션(e-Navigation), 블록체인 기술 등이다. 최근 여러 해운사가 선도적인 정보기술(IT) 기업과 협력하여 기술 솔루션을 개발하기 시작했다. 필요한 표준의 개발과 사용을 장려하는 동시에 이러한 표준이 일부 참가자만 참여하는 폐쇄적인 표준이 되지 않도록 하는 것이 중요하다.

운항 최적화는 항만과 해상에서의 사고 감소로 이어지고, 오염과 배출량을 감소시키는 데 도움을 줄 것이다. 그러나 최적화와 자동화는 항만 작업의 전통적인 고용 감소로 이어질 수 있다. 이는 고용시장에 부정적인 영향을 미칠 수 있다. 디지털화가 지속가능한 개발이 되려면 항만, 고용, 환경, 혁신 및 경쟁에 미치는 영향을 함께 고려해야 한다.

향후 컨테이너 정기선사, 화주, 터미널 운영자, 복합운송업자 등 항만관계자 모두 공급사슬에서 더 큰 지분과 영향력을 위해 경쟁할 것이다. 그러나 디지털화에 의해 제공되는 기회로부터 이익을 얻으려면 공급사슬 상 데이터 소유, 보호와 관련되어 가능한 많은 협업을 할 수 있는 방법을 찾아야 한다. 데이터 공유를 위한 기술은 존재하지만 이해관계자들은 아직 데이터 공유를 수용할 준비가 되어 있지 않다. 항만산업이 디지털화의 혜택을 누리기 위해 직면하고 있는 핵심 과제이다. 정책 입안자들은 항만 공동체의 협력을 이끌어 낼 수 있는 디지털 항만위원회와 같은 협력 플랫폼을 통해 협력을 촉진해야 할 것이다.

디지털화와 혁신이 이루어지면 항만산업의 미래 도약의 중요한 요소가 될 수 있을 것이다. 증기선개발과 컨테이너화라는 혁신이 세계 무역 발전의 주요 초기 동인이 되었듯이 빅데이터, 인공지능 같은 디지털화와 혁신이 해운 및 항만산업의 경쟁력을 다시 강화시킬 수 있을 것이다.[20]

---

20) Danish Ship Finance and Rainmaking(2018)

스마트항만

① 스마트항만 발전

(1) 개념

스마트항만(Smart Port)을 일반적으로 표현하면 항만 운영방식을 지능화하고 항만 영역 전체의 흐름을 개선하고 자동화하여 현재 직면한 문제와 미래에 발생할 수 있는 문제를 해결할 수 있는 항만[21]이라 할 수 있다. 스마트항만은 터미널, 항만, 그리고 항만도시와 해상 공급사슬을 통합하는 개념의 범위로 확대될 수 있다.

스마트항만은 모든 것을 연결하는 사물인터넷을 통해 개발되고 있다. 스마트항만은 데이터 중심화, 데이터 관리, 새로운 플랫폼, 혁신적인 전달 모델 등에 대한 새로운 접근 방식을 제공하게 될 것이다. 항만은 점점 더 스마트한 항만으로 진화될 것이다. 데이터 분석과 데이터 교환능력은 항만의 새로운 경쟁 우위가 될 수 있다. 처리능력 감지, 경로 최적화, 에너지 관리, 장애 감지 및 해결 솔루션은 훨씬 더 효율적으로 수행될 수 있다. 고급 데이터 분석을 통해 불필요한 작업이나 운송을 줄여 기존 인프라의 사용과 운영을 간소화하고 최적화할 수 있다.

항만의 생산성을 높이기 위해 로봇과 IoT와 같은 기술 솔루션의 사용이 증가할 것이다. 노동력이 절감되는 자동화가 늘어나고, 항만의 디지털화와 공급사슬

---

21) Deloitte(2017)

과 디지털로 연결이 증가하게 될 것이다. 항만 생태계가 단순한 물류·운송 노드에서 개방적이고 효율적인 커뮤니티로 탈바꿈할 수 있을 것이다.

(2) 발전

1960년대의 항만은 수출화물 선적과 수입화물 양하를 기본으로 수행하는 해상운송과 육상운송의 접점 역할이 주를 이루었다. 1980년대 항만은 항만 배후지의 공업단지를 지원하기 위한 공업항의 개념이었다. 아직도 이 두 가지 기능은 항만에 그대로 남아있다.

2000년대 들어서 항만 배후지가 글로벌 생산과 유통의 거점이 되면서 기업의 공급사슬의 중심역할을 항만이 수행하고 있다. 전자상거래 화물의 유통거점이 되고 있어 상업항, 환적의 기능이 강조되고 있다.

4세대 항만은 항만이 디지털 플랫폼이 되어야 한다는 것이다. 디지털 통합의 필요성이 증가함에 따라, 항만은 크레인 운영과 같은 물리적 서비스에서가 아니라 데이터 서비스 제공업체가 하는 항만 활동의 디지털화라는 것이다. 항만이 IoT 네트워크와 스마트 데이터 솔루션의 잠재력을 최대한 활용하면서 새로운 비즈니스 모델을 식별하고 활용할 수 있어야 한다는 것을 의미한다. 항만은 공급사슬의 중요한 기능을 수행하며 물류회사와 공급업체, 유통업체뿐만 아니라 산업생산자인 화주까지 포함하는 수요, 공급부문과 통합해야 할 것이다.

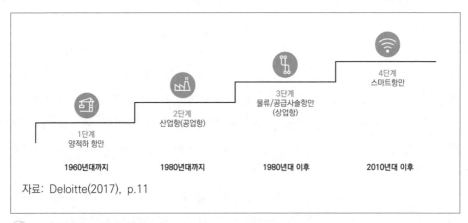

1단계
양적하 항만
1960년대까지

2단계
산업항(공업항)
1980년대까지

3단계
물류/공급사슬항만
(상업항)
1980년대 이후

4단계
스마트항만
2010년대 이후

자료: Deloitte(2017), p.11

✎ 스마트항만, 4세대 항만

(3) 스마트항만의 모습

스마트항만이 어떤 모습이 되어야 하는지 상상을 해 보면 보다 나은 추진방향 답을 찾을 수 있다. 우선 스마트항만은 완전 무인자동화터미널이 되어야 한다. 안벽크레인의 무인자동화에서 야드자동화, 그리고 육측 연계까지 무인 자동화로 운영되는 터미널일 것이다. 또한 지금의 터미널보다 첨단기술을 장착한 생산성이 높은 터미널이 되어야 한다. 지금처럼 컨테이너 한 개씩 처리하는 터미널이 아니라 번들로 컨테이너를 처리할 수 있어야 할 것이다. 컨테이너 운송기술도 혁신될 것이다.

또한 스마트항만은 디지털 항만이 될 것이다. 완전자동화 터미널을 운영하기 위해서는 디지털 서비스가 필요하다. 터미널 운영을 최적화하기 위한 분석 및 예측 모델링을 위한 데이터가 축적되어 있어야 한다. 적어도 5~10년 이상 데이터를 축적하면 가치 있는 빅데이터가 구축될 수 있을 것이다. 터미널이 선박, 철도, 트럭 등과의 차세대 연계망을 구축하려면 이들 운송수단과 디지털로 연결되어 있어야 한다. 선박은 무인선박(unmamed autonomous ship)이고 화물열차는 시속 1,000킬로미터가 넘는 하이퍼루프(hyperloop)일 수 있다.

그리고 디지털 항만은 4차산업 기술이 접목된 공급사슬 중심 항만이 되어야 한다. 항만을 이용하는 화주에게는 단순한 공급사슬의 노드가 아니라 공급사슬에서 중요한 가치를 창출하는 부가가치활동을 주관하는 중심지 역할을 할 수 있어야 한다. 그리고 스마트항만은 지속가능 항만이 되어야 한다. 항만과 장비와 연결 운송수단이 재생에너지를 사용하고 항만과 항만도시를 위한 환경모니터링센터가 되어야 한다. 또한 스마트항만은 보안 안전 항만이다. 4차산업 기술을 이용한 VTS, 드론, 위성 등 보안 안전 디지털 네트워트를 구축해서 국경보안, 항만보안, 사이버 보안, 안전에 대한 대책을 확보해야 한다.

또한 스마트항만은 의사결정 통합항만이 될 것이다. 선박접안, 하역, 이송, 보관 등 터미널작업은 물론 운송수단과의 최적 연계, 항만 배후지 부가가치활동 등에 대한 원스톱 의사결정 센터기능을 수행한다. 동시에 항만사고, 보안사고, 재해 등에 대한 일원화된 의사결정 통합을 이뤄야 한다.

이상의 스마트항만 모습을 요약하면 스마트항만은 정보통신기술(ICT), 사물인터넷(IoT), 인공지능(AI) 등 4차산업 기술을 적용하여 터미널 작업, 선박 및 연계운송수단, 항만 이해관계자, 항만 배후지 등에 대해 자동화, 첨단화, 디지털화,

지속가능화, 통합화를 이루는 항만을 의미한다.

기존의 항만 자동화가 자동화 장비나 정보시스템 개발을 위주로 진행되었다면, 스마트항만은 컨테이너가 사물인터넷(IoT)/통신시스템을 통해 각종 장비와 연결되고, 지능화된 정보시스템을 통하여 항만 효율성을 최적화하는 자율형 항만이라고 할 수 있다.

항만에서 스마트 기술을 사용하면 항만당국, 터미널운영자, 정기선사, 화주, 물류기업, 세관 등 항만 이해당사자들이, 크레인, 선석, 도로 등 항만인프라 시설과, 그리고 연계 배후지, 화물자동차 운송기업, 바지선 운영사, 철송 운영사 등과 연결되어 항만의 많은 작업에서 개선이 이루어질 것이다.

또한 항만과 터미널 인프라의 중요한 상태를 모니터링할 수 있으며, 하역작업의 최적화를 통해 생산성이 향상되고, 항만과 화물 목적지 간의 교통 흐름을 개선하기 위해 차량 이동을 조절할 수 있다. 또한 화물, 세관과 관련된 정보와 문서의 공유를 간소화할 수 있고, 항만 접근을 통제하고 감지 및 사전경고 시스템을 제공할 수 있고, 에너지 소비를 절감하고 환경 영향을 모니터링할 수 있다. 스마트항만은 데이터를 지속적으로 수집 및 분석하여 항만 내의 물류 흐름을 완벽하게 파악하고 가장 안전하고 효율적인 방법으로 자산을 제어할 수 있다.

디지털화는 빅데이터를 이용하는 것으로 요약되며, 빅데이터는 IoT 장치를 통해 수집되고 컴퓨팅 엔진으로 이동되어 재무 및 운영 효율성, 피해 통제 등과 같은 여러 항만운영 문제에 대한 분석에 사용된다. 또한 디지털 항만은 항만물류 최적화, 운송시간의 단축, 운송사슬에서의 가치 증대를 통해 디지털 공급사슬의 일원으로 역할을 할 수 있게 해 준다.[22]

요약하면 스마트항만은 항만이 하역서비스와 같은 기존의 물리적 역할과 더불어 데이터 서비스 제공자로서 항만의 디지털 통합을 더욱 가속화할 수 있다. 그리고 스마트항만의 데이터 활용을 통한 새로운 사업 기회로 제품 및 서비스 품질강화, 시스템 통합, 원시 데이터의 수집 및 판매, 부가가치 창출, 판매 제품 확대 및 거래비용 절감, 정보 공유를 가능케 할 것이다.

---

22) Du, Bergqvist(2010)

② 주요국 스마트항만 정책

1) 중국의 스마트항만

중국은 항만의 스마트화 정책을 의욕적으로 추진하고 있다. 21세기 이후, 항만의 심수화, 전문화 건설을 추진했으며, 최근 새로운 혁신, 변혁과 업그레이드에 더욱 주력하기 시작했다. 하역, 창고보관, 간단한 가공능력을 특징으로 하는 항만에서 종합물류 서비스를 제공하는 제4세대 항만으로 변혁을 시작하였으며 복합운송, 보세 물류, 전 과정 물류 서비스, SCM 등 고부가가치 물류기능의 확장을 포함하고 있다.

교통은 도시의 중요한 구성 부분 중 하나로 운송비용의 증가와 교통 체증 심화로 인해 스마트 교통 개념이 탄생하게 되었다. 스마트항만은 스마트 교통이 항만 영역으로 확장된 것으로, 스마트항만, 사물 인터넷 항만이라고도 부르고 있다.

상하이항 그룹(SIPG)은 스마트항만을 연결된 항만(connected ports) 개념으로 보고 화주와 육측 수송업체, 항만과 연결된 항만으로 수입계획과 자원 및 작업 최적화를 위한 디지털 정보로 동기화되는 항만으로 설명하고 있다. 또한 항만의 양적하작업과 선박이 연결된 선박으로 작업과정의 실시간 모니터링이 가능하게 한다는 것이다. 그리고 항만과 배후지운송과 화물도착까지 연결된 컨테이너 트럭 개념으로 배후지 운송, 운전자 등이 실시간 연계 분석이 가능한 항만을 제안했다.[23]

SIPG는 스마트항만의 발전 목표를 첫째, 간편하고 안전한 저비용의 화물운송 시스템 구축, 둘째, 긴밀한 협력을 통한 해운 물류 생태계 형성, 부가가치 서비스 향상, 무역 편리화 수준 제고, 셋째, 안전 보장, 녹색 생태, 지속 가능 발전의 항만 실현에 두었다. 스마트항만의 가치는 해운물류 공급사슬의 효율성 향상, 무역원가 절감 및 신뢰성 증대에 두었다.

2017년 중국 교통운수부가 「스마트항만 시범 사업 추진에 관한 통지」를 통해 스마트항만 시범 사업을 실시하기로 했으며, 첫 번째 스마트항만 시범사업에는 10개 성, 13개 프로젝트를 포함시켰다. 그리고 스마트항만 미래건설계획은 스마트 항운건설 계획과 함께 발표될 예정이다. 중국정부의 「스마트항운 발전

---

23) SIPG, Accenture(2017), p.12

지도의견」에 따르면 '스마트항만'은 스마트 항운의 다섯 가지 요소 중 하나로 되어 있는데, '스마트 선박', '스마트 항운 감독관리', '스마트 항공 보험', '스마트 항운 서비스'와 함께 포함되어있다.

2) 싱가포르의 스마트항만

싱가포르는 스마트항만을 통해 항만 터미널 생산성 및 효율성 향상, 안전성 확보, 지능형 항만, 지속 가능한 항만을 추구하며, 차세대 항만으로 발전을 꾀하고 있으며, 이를 Next generation port라 정의하고 있다.

2018년에 PSA International이 운영하는 싱가포르를 포함한 전 세계 터미널에서 총 81백만TEU 컨테이너를 처리했으며, 싱가포르에서만 처리한 컨테이너는 36.3백만TEU에 달하고 있다.[24] 그리고 싱가포르항를 기항한 선박 수는 연평균 14만 척에 달하며, 총 화물 처리량은 6억 3천만 톤에 달한다.[25] 싱가포르는 현재 전 세계 컨테이너 운송량의 약 1/5을 처리하고 있다.

차세대 항만인 TUAS를 중심으로 다음 3가지 로드맵을 추진하고 있다. 첫째, The Next Generation Port 2030은 효율성과 생산성을 높이고 항만 터미널의 항만 자원 효율성을 향상하며 항만 터미널 내 안전과 보안을 향상시키고 지속 가능한 항만 터미널을 완성하고 최종적으로 완전 자동화된 메가 지능형 항만 컨테이너 터미널이 되는 것을 목표로 하고 있다. 주요 추진 내용은 자동화 기술인 AGV(automated guided vehicles), 야드 및 부두 크레인 기술 시험 적용, 터미널 간 실시간 정보 공유를 통해 효율적인 항만 자원 계획 도출, 무인 항공기 시스템 도입을 통해 항만 터미널 감시 및 배송 시스템, 그리고 차세대 선박 교통 관리 시스템을 개발을 통해 항만 수역에서 발생하는 사고를 예측하고 이러한 사고를 사전에 방지하기 위한 완화 조치를 위한 시뮬레이션 개발 등이다.

둘째, IMC 2030(International Maritime Center 2030)은 타 터미널과의 네트워크 연결성 확보 및 신기술 도입으로 혁신적인 기술개발을 통한 글로벌 해양 허브(Global Maritime Hub) 달성을 주된 목표로 하고 있다. 주요 추진 내용은 해상 클러스터를 확장하고 심화를 위한 전략 추진, 상호 연계 및 네트워크 효과 강화를

---

24) https://www.singaporepsa.com/
25) Maritime and Port Authority of Singapore(2019)

위한 전략 추진, 혁신적인 해양 생태계를 개발하고 디지털화를 촉진하는 전략 추진, 글로벌 마인드를 지닌 인력 발굴을 위한 전략 추진, 항만 표준화 작업을 통한 싱가포르 항만의 세계화를 위한 전략 추진 등이다.

셋째, Singapore Sea Transport ITM(Industry Transformation Map)을 통해 싱가포르 항만의 터미널 생산성 향상뿐만 아니라 관련 산업들의 동반 성장을 도모하는 것을 목표로 한다. 싱가포르의 해양 산업은 자국 GDP의 7%를 차지하고 있으며 관련 종사자가 17만명이 넘고 있어 관련 산업의 확대를 통해 이와 같은 경제 기반을 더욱 확대하려는 목적이다.

3) 로테르담, 함부르크 항

스마트항만 관련 최근 해외 동향을 살펴보면 대표적으로 로테르담 항과 함부르크 항을 들 수 있다. 로테르담 항은 IBM의 사물인터넷(IoT) 기술, 인공지능(AI), 클라우드(Cloud) 등의 최신 기술을 활용해 항만 전체 운영환경을 디지털화하고 있다. 로테르담 항의 전 구간(42km)에 걸쳐 육지와 해상에 센서가 설치될 예정이며, 이를 통해 조수의 흐름, 수온, 풍속 및 풍향, 수위, 정박지 가용성 및 가시성 등에 대한 다양한 정보를 수집하고, 수집된 정보는 IBM의 클라우드 기반 사물인터넷(IoT) 기술에 의해 분석된다. 이를 통해 로테르담 항의 선박 대기시간 감소, 화물 처리시간 최소화, 터미널 야드 활용 최적화 등을 가능하게 할 것으로 보고 있다.

함부르크 항의 스마트항만 프로젝트는 물류부문과 에너지부문으로 추진되며, 물류부문은 공급사슬 최적화와 운송네트워크 효율성 향상을 목표로 설정하였으며, 항만 내 교통흐름의 효율성 향상, 효율적 복합운송 연계, 화물운송의 최적화 실현 등을 위한 프로젝트로 진행되고 있다. 모바일을 이용한 수리지점 확인, 항만 인근도로 실시간 정보 분석 및 최적 경로 정보 제공, 화물위치정보 공유 플랫폼 등의 프로젝트가 대표적이다.

4) 부산항

우리나라도 2020년에 '2030 항만정책 방향과 추진전략'을 통해 한국형 '스마트항만' 구축을 위한 계획을 수립했다. 2030년부터 부산항 진해신항에 첨단 정보통신기술을 적용한 스마트항만을 본격적으로 운영할 계획이다. 스마트항만에는 화물이송을 위한 자율주행기술과 자동화 크레인 등 완전자동화 시스템을 구축할 예정이다.

또한 스마트 항만에 인공지능(AI), 5G, 블록체인 등의 기술을 접목해 생산성과 효율성을 높일 예정이다. 궁극적으로는 스마트항만시스템을 자율운항선박 등과 연계해 스마트 해상물류체계를 구축할 계획이다. 이를 위해 2026년까지 광양항에 항만자동화 테스트베드를 만들어 기술개발과 운영을 하기로 했다.

용어(Glossary)

Alliance

얼라이언스, 전략적 제휴, 정기선사들이 선박공유협정(Vessel Sharing Agreements)을 체결해 구성한 연합체. 정기선 선사들이 공동으로 선박과 노선을 공유하면서 서비스 항로를 다변화해 안정적인 선대 운영을 목적으로 함

Automated guided vehicle

자동이송장치, 안벽과 야드 사이의 컨테이너 이송을 담당하는 무인이송차량

Automated lifting vehicles(ALV)

스스로 컨테이너를 집어 올리기도 하고 내려놓을 수도 있는 크레인 기능을 보유한 자동이송장치

Anchoring

묘박, 정박, 선박이 해상에서 닻을 내리고 운항을 정지하는 것

Ballast water

선박평형수, 선박이 화물의 적재상태에 따라 필요한 균형을 잡기 위해 선박평형수 탱크에 주입하거나 배출하는 물(水)

Beam

선폭

Berth

선석, 안벽(quay, wharf)에 나란히 접해있는 바다 영역으로, 화물을 내리거나 선적하기 위해 선박이 접안하는 곳

Berth dues

접안료, 안벽 접안에 따른 대가, 선박 톤당 접안시간당으로 계산

Bill of lading(B/L)

선하증권, 화주와 선박회사 간의 해상운송 계약에 의하여 선박회사가 발행하는 유가증권. 선주가 자기 선박에 화주로부터 의뢰받은 운송화물을 적재 또는 적재를 위해 그 화물을 영수하였음을 증명함. 동 화물을 도착항에서 일정한 조건하에 수하인 또는 그 지시인에게 인도할 것을 약정한 유가증권

Breakbulk

브레이크벌크 화물, 일반화물이며 팔레트에 포장되거나, 또는 포장이 되었지만 치수나 무게가 커서 컨테이너에 수납할 수 없을 때 갑판 위에 적재하는 화물로 로프나 와이어로 묶어 하역하는 화물

Build-operate-transfer (BOT)

사업자가 자금을 조달하여 항만을 건설한 후 양허 기간 동안 운영까지 맡는 수주 방식을 의미. 초기 투자가 필요하지만 직접 사업을 기획하기 때문에 수익성이 높고 오랜 기간 고정적으로 수입을 올릴 수 있음

Build-own-operate-transfer (BOOT)

도로·항만·교량 등의 인프라를 건조한 시공사가 일정기간 이를 운영해 투자비를 회수한 뒤 발주처에 넘겨주는 수주방식. 건설(Build)하여 소유권을 취득한(Own) 후 국가에 귀속시키는 즉 기부채납하는 방식(Transfer)을 의미

Bulkhead

격벽, 선박에서 주갑판 아래의 내부 공간을 길이 또는 너비 방향으로 칸막이하는 구조물

Bulk vessel

벌크선, 건화물선 및 유조선을 의미

Cabotage

연안운송금지, 국내 항만 간 운송은 해당 국가에 등록된 선박에 한정하여 허용하는 개념. 미국은 Jones Act에 의해 "미국 내 건조"라는 조건을 예외적으로 추가하고 있음

Cargo tonnage

화물 톤수, 미국에서 많이 사용되는 쇼트톤은 2,000파운드(약 907kg), 영국에서 많이 사용되는 롱톤은 2,240파운드(1,016kg)을 1톤으로 계산, 미터법에서는 1,000kg을 1톤으로 함. 용적톤수는 화물의 용적으로 표시되며 입방미터 혹은 40입방피트(약 1.12입방미터)로 표시됨

Carrier

운송인, 선사나 트럭운송업체, 철도운송업체를 의미

Chassis

샤시, 트레일러에 의해 이동되는 컨테이너 상차용 바퀴달린 차대

Classification yard (shunting yard)

화차조차장, 여러 화차를 모아서 방향별·행선지별로 열차를 조성하기 위한 야드를 의미

Cleat

클리트, 로프를 매지 않고 감아 두기만 함으로써, 로프의 끝을 고정시키는 역할을 함. 갑판 또는 선내(船內), 혹은 안벽에 설치하여 화물이나 선박을 묶는 로프를 고정시키는 고리

Common carrier

일반운송인, 불특정 다수의 화주를 대상으로 운임을 공시하고, 화주 및 화물에 차별을 두지 않고 운송서비스를 제공하는 운송인

Concession

양허, 국가 또는 그 공기업과 외국의 개인 또는 사기업(보통은 다국적기업)간에 해당 국가의 영역에서 항만건설과 운영 같은 사회간접자본 개발 등을 위해 체결된 계약 또는 그것을 위해 부여된 특별한 인가를 의미, 우리나라는 사회간접자본시설에 대한 민간투자법에 의해 규정

Consolidation

혼재, 컨테이너선 운송단위인 컨테이너 한 개를 채우지 못하는 소량화물(LCL화물)을 모아서 한 개의 컨테이너를 구성하는 작업

Container

컨테이너, 화물의 단위화(unification)를 목적으로 해상, 육상, 항공 등 수송기관에 적재할 수 있는 일정한 용적을 가지고, 용도에 따른 강도를 가져 반복사용을 견딜 수 있는 용기를 말함

Container freight station

컨테이너화물 조작장, 선사나 대리점이 선적할 화물을 화주로부터 인수하거나 양화된 화물을 화주에게 인도하기 위하여 지정한 장소

Container vessel

컨테이너를 전문으로 수송하는 특수한 구조의 선박. 컨테이너선은 하역의 능률을 향상시키고, 비용을 절감시키며, 선박의 정박시간을 단축시켜 가동률을 상승시키는 등의 장점이 있음

Container terminal

컨테이너선이 접안하여 컨테이너 화물의 적재 또는 양육 작업을 할 수 있는 부두로 배후에는 컨테이너 화물의 처리시설과 보관시설 등을 갖추고 있음

Container yard

컨테이너 집하장, 컨터이너를 인수, 인도하고 보관하는 장소를 의미. 부두 밖의 CY 는 ODCY, 부두 안의 CY는 On-Dock CY(일반적 CY)라 함

Contraband

전시 금지제품, 군용에 공급되는 물품으로서 전시에 일방교전국에 공급되는 것을 타 방교전국이 해상에서 그 수송을 금지할 수 있는 물품

Contract carrier

계약운송인, 운송계약을 화주와 직접 체결한 운송인. 화주와 계약하여 운송 관련 업무를 하는 자. 무선박운송인(NVOCC), 운송주선인(freight forwarder) 등도 포함

Controlled atmosphere

기체상의 가스조성을 바꾸어 청과물 등 식품의 부패를 방지하고 장기 보존하는 방법으로 컨테이너 복합운송시 사용

Compulsory pilotage

강제도선, 법률로 도선사(導船士)에 의한 도선이 의무화되어 있는 경우. 우리나라의 경우 대한민국 선박이 아닌 선박으로서 총톤수 500톤 이상인 선박, 국제항해에 취항하는 대한민국 선박으로서 총톤수 500톤 이상인 선박, 국제항해에 취항하지 아니하는 대한민국 선박으로서 총톤수 2천 톤 이상인 선박의 선장은 해양수산부령으로 정하는 도선구에서 그 선박을 운항할 때에는 도선사를 승무하게 하여야 함

Customhouse

세관, 수출입화물에 대한 수출입의 신고와 수리. 관세 부과징수, 외국물품 및 운수기관의 단속에 관한 업무 수행

Customs broker

관세사, 수출입신고와 이와 관련되는 절차를 수행하고 과세가격의 확인과 세액의 계산을 하고 관세납부의무자를 대리

Cut-off time (closing time)

선적마감 시간, 선박에 선적하기 위해 터미널에 도착해야 하는 마지막 시간

Dedicated terminal

전용터미널, 해상터미널을 소유하거나 임대한 해운기업 선박만 기항할 수 있는 터미널. 공용터미널(public terminal)과 대치되는 개념

Demurrage

체화료(화주), Demurrage charge라 하며 화주가 허용된 시간(Free Time)을 초과하여 컨테이너를 CY에서 반출해 가지 않을 경우 선박회사에 지불해야 하는 비용. 체선료(선주), Demurrage라 하며 적하 또는 양하일수가 약정된 정박기간(Laydays)을 초과하는 경우 용선자에게 지불하는 것으로 하루(1일) 또는 중량톤수 1톤당 얼마를 지불하는 비용

Dock(quay)

선박 접안시설인 안벽, 콘크리트 등으로 수중에서부터 수직으로 쌓아 올려 화물의 적하 및 양하를 위한 부두설비를 하고, 그 외에 야적장, 임항철도, 창고 및 하역설비 등이 상설된 부두지역을 총칭

Draft(draught)

흘수, 선박이 물에 떠 있을 때 물속에 잠기는 침수부의 수직거리, 즉 용골 밑바닥에서 수면까지의 거리

Dredging

준설, 물 밑의 토사, 암석을 굴착하는 작업을 말하며 준설에는 항만개발과 선박의 대형화에 따라 수심을 확보하기 위해 시행하는 개발준설과, 기존 항로, 박지가 해수의 이동에 따라 퇴적되어 시행하는 유지준설이 있음

Dunnage

던니지, 화물을 선박에 적재할 때 주로 화물과 선체 손상을 방지하는 것을 목적으로 사용되는 판재, 각재 및 매트

Electronic data interchange(EDI)

기업 간에 데이터를 효율적으로 교환하기 위해 지정한 데이터와 문서의 표준화 시스템

EDIFACT
행정 상업 수송을 위한 전자 자료 교환, UN에서 제정한 표준 EDI 표준

Eminent domain
수용, 공익사업을 위해 법률이 정하는 바에 따라 강제적으로 토지소유권 등을 취득하는 것

e-Navigation
이 네비게이션, 기존의 선박운항기술에 첨단 정보통신기술(ICT)을 융·복합하여 각종 해양안전 정보를 선박과 육상 간 실시간으로 공유·활용하기 위한 "차세대 해양안전종합 관리체계"로서, 국제해사기구(IMO)는 인적요인에 의한 해양사고 방지를 위해 '06년 도입을 결정

FCL(Full Container Load) Cargo
1개의 컨테이너를 채우기에 충분한 양의 컨테이너 화물

Feeder service
피더 서비스, 대형 컨테이너선박(모선)이 기항하는 허브항만과 인근 중소형 항만 간에 컨테이너를 수송하는 것. 통상적으로 대형 컨테이너선박은 수송의 신속성·경제성 확보를 위하여 허브항만(Hub Port)에만 기항하게 되는데, 이에 따라 이들 허브항만과 중소형 항만 간을 연결하는 피더 서비스가 필요

Finger pier
핑거부두, 큰 부두에 수직으로 설치된 좁고 작은 부두. 컨테이너 부두 이전의 부두형태로 일반화물선이 접안하던 손가락 모양의 부두이며 부두창고가 인근에 있었음

Force majeure
불가항력조항, 지진, 해일, 가뭄이나 홍수, 전쟁 등 피할 수 없는 재난으로 인해 계약의무를 이행하지 못할 경우 의무의 불이행에 따른 책임을 면하게 해주는 조항

Foreland
전면지, 항만이 피더선 등 선박으로 연결된 다른 항만의 육측을 의미. 항만의 전면지는 허브항과 연결된 환적항만의 배후지. 허브항만과 전면지 환적간의 관계가 긴밀해

질수록 허브항만의 중심성이 높아지게 됨

Forty-foot equivalent unit(FEU)
40피트 컨테이너

Free Time
무료장치기간, 본선에서 양하된 화물을 CFS나 CY에서 보관료 없이 장치할수 있는 일정한 허용기간

Free trade zone
자유무역지역, 일반 관세지역에서 분리된 항만의 일정지역으로서 선박이 관세 수속을 거치지 않고 입항하여 화물을 하역하거나 환적할 수 있으며 세관의 수속없이 화물을 재포장 및 가공하여 재수출할 수 있는 지역

Freight forwarder
운송주선인, 계약운송인으로서 선박 등 운송수단을 보유하지 않으면서도 실제운송인처럼 운송주체자로서의 기능과 책임을 가짐. 운송인에게는 화주 입장에서 화주에게는 운송인의 입장에서 책임과 의무를 수행

Gantry crane
갠트리 크레인, 부두의 안벽에 설치되어 컨테이너선으로부터 컨테이너를 부두로 하역하고 부두에 있는 컨테이너를 선박에 선적하는 컨테이너 전용 크레인. gantry crane (G/C), rail mounted quay crane(RMQC) 혹은 안벽 크레인(quay-side container crane) 등 여러 가지로 부름

Grounding
좌초, 선박의 밑부분이 암초 또는 해저에 닿아서 움직일 수 없게 된 상태

Harbor dues(or port dues)
선박입항료, 선박이 항만에 입항하는 대가로 지급하는 요금. 항만시설사용료의 하나로서, 수역시설 중 항로, 선회장, 외곽시설, 항행보조시설 등이 징수대상 시설이며, 선주가 부담

Harbermaster

항장, 항만 내와 항계 내에 입출항하는 모든 선박의 동태와 안전, 보안, 환경 문제를 책임지는 항장을 의미

Heavy lift charge

중량화물 할증료, 화물의 중량이 일정 기준을 초과할 때에 부과되는 할증료. 기준 부피를 벗어난 특수 컨테이너인 플랫렉(Flat Rack)과 오픈탑(Open Top)에 적입한 대형 화물에 부과

Hinterland

항만 배후지. 항만을 통과하는 화물 출발지/목적지의 내륙지점들을 의미. 화주는 항만 배후지에서 화물을 수입하고 수출하는데 공급사슬관리상 유리한 항만과 운송수단을 선택

Hold

선창, 화물을 적재하는 상갑판 아래의 용적

Hold-up problem

홀드 업 문제, 항만이 선사의 초대형 선박 기항을 유도하기 위해 초대형선 전용선석을 건설했는데, 이 투자를 하자마자 기항 중단 우려로 해운회사에게 유리한 쪽으로 협상력 균형이 이동하는 문제

Inland carrier

내륙운송인, 항만과 내륙 간의 수출입운송업체

Inland Container Deport(ICD)

내륙컨테이너 기지, 내륙통관기지로서 컨테이너 집하, 통관수속등의 업무를 처리할 수 있는 곳

Intermodal

복합운송, Combined Transport라고도 하며, 두 가지 이상의 상이한 운송수단(선박과 트럭, 철도 등)에 의해 화물을 목적지까지 운반하는 운송형태

Inter-terminal transportation(ITT)

타 부두 운송, 항만 내 여러 터미널이 전용터미널 등으로 구분되어 있을 경우 터미널 간 컨테이너 이동이 발생되며, 이를 의미함. 항만의 경쟁력을 저하시키는 요인으로 작용

Jetty(or pier)

강재나 콘크리트로 된 말뚝 위에 상부시설을 설치한 구조물로 잔교에는 해안선과 나란하게 축조하는 횡잔교와 직각으로 축조하는 돌제식 잔교로 구분됨

Keel

용골, 선체의 중심선을 따라 선박 밑을 선수에서 선미까지 꿰뚫은 부재. 선체의 세로 강도를 맡은 중요한 부분

Knot

노트, 선박의 속력을 나타내는 단위로 1시간에 1해리(1,852m)의 속력이며 단위는 kt 또는 kn을 사용

LASH

래시선, 화물을 실은 바지선(barge), 소형선을 그대로 탑재하여 운반하는 화물선

Lashing

래싱, 화물을 선적하여 운항 중 선박의 동요 등으로 인하여 화물의 손해방지나 선작의 안전확보를 목적으로 화물의 위치를 고정하거나 하는 적화고정작업(Securing)

LCL(Less than Container Load) Cargo

컨테이너 1개를 채우기에 부족한 소량 컨테이너 화물을 말하며, FCL과 반대되는 개념임

Lighter

거룻배, 50톤 정도 또는 그 이하 크기의 소형선으로 자체 추진능력이 없는 일종의 바지. 연안 및 하천 등지에서 하역 또는 항만 공사용 재료나 공사 작업원의 운반 등 다목적으로 사용

Liner
정기선, 보통 컨테이너선을 의미함

Liner Conference
정기선 동맹, 정기선사 간 운임결정, 공급조절을 할 수 있는 가격카르텔로 미국, 유럽 등에서 독점금지법의 예외로 인정받았던 협정

Lloyds' Registry
로이드 선급, 런던에 위치한 1760년에 설립된 세계 최대의 선급, 선급이란 선박을 만들 때 관리 감독하여 선박을 보증하며 보험에 필요한 선가를 결정하는 것을 의미

Loaded draught(or draft)
만재흘수, 선박에 화물을 가득 실었을 때 흘수

Lo-Lo(lift-on lift-off)
로로(LO/LO) 방식에 의한 풀 컨테이너선을 말함. 이 선박의 일반적인 선창 내 구조는 셀 스트럭처(cell structure)라고 하는데, 컨테이너를 적재하기 위한 특수한 창내 구조로 되어 적하나 양하 시에 크레인을 이용하는 수직하역방법을 사용. 최근에 발달한 컨테이너 전용선은 대부분 이 방식으로 하역작업을 수행

Malacca-max
말라카 해협을 통과하는 최대선형으로 말라카 해협의 안전수심이 20미터 정도여서 2000년대에는 18,000TEU 선박이 출현하면 선박의 만재흘수가 20미터를 넘을 것이라 예상했기 때문에 18,000TEU 선박을 말라카막스라 불렀음. 그러나 24,000TEU 선박의 흘수도 16.5미터로 건조하고 있어 말라카해협 통과에 문제가 되지 않음

Marine terminal
해상터미널, 화물이나 여객을 선박으로 이송하도록 하는 항만 내 인프라. 항만에는 동일한 유형의 화물 또는 다른 유형의 화물을 처리하기 위한 여러 개의 해상터미널이 있을 수 있음

Marshalling Yard
마샬링 야드, 컨테이너의 양적하 생산성을 향상시키기 위해 특별히 지정한 야드로

컨테이너의 도착지 항만, 규격, 무게를 고려해서 선적예정 순서대로 미리 쌓아놓는 장소. 현대의 터미널에서는 양적하 계획능력이 고도화되면서 이런 마샬링 야드를 별도로 두지 않고 야드에서 직접 양하나 선적 순서에 의해 작업이 이루어지는 경우가 많음

Mezzanine financing
메자닌 금융, 주식을 통한 자금조달이 어렵거나, 담보나 신용이 없어 대출을 받기 힘들 때 배당우선주, 전환사채(CB)나 신주인수권부사채(BW) 등 주식연계 채권 등을 발행해 자금을 조달하는 것. 무담보이며 채권변제 순위에서 대출보다는 밀리고, 지분투자분보다는 앞서 일종의 후순위채 성격

Mobile crane
이동식 크레인, 육상주행이 가능한 차량부착 크레인으로 항만 여러 곳으로 이동이 가능한 크레인

Mooring
계선, 선박을 항만 등에 매어 두는 것

Multiple weekly service
다중 주간서비스, 특정 정기선 항로의 주간(weekly) 서비스를 다중으로 운영

Neobulk cargo
균일한 크기와 중량의 상품, 또는 비포장 화물로 운송되는 비컨테이너화 화물로, 자동차, 철강 및 목재, 펄프, 종이 등이 있음

Nonvessel operating common carrier(NVOCC)
무선박운송인, 해상운송용 선박을 운항하지 않으나 화주로부터 운임을 받고 화물운송서비스를 제공하는 일반운송인을 말하며, 선사에 대해서는 화주의 지위를 가지는 운송인을 의미

ODCY(Off Dock Container Yard): 부두외 컨테이너 야적장
컨테이너 장치장으로서 부두에서 떨어진 곳에 위치한 장치장

On-Chassis System

온샤시 시스템, 선박에서 하역된 수입컨테이너가 트레일러의 위에 올려 외부트럭에 의해서 견인될 때까지, 그리고 수출컨테이너가 안벽크레인에 의해서 선박에 선적될 때까지 트레일러의 위에 놓여진 채로 적재위치에서 대기하는 시스템. 이 시스템은 1단으로 적재해야 하므로 넓은 장치장이 필요한 단점이 있음

Optional cargo

양륙지 선택화물, 선적할 때 양륙항을 확정하지 않고, 몇 개 기항항만을 기재하고 화주가 화물의 도착 전에 양륙항을 결정하는 조건으로 선적된 화물

Overcarriage

목적항만을 지나쳐 간 화물

Over Storage Charge

지체보관료, CY로부터 화물 또는 컨테이너를 무료기간(free time) 내에 반출해 가지 않으면 보관료를 징수. 무료기간 종료 후 일정기간이 지나도 인수해 가지 않으면 선사는 공매 처리할 권리를 가지며, 창고료 부대비용 일체를 화주로부터 징수할 수 있음

Pallet

화물을 일정 수량 단위로 모아 하역 보관·수송하기 위해 사용되는 하역 받침. 팔레트는 물류 표준화의 기본인 유닛로드 시스템의 기본수단이 되는 것으로 수송 장비의 적재효율을 높이고 자동설비와 장비와의 정합성이 있음. ISO 규격은 1×1.2미터이고, 우리나라는 이와 함께 1.1×1.1미터의 규격도 사용

Panamax

파나막스, 파나마운하 통과 시 갑문에서 선폭 제한을 받으므로 파나마운하를 통과할 수 있는 최대선형의 화물선

Permanent dunnage

영구 던니지, 던니지(dunnage)란 화물의 안전과 하역의 편의를 위하여 화물과 화물 사이에 끼워 넣는 판자나 각재 또는 매트(mat)를 말함. 선박 현측의 늑골 내면을 따라 설치된 영구적 던니지

Pilferage

화물의 내용물을 빼내어 훔치는 절도

Pilotage

도선, 선박이 항구나 항로를 통행할 때 선장을 대신하여 또는 보좌하여 선박을 안전하게 운항하도록 이끄는 일

Pilotage dues

도선료, 선박이 특정 항만이나 항로를 통행할 때 선장을 대신하여 또는 보좌하여 선박을 안전하게 운항한 대가

Plimsoll mark

플림솔 마크, 선수 선측에 원과 수평선을 페인트로 그린 것을 말하며 선박의 안정성 확보를 위해 수면이 이 선 위에 있도록 유지해야 함을 의미

Port congestion surcharge

항만혼잡세, 체선료, 선박 혼잡으로 인해 선박이 체선되는 경우 선박회사나 정기선 운임동맹이 화주에게 부과하는 비용

Port dues(or harbor dues)

선박입항료, 항만에 입항시 항만시설사용료로 지급하는 요금

Port of refuge

피난항, 태풍, 황천에 의한 피난, 선박수리나 급유를 위해 임시로 입항하는 항만

Port of registry

선적항, 등록항, 선박소유자가 선박의 등기 · 등록을 하고, 선박국적증서를 교부 받은 곳을 말하며 선박의 국적이 표기됨

Port state control

항만국통제, 선박의 안전은 선박등록국(기국)이 국제협역에 의거하여 수수로의 책임으로 선박검사의 안정성과 실효성을 보증함으로써 확보했음. 그러나 편의치적선의 증가와 기준미달선(sub−standard vessels)의 증가로 기국에 의한 감독을 보완하고

자 기항 항만국이 외국선박에 대해 국제협약을 제대로 지키고 있는지 점검하는 제도

Pure transshipment port
순 환적항만, 환적에 특화된 환전 허브항만. 순 환적항만은 배후지 화물처리를 거의 하지 않고 대부분 환적물동량만 처리하는 항만

Rail-mounted gantry (RMG)
철송장 또는 야드 내에서 레일(Rail)위를 이동하면서 컨테이너를 처리하는 크레인

Reefer
리퍼 컨테이너, 냉장, 냉동 기능이 있는 특수 컨테이너

Relay
중계환적, 같은 방향의 항로상 두 개 이상의 서비스 라인의 서비스를 운항하는 모선들이 연결하여 환적하는 유형

Ro/Ro Ship
로로선, 선박의 선수미(船首尾)나 선측(船側)에 설치되어 있는 입구를 통해 트럭이나 지게차를 이용하여 컨테이너를 양륙하거나, 자동차 등을 램프를 통하여 바로 선석할 수 있도록 건조된 선박

Rubber-tired gantry (RTG)
야드 내에서 일정한 통로(고무타이어 부착)를 이동하면서 컨테이너를 처리하는 크레인으로, RMG보다 이동성이 유리

Shed
가치장, 수출입화물을 모아놓고 검사, 분류, 포장 등을 하기 위하여 일시적으로 보관하는 장소, 창고(warehouse)는 장기간 보관하는 곳이고 가치장은 단기적으로 사용하는 공간

Ship chandler
선구상(船具商), 선박용품상

Spreader

스프레더, 크레인으로 컨테이너 양적하를 할 때 잡는 손과 같은 역할을 하는 장치

Stackcar

스택카, 컨테이너 철도수송시 컨테이너 적재차량

Stacktrain

컨테이너 적재열차, 컨테이너를 적재한 스택카를 수송하는 열차. 미 서부 항만에서 중서부 내륙지역으로 이단적열차(double stacktrain)로 수송

Stevedore

항만노무자, 항만 터미널에 있는 부두나 창고에서 화물을 적재하거나 양륙하는 데 고용되는 자

Stowage factor

적화계수, 선창 내에 화물을 실었을 때, 화물 1톤이 차지하는 선창 용적을 의미

Stowage planning

선박적재 계획, 선사가 컨테이너의 목적지, 중량 또는 유형과 같은 컨테이너 특성을 고려하여 선박 내 컨테이너 선적위치를 계획하는 것

Straddle carrier

컨테이너 부두의 야드에서 컨테이너를 이동시키거나 들고 내리는 하역장비이며, (통상) 1열 2단의 컨테이너를 처리. 유사한 기능을 수행하는 Transfer Crane(통상 4단 6열)에 비하여 속도는 빠르나 처리능력이 부족함

Supply chain

공급사슬, 원자재 구매부터 최종소비자에게 제품 판매에 이르기까지의 각각의 기업의 활동이 사슬모양으로 연결되어 있음을 의미하고 이 활동들은 서로에게 영향을 미치므로 통합하여 관리하는 것이 최적화의 방안임

Terminal Handling Charge(THC)

터미널 화물처리비, 터미널이 컨테이너에 대한 하역요금. 작업범위는 통상적인 본선

양하, 적하, 터미널 내 이동, 육상 상차, 하차작업이 포함(OTH: Terminal Handling Charge at Origin, DTH: Terminal Handling Charge at Destination)

Throughput
항만물동량, 일정기간동안 항만을 통해 이송된 처리 물동량

Toplifter
탑 리프터, 포크리프트는 컨테이너의 하부를 들어 올리는 데에 반하여, 탑 리프터는 컨테이너의 상부 네 모퉁이에 있는 쇠장식에 매달아 들어올리는 기계

Towage
예선료, 예선 사용료, 시간당 사용료를 부과

Transfer crane
트렌스퍼 크레인, 컨테이너부두의 야드에서 컨테이너를 이동시키거나 들고 내리는 하역 장비이며, '∩'형으로서 4단 6열의 컨테이너를 처리. 바퀴식과 레일식이 있는데 Trans Tainer(T/T)라고도 함

Transshipment
환적, 선적된 화물이 바로 목적지로 향하지 않고 다른 선박에 옮겨 실려지는 것. 환적은 선박의 선적률을 높이고 규모의 경제를 달성하게 함

Transshipment port
환적항, 인근의 소형 항만으로부터 화물을 받아 모선으로 옮겨 싣는 데 이용되는 항만, 허브항만이 주로 환적항의 기능을 수행

Turnaround time
선박 재항시간, 선박이 항만에 입항해서 출항할 때까지의 시간으로 항만의 효율성 척도로 사용됨

Twenty-foot equivalent unit (TEU)
20피트 컨테이너, 선박의 크기나, 항만물동량을 표시하는 단위로 사용됨

Unloader
석탄, 광석, 곡물 등 벌크화물을 선박으로부터 내려 부두에 있는 다른 운반시설(벨트 컨베이어, 호퍼, 트럭 등)로 공급하는 기능을 수행하기 위해 특별히 제작된 장비. 일반적으로 안벽에 설치되며, 언로다(U/L) 혹은 쉽 언로다(Ship Unloader)라 부름

Unmoor
안벽에 접안하기 위해 묶어 둔 로프를 제거하는 것

Value added activities
부가가치활동, 항만 본래의 고유사업에서 벗어나 화주에 대한 가치를 창출시키는 일을 하여 화주의 공급사슬에서 역할을 확대해 나가는 일. 전시, 판매, 조립, 가공, 포장, 정보서비스, 사무실 및 장비 대여, 장비 유지 보수 서비스 같은 항만에서 이루어질 수 있는 비전통적 서비스 활동들은 일반적으로 화주에게 운송 중 화물에 대한 가치를 부가시키는 일이거나, 혹은 화주의 재고관리나 창고업무 같은 물류활동에 가치를 부가하는 활동으로 앞으로 항만의 경쟁력을 높일 수 있는 분야임

Vessel manifest
적하목록, 선박에 적재되어 있는 화물의 목록. 선사나 운송주선인이 적하운임 명세 목록 및 선하증권의 사본을 기초로 하여 작성하는 화물명세서

Vessel traffic management system
선박교통관제시스템, 해상교통관제시스템이라고도 함. 레이더, CCTV, 무선전화 등 해상교통관제시설을 이용하여 관제구역 안에 이동하는 선박들의 해상교통, 질서유지 및 안전운항을 위한 관찰, 정보제공, 권고 및 지시를 하는 시스템

Wharf
부두, 선석, 선박이 접안하여 화물을 적양화하는 곳

Wharfage
부두사용료, 화물 적양화를 위한 부두사용료, 우리나라에서는 화물입출항료로 징수함

참고문헌

1. 외국문헌

鈴木 睦(2009), 「國制物流의 理論과 實際」, 成山堂書店

Agarwal, R. (2007), *Network design and alliance formation for liner shipping*, Ph. D. Thesis, Georgia Institute of Technology

Alphaliner(2020) Monthly Monitor

Aronietis R, Voorde E.V, Vanelslander T.(2010), "Port competitiveness determinants of selected European ports in the containerized cargo market". Paper presented at the annual conference of the International Association of Maritime Economists, Lisbon, Portugal, 7-9 July 2010

Arvis, J. F, Mustra MA, Ojala L, Shepherd B, Saslavsky D. (2010) *Connecting to compete: trade Logistics in the global economy, The Logistics Performance Index and Its Indicators.* The World Bank, Washington DC.

Ashar, A.(1997). "Port Productivity Revisited", in Port Development International, November 1997

Ashar, A.(2000), "The Forth Revolution and Transshipment Potentials for Panama Ports", The Terminal Operations Conference & Exhibition

Australia Productivity Commission(2003). International Benchmarking of Container Stevedoring. Commission Research Paper, July.

Baird, A. J.(2002) "the Economics of Transhipment", in C. Grammenos(ed) *The Handbook of Maritime Economics and Business, London: Informa,* 832－859

Bardi, Coyle, Novack(2006), *Management of Transportation*, Thomson

Bartošek, A. Marek, O.(2013), "Quay Cranes in Container Terminals",

Transaction on Transport Sciences, 6(1)

Bassan, Shy(2007), "Evaluating seaport operation and capacity analysis— preliminary methodology", *MARIT. POL. MGMT.*, 34(1): 3-19

Benacchio, M., Ferrari, C. and Musso, E. (2007), "The liner shipping industry and EU competition rules", *Transport Policy*, 14(1); 1−10.

Bermejo, A. G.(2015), Maritime cybersecurity using ISPS and ISM codes, erwart, 2015.3

Bernard, K.(1995), *Marketing Promotion Tools for Ports*, UNCTAD Monographs on Port Management, New York, United Nations

Beŝkovnik, B.(2008). "Measuring and Increasing the Productivity Model on Maritime Container Terminals", *Pomorstvo, god.* 22(2): 171−183.

Bichou, K. Gray, R.(2005). "A critical review of conventional terminology for classifying seaports", *Transport Research A*, 39: 75−92

Bichou, K. Gray, R.(2007), "A logistics and supply chain management approach to port performance measurement", *Maritime Policy and Management*, 31(1): 47−67

Bish, E.K.(2003), "A multiple−crane−constrained scheduling problem in a container terminal". *Eur J Oper Res*, 144(1): 83-107

Bird, J.(1971). Seaports and Seaport Terminals. Hutchinson & Co., London

Bird, J.(1988), "Freight forwarders speak: the perception of route competition via seaports in the European communities research project". *Maritime Policy and Management* 15: 1

Bose, Jurgen W.(2010), General Considerations on Container Terminal Planning(chapter 1), *Handbook of Terminal Planning*, Springer

Bottasso A, Conti M, Ferrari C, Tei A(2014) "Ports and regional development: a spatial analysis on a panel of European regions'. *Transportation Research Part A Policy and Practice*, 65: 44-55

Brooks, M. R.(1990), "Ocean carrier selection criteria in a new environment". *Logistics and Transportation Review* 26: 339-356

Cahoon, S.(2007), "Marketing communications for seaports: a matter of survival and growth", *MARIT. POL. MGMT.*, 34(2): 151-168

Capaldo et al.(1999), "Effects on ship Emissions on Sulphur Cycling and Radiative climate Forcing Over the Ocean", *Nature*, 400: 743−746

Cargonews Asia(2018), Rotterdam and Amsterdam to merge port data systems,

CNA Staff

Cariou, P.(2018). "Digitalisation of maritime supply chains. Emerging challenges in a complex future". 28th Global Supply Chain Forum by ISLI－KEDGE Business school

Cariou, Pierre(2020), "Changing demand for maritime trades", *PortReport* No4, May, 2020

Cassidy, William B.(2019), More than cost drivers shipper haulage strategies, 2019. 3.6, JOC.com

Chang, Young－Tae, Lee, Sang－Yoon, Tongzon, Jose(2008), "Port selection factors by shipping lines: different perspectives between trunk liners and feeder service providers". *Marine Policy* 32(6): 877-885

Chinonye U, Ogochukwu U, Innocent C.O.(2006), "An analytic hierarchy process (AHP) approach to port selection decisions－empirical evidence from Nigerian ports". *Mar Econ Log* 8: 251-266

Choi, Y. S.(2005). "Analysis of Combined Productivity of Equipments in Container Terminal". (Publisher Unknown)

Clarkson(2020), Shipping Review & Outlook, Spring 2020

Clarkson Research Services

Cullinane, V. Khanna, M.(1999), "Economic of Scale in Large Containerships", *Journal of Transport Economics and Policy*, 33(2): 185－208

Cullinane, Kevin and Wilmsmeier, Gordon(2010), The Contribution of the Dry Port Concept to the Extension of Port Life Cycles(chapter 18), *Handbook of Terminal Planning*, Springer

Cuyala, Ducruet C, Hosni A. E.(2016). "The changing influence of city－systems on global shipping networks: an empirical analysis". *J Shipping Trade* 1(4)

Danish Ship Finance and Rainmaking(2018). Maritime Trend Report: Observations and perspectives on the future of the maritime Industry. https://www.shipfinance.dk/media/1910/maritime－trendreport.pdf

Davies, Gavyn(2013), "Trade: Into uncharted waters", Financial Times, Oct. 25, 2013

Davidson, Neil(2015), "Big ships, Big alliances, Big challenges", Container Supply Chain Conference TOC Europe, Rotterdam, 2015. 6

Davidson, Neil(2017), The Challenge of fragmented container port capacity, Port technology, Edition 73, 2017.2

De Koster M, Balk B, Van Nus W.(2009), "On using DEA for benchmarking container terminals". *Int J Oper Prod Manag* 29(11) :1140-1155

De Langen, P.W.(2007). "Port competition and selection in contestable hinterlands: the case of Austria". *European Journal of Transport and Infrastructure Research*, 7(1): 1-14

Deloitte(2007), Smart Ports Point of View

De Martino, Marcella(2014), "Sustainable Development Strategies of the Port Authority: The Network Approach", *Advanced Engineering Forum.* June 2014

Deng P, Lu S, Xiao H.(2013) "Evaluation of the relevance measure between ports and regional economy using structural equation modeling". *Transportation Policy*, 27: 123-133

Department of Homeland Security(2007), *Report to Congressional Requesters, Challenges in Implementing the Improper Payments Information Act abd Recovering Improper Payments*, Sep. 2007

D'Este, G.M.(1992). "Carrier selection in a Ro/Ro ferry trade Part 2: conceptual framework for the decision process". *Maritime Policy and Management* 19(2): 127-138

Dik G, Kozan E.(2017), "A flexible crane scheduling methodology for container terminals". *Flex Serv Manuf J* 29(1): 64-96

DNV·GL(2016), 'Container Ship Update 2016', DNV·GL, 2016. 9. 7

DNV (2017). *Maritime Forecast to 2050, Energy Transition Outlook*
https://eto.dnvgl.com/2017/maritime

Drewry Maritime Research(2018), *Ports and terminal insight*

Drewry(2019), *Global Container Terminal Operators Annual Review and Forecast 2019*

Drewry(2020), *Global Container Terminal Operators Annual Review and Forecast 2020-21*

Du, J. Bergqvist, R.(2010). Developing a conceptual framework of international logistics centres. 12th WCTR, 1, 1-35

Durvasula, S. Lysonski, S. Mehta, S.(2002), "Understanding the interfaces: how ocean freight shipping lines can maximize satisfaction", *Industrial Marketing Management*, 31(6): 491-504

Dyck GKV, Ismael H.M.(2015), "Multi-criteria evaluation of port competitiveness in West Africa using analytic hierarchy process (AHP)". *Am J Indust Bus Manag* 5: 432-446

Dynamar B.V.(2015), *Container volumes and terminal capacity in Northern Europe II*

Emerson and Nadeau(2003), "A Coastal Perspective on security", *Journal of Hazardous Materials*, 104: 1−13

ENISA(2019), Port *Cyber security*, 2019.11

Ergin A, Eker I, Alkan G.(2015), "Selection of container port using ELECTRE technique". *International journal of operations and. Logist Manag* 4(4): 268-275

European Commission(2013), *Measures to enhance the efficiency and quality of port services in the EU*

Farrel, S.(2012), "The ownership and management structure of container terminal concessions", *Maritime Policy and Mangement*, 39(1): 7−26

Feng and Hsieh(2008) "Creating Value−deiven Port Logistics in Free Trade Zones" International Forum on Shipping", *Ports and Airports, Hong Kong Polytechnic University*, HK

Ferrari, C. Palora, F. Gattorna, E. (2011). "Measuring the quality of Port Hinterland Accessibility: The Ligurian Case", *Transport Policy*, 18: 382−391

Fourgeaud, P.(2009), "Measuring Port Performance". The World Bank, infoMARE Forum of Shipping and Logistics, September 25

Fremont, A.(2009), "Shipping Lines and Logistics", *Transport Reviews*, Vol. 29, No. 4, 537-554, July 2009

Gavin van Marle(2013), "Small ports feel the heat from big box ships as cascade effect begins", The Load Star, 2013. 1. 7

George KVD, Hawa M.I.(2015), "Multi−criteria evaluation of port competitiveness in West Africa using analytic hierarchy process (AHP)". *Am J Indust Bus Manag 5*: 432-446

Geweke, Stefan and Busse, Frank(2010), Opportunities to Exploit Capacity Reserves of the Hinterland Connection to Road Transport, *Handbook of Terminal Planning*, Springer

Glave, T. Saxon, S.(2015), "How to rethink pricing at container terminal", McKinsey & Company

Gohomene DA, Yang ZL, Bonsal S, Maistralis E, Wang J, Li KX (2016), "The attractiveness of ports in West Africa: some lessons from shipping lines' port selection". *Growth Change* 47(3): 416-426

Greve, M. Hansen, M. W. Schaumburg—Muller, H.(2007), Container shipping and Economic Development: A Case Study of A.P. Moller—Maersk in South East Asia, Copenhagen Business School Press, 2007

Gripaios and Gripaios(1995) "The Impact of a Port on its Local Economy: The case of Plymouth", *Maritime Policy and Management*, 22: 13—23

Grosso M, Monteiro F.(2008), "Relevant strategic criteria when choosing a container port —the case of the port of genoa". *Assoc Eur Transport*, 1-21

Gunther, Hans—Otto, Kim, Kap—Hwan(2006), Container terminals and terminal operations, OR Spectrum, 28: 437—445

Hacegaba, N.(2014), Big Ships, Big Challenges: *The impact of mega Container Vessels on U.S. Port Authorities*, Port of Long Beach, California

Hamburg Port Authority(2015), smartPort Energy; smartPort Logistics

Hanam Canada Corporation(2007). *Container Capacity Expansion Plans at Pacific Coast Ports*. Policy Research Branch, Strategic Policy Directorate, Policy Group, Transport Canada.

Hanaoka, S. Regmi, M. B.(2011), "Promoting intermodal freight transport through the development of dry ports in Asia: An environmental perspective," IATSS Research

Haralambides et al.(2002), "cost, Benefits and Priocing of Dedicated Container Terminals", *International Journal of Maritime Economics*, 4: 21—34.

Haralambides, Hercules(2017), "Globalization, public sector reform, and the role of ports in internationa supply chains", *Maritime Economics & Logistics*, 19: 1-51

Haralambides, H.E.(2019). "Gigantism in container shipping, ports and global logistics: A time—lapse into the future". *Maritime Economics and Logistics* 21 (1): 1-60

Hartmann, Sonke Pohlmann, Jennifer and Schonknecht, Axel(2010), Simulation of Container Ship Arrivals and Quay Occupation(chapter 8), *Handbook of Terminal Planning*, Springer

Hayuth, Yehuda(1994), "Spatial Characteristics of Transportation Hubs: Centrality and Intermediacy", *Journal of Transport Geography*, 2(1)

Helmy, Shrabia(2016), "Mega Container Ships, Pros, Cons and Its Implication

Recession", *Journal of Shipping and Ocean Engineering* 6, 2016, p.248−290

Henesey, L. E., Notteboom, T. E., Davidson, P.(2003) "Agent−based simulation of stakeholders relations: An approach to sustainable port terminal management", *International Association of Maritime Economists Annual Conference*

Heaver, T, Meersman, H, Van de Voorde, E.(2001), "Co−operation and competition in international container transport: strategies for ports", *Maritime Policy & Management*, 28(3): 293−305

Hellenic Shipping News(2019), Zero−Emissions Equipment Deployed to Port Terminals, 4.10.2009

Hesse, M., Rodrigue, J.−P. (2004), "The transport geography of logistics and freight distribution". *Journal of Transport Geography*, 12(3): 171−184

Higashida, K.(2015), "Container liner shipping alliances, excess investment, and antitrust immunity", 11th Asia Pacific Trade Seminars Meeting

Hoshino, H. (2010). "Competition and collaboration among container ports". *The Asian Journal of Shipping and Logistics*, 26(1):31−47

Hoyle, B.(2000). "Global and local change on the port-city waterfront". *The Geographical Review* 90(3): 395-417

Hutchines, R.(2015), "Code Red", *Journal of Commerce*, March 23: 32,33

ING(2017), 3D printing: a threat to global trade, September 2017

Jeffery, Karl(1999), Recent Development in Information Technology for Container Terminal, Cargo System

JOC(2013), Key Findings On Terminal Productivity, Performance Across Ports, Countries And Regions

JOC(2016), Miami terminals seek alliance to jointly cooperate with container lines, 2016.12.8

Jung B. M.(2011) "Economic contribution of ports to the local economies in Korea". *Asian Journal of Shipping Logistics*, 27(1): 1-30

Jurgens, Sebastian Grig, Roman Elbert, Ralf and Straube, Frank(2010), Data Flow Across the Maritime Value Chain(chapter 17), *Handbook Terminal Planning*, Springer

Kavirathna, C. Kawasaki, T. Hanaoka, S. Matsuda, T.(2018), "Transshipment hub port selection criteria by shipping lines: the case of hub ports around the bay of Bengal", *Journal of Shipping and Trade*, 3:4

Kemme, Nils (2010), RMG Crane Scheduling and Stacking(chapter 14), *Handbook of Terminal Planning*, Springer

Kim S, Kang D, Dinwoodie J.(2016), "Competitiveness in a multipolar port system: striving for regional gateway status in Northeast Asia". *Asian J Shipp Logist* 32(2): 119-126

Kim KH, Park KT(2003), "A note on a dynamic space−allocation method for outbound containers". *European Journal of Operational Research*, 148(1):92-101

Kou, Y. Luo, M.(2016), "Strategic capacity competition and overcapacity in shipping", *Maritime Policy & Management*, 43(4): 389−406

Krugman, Paul(1995), "Growing World Trade: Causes and Consequences", Brookings Papers on Economic Activities. 1. 1995

Kurt I, Boulougouris E, Turan O.(2015), An AHP decision support model for the hub port choice of the shipping liners on the Mediterranean region. In SCC2015−International Conference on Shipping In Changing Climates; 24−26 November 2015

Lane, A., Moret, C.(2015), "Generational shifts: the growth of containerships", Port Technology International, Edition 65, 2015. 2

Lee, Sang−Yoon, Chang, Young−Tae, Lee, Paul Tae−Woo(2010), "Container port selection factors: heterogeneity among major market players", Journal of International Logistics and Trade, 8(2): 73−90

Lee, S. W. Song D. W. Ducruet, César(2010), "A tale of Asia's world ports: The spatial evolution in global hub port cities", *HAL*, 2010.2

Lei, L. Fan, C, Boile, M. Theofanis, S.(2008), "Collaborative vs. non−collaborative container vessel scheduling", *Transportation Research Part E*, 44: 504−520

Lirn, TC, Thanopoutou, HA, Beynon, MJ and Beresford, AKC.(2004), "An application of AHP on transshipment port selection: a global perspective". *Maritime Economics and Logistics* 6: 70-91

Lirn T. C, Beynon M. J. (2006),"An application of AHP on transshipment port selection". *Maritime Economics & Logistics*, 8: 251-266

Liu, Huan Fu, Mingliang Jin, Xinxin Shang, Yi Shindell, Drew Faluvegi, Greg Shindell, Cary He, Kebin(2016), "Health and climate impacts of ocean−going vessels in East Asia", *Nature*, 6: 1037-1041

Logistics Management(2019), Port of Oakland's new yard cranes are "going hybrid" in latest environmental initiative, March 26, 2019

Lu, H, Chang, J, Lee, T.(2006), "An evaluation of strategic alliances in liner shipping - an empirical study of CKYH", *Journal of Marine Science and Technology*, 14(4): 202−212

Maersk(2018), "Maersk and IBM launch digital joint venture", Press release. https://www.maersk.com/stories/maersk−and−ibm−launch−digital−joint−ven ture

Maloni, M. Gligor, D. Lagoudis, I.(2016), "Linking ocean container carrier capabilities to shipper-carrier relationships: a case study", *Maritime Policy & Management*, 43(8): 1-17

Mallin, Peter, Alex T.(2016), "PORTS MUST ADAPT TO MEGA−SHIPS TO REMAIN COMPETITIVE", Port Technology Edition 70, 2016. 5

Maritime and Port Authority of Singapore(2019), Singapore's 2018 Maritime Performance

Martin−Soberon, A. M., Monfort, A., Sapina, R., Monterde, N., Calduch D.(2014), "Automation in Port Container Terminals", *Procedia - Social and Behavioral Sciences*, 160: 195−204

McKinsey Global Institute(2019). Globalization in transition: The future of trade and value chains.

Mclaughlin H. & Fearon C.(2013). "Understanding the development of port and regional relationships: a new cooperation/competition matrix". *Maritime Policy & Management*, 40(3):278−294

Meersman, Hilde, Strandenes, Siri Pettersen , Van de Voorde, Eddy (2014), *Port Pricing: Principles, Structure and Models, Discussion Paper*, Norwegian School of Economics

Meyrick, S and D'Este, G.(1989), "More than the bottom line - how users select a shipping service", Proceedings of the 14th Australian Transportation Research Forum, Perth, Australia, September 1989, 65-81

Mongelluzzo, B. (2006), "East ans Gulf Coast Ports Race the clock as All−water services Escalate". *Journal of Commerce*, 7(20): 24−25

Mongelluzzo, B. (2018), "LA−LB truck turn times, container dwell times continues to decline", JOC.COM, 2018.4.25

Monie, G. De(2001), "Re−evaluating the Economics of Transshipment", The

Terminal Operations Conference & Exhibition

Mori, Takayuki,(2009), The Study About A Strategy Of Global Container Terminal Operators

Murnane, J. Saxon, S. Widdows, R.(2016), "Container shipping: the untapped value of customer engagement", McKinsey.

Nazemzadeh, Marzieh and Vanelslander, Thierry(2015), "The container transport system: Selection criteria and business attractiveness for North−European ports". Maritime Economics & Logistics 17(2)

Norcliffe, G., Basset, K., Hoare, T.(1996). "The emergence of postmodernism on the urban waterfront. Geographical perspectives on changing relationships". Journal of Transport Geography 4(2): 123-134

Notteboom, Winkelmans(2001) "Structural changes in logistics: how will port authorities face the challenge?", Maritime Policy & Management, 28(1): 71−89

Notteboom, T.(2004). "Container shipping and ports: an overview". Review of Network Economics, 3(2)

Notteboom, Rodrigue(2005), "Port regionalization: towards a new phase in port development", Maritime Policy and Management, 32: 297−313

Notteboom, T. Rodrigue, J. P.(2008), "Containerisation, Box Logistics and Global Supply Chains: The Integration of Ports and Liner Shipping Networks", Maritime Economics & Logistics, 10: 152-174

Notteboom, T. Rodrigue, J. P.(2009), "The future of containerization: perspectives from maritime and inland freight distribution", GeoJournal, 74: 7-22

Notteboom, T., Parolae, F., Sattae, G., Pallisf, A.(2017), "The relationship between port choice and terminal involvement of alliance members in container shipping", Journal of Transport Geography, 64: 158−173

Notteboom, T., Pallis, A., Rodrigue, Jean−Paul(2020) Port Economics, Management and Policy, Routledge

Nyhus, Eirik(2018), "Towards zero emission: Environmental outlook", Maritime Impact, September 2018, DNV−GL

OECD(2013), The Competitiveness of Global Port Cities: Synthesis Report, OECD Regional Development Working Papers

OECD(2014), SHIFTING GEAR: POLICY CHALLENGES FOR THE NEXT 50

YEARS, OECD Economic Policy Paper, No 9, July 2014

OECD(2014a), *Port Investment and Container shipping Markets*, ITF Discussion Paper

OECD(2015), *The Impact of Mega−ships*, International Transport Forum, Paris

OECD(2016), *Big Data: Bringing Competition Policy to the Digital Era*, International Transport Forum, Paris

OECD(2016a), "Reducing Sulphur Emissions from Ships: The Impact of international regulation", Case Specific Policy Analysis, International Transport Forum, Paris

OECD(2016b), "Capacity to Grow: Transport Infrastructure Needs for Future Trade Growth", Case−Specific Policy Analysis, International Transport Forum, Paris

OECD(2018a), Container Port Strategy, ITF Discussion Paper

OECD(2018), *The Impact of Alliances in Container Shipping*, International Transport Forum, Paris

OECD(2019), ITF Transport Outlook 2019, International Transport Forum at the OECD, Paris

Okorie, Chukwuneke Tipi, Nicoleta Hubbard, Nick (2015), "Analysis of the potential contribution of value−adding services to the competitive logistics strategy of ports", *Maritime Economics & Logistics* 1-16

Pantouvakis, A. M. (2010). "Marketing Strategies in Port Industry: An Exploratory Study and a Research Agenda". *American Journal of Economics and Business Administration*, 64−72

Parola, F. Satta, G. Caschill, S.(2014), "Unvieling co−operateive networks abd hidden famillies in the container port industry", *Maritime Policy Management*, 41(4): 384−404

Parola, F. Satta, G. Panayides, P. M.(2015), "Corporate strategies and profitability of maritime logistics firms", *Maritime Economics and Logistics*, 17(1): 52−78

Payer, Hans G.(2001), "Ship Types and Sizes Developments and Expectations", Hamburg Liner Shipping Symposium

People's Daily online(2016), Ningbo Zhoushan Port becomes first port with annual cargo exceeding 900 million tons, 2016.12.20

Peters, H. J. F.(2001), "Developments in global seatrade and container shipping

markets: their effects on the port industry and private sector involvement".
International Journal of Maritime Economics, 3(1): 3-26

Phillips, L. W.(1987), *Building Market Focused Organisations*

Phillips, R.L. (2005), Pricing and revenue optimization, Stanford Business Books,
Stanford

Photis M. Panayides, Robert W.(2011), "Strategic alliances in container liner
shipping", *Research in Transportation Economics*, 32(1): 25 − 38

Pinto and Talley(2006), "The Securuty Incident cycle of Ports", *Maritime
economics and Logistics*, 8: 267 − 286

Pirhonen(2010), Automated Shuttle Carrier Concept(chapter 3), *Handbook of
Terminal Planning*, Springer

Porter, M. E.(1990), *The Competitive Advantage of Nations*, Macmillan, London

Port of Tacoma(2014), Ports of Seattle and Tacoma form Seaport Alliance to
strengthen gateway, grow maritime jobs, News releases, 2014.10.7

Port Technology(2016), What is a Smart Port?, 2016.2

Port Strategy(2019), Container tracking app launches, 2019.10.2

Raj, Prateek(2018), The role of trade and information technology in the decline
of merchant guilds, VOX CRPR, 2018.1

Richardson M.(2004), "Growing Vulnerablity of Seaports from Terror Attacts, to
Protect Ports while Allowing Global Flow of Trade is a New Challenge",
Hong Kong: Institute of South east asian studies

Rijsenbrij, Joan C. Wieschemann, Armin(2010), Sustainable Container Terminals:
A Design Approach(chapter 4), *Handbook of Terminal Planning*, Springer

Robinson, R.(1992), "Competitive efficiency and competitive advantage: the basis
for Australian port reform", Paper presented at the Maritime Technology
21st Century Conference, University of Melbourne

Robinson, R.(2002), "Ports as Elements in Value − Droven Chain Systems: the
New Paradigm", *Maritime Policy and Management*, 29: 241 − 255

Rodrigue, J. P. Debrie, J. Fremont, A. Gouvernal, E.(2010), "Functions and actors
of inland ports: European and North American dynamics," *Journal of
Transport Geography*, 18: 519 − 29

Rodrigue, J. P. Ashar, A.(2015). "Transshipment Hubs in the New Panamax Era:
The Role of the Caribbean", *Journal of Transport Geography*

Rodrigue, J. P.(2020), *The Geography of Transport Systems, FIFTH EDITION*,

New York: Routledge

Roso V, Woxenius J, Lumsden K.(2008), "The dry port concept: connecting container seaports with the hinterland". *Journal of Transport Geography*, 17(5):338-345

Rothberg, T.(2014), "Market0Driven Far−Reaching Scenarios: Impact and Opportunities Resulting from Global Change.", Presented at AAPA Commissioners Seminar, 2014. 6. 4

Rugaihuruza, J.(2007). "Infrastructure, Operational Efficiency and Port Productivity Management in PMAESA Region". Presentation to the African Ports/Maritime Conference,

Saeed N, Aaby B.C.(2013), "An analysis of factors contributing as selection criteria for users of European container terminals", *Proceedings of the Transportation Research Board 92 Annual Meeting*, 13-17

Salem II, El−Sakty K.G.(2014), "Port selection criteria and its impact on port competitiveness". *Int J Human Soc Sci* 3(6): 29-36

Saanen, Yvo A.(2010), Modeling Techniques in Planning of Terminals(chapter 5), *Handbook of Terminal Planning*, Springer

Saanen, Yvo A.(2013), "Mega−ships: positive assets or terminals' worst nightmare?", *Port Technology International*, May 2013

Sanchez, R. Barleta, E.(2018), "Reflections on the future of container ports in view of the new containerization behaviour", PortReport No 3, December, 2018

Saxon, S. Stone M.(2017), Container Shipping: The Next 50 Years, McKinsey&Company

Schutt, Holger(2010), Simulation Technology in Planning, Implementation and Operation of Container Terminals (chapter 6), *Handbook of Terminal Planning*, Springer

Shan J, Yu M, Lee C.Y.(2014) "An empirical investigation of the seaport's economic impact: evidence from major ports in China". *Transportation Research Part E Logistics and Transportation Review*, 69: 41-53

SIPG, Accenture(2017), Connected Ports Driving Future Trade,

Slack, B.(1985), "Containerisation and inter−port competition". *Maritime Policy and Management* 12: 293-304

Song, D. W. Panayides, P. M.(2008), "Global supply chain and port/terminal integration and competitiveness", *Maritime Policy and Mangement*, 34(1): 73−87

Song D. W.(2003). "Port co−opetition in concept and practice". *Maritime Policy & Management*, 30(1):29−44

Song, D−W. Yeo, K−T.(2004), "A competitive Analysis of Chinese Container Ports Using the Analytic Hierarchy Process", *Maritime Economics & Logistics*, 6: 34‒52

Spice, B.(2004), "Ship Pollution Study: Emissions Cool Earth", *Journal of Commerce*, August 23:2

Splash(2019), How to minimise ship berthing incidents, July, 25, 2019

Steenken, D. Stefan Voß, Stahlbock, R.(2004), " Container terminal operation and operations research − a classification and literature", *OR Spectrum* 26: 3‒49

Stenvert Remco, Penfold, Andrew(2007), *Container port strategy Emerging issues*, Ocean Shipping Consultants

Stenvert Remco, Penfold, Andrew(2004), *Marketing of container terminals*, Ocean Shipping Consultants

Stopford, Martin(2002), "Is the Drive For Ever Bigger Containerships Irresistible?", Lloyds List Shipping Forecasting Conference

Stopford, Martin(2008) *Maritime Economics*, 3rd edition , Routledge

Strandenes, Siri Pettersen and Peter Marlow(2000), "Port pricing and competitiveness in short sea shipping", *International journal of transport economics*, p315−334

Stuchtey, R. W.(1991), "Port marketing organization". In Volume 3‒Port Marketing, edited by R. W. Stuchtey (Bremen: Institute of Shipping Economics), 67‒78

Study on Hong Kong Port‒Master Plan 2020(2005), HK Economic Development and Labor Bureau

Sys, C.(2010), *Inside the Box: Assessing the Competitive Conditions, the Concentration and the Market Structure of the Container Liner Shipping Industry*, Ph. D. Thesis, Ghent University and University of Antwerp

Tally, W. K.(1990), "Optimal Containership size", *Maritime Policy and Management*, 17: 165−175

Tally W. K.(2000) "Ocean Container shipping: Impacts of a Technological Improvement", *Journal of Economic Issues*, 34: 933−948

Talley(2006), "Performance Indicators and Port Perfor,ance Evaluation", *Logistics and Transportation Review*, 30: 339－352

Tally Wayne. K.(2018), *Port Economics Second Edition*, Rouledge

Thomas J. Dowd & Thomas M. Leschin(1991), Productivity Measurement and Factors Affecting Container Terminal Productivity, Port & Harbors, 1991

Tomas Ward(1989), Developments in Container Handling Technology, Documentation from Practical Port Productivity Measurement workshop

Tioga Group, Inc.(2010), IMPROVING MARINE CONTAINER TERMINAL PRODUCTIVITY, Prepared for: Cargo Handling Cooperative Program, July 8

Tongzon, J. L.(1995), "Determinants of port performance and efficiency", *Transportation Research.* Part A, 29: 245-252

Tongzon, Jose and Savant Lavina(2003), " Port choice in a competitive environment: From the shipping Line's perspective", IAME annual conference, 2003. 9, Busan

Tongzon, J. L.(2009), "Port choice abd freight forwarders", *Transportation Research Part E*, 45: 186－195

Tran, N. K. Hassis H. D,(2015), "An Empirical study of fleet expansion and growth of ship size in container liner shipping", *International Journal of Production Economy*, 159: 241－253

Ugboma, Chinonye and Ugboma, Ogochukwu, and Ogwude, Innocent C.(2006), "An Analytic Hierarchy Process (AHP) Approach to Port Selection Decisions", *Maritime Economics & Logistics*, 8: 251-266

UNCTAD(1978), *Port Development, A Handbook for Planners in Developing Countries*, Geneva, Second Edition, United Nations

UNCTAD(1985), *Port Development*

UNCTAD(1990), *Development and Improvement of Ports: the Establishment of Transshipment Facilities in Developing Countries*

UNCTAD(1992). *Strategic Planning for Port Authorities*, United Nations, Geneva

UNCTAD(2019), *Review of Maritime Transport*

UNCTAD(2019a), "Digitalization in Maritime Transport", *Policy Brief*, No75, June 2019

Vaggelas, George K. Leotta, Camille(2019), "Port labour in the era of automation and digitalization. What's next?", *Electric Journal of Management*, 3

Van de Voorde, E.; Winkelmans, W. (2002). A general introduction to port competition and management, in: Huybrechts, M. et al. (Ed.) *Port competitiveness: an economic and legal analysis of the factors determining the competitiveness of seaports*. pp. 1−16

Wang, Nanxi, Chang, Daofang, Shi, Xiaowei, Yuan, Jun, Gao, Yinping(2019), "Analysis and Design of Typical Automated Container Terminals Layout Considering Carbon Emissions". *Sustainability*, 2019. 11, 2957

Wang, T. F., Cullinane K.(2006), "The efficiency of European container terminals and implications for supply chain management", *Maritime Economic Logistics* 8(1): 82–99

Wang L (2011) Container seaport selection criteria for shipping lines in a global supply chain perspective: implications for regional port competition. MSc in Maritime Economics and Logistics. Erasmus University Rotterdam

Weigend, G. G. (1958), "Some Elements in the Study of Port Geography", *Geographical Review*, 48: 185−200

Wiegmans, Bart W. Louw, Erik(2010), "Changing port−city relations at Amsterdam: A new Phase at the interface?", *Journal of transport Geography*, 19(4): 575−583

Wiese, J. Suhl, L. Kliewer, N.(2010), Planning Container Terminal Layouts Considering Equipment Types and Storage Block Design(chapter 12), Handbook of Terminal Planning, Springer

Wong, C. Ma, H. Leung L.(2018), "Collaboration at the Hong Kong Port – Benefits from Facility Sharing", *Policy Research Institute of Global Supply Chain*, Hang Seng Management College

World Bank(2017), *Port Reform Toolkit Second Edition, Module 1*

World Bank(2017a), *Port Reform Toolkit Second Edition, Module 2*

World Bank(2017b), *Port Reform Toolkit Second Edition, Module 3*

World Bank(2017c), *Port Reform Toolkit Second Edition, Module 6*

WTO(2020), *World Trade Statistical Review*

Wu Y, Peng C.(2013), "A container port choice model for Pearl River Delta region in South China". *Soc Behav Sci* 96: 1839–1852

Xiao, Y., Ng, A. K., Yang, H., and Fu, X.(2012), "An analysis of the dynamics of ownership, capacity investments and pricing structure of ports". *Transport Reviews* 32(5): 629−652

Yang, CH, Kim YH, Choi, SH, Bae, JW, Lee JE(2000), *A Study on the System design and Operations of the Autimated Container Terminal*, Korea Maritime Institute

Yang, Chang Ho, Choi,, Yong Seok, Ha, Tae Young(2004), "Simulation based performauce evaluation of transport vehides at automated container terminals", *OR spectrum*, 26

Yang, Y. C. Chen, S. L.(2016). "Determinants of global logistics hub ports: Comparison of the port development policies of Taiwan, Korea, and Japan". *Transport Policy*, 45: 179-189

Yap, W. Y. and J. S. L. Lam (2004), "An interpretation of inter—container port relationships from the demand perspective". *Maritime Policy and Management* 31(4): 337−55

Yap, W. (2010), "Container Shipping Services and Their Impact on Container Port

Competitiveness", University press Antwerp (UPA), Antwerp

Yeo, G.T. Roe, M.(2008), "Dinwoodie, J. Evaluating the competitiveness of container ports in Korea and China". *Transp. Res. Part A Policy Pract.* 42: 910-921

Yip, T. L.(2008), "Port Traffic Risks—A Study of Accidents in Hong Kong Waters", *Transportation Research Part E*, 44: 921−931

Yuen, A. C. Zhang, A. Cheung W.(2012), "Port competitiveness from the users' perspective: An analysis of major container ports in China and its neighboring countries". Research in Transportation Economics 35(1): 34−40

Zarei S.(2015), "The key factors in shipping Company's port selection for providing their supplies. International journal of social, behavioral, educational, economic, business and". *Ind Eng* 9(4) :1317-1321

Zhang, A., Lam, J.(2014), "Impacts of schedule reliability and sailing frequency on the liner shipping and port industry: a study of Daily Maersk", *Transportation Journal*, 53(2): 235−253

2. 국내문헌

고병욱, 윤희성, 김은수, 최건우(2018), 「컨테이너 해상물동량 예측모형연구 – 베이지안 방법론을 중심으로」, 한국해양수산개발원

국가정보포럼(2006), 「국가정보학」, 박영사, 2006

국토연구원(2005), 현대공간 이론의 사상가들

국토해양부(2011), 「제3차 전국항만기본계획(2011 – 2020)」

김갑환 외(1997), "컨테이너터미널에서의 유전자해법을 이용한 적하계획법", 「대한산업공학회지」, 제23권, 제4호

김갑환 외(1999), "자동화 컨테이너터미널의 통제시스템 설계와 운영방법 연구", 「대한산업공학회/한국공업경영학회 공동학술대회 논문집」

김근섭, 박주동, 조지성, 김보경(2017), 「부산항 신항 혼합형 전용터미널 시스템 도입방안 연구」, 한국해양수산개발원

김근섭, 이기열, 김보경(2018), 스마트항만(Smart Port), 전체 물류망을 고려한 로드맵 수립 필요, KMI 동향분석, 한국해양수산개발원

김은수, 김근섭, 박성준, 김영훈, 김병주, 공영덕(2017), 「컨테이너 해운기업의 환적패턴분석과 항만의 대응방안」, 한국해양수산개발원

김찬호, 김성아, 김성기(2019), 중국 항만비용 추가 인하가 우리 항만에 미치는 영향 분석, KMI 동향분석 138호, 2019.8, 한국해양수산개발원

김형태, 최상희, 이주호, 김찬호, 이언경(2010), 「글로벌 시대를 선도하는 선진항만 구축 전략」, 한국해양수산개발원

마크 레빈슨/이경식 역(2016), 「더 박스」, 청림출판

마틴 스토포드/양창호, 이충배, 이동현, 신승식 역(2015), 「해운경제학」, 박영사

박한선 외(2017), IMO 환경규제와 타 국제 환경협역간 비교 분석 연구, 한국해양수산개발원, 한국환경정책평가연구원

방위사업청(2020), 항만을 위협하는 수중물체 꼼짝마!, 해상지휘통제체계 사업팀, 2020.4.1

안기명, 양창호, 나영, 박수만(2009), 「해운항만물류회계」, 박영사

양창호, 김창곤, 홍동희, 최종희, 이종훈, 최상희(1998), 「자동화 컨테이너터미널 개발사업 타당성 검토」, 한국컨테이너부두공단

양창호, 김창곤, 배종욱(2001), 「컨테이너터미널 선석처리능력 추정방안에 관한 연구」, 한국해양수산개발원

양창호 외(2001a), 「광양항 3단계 자동화 컨테이너부두개발 기본계획」, 한국해양수산개발원

양창호, 최용석(2002), "컨테이너터미널 계획 시뮬레이션 모델링 개발방향 연구", 해양정책연구, 17(2): 67-110

양창호, 김창곤, 최종희, 최상희, 최용석, 이주호(2002a), 「초대형 컨테이너선 운항에 대비한 차세대 항만 하역시스템 기술개발전략 연구」, 한국해양수산개발원

양창호, 윤동한, 최종희, 최상희, 김우선, 하태영(2002b), 「항만 내륙간 첨단 연계운송시스템 개발 방안 연구」, 한국해양수산개발원

양창호, 최용석, 최상희, 최종희(2004), 「결합생산성 분석방법을 통한 항만시스템 취급능력 향상방안」, 한국해양수산개발원

양창호 외(2004a), 「부산신항만 남컨테이너부두(2-3단계) 컨테이너 전용터미널 개발 및 운영효율화 방안 연구」, 한국해양수산개발원

양창호 외(2004b), 「부산신항 남컨테이너부두 2-4단계 하역시스템 및 평면배치계획 연구」, 한국해양수산개발원

양창호 외(2004c), 「광양항 3단계 3차 평면배치분야 연구」, 한국해양수산개발원

양창호 외(2007), 「고효율 인공지능 하역시스템 개술개발」, 해양수산부

양창호(2010), "국내 컨테이너 부두시설 확보제도 개선방향 연구", 한국항만경제학회지, 제26집 제3호, pp.198-230

양창호(2011), "컨테이너 등 화물전용 첨단 무인철도 건설 시급", 2011.12, 한국해운신문

양창호(2015), "세계 첨단 컨테이너터미널과의 격차 해소해야", 한국해운신문

양창호(2016), "자동화터미널 기술개발 효과 10년 만에 나타나다", 한국해운신문

양창호(2019), 「물류와 SCM의 이해」, 제3판, 박영사

양창호(2019a), 부산시 항만정책 수립 서둘러야, 국제신문(해양수산칼럼), 2019.1.15

이기열, 김근섭, 김보경(2017), 「우리나라 배출규제해역(ECA) 도입 방안 연구」, 2017.10, 한국해양수산개발원

이종필, 김찬호, 최나영환, 박상원(2018), "항만근로자 안전관리 거버넌스 재구축 필요", KMI 동향분석 98호, 한국해양수산개발원, 2018.9

전찬영·이종필(2008), 2006년 기업경영분석 분석자료, 한국은행

정분도 외(2009), 2003년 지역산업연관표 분석자료, 한국은행

조국연(2018), 화주의 내륙운송 의사결정요인과 영향에 대한 연구, 인천대학교 동북아물류대학원 박사학위 논문, 2018.8

최상희, 이언경, 감무홍(2017), 4차산업혁명의 첨병 로보틱 스마트 항만이 현실로, KMI 동향분석 31호, 한국해양수산개발원

하태영 외(2017), "부산항 터미널 생산성 향상대책 수립 필요", KMI 동향분석 52호, 한국해양수산개발원

하태영 외(2018), "2017년 우리나라 컨테이너항만 선석생산성 크게 개선", KMI 동향 분석 81호, 한국해양수산개발원

하태영, 이수영, 최상균, 신정훈(2018a), 「항만산업 종합통계 연구」, 한국해양수산개발원, 2018.12

하태영, 이수영, 신정훈(2018b), 부산항 배후지 부가가치활동 확대를 통한 일자리 창출 연구, 현안연구, 한국해양수산개발원

하태영 외(2019), 「국내 항만산업이 지역경제에 미치는 영향분석」, 한국해양수산개발원

한국공학한림원(2019), 「한국산업기술발전사」, 9권(건설)

한국산업단지공단(2018), 「전국산업단지 현황통계 보고서」

해양수산부(2016), 「제3차 항만기본계획 수정계획(2016－2020)」

해양수산부(2016a), 「국제물류 네트워크 강화를 통한 고부가가치 해상물류 허브화전략」, 2016.6.7

해양수산부(2016b), 「선박 초대형화에 대응한 부산항 Mega－port 전략 및 부두기능 재배치계획 수립」

해양수산부(2019), 「해양수산통계연보 2019」, 2019.11

색인

[저자약력]

양창호(梁昌虎)

■ 학력

연세대학교 및 연세대학교 대학원 경영학과 (경영학석사)
서강대학교 대학원 무역학과 (경영학박사)

■ 경력

산업연구원(KIET) 산업정책실 책임연구원,
한국해양수산개발원(KMI) 선임연구위원, 항만시스템연구실장, 기획조정실장, 정책동향연구실장
한국공항공사 비상임 이사, 이사회 의장
한국선급(KR) 비상근 감사
한국해양수산개발원(KMI) 원장
인천대학교 동북아물류대학원 교수

■ 현재

성결대학교 무역물류학과 특임교수

■ 각종 위원회 활동

건설교통부 사회간접자본정보화 추진위원
과학기술부 국가과학기술위원회 국가연구개발사업 평가위원
기획재정부 국가연구개발사업 상위평가위원
국토해양부 국가교통조정실무위원회 민간위원
산업통상산업부 통상교섭 민간자문위원
국무총리실 국토정책위원회 민간위원
국회예산정책처 예산분석자문위원
해양수산부 해양수산정책자문위원회 자문위원
해양수산부 책임운영기관 운영심의회 위원장
부산 해양클러스터 기관장협의회 회장
Global Shipping Think-Tank Alliance 의장(Chairman) 등

■ 저서

「물류와 SCM의 이해(3판)」, 박영사, 2019. 8
「내일의 꿈, 물류에서 찾다」, (양창호 칼럼집 No.2), 효민디엔피, 2016. 10
「우리의 바다 DNA, 가슴이 뛴다」, (양창호 칼럼집 No.1), 효민디엔피, 2016. 10
「해운경제학」, (역서) 박영사, 2015
「해운항만산업의 미래 신조류」, 혜민, 2009
「해운항만물류회계」, 박영사, 2009
「세계물류환경변화와 대응방안」, 한국해양수산개발원, 2007
「해운경기 결정요인 분석」, 해운산업연구원, 1996 외 다수

■ 블로그

양창호 교수 블로그 : https://daedaero.tistory.com/

항만경제

초판발행	2021년 1월 10일
중판발행	2022년 2월 10일
지은이	양창호
펴낸이	안종만·안상준
편 집	전채린
기획/마케팅	손준호
표지디자인	박현정
제 작	고철민·조영환
펴낸곳	(주)**박영사**
	서울특별시 금천구 가산디지털2로 53, 210호(가산동, 한라시그마밸리)
	등록 1959. 3. 11. 제300-1959-1호(倫)
전 화	02)733-6771
f a x	02)736-4818
e-mail	pys@pybook.co.kr
homepage	www.pybook.co.kr
ISBN	979-11-303-1143-2 93320

copyright©양창호, 2021, Printed in Korea

정 가   34,000원